常用生物数据分析软件

王　俊　丛丽娟　郑洪坤　著

科学出版社
北　京

内 容 简 介

本书较为系统全面地介绍了生物信息学分析各个方面的软件用法，结合光盘具体实例，方便使用。全书共分8章，内容包括：Unix/Linux操作系统介绍，介绍了基本的Unix/Linux操作命令；数据的基本处理，介绍了如何处理常用的生物信息学数据；序列的比对，介绍了常用比对软件的用法及其在应用过程中要注意的问题；基因组/基因的注释，介绍了Coding和Non-Codoing基因的预测方法；SNP分析，介绍了常用的从生物学数据中寻找SNP的软件；进化分析专题，介绍了几种分子进化分析软件，内容涉及进化树的构建、Ka/Ks的计算等；基因表达分析专题，介绍了EST及生物芯片分析的流程和方法；蛋白质结构预测，介绍了蛋白质三维结构预测的流程及方法。

本书适合于生物信息学专业本科生及研究生使用。

图书在版编目(CIP)数据

常用生物数据分析软件/王　俊，丛丽娟，郑洪坤著．—北京：科学出版社，2008

ISBN：978-7-03-020622-0

Ⅰ．常…　Ⅱ．①王…　②丛…　③郑…　Ⅲ．生物学-应用软体　Ⅳ．Q-39

中国版本图书馆CIP数据核字(2008)第062938号

责任编辑：李　悦　沈晓晶 / 责任校对：朱光光
责任印制：吴兆东 / 封面设计：耕者设计工作室

科学出版社出版
北京东黄城根北街16号
邮政编码：100717
http://www.sciencep.com

北京虎彩文化传播有限公司 印刷

科学出版社发行　各地新华书店经销

*

2008年5月第　一　版　　开本：787×1092 1/16
2022年12月第九次印刷　　印张：23 1/4
字数：539 000

定价：92.00元

（如有印装质量问题，我社负责调换）

序

生物信息学既是基因组学的孪生兄弟，又是基因组学的核心技术之一，是基因组学研究须臾不可离开的重要工具。基因组学两根重要的理论支柱分别植根于对生命本质的两个理解：一是“生命是序列的”，所有生物的遗传信息都储存在基因组 DNA 的核苷酸序列之中（Watson and Crick，1953）；二是“生命是数据的”（Sulston，2002），不是模拟的，在现代自然科学的前沿——生命科学和信息科学之间建立了实质性的联系。在方法学上，这两根支柱也使测序仪和计算机成为生命科学的最重要的武器。正因如此，生物信息学也可以理解为用信息学的手段来研究生物学，或以计算机为工具来研究生物信息。没有生物信息学，很难设想如今还能在生命科学领域做出具有真正前沿水平的工作成果。

近年来，国内外有关生物信息学的教科书和工具书已有不少，各有侧重，各具千秋。我郑重向相关读者推荐本书，首先是基于它的内容。它并没有试图全面叙述生物信息学的原理和发展历程，而着重于生物信息学方法论的讨论和工具的介绍。本书有着非常明确的目的，也有其明确的读者群，它收集了目前生物信息学研究领域中最常用的工具，涵盖了序列拼接、表达分析、进化分析、比较基因组学等重要方面的工作，提供了精心设计的“手把手”、“一教就会，一学就能”的实例，具有很强的实用性。它将成为基因组学初学者的入门教材，也将成为生命科学其他领域的“行外专家”涉足生物信息学的得力助手。

我推荐本书的另一原因，是由于它出自于研究最前线的科研工作者。这些作者都是生物信息学领域“年轻的老战士”，他们亲身参与了近 10 年来我国几乎所有的大基因组计划，经历了严峻的实战洗礼，积累了丰富的一线经验，并作出了重要贡献。由他们编写的本书，我相信首先会以亲近感和信任感而吸引读者。至于书中存在的不足之处，纵然资深作家也难以避免，应该予以宽容和谅解，只是希望本书的编写者在不久的将来再版时，能在本书的基础上“百尺竿头，更上一步”。

我向广大读者推荐这本书，更是由于它出版于最合适的时机。2007 年被视为“奇迹之年”，甚至可以和奠定物理世纪的 1905 年相媲美。新一代测序技术的应用被视为影响最大的突破之一。正如火如荼进行的“国际千人基因组计划”、“国际癌症基因组计划”，以及 metagenomics 和 epigenomics 等计划，并且由此推动的基因组学的又一轮热潮，都将产生海量的序列及其相关数据，更加突显对生物信息学方法和工具的需求。本书出版，恰逢其时。

我相信所有心态平和的同事们都会赞同我对此书的评价。我期望本书读者和使用者多提出批评与建议，更期待本书对我国基因组学和生物信息学产生的应有影响。

此为序。

杨焕明　于深圳

2008 年 5 月 1 日

前 言

20世纪末期及21世纪，随着测序技术的发展和人类基因组计划的实施完成，我们拥有了海量的生物学数据，这些数据必须经过收集、分析和整理后，才能成为有用的信息与知识，这个过程就是生物信息学分析工作。生物信息学是生物学与计算机科学及应用数学等学科相互交叉而形成的一门新兴学科，它通过对生物学实验数据（当前主要是核苷酸和氨基酸序列）的获取、加工、存储、检索和分析，从而达到揭示数据所蕴含的生物学意义的目的。

关于生物信息学的理论性书籍已经很多，所以本书并没有过多的描述理论方面，而是从实际使用的具体分析工具入手，对信息分析的几个主要方面进行最为细致的讲解，包括软件的安装、输入输出数据的格式说明、常用参数的选取等，并配以实例数据方便大家熟悉及使用。本书附赠的光盘中，每个软件都对应于相应的目录，请参照书中指导进行使用。由于大部分软件使用环境均为Linux/Unix系统，读者需要有自己的Linux/Unix服务器，或者在自己的电脑上安装虚拟Linux环境（如VMWare）或双系统。

本书第一章主要介绍了Linux/Unix常用命令，此为其余软件使用的基础；第二章从Sanger法测序数据出发，介绍了如何对测序数据进行初步的峰图转换、去污染及拼接分析；在得到基因组或基因的数据后，如何进行比对分析及注释分析则是本书第三、四章内容，通过此内容，可以了解基因组各种组分的分析方法，如重复序列、编码区、RNA等，并介绍了如何进行功能分类；第五、六章分别介绍了SNP分析及进化分析的几款常用软件，在进化分析方面除了构建系统发育树的几款常用软件外，我们还介绍了计算Ka/Ks比值的一个工具及寻找蛋白家族进而进行进化分析的FGF工具；第七、八章简单介绍了表达分析及蛋白结构预测的相关工具。

本书作者全部为一线科研人员，在承担各项科研任务之余编写了本书，书中所介绍的软件都是我们工作中反复应用的，我们希望通过本书让更多的生物科研工作者能够尽快熟悉并应用生物信息学工具，更好的为生命科学研究服务。

由于时间和经验等方面原因，本书难免会有一些错误，还请广大读者谅解，也希望大家多提宝贵意见。

作 者

目　　录

序

前言

第 1 章　Unix/Linux 操作系统介绍 …… 1

1.1　远程登录 …… 1
1.2　文件的复制、删除和移动命令 …… 6
1.3　目录的创建、删除及更改目录命令 …… 8
1.4　文本查看命令 …… 10
1.5　文本处理命令 …… 12
1.6　改变文件或目录的权限命令 …… 14
1.7　备份与压缩命令 …… 16
1.8　磁盘及系统管理 …… 18
1.9　软件安装简介 …… 20
1.10　其他 …… 20

第 2 章　数据的基本处理 …… 22

2.1　数据常用格式介绍 …… 22
2.2　测序原理介绍 …… 32
2.3　峰图转化（Phred） …… 33
2.4　文件转换（phd2fasta） …… 40
2.5　载体屏蔽（cross_match） …… 43
2.6　序列聚类拼接 …… 51
2.7　Consed …… 63
2.8　引物设计（Primer3） …… 77
主要参考文献 …… 82

第 3 章　序列的比对 …… 83

3.1　全局比对 …… 85
3.2　局部比对 …… 105
主要参考文献 …… 158

第 4 章　基因组/基因的注释 …… 160

4.1　重复序列分析 …… 160
4.2　RNA 分析 …… 177
4.3　基因预测 …… 198
4.4　基因功能注释 …… 219
主要参考文献 …… 229

第 5 章　SNP 分析 …… 231

5.1　Polyphred …… 232
5.2　SNPdetector …… 237
5.3　cross_match …… 244
主要参考文献 …… 248

第 6 章　进化分析专题 …… 249

6.1　Phylip …… 250
6.2　Paml …… 257
6.3　KaKs_Calculator …… 263
6.4　FGF …… 270
6.5　MEGA …… 282
主要参考文献 …… 286

第 7 章　基因表达分析专题 …… 287

7.1　EST 表达序列标签分析 …… 287
7.2　生物芯片分析 …… 307
7.3　Motif 预测 …… 321
主要参考文献 …… 341

第 8 章　蛋白质结构预测 …… 343

8.1　蛋白质结构知识介绍 …… 343
8.2　蛋白质结构预测方法 …… 350
8.3　蛋白质结构预测的 Threading 方法 …… 350
8.4　蛋白质三维结构预测流程介绍 …… 351
主要参考文献 …… 363

第 1 章　Unix/Linux 操作系统介绍

1.1　远 程 登 录

进入 Unix/Linux 系统，必须要输入用户的账号和密码，普通用户的账号由系统管理员创建，可以进行有限的操作。登录大型机常用的有三种方式。

1. Telnet 登录

此方式登录大型机，不需要特殊软件。

第一步：打开命令对话框（Windows 系统开始→开始→运行→cmd），输入远程主机 IP，命令为："telnet 192.168.1.120"（图 1-1）。

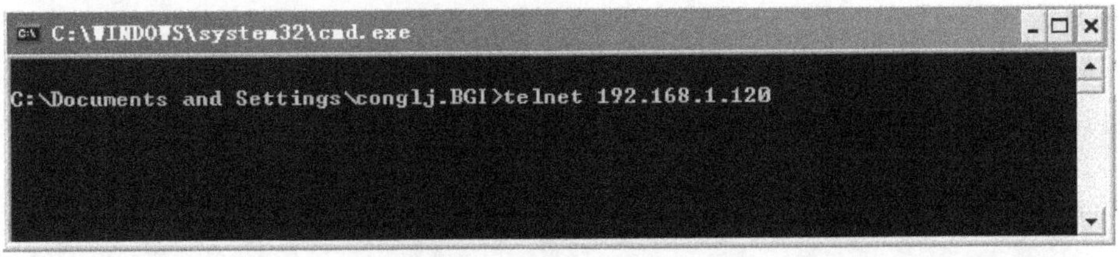

图 1-1　telnet 登录大型机，命令行

第二步：连接成功，系统会提示输入用户名（图 1-2）。

图 1-2　telnet 登录大型机，输入用户名

第三步，如果用户名存在，则提示输入密码（图 1-3）。

图 1-3　telnet 登录大型机，输入密码

第四步，密码输入正确，成功登录（图 1-4）。

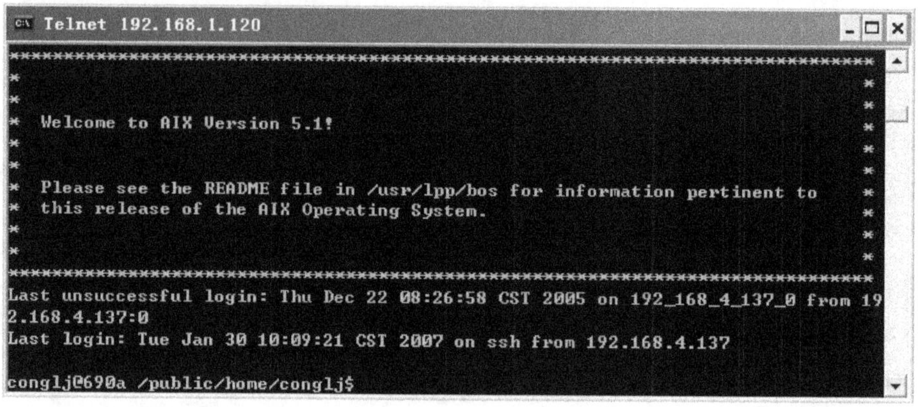

图 1-4　telnet 登录大型机，登录成功

完成任务执行需要退出系统时，只需在 shell 提示符下，键入 exit 命令即可。

2. SSH 登录

需要软件辅助，常用的软件有 SecureCRT、PuTTY 等，下面以 PuTTY 为例讲解 SSH 登录大型机（图 1-5、图 1-6）。

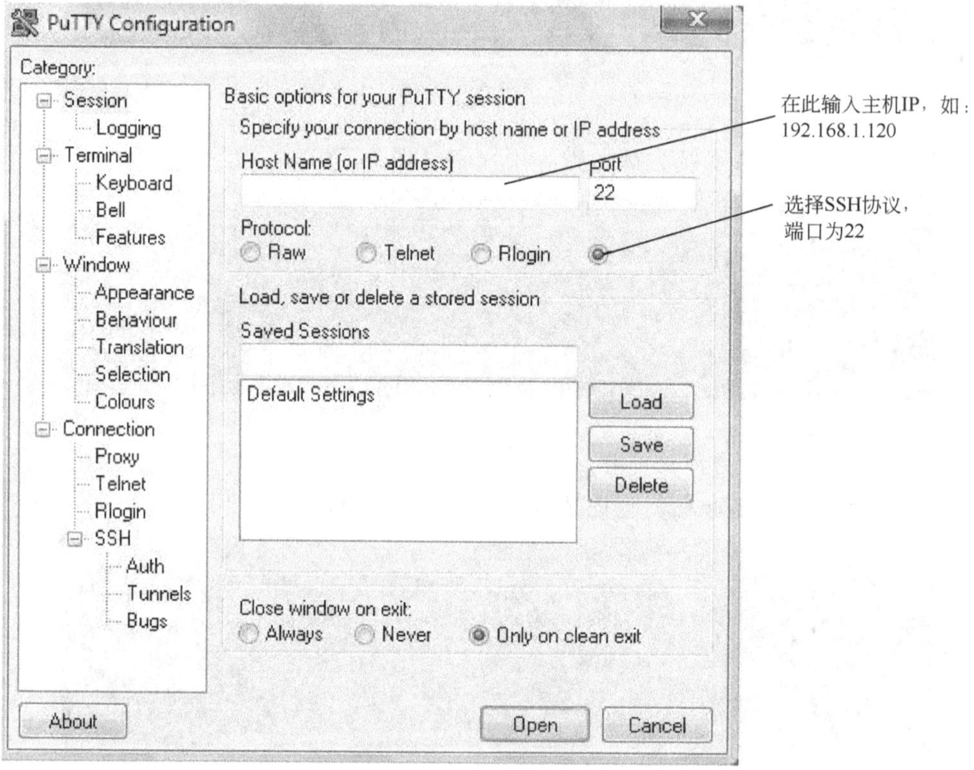

图 1-5　SSH 登录大型机，配置主机 IP 及登录方式

图 1-6　SSH 登录大型机，输入用户名及密码

3. X-Win 登录

X-Win 图形界面登录大型机，可以调用图形窗口，对于 consed 等软件的使用提供了一个很好的平台，可用软件：Xming（http://freedesktop.org/wiki/Xming）、X-Win32 等。以下 Xming 登录步骤仅供参考（图 1-7 ~ 图 1-13）。

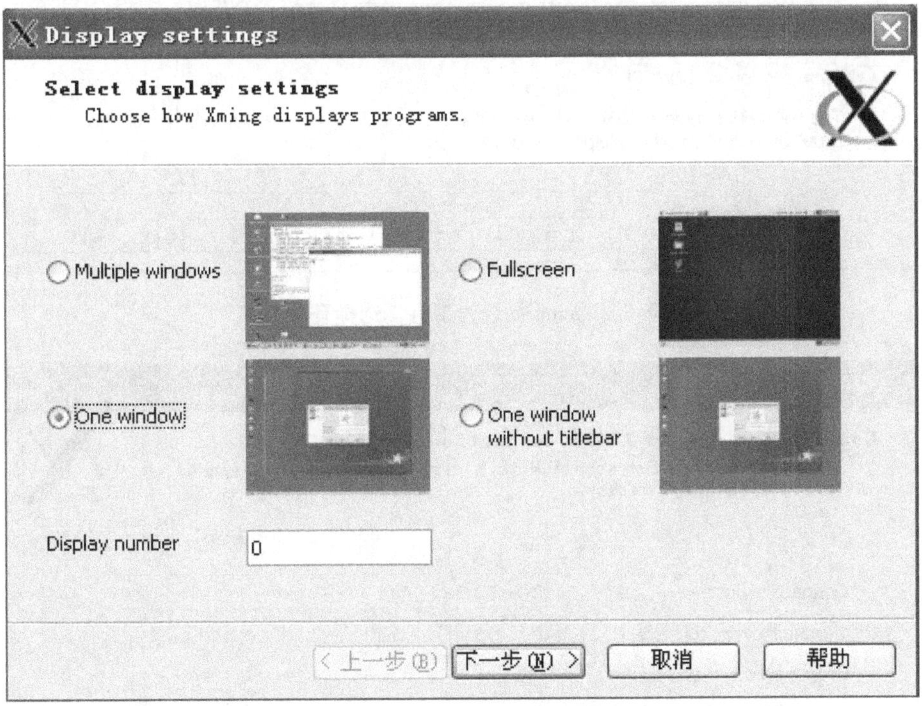

图 1-7　选择界面模式

1）修改密码 passwd 命令

为了更好地保护用户账号的安全，Unix/Linux 允许用户随时修改自己的密码，修改密码的命令是 passwd，键入此命令后，系统将提示用户输入旧密码和新口令，并再次确认新密码，以避免用户无意中按错键。如果用户忘记了密码，可以向系统管理员申请为自己重新设置。

2）更改用户命令 su

su 命令可以将用户更改为其他用户，运行此命令时系统会提示输入另一用户的密码。默认更改为管理员 root。

su - user 更改为其他用户并使用其环境变量设置。

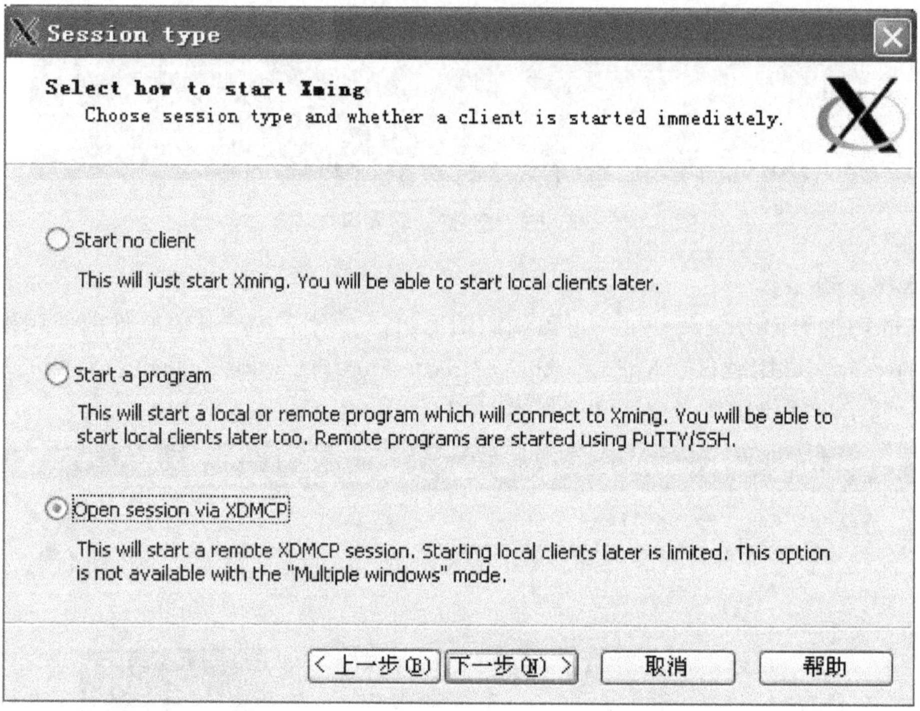

图 1-8 Xming 登录大型机，选择登录方式

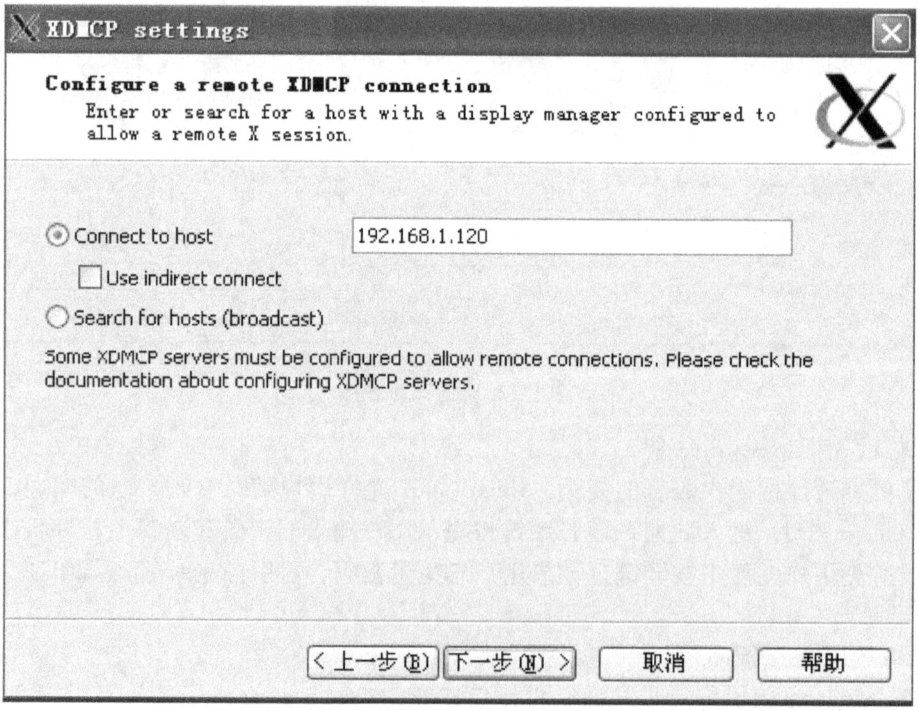

图 1-9 填写登录主机 IP

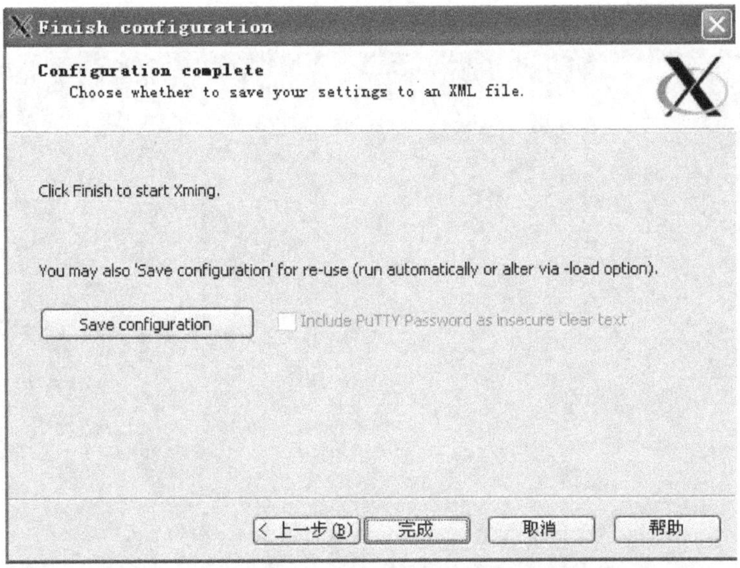

图 1-10　完成配置

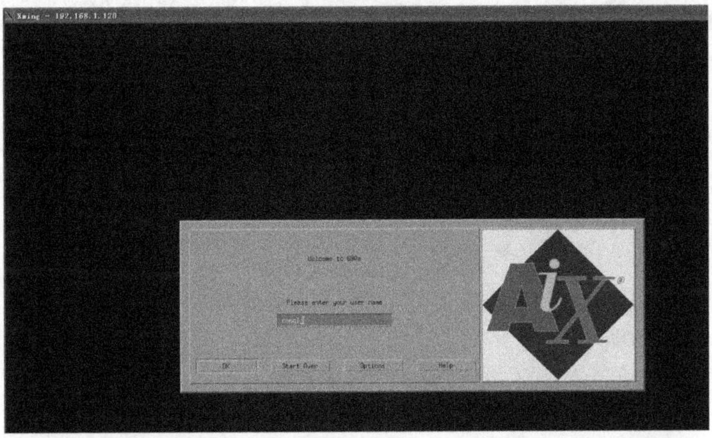

图 1-11　主机连接成功，输入用户名

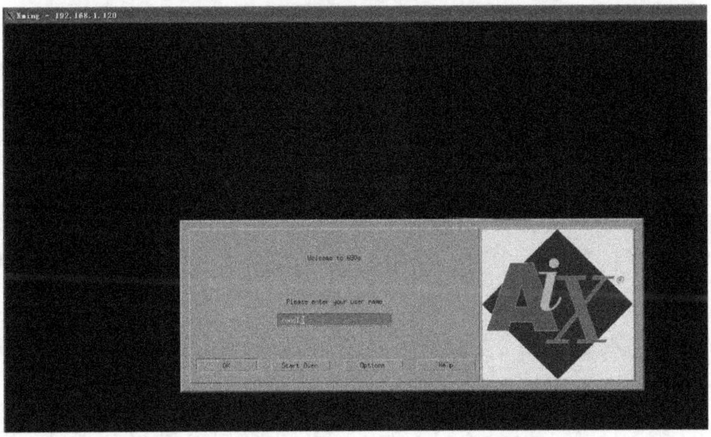

图 1-12　输入用户的密码，点击 OK 登录

登录成功，图 1-13 为远程计算机操作界面（不同的计算机有不同的界面）。

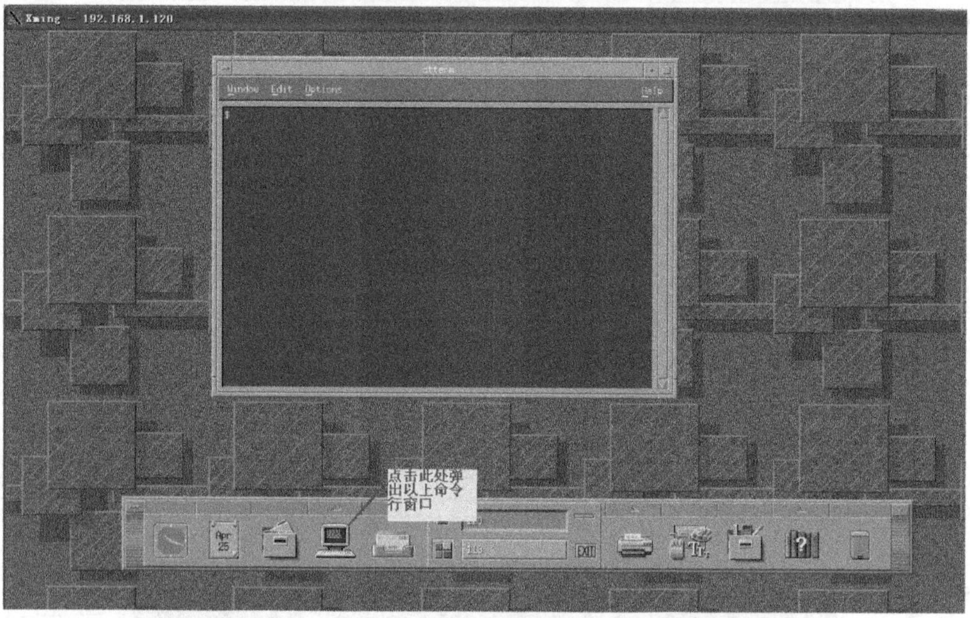

图 1-13　登录成功，打开命令行窗口

1.2　文件的复制、删除和移动命令

1. cp 命令

说明：该命令的功能是将指定的文件或目录拷贝到另一文件或目录中。可以使用通配符拷贝具有同一特征的所有文件。

语法：cp［参数］源文件或目录 目标文件或目录

参数：

-a　该选项通常在拷贝目录时使用。它保留链接、文件属性，并递归地拷贝目录，其作用等于 dpR 选项的组合。

-d　拷贝时保留链接。

-f　删除已经存在的目标文件而不提示。

-i　和 f 选项相反，在覆盖目标文件之前将给出提示要求用户确认。回答 y 时，目标文件将被覆盖，是交互式拷贝。为防止用户在不经意的情况下用 cp 命令破坏另一个文件，如用户指定的目标文件名已存在，用 cp 命令拷贝文件后，这个文件就会被新源文件覆盖，因此，建议用户在使用 cp 命令拷贝文件时，最好使用 i 选项。

-p　此时 cp 除复制源文件的内容外，还将把其修改时间和访问权限也复制到新文件中。

-r　若给出的源文件是一目录文件，此时 cp 将递归复制该目录下所有的子目录和文件。此时目标文件必须为一个目录名。

-l　不作拷贝，只是链接文件。

例子：

$ cp file1 file2　将file1拷贝成file2

$ cp /usr/file2./　将/usr目录下的文件file2拷到当前目录下

$ cp --help　查阅命令详细使用信息

2. mv命令

说明：用户可以使用mv命令来为文件或目录改名，或将文件由一个目录移入另一个目录中。视mv命令中第二个参数类型的不同（是目标文件还是目标目录），mv命令将文件重命名或将其移至一个新的目录中。当第二个参数类型是文件时，mv命令完成文件重命名，此时，源文件只能有一个（也可以是源目录名），它将所给的源文件或目录重命名为给定的目标文件名。当第二个参数是已存在的目录名称时，源文件或目录参数可以有多个，mv命令将各参数指定的源文件均移至目标目录中。在跨文件系统移动文件时，mv先拷贝，再将原有文件删除，而链至该文件的链接也将丢失。

语法：mv［参数］源文件或目录 目标文件或目录

参数：

-i　交互方式操作。如果mv操作将导致对已存在的目标文件的覆盖，此时系统询问是否重写，要求用户回答y或n，这样可以避免误覆盖文件。

-f　强制执行，在mv操作要覆盖某已有的目标文件时不给任何指示，指定此选项后，i选项将不再起作用。如果所给目标文件（不是目录）已存在，此时该文件的内容将被新文件覆盖。为防止用户用mv命令破坏另一个文件，使用mv命令移动文件时，最好使用i选项。

例子：

$ mv file1 file2　将file1改名为file2

$ mv./test /sdb/conglj/　将文件test移至/sdb/conglj目录下

$ mv -help　查阅命令详细使用信息

3. rm命令

说明：用户可以用rm命令删除不需要的文件。该命令可删除一个目录中的一个或多个文件或目录，它也可以将某个目录及其下的所有文件及子目录均删除。对于链接文件，只是断开链接，源文件保持不变。如果没有使用-r选项，则rm不会删除目录。

语法：rm［参数］文件…

参数：

-f　忽略不存在的文件，不给任何提示。

-r　将列出的全部目录和子目录逐级递归地删除。

-i　进行交互式删除。文件被删除后是不能被恢复的。为防止误删有用文件，可以使用i选项来逐个确认要删除的文件。如果用户输入y，文件将被删除。否则文件不会删除。

例子：

$ rm file1 file2 file3　删除三个文件

$ rm *　删除当前目录下所有文件（目录不删除）

$ rm-help　查阅命令详细使用信息

1.3　目录的创建、删除及更改目录命令

1. mkdir 命令

说明： 创建一个目录（类似 MSDOS 下的 md 命令）。要求创建目录的用户在当前目录中（dir-name 的父目录中）具有写权限，并且 dirname 不能是当前目录中已有的目录或文件名称。

语法： mkdir [参数] 目录名

参数：

-m　对新建目录设置存取权限。也可以用 chmod 命令设置。

-p　可以是一个路径名称。此时若路径中的某些目录尚不存在，加上此选项后，系统将自动建立好那些尚不存在的目录，即一次可以建立多个目录。

例子：

$ mkdir data　在当前目录下建立子目录 data

$ mkdir /usr/data　在/usr/目录下建立子目录 data，此时/usr 目录必须已经存在。

2. rmdir 命令

说明： 该命令从一个目录中删除一个或多个子目录项。一个目录被删除之前必须是空的。rm-r dir 命令可代替 rmdir。

语法： rmdir [参数] 目录名

参数：

-p　递归删除目录，当子目录删除后其父目录为空时，也一同被删除。如果整个路径被删除或者由于某种原因保留部分路径，则系统在标准输出上显示相应的信息。

3. cd 命令

说明： 该命令将当前目录改变至指定的目录。若没有指定目录，则回到用户的主目录。

语法： cd [目录名]

例子：

$ cd /usr/bin　切换至/usr/bin 目录

$ cd..　切换至上一层目录

$ cd/　切换至根目录

$ cd~　切换至宿主目录（用户登录时所在的目录），效果等同于不加指定目录。

4. pwd 命令

说明： 该命令显示用户当前所在的路径，为全路径。

语法： pwd

5. ls 命令

说明： ls是英文单词list的简写，其功能为列出目录的内容。对于每个目录，该命令将列出其中所有的子目录与文件。对于每个文件，ls将输出其文件名以及所要求的其他信息。默认情况下，输出条目按字母顺序排序。当未给出目录名或是文件名时，就显示当前目录的信息。

语法： ls［参数］［目录或是文件］

参数：

-a 显示指定目录下所有子目录与文件，包括隐藏文件。

-c 按文件的修改时间排序。

-F 在文件后面加上类型标识：如果是目录，则在后面加“/”；如果是可执行文件，则在后面加“*”；如果是个链接，则在后面加“@”，管道（或FIFO）后面标记“|”，socket文件后面标记“=”。

-L 若指定的名称为一个符号链接文件，则显示链接所指向的文件。

-r 按字母逆序或最早优先的顺序显示输出结果。

-R 递归式地显示指定目录的各个子目录中的文件。

-s 给出每个目录项所用的块数，包括间接块。

-t 显示时按修改时间（最近优先）顺序而不是按名字排序。若文件修改时间相同，则按字典顺序。

-l 以长格式来显示文件的详细信息。是最常用的参数之一。每行列出的信息依次是：文件类型与权限、链接数、文件属主、文件属组、文件大小、建立或最近修改的时间、文件名。用此参数命令显示的信息中，开头是由10个字符构成的字符串，其中，第一个字符表示文件类型，它可以是下述类型之一：-普通文件；d目录；l符号链接；b块设备文件；c字符设备文件。后面的9个字符表示文件的访问权限，分为3组，每组3位。对于目录，表示进入权限。第一组表示文件属主的权限，第二组表示同组用户的权限，第三组表示其他用户的权限。每一组的三个字符分别表示对文件的读（r）、写（w）和执行权限（x）。

例子：

$ ls 显示目前目录中所有文件。

$ ls /usr/bin 显示/usr/bin目录下的文件

$ ls-a /home/conglj 显示/home/conglj目录下所有的文件和目录，若无此参数，“.”开始的隐藏文件和目录不会显示。此命令显示结果为：

. .. .bash_history .bash_profile. bashrc. tsshrc

$ ls -l file1

-rwxr-xr-- 1 soft bgi Aug 8 05：08 file1

第一列是文件的属性：

第一个字符（-）表示是单纯的文件

第2～4字符“rwx” 表示此文件属主soft对文件file1的权利为“可读、可写、可执行”；

第 5 ~7 字符“r – x” 表示此用户组 bgi 内的用户对文件 file1 的权利为：“可读、不可写、可执行”；

第 8 ~10 字符“r – –” 表示其他用户对文件 file1 的权利为“可读、不可写、不可执行”。

第二列表示文件的链接数为 1。

第三列表示此文件或目录的拥有者是 soft 用户。

第四列表示文件所有者 soft 用户所属的组是 bgi。

第五列表示文件大小为 8byte。

第六列表示文件的修改日期是 8 月 8 日。

第七列表示文件名为 file1。

1.4 文本查看命令

1. more 命令

说明：在终端屏幕按屏显示文本文件，该命令一次显示一屏文本，显示满之后停下来，并在终端底部打印出“ – – More – –”，系统还将同时显示出已显示文本占全部文本的百分比，若要继续显示，按回车或空格键即可。若要退出，按 q 或 Q。

语法：more［参数］文件

参数：

–p 显示下一屏之前先清屏。

–c 作用同 –p 基本一样

–l 不处理 ctrl +l（换页符）。如果没有给出这个选项，则 more 命令在显示了一个包含有 ctrl +l 字符的行后将暂停显示，并等待接收命令。

–s 文件中连续的空白行压缩成一个空白行显示。

例子：

$ more –c –5 example. txt 执行该命令后，先清屏，然后将以每五行的方式显示文件 example. txt 的内容。

2. less 命令

说明：less 命令的功能几乎和 more 命令一样，也是用来按页显示文件。此命令可以使用方向键滚动文件。用 less 命令显示文件时，若需要在文件中往前移动，按 b 键；要移动到用文件的百分比表示的某位置，则指定一个 0 到 100 之间的数，并按 p 即可。

语法：less［参数］文件

参数：

less -S 分列显示

less -help 显示详细说明文档

3. cat 命令

说明：该命令功能之一是用来显示文件，它依次读取其后所指文件的内容并将其输出到标准输出。该命令功能之二是用来将两个或多个文件连接起来。

语法：cat［参数］文件

参数：

-v 用一种特殊形式显示控制字符，LFD与TAB除外。加了 -v 选项后，-T 和 -E 选项将起作用。

-T 将TAB显示为"ù I"。该选项需要与 -v 选项一起使用。即如果没有使用 -v 选项，则这个选项将被忽略。

-E 在每行的末尾显示一个 $ 符。该选项需要与 -v 选项一起使用。

-A 等于 -vET。

-t 等于 -vT。

-e 等于 -vE。

-n 在文件的每行前面显示行号。

-b 和 -n 相似，只不过对于空白行不编号。

-s 当遇到有连续两行以上的空白行时，就代换为一行的空白行。

例子：

$ cat-A example. txt　在屏幕上显示出 example. txt 文件的内容，而且如果文件中含有特殊字符的话，一并显示。

$ cat file1 file2 > file3　这样就把文件 file1 和文件 file2 的内容合并起来，放入文件 file3 中（此时在屏幕上并不能直接看到该命令执行后的结果）。

4. head 命令

说明：显示指定文件的前若干行。该命令显示每个指定文件的前面 n 行。如果没有给出 n 值，缺省设置为10。如果没有指定文件，head 就从标准输入读取。

语法：head［参数］文件

参数：

-line

-n line

例子：

$ head -5 example. txt　查看 example. txt 的前5行。

5. tail 命令

说明：输出文件内容后面的部分，默认为最后十行。

语法：tail［参数］文件

参数：

-n 只显示后面的 n 行。

-c 显示最后几个字节。

-f 动态显示，常用于跟踪消息文件。

例子：

$ tail-5 /etc/passwd　查看文件/etc/passwd 的最后5行

$ tail-n 5 test. txt　查看 text. txt 文件的后5行

$ tail-f /var/log/messages　动态显示文件/var/log/messages 的最后10行

$ tail-c 10 test. txt　查看 text. txt 文件的后 10 个字节

6. sed 命令

说明： 此命令功能强大，用法也较复杂，我们这里只给出查看文件中间几行的用法。

例子：

$ sed -n'5，10p' /etc/passwd　只查看文件的第 5 行到第 10 行。

7. grep 命令

说明： 是一过滤器，它可搜索文件并过滤出有某个特征的行。

语法： grep [参数] 匹配模式文件

参数：

－n　把所找到的行在行前加上行号列出

－v　把不包含匹配模式的行列出

例子：

$ grep-n mrna UCSC. lis　找出文件 UCSC. lis 中含有 mrna 字段的行，并标注行号输出

1.5　文本处理命令

1. sort 命令

说明： sort 命令的功能是对文件中的各行进行排序，并将结果显示在标准输出上。如不指定输入文件或使用“－”，则表示排序内容来自标准输入。sort 排序是根据从输入行抽取的一个或多个关键字进行比较来完成的。排序关键字定义了用来排序的最小的字符序列。默认以整行为关键字按 ASCII 字符顺序进行排序。

语法： sort [参数] 文件

参数：

－u　对排序后认为相同的行只留其中一行。

－o　输出文件，将排序输出写到输出文件中而不是标准输出，如果输出文件是输入文件之一，sort 先将该文件的内容写入一个临时文件，然后再排序和写输出结果。

－d　按字典顺序排序，比较时仅字母、数字、空格和制表符有意义。

－f　将小写字母与大写字母同等对待。

－I　忽略非打印字符。

－M　作为月份比较：“JAN” < “FEB”。

－r　按逆序输出排序结果。

＋pos1－pos2 指定一个或几个字段作为排序关键字，字段位置从 pos1 开始，到 pos2 为止（包括 pos1，不包括 pos2）。如不指定 pos2，则关键字为从 pos1 到行尾。字段和字符的位置从 0 开始。

－b　在每行中寻找排序关键字时忽略前导的空白（空格和制表符）。

－t　separator 指定字符 separator 作为字段分隔符。

2. uniq 命令

说明： uniq 命令将文件中的重复行中删除，只留下每条记录的唯一样本。如果输入文件用“-”表示，则从标准输入读取。

语法： uniq［参数］文件

参数：

-c　显示输出中，在每行行首加上本行在文件中出现的次数。它可取代 -u 和 -d 选项。

-d　只显示重复行。

-u　只显示文件中不重复的各行。

-n　前 n 个字段与每个字段前的空白一起被忽略。一个字段是一个非空格、非制表符的字符串，彼此由制表符和空格隔开（字段从 0 开始编号）。

+n　前 n 个字符被忽略，之前的字符被跳过（字符从 0 开始编号）。

-f　n 与 -n 相同，这里 n 是字段数。

-s　n 与 +n 相同，这里 n 是字符数。

3. wc 命令

说明： 用来统计给定文件中的字节数、字数、行数。如果没有给出文件名，则从标准输入读取。wc 同时也给出所有指定文件的总统计数。字是由空格字符区分开的最大字符串。

语法： wc［参数］文件

参数：

-c　统计字节数。

-l　统计行数。

-w　统计字数。

这些选项可以组合使用。输出列的顺序和数目不受选项的顺序和数目的影响。总是按下述顺序显示并且每项最多一列：

　　行数、字数、字节数、文件名

如果命令行中没有文件名，则输出中不出现文件名。

例子：

$wc test. txt　统计 test. txt 文件，显示结果如下：

　　35　103　957 test. txt

$wc -l test. txt　统计 test. txt 文件中的行数，显示结果如下：

　　35 test. txt

$wc -c test. txt　统计 test. txt 文件中的字符数，显示结果如下：

　　957 test. txt

$wc -w test. txt　统计 test. txt 文件中的单词数，显示结果如下：

　　103 test. txt

4. split 命令

说明： 将一个文件分割成数个，生成文件依次为前缀 aa、前缀 ab……默认前缀为 x。

语法： split［参数］文件［前缀］

参数：

-b SIZE　SIZE 值为每一输出文件的大小，单位为 byte。SIZE 可加入单位：b、k、m。

-l　NUMBERNUMBER 值为每一输出文件的行数。

前缀　限定输出文件前缀标识。

例子：

$ split -b 30k UCSC. lis　TEST 将文件 UCSC. lis 按每份 30k 大小进行拆分，并生成前缀为 TEST 的各拆分文件。

5. cut 命令

说明： 截取文件中的某字段。

语法： cut［参数］文件

参数：

-c　m-n 表示显示每一行的第 m 个字元到第 n 个字元。

-f　m-n 表示显示第 m 栏到第 n 栏（使用 tab 分隔）。

-d　'分隔符' 用来定义分隔符（单个字符），默认为 tab 键，和 -f 配合使用。

例子：

$ cut -f 1-2 -d ',' UCSC. lis　以 "," 为分隔符，取文件 UCSC. lis 的第一列和第二列。

6. awk 命令

说明： 对文件进行信息提取等处理。

语法： awk '{操作代码}' 文件

例子：

$ awk '{print}' /etc/passwd　此命令输出/etc/passwd 文件的内容。

$ awk -F: ":" '{print $1}' /etc/passwd　使用 -F 选项来指定 ":" 作为字段分隔符，打印出在输入文件中每一行中出现的第一个字段。

1.6　改变文件或目录的权限命令

Linux/Unix 系统中的每个文件和目录都有访问许可权限，用它来确定谁可以通过何种方式对文件和目录进行访问和操作。文件或目录的访问权限分为只读（r）、只写（w）和可执行（x）三种，可用 - 表示没有权限。有三种不同类型的用户可对文件或目录进行访问：文件所有者（u）、同组用户（g）和其他用户（o）。所有者一般是文件的创建者，所有者可以将文件的访问权限赋予同组用户或系统中的其他用户。

每一文件或目录的访问权限都有三组，每组用三位表示，分别为文件属主的读、写和执行权限；与属主同组的用户的读、写和执行权限；系统中其他用户的读、写和执行权限。当用 ls -l 命令显示文件或目录的详细信息时，最左边的一列为文件的访问权限。例如：

```
$ ls -l GC_content.pl
-rwxx--x-- 1 soft bgi 1437 Feb 25 17:31 GC_content.pl
```

GC_ content. pl 的属主 soft 有读写及执行权限；与 GC_ content. pl 属主同组 bgi 的用户只有可执行权限；其他用户也只有可执行权限。

文件的权限及所有者及其属于的用户组都可以用一些命令来改变，下面分别对这些命令加以介绍。

1. chmod 命令

说明：chmod 命令用于改变文件或目录的访问权限。用户用它控制文件或目录的访问权限。

语法：该命令有两种用法。一种是包含字母和操作符表达式的文字设定法；另一种是包含数字的数字设定法。

（1）文字设定法：chmod [用户] [操作] [权限类型] 文件名

用户可以是下述字母中的任一个或者它们的组合：

u 表示“用户（user）”，即文件或目录的所有者。

g 表示“同组（group）用户”，即与文件属主有相同组 ID 的所有用户。

o 表示“其他（others）用户”。

a 表示“所有（all）用户”，系统默认值。

操作可以是：

\+ 添加某个权限。

\- 取消某个权限。

= 赋予给定权限并取消其他所有权限（如果有的话）。

权限类型可用下述字母的任意组合，在一个命令行中可给出多个权限方式，其间用逗号隔开：

r 可读。

w 可写。

x 可执行。

u 与文件属主拥有一样的权限。

g 与和文件属主同组的用户拥有一样的权限。

o 与其他用户拥有一样的权限。

文件名：以空格分开的要改变权限的文件列表，支持通配符。

例子：

$ chmod g+r，o+r GC_content. pl　使同组和其他用户对文件 GC_content. pl 增加可读权限。

$ chmod g+rw file　增加文件组内可读写的权限

$ chmod o=rx file　更改文件的权限，使其他用户可读可执行

（2）数字设定法：chmod [ddd] 文件名

数字属性的格式为 3 个 0~7 的八进制数，其代表的用户顺序为（u）（g）（o）。0 表示没有权限，1 表示可执行权限，2 表示可写权限，4 表示可读权限，数字可以相加表示权限的累加。

例子：

$ chmod 755 GC_content. pl　将文件 GC_content. pl 的权限改为属主可读可写可执行，组内用户及其他用户为可读及可执行。7 =4（可执行）+2（可写）+1（可读），5 =4（可执行）+1（可读）。

参数：

-r　更改所有的权限，包括子目录及其内文件。

2. chgrp 命令

说明：改变文件或目录所属的用户组。可以是组 ID，也可以是组名（见文件/etc/group）。如果用户不是该文件的属主或超级用户，则不能改变该文件的组。

语法：chgrp［参数］group filename

参数：

-R　递归式地改变指定目录及其下的所有子目录和文件的属组。

3. chown 命令

说明：更改某个文件或目录的属主和属组。用户及组名可以是名称或 ID。注意：普通用户只能将自己的文件或目录改成他人的，而不能进行逆操作。

语法：chown［参数］用户或组　文件

-R　递归式地改变指定目录及其下的所有子目录和文件的拥有者。

-v　显示 chown 命令所做的工作。

例子：

$　chown -R soft：bgi genome/　将 genome 目录下所有文件及文件的所有者变成 bgi 组的 soft 用户。

1.7　备份与压缩命令

1. tar 命令

说明：tar 可以为文件和目录创建档案。利用 tar，用户可以为某一特定文件创建档案（备份文件），也可以在档案中改变文件，或者向档案中加入新的文件。tar 命令可以把一大堆的文件和目录全部打包成一个文件，以便于网络传输。

语法：tar［参数］文件或者目录

参数：

c　创建新的档案文件。如果用户想备份一个目录或是一些文件，就要选择这个选项。

r　把要存档的文件追加到档案文件的末尾。

t　列出档案文件的内容，查看已经备份了哪些文件。

u　更新文件。就是说，用新增的文件取代原备份文件，如果在备份文件中找不到要更新的文件，则把它追加到备份文件的最后。

x　从档案文件中释放文件。

z　用 gzip 来压缩/解压缩文件，加上该选项后可以将档案文件进行压缩，但还原时也一定要使用该选项进行解压缩。

例子：

bin. tar $ tar -cf bin. tar /usr/bin　将/usr/bin 目录下所有文件打包成 bin. tar

bin. tar $ tar -xf bin. tar　提出 bin. tar 包里所有文件

bin. tar $ tar -tvf bin. tar　给出 bin 包里的文件列表，并不解压缩

bin. tar $ tar -help　显示此命令的帮助信息

2. gzip（gunzip）命令

说明：对文件进行压缩和解压缩的命令。压缩文件可以减少文件大小，这有两个明显的好处：一是可以减少存储空间，二是通过网络传输文件时，可以减少传输的时间。压缩后默认产生后缀为 . gz 的压缩文件。

语法：gzip［参数］文件名

参数：

-c　将输出写到标准输出上，并保留原有文件。

-d　将压缩文件解压。

-l　对每个压缩文件，显示压缩文件的大小、未压缩时大小、压缩比及文件压缩前名字。

-r　递归式地查找指定目录并压缩其中的所有文件或者是解压缩。

-t　测试，检查压缩文件是否完整。

-v　对每一个压缩和解压的文件，显示文件名和压缩比。

-f　如果压缩的文件重名，则强制覆盖。

-num 用指定的数字 num 调整压缩的速度，-1 或 --fast 表示最快压缩方法（低压缩比），-9 或 --best 表示最慢压缩方法（高压缩比）。系统缺省值为 6。

例子：

$ gzip -l sprot40. dat. gz

执行结果：

compressed uncompr essed. ratio uncompressed_name

66088434 320673785 79. 3% sprot40. dat

$ gzip -d sprot40. dat. gz 解压缩文件 sprot40. dat. gz

$ gzip -h 显示此命令的帮助信息

3. unzip 命令

说明：用 MS Windows 下的压缩软件 winzip 压缩的文件一般后缀为 . zip，可以用 unzip 命令解压缩。

语法：unzip［参数］压缩文件名 . zip

参数：

-x　文件列表解压缩文件，但不包括指定的 file 文件。

-v　查看压缩文件目录，但不解压。

-t　测试文件有无损坏，但不解压。

-d　［目录］，把压缩文件解到指定目录下。

-z　只显示压缩文件的注解。

-n　不覆盖已经存在的文件。

-o　覆盖已存在的文件且不要求用户确认。

-j　不重建文档的目录结构，把所有文件解压到同一目录下。

4. compress 命令

说明： compress 压缩文件，压缩后的文件会加上一个 .Z 后缀以区别未压缩的文件，可以用 uncompress 解压缩或使用参数 -d 解压缩。

语法： compress ［参数］ 压缩文件名

参数：

-f　如果压缩的文件重名，则强制覆盖。

-d　解压缩文件。

-c　将输出写到标准输出上，并保留原有文件。

1.8　磁盘及系统管理

1. df 命令

说明： 检查文件系统的磁盘空间占用情况。可以利用该命令来获取硬盘被占用了多少空间，目前还剩下多少空间等信息。

语法： df ［参数］［文件系统］

-a　显示所有文件系统的磁盘使用情况，包括 0 块（block）的文件系统，如/proc 文件系统。

-k　以 k 字节为单位显示。

-i　显示 i 节点信息，而不是磁盘块。

-t　显示各指定类型的文件系统的磁盘空间使用情况。

-x　列出不是某一指定类型文件系统的磁盘空间使用情况（与 t 选项相反）。

-T　显示文件系统类型。

2. du 命令

说明： 进入指定目录的每一个子目录并显示该目录占用文件系统数据块（1024 字节）的情况。若没有指定目录，则对当前目录进行统计。

语法： du［参数］［文件或目录］

参数：

-s　对每个文件或目录只给出占用的数据块总数。

-a　递归地显示指定目录中各文件及子目录中各文件占用的数据块数。若既不指定 -s，也不指定 -a，则只显示其中的每一个目录及其中的各子目录所占的磁盘块数。

-b　以字节为单位列出磁盘空间使用情况（系统缺省以 k 字节为单位）。

-k　以 1024 字节为单位列出磁盘空间使用情况。

-c　最后再加上一个总计（系统缺省设置）。

-l　计算所有的文件大小，对硬链接文件，则计算多次。

－x　跳过在不同文件系统上的目录不予统计。

3. free 命令

说明： 查看当前系统内存的使用情况，显示系统中剩余及已用的物理内存和交换内存，以及共享内存和被核心使用的缓冲区。

语法： free［参数］

参数：

－b　以字节为单位显示。

－k　以 k 字节为单位显示。

－m　以兆字节为单位显示。

4. top 命令

说明： 即时显示进程动态，进入 top 命令后可以使用如下几个命令进行操作

h：显示帮助信息

q：离开此命令

s：更新速度，每几秒更新一次，也可使用空格键手动更新

n：只显示最上面运行的几个进程

i：不显示任何闲置（idle）或无用（zombie）的行程

u：单独显示某一用户的进程，“＋”为显示所有用户的进程

5. history 命令

说明： 查询历史命令记录

语法： history［参数］

参数：

number　只显示前面最近使用的几个命令。

－c　从下一个命令开始记录。

－h　只显示命令历史记录，不显示命令编号、时间等信息。

－r　反向显示命令的历史记录，即从最近的一个命令开始显示。

6. ps 命令

说明： 显示用户的运行程序或系统程序。

语法： ps［参数］

参数：

－e　列出所有用户的进程。

－u　［user］列出用户 user 的进程。

－f　给出详细列表。

7. kill 命令

说明： 杀掉某一进程

语法： kill［参数］

参数：

［－signal］pid signal 为 0 到 31 的数字，也可以是特定字符串。如数字 9 代表 KILL，可以杀掉一般无法终止的程序。

-l 查看 signal 代表的意思。常用的 signal 有 HUP、STOP、CONT 等。

1.9 软件安装简介

后缀为 . tar. gz、tar. Z、tar. bz2 或 . tgz 是使用 Linux/Unix 系统打包工具 tar 打包的解压数据包。首先要解压缩，不同扩展名解压缩命令也不相同，如：

类型	命令
. gz	gunzip
. Z	uncompress
. zip	unzip
. bz2	bunzip2

进入解压缩目录，查看 README/INSTALL，如果有此类文件，安装前阅读，里面会有安装过程。不同的软件安装不尽相同。一般情况下大致过程如下：

./configure　配置

make　调用 make 命令进行编译

make -f file　指定 file 文件为描述文件。如果没有"-f"参数，则系统将默认当前目录

下名为 makefile 或者名为 Makefile 的文件为描述文件。

make install　安装可执行程序

make clean　删除安装时产生的临时文件

卸载软件：#make uninstall

有些软件包的源代码编译安装后可以用 make uninstall 命令卸载。如果不提供此功能，则软件的卸载必须采用手动删除。

1.10 其　他

1. ln 命令

说明：此命令用于链接文件或目录。链接又可分为两种：硬链接（hard link）与软链接（symbolic link），硬链接的意思是一个文件可以有多个名称，而软链接的方式则是产生一个特殊的文件，该文件的内容是指向另一个文件的位置。硬链接是存在同一个文件系统中，而软链接可以跨越不同的文件系统。

语法：ln［参数］源文件或目录 目标文件或目录

参数：

-b 删除，覆盖目标文件之前的备份。

-d 或 -F 建立目录的硬链接。

-s 对源文件建立符号连接，而非硬链接。

-f 强行建立文件或目录的链接，不论文件或目录是否存在。

-i 覆盖既有文件之前先询问用户。

2. find 命令

说明： 在目录结构中搜索文件，并执行指定的操作。该命令提供的寻找条件可以是一个用逻辑运算符 not、and、or 组成的复合条件。

语法： find［路径］［参数］［操作］

参数：

-empty	查找系统中空白的文件，或空白的文件目录。
-name	要查找的文件名，字串内可用通配符 *、?、[ ]。
-user uname	查找属于某个用户的文件。
-group gname	查找属于某组的文件。
-links n	查找有 n 个链接的文件。
-exec	执行操作。

例子：

$ find bin/ -name run. sh　查找 bin 目录下名字为 run. sh 的文件。

$ find ！ -name tmp　该命令查找文件名不是 tmp 的所有文件。

3. man［命令］

man 是手册（ manual ）的意思。可让使用者查询某一命令的具体使用帮助。

Ctrl + f 或空格键 后翻一页

Ctrl + b 或 b 前翻一页

Ctrl + c 或 q 离开

4. info［命令］获取相关命令的详细使用方法

例如：info ls 可以获取如何使用 info 的详细信息。

5. 重定向 >

可将某命令的结果输出到文件中。

>file　将结果输出到文件 file 中，如果该文件原本就存在，则该文件原有的内容会被删除。

>>file　将结果输出到文件 file 中，如果原文件存在，则附加在原文件后面，原文件的内容不会被删除。

6. 管道符 |

可将某命令的结果输出给另一命令。

第 2 章　数据的基本处理

2.1　数据常用格式介绍

不同的测序中心以及不同的序列分析软件往往会输出不同的核酸和蛋白质序列格式，常见的序列格式包括 Fasta、NBRF/PIR、EMBL、Clustal、Genbank、Phylip 等，本节简单介绍各基本格式特点。

1. Fasta 格式

Fasta 格式，又叫 Person（Fasta 的主要作者）格式，是最简单的格式，使用最多。Fasta格式序列以“>”引导的序列名称开始，后接序列的详细数据。这一行为描述行，第一个字符必须是“>”字符；随后的行是序列本身，一般每行序列不要超过 80 个字符，回车符不会影响程序对序列连续性的看法。一个文件可以有多条序列。

详细说明见以下网址介绍：http://www.ncbi.nlm.nih.gov/blast/fasta.shtml。

序列由标准的 IUB/IUPAC 氨基酸和核酸代码代表，除 ATGCU 及 20 种常见氨基酸外，还可以使用下表中字符代表特定序列（表 2-1）。另外，单个“-”号代表不明长度的空位；任何数字都应该被去掉或换成字母（如不明核酸用“N”，不明氨基酸用“X”）。

表 2-1　标准代码表可以使用的其他字符

核酸	氨基酸
R　G/A	B　Asp/Asn
Y　T/C	U　硒代半胱氨酸
K　G/T	Z　Glu/Gln
M　A/C	X　任意氨基酸
S　G/C	*　翻译结束标志
W　A/T	
B　G/T/C	
D　G/A/T	
H　A/C/T	
V　G/C/A	
N　A/G/C/T	

Fasta 格式除了序列文件之外，还可以有质量文件，质量文件第一行和序列文件定义相同，只是在序列部分对应的为每个碱基的质量值，用空格分隔。各文件举例如下：

1）核酸序列

```
>HSP90AA1 human18 - chr11_27866465_27869656
atgcctgaggaaacccagacccaagaccaaccgatggaggaggaggaggttgagacattc
```

```
gcctttcaggcagaaattgcccagttgatgtcattgatcatcaatactttctactcgaac
gttggttctgatgaggaagaagaaaagaaggatggtgacaagaa
>HSP90AA2 human18-chr14_101617305_101622968
atgcctgaggaaacccagacccaagaccaaccgatggaggaggaggaggttgagacgttc
ataccgaacaaacaagatcgaactctcactattgtggatactggaattggaatgaccaag
ggtcgtggaacaaaagttatcctacacctgaaag
```

2）氨基酸序列

```
>DH16C_ORYSA Dehydrin RAB 16C
MENYQGQHGYGADRVDVYRNPVAGQYGGGATAPGGGHGVMGMGGHHAGAGGQFQPVKEEH
KTGGILHRSGSSSSSSSSEDDGMGGRRKKGIKEKIKEKLPGGNKANNHQQQMMGNTGGA
YGQQGHAGMTGAGTGTGVHGAEYGNTGEKKGFMDKIKEKLPGQH
```

3）核酸序列的质量文件

```
>10_A8-9.ab1 PHD_FILE: 10_A8-9.ab1.phd.1
15 16 15 15 13 20 20 29 40 33 33 32 32 19 13 4 4 4
15 24 32 32 34 34 34 34 40 46 46 46 46 51 51 46 46
45 44 42 42 44 44 44 44 40 46 46 46 46 51 51 46 46
47 42 42 44 44 47 56 56 56 56 56 56 56 40 40 40 40
17 23 18 14 11 8 9 8 12 4 0
```

2. NBRF/PIR 格式文件

此格式包含三部分：

第一行以“>”开头，后面是两个字母组成的序列类型编号（P1、F1 等，见表2-2），然后是分号，最后是序列 ID；

第二行是关于序列的描述信息；

第三行开始是序列，序列以“*”结尾，可以有多行。

一个文件可以有多条序列。下面是一个例子：

```
>P1;DH16C_ORYSA
Dehydrin RAB 16C
MENYQGQHGYGADRVDVYRNPVAGQYGGGATAPGGGHGVMGMGGHHAGAGGQFQPVKEEH
KTGGILHRSGSSSSSSSSEDDGMGGRRKKGIKEKIKEKLPGGNKANNHQQQMMGNTGGA
YGQQGHAGMTGAGTGTGVHGAEYGNTGEKKGFMDKIKEKLPGQH*
>P1;CRAB_CHICK
ALPHA CRYSTALLIN B CHAIN (ALPHA(B)-CRYSTALLIN).
MDITIHNPLV RRPLFSWLTP SRIFDQIFGE HLQESELLPT SPSLSPFLMR
SPFFRMPSWL ETGLSEMRLE KDKFSVNLDV KHFSPEELKV KVLGDMIEIH
GKHEERQDEH GFIAREFSRK YRIPADVDPL TITSSLSLDG VLTVSAPRKQ
SDVPERSIPI TREEKPAIAG SQRK*
```

表 2-2　序列类型编号表

编号	P1	F1	DL	DC	RL	RC	N3	N1
类型	完整蛋白	蛋白片段	线状 DNA	环状 DNA	线状 RNA	环状 RNA	tRNA	其他功能 RNA

3. EMBL/SWISSPROT 格式文件

这种格式比较复杂，描述的信息较多。每段内容以两个大写字母开始，分别描述如下：

ID：记录的第一行，此行的基本信息如下：

Entry name：序列的名称，用大写字母表示，最多十个。

Status：表示序列是 Swiss-Prot section of the UniProt 中注释的还是 TrEMBL 中预测的。两类分别为：

Reviewed：UniProtKB 手工校正并注释（Swiss - Prot 部分）

Unreviewed：UniProtKB 计算机注释（TrEMBL 部分）

Length of the molecule：氨基酸序列长度。

AC：ACcession number。

DT：记录产生的时间和最后修改的时间。

DE：序列的一般描述信息。

GN：GeneName 基因名字。

OS：序列来源的物种。

OG：序列来源的细胞器，线粒体、叶绿体、蓝色小体或质粒。

OC：序列来源的物种分类。

OX：分类号。

RN：Reference Number 引用文献的编号。

RP：Reference Position 文献作者的相关工作。

RC：Reference Comment 文献的注释。

RX：Reference Cross-Reference 交叉引用。

RA：Reference Author 文献作者。

RT：Reference Title 文献标题。

RL：Reference Location

CC：注释行，各种有用信息。

DR：Database cross-Reference 交叉引用数据库。

KW：KeyWord 关键字，包含序列功能、结构等信息的关键字。

FT：Feature Table 序列的注释信息。包括序列特定的区域或位点，如转录后修饰位点、结合位点、酶活性位点、二级结构等。

SQ：SeQuence 序列开始标志，对序列简单总结。

序列行：以两个空格开始而非两个字母的编码，序列每行 60 个氨基酸，每十个一组，从该行的第 6 个字符开始。

//：记录结束标志

下面是一个例子：

```
ID   DH16C_ORYSA       Reviewed;       164 AA.
AC   P22912; Q53L96;
DT   01-AUG-1991, integrated into UniProtKB/Swiss-Prot.
DT   10-JAN-2006, sequence version 2.
DT   31-OCT-2006, entry version 38.
DE   Dehydrin Rab16C.
GN   Name=RAB16C; OrderedLocusNames=Os11g0454000, LOC_Os11g26760;
OS   Oryza sativa (Rice).
OC   Eukaryota; Viridiplantae; Streptophyta; Embryophyta; Tracheophyta;
OC   Spermatophyta; Magnoliophyta; Liliopsida; Poales; Poaceae; BEP clade;
OC   Ehrhartoideae; Oryzeae; Oryza.
```

```
OX   NCBI_TaxID =4530;
RN   [1]
RP   NUCLEOTIDE SEQUENCE [GENOMIC DNA].
RC   STRAIN = cv. Indica /IR36; TISSUE = Seed;
RX   MEDLINE =91322486; PubMed =2151651;
RA   Yamaguchi - Shinozaki K., Mundy J., Chua N. - H.;
RT   "Four tightly linked rab genes are differentially expressed in rice.";
RL   Plant Mol. Biol. 14:29 -39(1990).
RN   [2]
RP   NUCLEOTIDE SEQUENCE [LARGE SCALE GENOMIC DNA].
RC   STRAIN = cv. Japonica /Nipponbare;
RX   PubMed =16188032; DOI =10.1186/1741-7007-3-20;
RG   The rice chromosomes 11 and 12 sequencing consortia;
RT   "The sequence of rice chromosomes 11 and 12, rich in disease
RT   resistance genes and recent gene duplications.";
RL   BMC Biol. 3:20 -20(2005).
CC   -! - INDUCTION: By abscisic acid (ABA) and water stress.
CC   -! - SIMILARITY: Belongs to the plant dehydrin family.
CC   -----------------------------------------------------------------------
CC   Copyrighted by the UniProt Consortium, see http://www.uniprot.org/terms
CC   Distributed under the Creative Commons Attribution - NoDerivs License
CC   -----------------------------------------------------------------------
DR   EMBL; X52423; -; NOT_ANNOTATED_CDS; Genomic_DNA.
DR   PIR; S11847; S11847.
DR   Gramene; P22912; -.
DR   InterPro; IPR000167; Dehydrin.
DR   Pfam; PF00257; Dehydrin; 1.
DR   PROSITE; PS00315; DEHYDRIN_1; 1.
DR   PROSITE; PS00823; DEHYDRIN_2; 2.
FT   CHAIN     1     164     Dehydrin Rab16C.
FT                           /FTId = PRO_0000100053.
FT   COMPBIAS 69 78 Poly - Ser.
FT   CONFLICT 19 19 G - > R (in Ref. 1).
FT   CONFLICT 105 105 G - > A (in Ref. 1).
FT   CONFLICT 108 108 Q - > H (in Ref. 1).
SQ   SEQUENCE 164 AA; 16724 MW; 59C2101DA02EE0E3 CRC64;
     MENYQGQHGY GADRVDVYGN PVAGQYGGGA TAPGGGHGVM GMGGHHAGAG GQFQPVKEEH
     KTGGILHRSG SSSSSSSSED DGMGGRRKKG IKEKIKEKLP GGNKGNNQQQ QQMMGNTGGA
     YGQQGHAGMT GAGTGTGVHG AEYGNTGEKK GFMDKIKEKL PGQH

//
```

4. Clustal (*.aln)格式文件

第一行是软件版本信息；下面多序列比对结果，序列按照位置对齐，每个比对块长度是60个字母的序列，行首是序列ID。其中“-”表示缺失，“*”表示参与比对的序列在该位点是完全一致的，“:”表示在该列序列可以观察到保守的替换，“.”表示在该列序列可以观察到半保守的替换，图2-1是一个例子。

```
CLUSTAL W (1.83) multiple sequence alignment


DH16B_ORYSA     MENYOGQHG-YGADRVDVYGNPVGAQYGGGATAPGGGHGAGMGMGGHAGAGAGGQFQPAR
DH16C_ORYSA     MENYQGQHG-YGADRVDVYRNPV-AGQYGGGATAPGGGHGVMGMGGHH-AGAGGQFQPVK
DH21_ORYSA      ME-HQGQHG-HVTSRVDEYGNPV-------GTGAGHAQMGTAGMGTHGTAGTGRQFQPMR
AK109096        ME-YQGQHGGHASSRADEHGNPA--------VTTGNAPTG---------MGAGHIQEPAR
Chr05_1557      ------------------------------------------------------------


DH16B_ORYSA     EDRKTGGILHRSGSSSSSSSSSEDDGMGGRRKKGIKEKIKEKLPGGNKGNNQQQQQMMGN-
DH16C_ORYSA     EEHKTGGILHRSGSSSSSSSSSEDDGMGGRRKKGIKEKIKEKLPGGNKANNHQQQQMMGN-
DH21_ORYSA      EEHKTGGVLQRSGSSSSSSSS-EDDGMGGRRKKGIKEKIKEKLPGGNKGEQQHAMGGTGTG
AK109096        EDKKTDGVLRRSGSSSSSSSSSEDDGMGGRRKKGIKEKIKEKLPGGNKGNNQQQQQEHTTT
Chr05_1557      -----------------------------------------LPGGNKGGQQQPTATAAT-
                                                         ******. :::   .


DH16B_ORYSA     ------TGGAYGQ-QGH-AGMTGAGTG--VHGAEYGNAG-EKKGFMDKIKEKLPG--QH
DH16C_ORYSA     ------TGGAYGQ-QGH-AGMTGAGTGTGVHGAEYGNTG-EKKGFMDKIKEKLPG--QH
DH21C_ORYSA     TGTGTGTGGAYGQ-QGHGTGMTTGTTG--AHGTTTTDTG-EKKGIMDKIKEKLPG--QH
AK109096        T-----TGGAYGP-QGHDTKIATGAHG--GTAATTADAGGEKKGIVDKIKEKLPG--QH
Chr05_1557      --------GGYGAGTGHTAAAGTTTDAGGTAYTPTTQPTHEKKGMMEKIKEKLPGGGHH
                        *.**   ** :       .     :   :.  ****:::********  :*
```

图 2-1　Clustal 格式

5. GCG/MSF（Pileup）格式文件

和 Clustal 格式比较相似，适合表现多序列比对结果，“.”表示缺失。

Pileup

```
  MSF: 179 Type: P Check: 2476 ..

Name: DH16B_ORYSA oo Len: 179 Check: 3840 Weight: 13.0
Name: DH16C_ORYSA oo Len: 179 Check: 5609 Weight: 16.3
Name: DH21_ORYSA oo Len: 179 Check: 4992 Weight: 19.5
Name: AK109096 oo Len: 179 Check: 786 Weight: 21.7
Name: Chr05_1557 oo Len: 179 Check: 7249 Weight: 29.3

//

DH16B_ORYSA     MENYQGQHG. YGADRVDVYG NPVGAGQYGG GATAPGGGHG AMGMGGHAGA
DH16C_ORYSA     MENYQGQHG. YGADRVDVYR NPV.AGQYGG GATAPGGGHG VMGMGGHH.A
DH21_ORYSA      ME.HQGQHG. HVTSRVDEYG NPV······· GTGAGHAQMG TAGMGTHGTA
AK109096        ME.YQGQHGG HASSRADEHG NPA······· ·VTTGNAPTG ·········-M
Chr05_1557      ·········· ·········· ·········· ·········· ··········

DH16B_ORYSA     GAGGQFQPAR EDRKTGGILH RSGSSSSSSS SEDDGMGGRR KKGIKEKIKE
DH16C_ORYSA     GAGGQFQPVK EEHKTGGILH RSGSSSSSSS SEDDGMGGRR KKGIKEKIKE
DH21_ORYSA      GTGRQFQPMR EEHKTGGVLQ RSGSSSSSSS .EDDGMGGRR KKGIKEKIKE
AK109096        GAGHIQEPAR EDKKTDGVLR RSGSSSSSSS SEDDGMGGRR KKGIKEKIKE
Chr05_1557      ·········· ·········· ·········· ·········· ··········

DH16B_ORYSA     KLPGGNKGNN QQQQQMMGN· ······-TGGA YGQ.QGH.AG MTGAGTG..V
DH16C_ORYSA     KLPGGNKANN HQQQQMMGN· ······-TGGA YGQ.QGH.AG MTGAGTGTGV
DH21_ORYSA      KLPGGNKGEQ QHAMGGTGTG TGTGTGTGGA YGQ.QGHGTG MTTGTTG··A
AK109096        KLPGGNKGNN QQQQQEHTTT T·····TGGA YGP.QGHDTK IATGAHG··G
Chr05_1557      ·LPGGNKGGQ QQPTATAAT· ········GG YGAGTGHTAA AGTTTDAGGT

DH16B_ORYSA     HGAEYGNAG. EKKGFMDKIK EKLPG··QH
```

```
DH16C_ORYSA      HGAEYGNTG. EKKGFMDKIK EKLPG·· QH
DH21_ORYSA       HGTTTTDTG. EKKGIMDKIK EKLPG·· QH
AK109096         TAATTADAGG EKKGIVDKIK EKLPG·· QH
Chr05_1557       AYTPTTQPTH EKKGMMEKIK EKLPGGGHH
```

6. RSF 格式文件

RSF 格式文件被 SeqLab 软件创建，可以通过文件开始的单词“!! RICH_ SEQUENCE”识别，一个文件可以存放多条序列。下面是一个例子：

```
!! RICH_SEQUENCE 1.0
{
name DH16C_ORYSA
type PROTEIN
longname DH16C_ORYSA
checksum 980
creation-date 4/15/98 16:42:47
strand 1
sequence
  MENYQGQHGYGADRVDVYRNPVAGQYGGGATAPGGGHGVMGMGGHHAGAGGQFQPVKEEH
  KTGGILHRSGSSSSSSSSEDDGMGGRRKKGIKEKIKEKLPGGNKANNHQQQQMMGNTGGA
  YGQQGHAGMTGAGTGTGVHGAEYGNTGEKKGFMDKIKEKLPGQH}
```

7. GDE 格式文件

GDE 格式文件有点像 Fasta 格式和 Clustal 格式的结合体，下面是一个例子：

```
% DH16B_ORYSA
MENYQGQHG-YGADRVDVYGNPVGAGQYGGGATAPGGGHGAMGMGGHAGAGAGGQFQPAR
EDRKTGGILHRSGSSSSSSSSSEDDGMGGRRKKGIKEKIKEKLPGGNKGNNQQQQQMMGN-
------TGGAYGQ-QGH-AGMTGAGTG--VHGAEYGNAG-EKKGFMDKIKEKLPG--QH
% DH16C_ORYSA
MENYQGQHG-YGADRVDVYRNPV-AGQYGGGATAPGGGHGVMGMGGHH-AGAGGQFQPVK
EEHKTGGILHRSGSSSSSSSSSEDDGMGGRRKKGIKEKIKEKLPGGNKANNHQQQQMMGN-
------TGGAYGQ-QGH-AGMTGAGTGTGVHGAEYGNTG-EKKGFMDKIKEKLPG--QH
% DH21_ORYSA
ME-HQGQHG-HVTSRVDEYGNPV------GTGAGHAQMGTAGMGTHGTAGTGRQFQPMR
EEHKTGGVLQRSGSSSSSSS-EDDGMGGRRKKGIKEKIKEKLPGGNKGEQQHAMGGTGTG
TGTGTGTGGAYGQ-QGHGTGMTTGTTG--AHGTTTTDTG-EKKGIMDKIKEKLPG--QH
% AK109096
ME-YQGQHGGHASSRADEHGNPA----VTTGNAPTG----MGAGHIQEPAR
EDKKTDGVLRRSGSSSSSSSSEDDGMGGRRKKGIKEKIKEKLPGGNKGNNQQQQQEHTTT
T------TGGAYGP-QGHDTKIATGAHG--GTAATTADAGGEKKGIVDKIKEKLPG--QH
% CHR05_1557
----------------------------------------
LPGGNKGGQQQPTATAAT-----------GGYGAGTGHTA
AAGTTTDAGGTAYTPTTQPTHEKKGMMEKIKEKLPGGGHH
```

8. Mega 格式

第一行必须以“#MEGA”作为 Mega 格式序列的开头。第二行以“Title”开头，后面跟上题目，题目必须简洁明了以便于以后的工作。再后面接数据文件的属性描述部分。注释可以标注在任意位置，但必须用方括号“[ ]”括起来。

```
   #mega
! Title Adh - sequence data from 11 species;
! Format DataType = DNA indel = - CodeTable = Standard;
```

```
! Description
  Thomas, R. H., and J. A. Hunt 1993. Mol. Biol. Evol. 10(2):362 -374.
  This sequence data is not neccessarily identical to
  Thomas and Hunt (1993), but contains the same species.
  Note the use of underscore ( _ ) for including a blank in
  and OTU label.
  Alignment gap symbol ='-'
  Interleaved sequences;

! Gene = Adh Property = Coding CodonStart = 1;
#D._melanogaster     ATG TCG TTG ACC AAC AAG AAC GTG ATT TTC GTG GCC GGT CTG GGA
#D._pseudoobscura    ATG TCT CTC ACC AAC AAG AAC GTC GTT TTC GTG GCC GGT CTG GGC
#D._crassifemur      ATG TTC ATC GCT GGC AAG AAC ATC ATC TTT GTC GCT GGT CTC GGC
#D._mulleri          ATG GCC ATC GCT AAC AAG AAC ATC ATC TTC GTC GCT GGA CTC GGT
#D._affinidisjuncta ATG GTT ATC GCT AAC AGT AAC GTC ATC TTT GTC GCT GGT CTG GGT

#D._melanogaster     GGC ATT GGT CTG GAC ACC AGC AAG GAG CTG CTC AAG CGC GAT CTG
#D._pseudoobscura    GGC ATT GGC CTG GAC ACC AGC CGG GAG TTG GTC AAG CGT AAT CTG
#D._crassifemur      GGC ATT GGA CTG GAG ACG AGT CGC GAG ATT GTC AAG AGC GGT CCC
#D._mulleri          GGC ATT GGA TTC GAC ACC AGT CGC GAG ATT GTC AAG AGC GGC CCA
#D._affinidisjuncta GGC ATT GGC CTG GAC ACC AGT CGC GAG ATT GTC AAG AGT GGC CCC
```

9. Genbank 格式

简单地讲，Genbank 格式包括三个部分：①描述部分；②特征部分；③序列本身。其中特征部分是记录的最重要部分，它概述了被测序 DNA 生物的背景。需要注意的是，Genbank 格式在最后的末尾必须以//结尾，以示终结。Genbank 格式各部分解释如下：

LOCUS – 记录的名字及序列长度、序列类别（DNA、rRNA、mRNA 等）、线状或环状及分类等信息。

DEFINITION – 序列的简明注释。

ACCESSION – accession number Genbank 记录的唯一不变的标识。

VERSION – 记录的版本号，包含 accession number 及版本。

KEYWORDS – 描述记录的基因产物或其他信息的关键字。

SEGMENT – 同一分子一系列不连续的序列的顺序。

SOURCE – 物种来源。

  ORGANISM – 物种名及分类。

REFERENCE – 相关文献。

  AUTHORS – 作者列表。

  CONSRTM – 相关团体单位。

  TITLE – 文献标题。

  JOURNAL – 杂志名字、刊期、年份、页码等。

  MEDLINE – Medline 索引号（2005 年 4 月起不再有此记录项）。

  PUBMED – PubMed 索引号。

  REMARK – 相关引用。

COMMENT – 交叉引用、名称改变等信息。

FEATURES – 序列编码信息及各生物识别位点。

BASE COUNT – 碱基统计（2003 年 10 月起不再有此记录项）。

CONTIG - 序列组装方式。

ORIGIN - 序列开始标志。

- ORIGIN 后面为序列数据。

// - 记录结束标志。

Genbank 格式文件简单示例如下：

```
LOCUS       AJ971041          1287 bp  mRNA  linear  PLN  18-MAY-2005
DEFINITION  Brassica napus mRNA for glycosyltransferase (pglcat8 gene).
ACCESSION   AJ971041
VERSION     AJ971041.1 GI:66347020
KEYWORDS    glycosyltransferase; pglcat8 gene.
SOURCE      Brassica napus (rape)
  ORGANISM  Brassica napus
            Eukaryota; Viridiplantae; Streptophyta; Embryophyta; Tracheophyta;
            Spermatophyta; Magnoliophyta; eudicotyledons; core eudicotyledons;
            rosids; eurosids II; Brassicales; Brassicaceae; Brassica.
REFERENCE   1
  AUTHORS   Ouzzine,M., Magdalou,J., Fournel-Gigleux,S., Mollicone,R. and
            Oriol,R.
  TITLE     Phylogeny of beta3-glucuronyltransferases
  JOURNAL   Unpublished
REFERENCE   2 (bases 1 to 1287)
  AUTHORS   Oriol,R.
  TITLE     Direct Submission
  JOURNAL   Submitted (13-MAY-2005) Oriol R., U504, Inserm, 16 Av. Paul
            Vaillant-Couturier, 94807, FRANCE
FEATURES             Location/Qualifiers
     source          1..1287
                     /organism="Brassica napus"
                     /mol_type="mRNA"
                     /db_xref="taxon:3708"
     gene            1..1287
                     /gene="pglcat8"
     CDS             19..1281
                     /gene="pglcat8"
                     /function="contributes to the synthesis of
                     glycoseaminoglycans"
                     /codon_start=1
                     /product="glycosyltransferase"
                     /protein_id="CAI94899.1"
                     /db_xref="GI:66347021"
                     /db_xref="GOA:Q4VZ80"
```

```
                     /db_xref="InterPro:IPR005027"
                     /db_xref="UniProtKB/TrEMBL:Q4VZ80"
                     /translation="MKLLSAFRSSYLNRRGSTFRSLDPSSFDGAFIPKPSPSSIFWLA
                     IHCLCCLISLILGFRFSHLVLFFLYSTSVTNLYTTTAGVSRLLQLKPLEKANVTAKSS
                     RVVVGRHGIRIRPWPHPNPIEVMRAHQLLERVQKEQKSLYGVRSPRAVIAVTPTYVRT
                     FQALHLTGVMHSLMLVPYVVVWIVVEAGGKSNETASFVGKSRLKTIHVGFDQKMPNYW
                     EDRGKLESKMRLRALRVVKEEKLDGVVMFADDSNMHSMEFFDEIQNVKWFGAVSVGIL
                     AHSGNAEEMVMSMDKRREMEKEEVQGPACNATDKLIGWHVFNTLPYAGKSAVYIDDVA
                     AVLPQKLEWCGFVLNSRILWDEAESKPEWVKEFGLLNENEGVESPLSLLNDPSMVEPL
                     GSCGRQVLLWWLRVEARADSKFPSRDGD"
ORIGIN
        1 ggagaagaag cggagaagat gaagctcctc tctgcatttc gatcgagtta cttgaatcgt
       61 cgaggaagca ccttcagatc gttagatccg tcgtcgttcg acggagcttt catccccaag
      121 ccatctccat cctcaatctt ctggctagcg attcactgcc tctgctgctt gatcagcttg
      181 attctagggt tccgattcag ccacttggtc ctcttcttcc tctactccac ctccgtcacc
      241 aatctataca ccaccaccgc cggggtgagc cggcttctcc agctgaagcc tctggagaaa
      301 gccaacgtca cggcgaagag ctctcgagtg gtggttggaa gacacgggat ccggatccgt
      361 ccctggcctc acccgaaccc gatcgaagtc atgagagctc accagctgct cgagagagtg
      421 cagaaggagc agaagtcgct ctacggcgtg aggagcccca gggctgtgat cgcggtgacg
      481 ccgacttacg tacggacgtt ccaggcgctt cacctgaccg gagtcatgca ctcgctgatg
      541 ctcgtgcctt acgtcgtggt gtggatcgtg gtggaagctg gtgggaagag caacgagacg
      601 gcttcgttcg tcgggaaatc gagattgaag acgattcacg ttggttttga tcagaagatg
      661 ccgaattact gggaagatcg cggcaagctg gagagtaaga tgagacttcg agctttgaga
      721 gttgtgaagg aagagaagct tgatggggtt gtgatgtttg ctgatgatag taacatgcat
      781 agtatggagt tttcgatga gattcagaac gtgaagtggt tcggtgctgt ttccgttgga
      841 atcttggcgc attcggggaa tgcggaagag atggttatgt cgatggataa gagaagagag
      901 atggagaaag aagaggtaca aggtcctgcg tgtaacgcga ccgataagct gatcggttgg
      961 catgttttca atacgttgcc atacgcgggg aagagtgcgg tttatataga cgatgtagct
     1021 gcggttttgc cgcagaagct ggagtggtgt gggtttgtat tgaactcgag gattctttgg
     1081 gatgaggctg agagtaagcc ggagtgggtt aaggagtttg ggttgttgaa cgagaacgaa
     1141 ggcgtggaga gtcctttgtc tctgttgaat gatccttcga tggttgagcc tcttggaagc
     1201 tgtggaagac aggttctgct ttggtggctt cgtgttgaag cacgcgctga tagcaagttc
     1261 ccctcccggg atggtgattg atcctcc
//
```

10. NEXUS 格式

NEXUS 格式和 Clustal 格式非常相似，示例如下：

```
#NEXUS
BEGIN DATA;
dimensions ntax=5 nchar=179;
format missing=?
```

```
symbols = "ABCDEFGHIKLMNPQRSTUVWXYZ"
interleave datatype = PROTEIN gap = -;

matrix
DH16B_ORYSA    MENYQGQHG-YGADRVDVYGNPVGAGQYGGGATAPGGGHGAMGMGGHAGA
DH16C_ORYSA    MENYQGQHG-YGADRVDVYRNPV-AGQYGGGATAPGGGHGVMGMGGHH-A
DH21_ORYSA     ME-HQGQHG-HVTSRVDEYGNPV-------GTGAGHAQMGTAGMGTHGTA
AK109096       ME-YQGQHGGHASSRADEHGNPA-------VTTGNAPTG---------M
Chr05_1557     --------------------------------------------------
DH16B_ORYSA    GAGGQFQPAREDRKTGGILHRSGSSSSSSSSEDDGMGGRRKKGIKEKIKE
DH16C_ORYSA    GAGGQFQPVKEEHKTGGILHRSGSSSSSSSSEDDGMGGRRKKGIKEKIKE
DH21_ORYSA     GTGRQFQPMREEHKTGGVLQRSGSSSSSSS-EDDGMGGRRKKGIKEKIKE
AK109096       GAGHIQEPAREDKKTDGVLRRSGSSSSSSSSEDDGMGGRRKKGIKEKIKE
Chr05_1557     --------------------------------------------------

DH16B_ORYSA    KLPGGNKGNNQQQQQMMGN-------TGGAYGQ-QGH-AGMTGAGTG--V
DH16C_ORYSA    KLPGGNKANNHQQQQMMGN-------TGGAYGQ-QGH-AGMTGAGTGTGV
DH21_ORYSA     KLPGGNKGEQQHAMGGTGTGTGTGTGGAYGQ-QGHGTGMTTGTTG--A
AK109096       KLPGGNKGNNQQQQQEHTTTT-----TGGAYGP-QGHDTKIATGAHG--G
Chr05_1557     -LPGGNKGGQQQPTATAAT---------GGYGAGTGHTAAAGTTTDAGGT

DH16B_ORYSA    HGAEYGNAG-EKKGFMDKIKEKLPG--QH
DH16C_ORYSA    HGAEYGNTG-EKKGFMDKIKEKLPG--QH
DH21_ORYSA     HGTTTTDTG-EKKGIMDKIKEKLPG--QH
AK109096       TAATTADAGGEKKGIVDKIKEKLPG--QH
Chr05_1557     AYTPTTQPTHEKKGMMEKIKEKLPGGGHH
;
end;
```

11. Phylip 格式

Phylip 格式第一行给出序列个数和序列长度，下面类似 Clustal 格式分块给出多序列比对信息，要求序列长度一致，序列中“-”表示缺失。只有第一块含有序列 ID，其他块不含。首先为十个字符的物种名（包含空格和标点符号，但括号、方括号、冒号、分号、逗号除外，tab 只代表一个字符）。序列可以分行显示（可以有空格），要求序列长度一致。示例如下：

```
      5    179
DH16B_ORYS MENYQGQHG- YGADRVDVYG NPVGAGQYGG GATAPGGGHG AMGMGGHAGA
DH16C_ORYS MENYQGQHG- YGADRVDVYR NPV-AGQYGG GATAPGGGHG VMGMGGHH-A
DH21_ORYSA ME-HQGQHG- HVTSRVDEYG NPV------- GTGAGHAQMG TAGMGTHGTA
AK109096   ME-YQGQHGG HASSRADEHG NPA------- -VTTGNAPTG ---------M
Chr05_ 1557 ---------- ---------- ---------- ---------- ----------

           GAGGQFQPAR EDRKTGGILH RSGSSSSSSS SEDDGMGGRR KKGIKEKIKE
           GAGGQFQPVK EEHKTGGILH RSGSSSSSSS SEDDGMGGRR KKGIKEKIKE
           GTGRQFQPMR EEHKTGGVLQ RSGSSSSSSS -EDDGMGGRR KKGIKEKIKE
           GAGHIQEPAR EDKKTDGVLR RSGSSSSSSS SEDDGMGGRR KKGIKEKIKE
           ---------- ---------- ---------- ---------- ----------

           KLPGGNKGNN QQQQQMMGN- ------TGGA YGQ-QGH-AG MTGAGTG--V
           KLPGGNKANN HQQQQMMGN- ------TGGA YGQ-QGH-AG MTGAGTGTGV
           KLPGGNKGEQ QHAMGGTGTG TGTGTGTGGA YGQ-QGHGTG MTTGTTG--A
           KLPGGNKGNN QQQQQEHTTT T-----TGGA YGP-QGHDTK IATGAHG--G
           -LPGGNKGGQ QQPTATAAT- --------GG YGAGTGHTAA AGTTTDAGGT

           HGAEYGNAG- EKKGFMDKIK EKLPG--QH
```

```
HGAEYGNTG - EKKGFMDKIK EKLPG--QH
HGTTTTDTG - EKKGIMDKIK EKLPG--QH
TAATTADAGG EKKGIVDKIK EKLPG--QH
AYTPTTQPTH EKKGMMEKIK EKLPGGGHH
```

2.2 测序原理介绍

在分子生物学研究中，DNA 的序列分析是进一步研究和改造目的基因的基础。目前用于 DNA 测序的技术主要有 Sanger 双脱氧链末端终止法和 Gilbert 化学降解法。

1. Sanger 双脱氧链末端终止法

DNA 的合成过程中，利用 DNA 聚合酶来延伸结合在待定序列模板上的引物，在反应体系中加入 4 种脱氧核苷酸三磷酸（dNTP）及双脱氧核苷三磷酸（ddNTP），由于 ddNTP 缺乏延伸所需要的 3′ - OH 基团（图 2-2），使延长的寡聚核苷酸选择性地在 G、A、T 或 C 处终止，从而产生 4 组不同长度的一系列核苷酸，这 4 组 DNA 链再经过聚丙烯酰胺凝胶电泳按链的长短分离开，经过放射自显影显示区带或非同位素标记进行检测，就可以直接读出被测 DNA 的核苷酸序列。目前，Sanger 测序法得到了广泛的应用（图 2-3、图 2-4）。

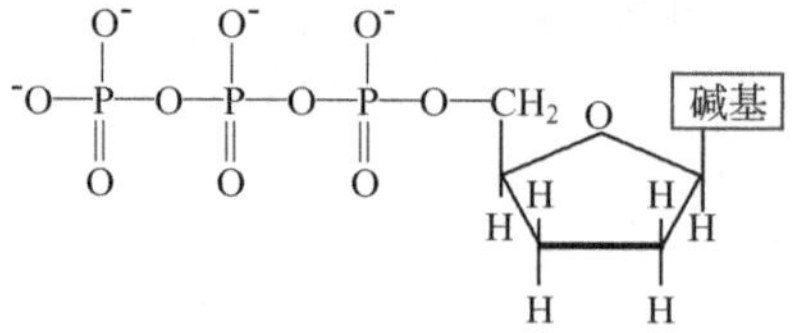

图 2-2　ddNTP 类似物

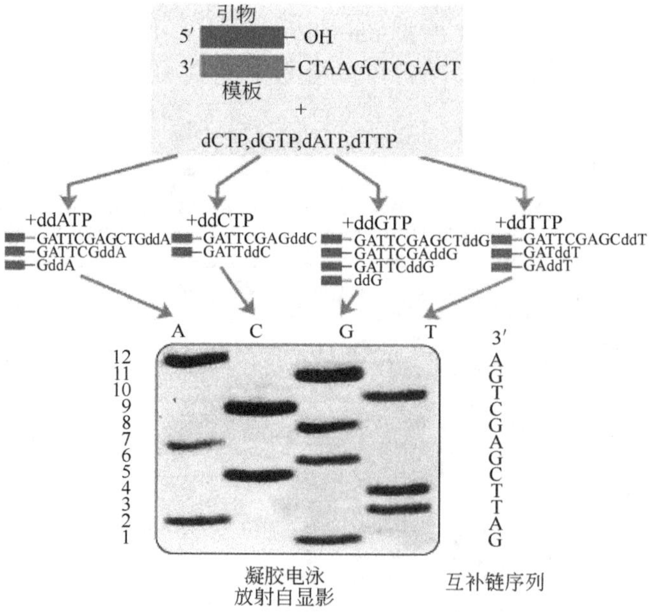

图 2-3　Sanger 法示意图

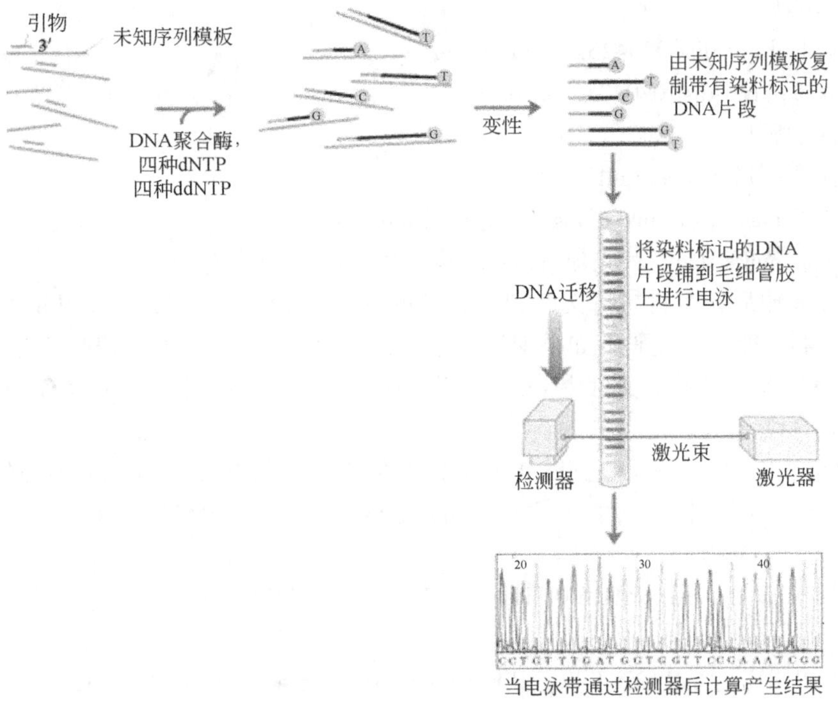

图 2-4　Sanger 测序示意图

2. Gilbert 化学降解法

这一方法的基本步骤：①先将 DNA 的末端之一进行标记（通常为放射性同位素 ^{32}P）；②在多组互相独立的化学反应中分别进行特定碱基的化学修饰；③在修饰碱基位置化学法断开 DNA 链；④聚丙烯酰胺凝胶电泳将 DNA 链按长短分开；⑤根据放射自显影显示区带，直接读出 DNA 的核苷酸序列。

2.3　峰图转化（Phred）

1. 简介

Phred 是 Phred \ Phrap 软件包的一部分，Phred \ Phrap 软件包由华盛顿大学分子生物技术学院的 Phil Green 和 Brent Ewing 开发，主要用于学术科研活动。Phred 功能是处理测序仪直接生成的色谱图，给出相应的碱基和质量值。不同的测序仪会给出不同的色谱文件，Phred 能够识别三种格式的色谱文件：SCF、ABI 和预先处理的 ESD 格式。

碱基的测序质量值 Q 和此碱基出错的概率 P_e 相关。公式：$Q = -10\ \lg P_e$。

2. 下载

该软件包可以从 Phrap 的网站申请后免费下载，网站链接：

http://www.phrap.org/consed/consed.html#howToGet

3. 安装

1）上传 Phred 的压缩包到本地 Linux/Unix 运算服务器

2) 解压缩

gzip-d phred-dist-020425. c-acd. tar. gz

tar-xvf phred-dist-020425. c-acd. tar

3) 编译源程序

在命令行键入 make all

敲入“make >& make. log”，完成 phred 的编译。

敲入“make daev”，完成 phred 程序包中 daev 程序的编译。

编译完成后，可将执行文件 phred、daev 拷贝到/usr/local/genome/bin 目录下面。默认是用 cc 编译源代码，如果编译报错的话，很可能是 CC 编译器有问题，可以试一下用 gcc 编译，将 Makefile 文件中 CC = cc 改为 CC = gcc 或用命令：make CC = gcc all

4) 设置环境变量

为了以后使用方便，可以把 Phred 需要的环境变量设置在用户宿主目录下面的 . profile 和 . bashrc 或 . cshrc 文件里面，把配置文件的路径赋给 PHRED_PARAMETER_FILE，例如：

(1) C shell, tcsh:

% setenv PHRED_PARAMETER_FILE /usr/local/PhredPar/phredpar. dat

(2) sh, bash:

$ PHRED_PARAMETER_FILE = /usr/local/PhredPar/phredpar. dat

$ export PHRED_PARAMETER_FILE

注意路径要根据不同用户安装目录的不同做相应的修改，不能照抄这个例子。

phredpar. dat 文件内容见图 2-5：

```
######################################################################
#                                                                    #
# phredpar.dat - phred parameter file: 980806                        #
#                                                                    #
#   known chemistries: primer, terminator, unknown                   #
#   known dyes        : rhodamine, d-rhodamine, big-dye              #
#                       energy-transfer, bodipy, unknown             #
#   known machines    : ABI_373_377, MolDyn_MegaBACE,                #
#                       ABI_3700, LI-COR_4000                        #
#                                                                    #
# Notes:                                                             #
#        (1) enclose the `dye primer' name in double quotes          #
#            and include spaces in the names.                        #
#        (2) leave one or more spaces between the `dye primer' #
#            and chemistry names, between the chemistry and          #
#            dye names, and between the dye and machine names. #
#        (3) add entries between the `begin chem_list' and           #
#            `end chem_list' lines.                                  #
#                                                                    #
######################################################################
#
begin chem_list
"DP6%25Ac{-21M13}"              primer          rhodamine           ABI_373_377
"DP6%Ac{-21M13}"                primer          rhodamine           ABI_373_377
"DP6%25Ac{M13Rev}"              primer          rhodamine           ABI_373_377
"DP6%Ac{M13Rev}"                primer          rhodamine           ABI_373_377
"DyePrimer{-21m13}"             primer          rhodamine           ABI_373_377
"DyePrimer{KS}"                 primer          rhodamine           ABI_373_377
"DyePrimer{M13RP1}"             primer          rhodamine           ABI_373_377
"DyePrimer{SK}"                 primer          rhodamine           ABI_373_377
"DyePrimer{SP6}"                primer          rhodamine           ABI_373_377
"DyePrimer{T3}"                 primer          rhodamine           ABI_373_377
"DyePrimer{T7}"                 primer          rhodamine           ABI_373_377
"DyePrimer{-21M13LR}"           primer          rhodamine           ABI_373_377
"DP5%LR{HS}"                    primer          rhodamine           ABI_373_377
```

图 2-5 phredpar. dat 文件内容

最后两行：

"_no_matching_string__"　　unknown　unknown　unknown

end chem_list

如果有如下报错信息，说明环境变量还没有设置成功，需要重新设置环境变量：

FATAL_ERROR：PHRED_PARAMETER_FILE environment variable not set. type 'phred-doc' for more information

4. 使用

程序运行命令行：

phred －id <chromat-file-dir> －pd <phd-file-dir> [other options]

键入 phred －help 查看帮助信息，对于参数解释请参照本节参数部分。

5. 输入

测序仪产生的峰图文件，可识别：373、377 和 MegaBACE 等测序仪产生的 SCF、ABI 等峰图文件（图 2-6）。

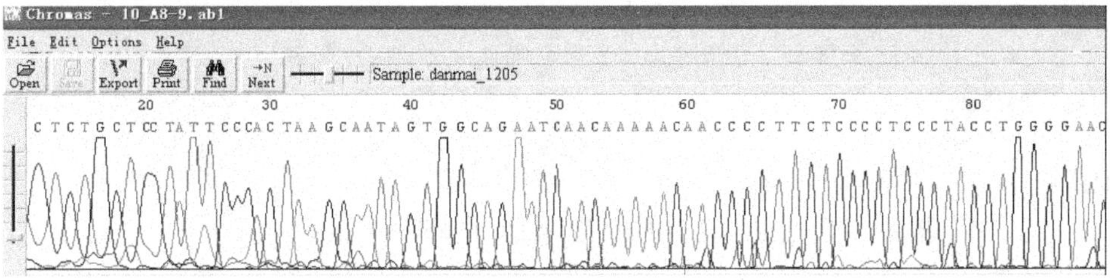

图 2-6　峰图

6. 输出

运行过程中的屏幕输出：

```
chromat_dir/10_A8 -9.ab1
chromat_dir/11_A8 -9_R.ab1
chromat_dir/15_A8 -9.ab1
chromat_dir/21_A8 -9.ab1
chromat_dir/22_A8 -9.ab1
chromat_dir/23_A8 -9.ab1
```

Warn 输出：

```
Chromat_dir/10_A8 -9.ab1
unknown chemistry (KB_3730_POP7_BDTv3.mob) in chromat tmp/10_A8-9.ab1 add a line of the form
"KB_3730_ POP7_ BDTv3.mob" <chemistry> <dye type> <machine type>
to the file phredpar.dat type'phred -doc' for more information
```

程序的输出结果是文件输出，格式可以是 Fasta 格式，也可以是 XBAP、PHD 或 SCF 格式。

1）PHD 文件

用于组装后 consed 查看编辑，名字为 <filename>. phd. 1。

$ ls -l phd_dir/

```
total 44
-rw-r--r--   1 bgi soft  3040 Dec 20 06:58 23_A8-9.ab1.phd.1
-rw-r--r--   1 bgi soft  6996 Dec 20 06:58 22_A8-9.ab1.phd.1
-rw-r--r--   1 bgi soft  7013 Dec 20 06:58 21_A8-9.ab1.phd.1
-rw-r--r--   1 bgi soft  7026 Dec 20 06:58 15_A8-9.ab1.phd.1
-rw-r--r--   1 bgi soft  6908 Dec 20 06:58 11_A8-9_R.ab1.phd.1
-rw-r--r--   1 bgi soft  7041 Dec 20 06:58 10_A8-9.ab1.phd.1
```

PHD 文件格式介绍：

BEGIN_SEQUENCE <sequence_name>

BEGIN_COMMENT

[信息注释]

END_COMMENT

BEGIN_DNA

[峰图序列格式是：碱基 质量值 在峰图上的位置]

END_DNA

END_SEQUENCE

例子：

BEGIN_SEQUENCE BGI.scf

BEGIN_COMMENT

```
CHROMAT_FILE: BGI.scf
ABI_THUMBPRINT: 0
PHRED_VERSION: 0.000925.d
CALL_METHOD: phred
QUALITY_LEVELS: 99
TIME: Wed Dec 20 07:00:52 2006
TRACE_ARRAY_MIN_INDEX: 0
TRACE_ARRAY_MAX_INDEX: 11108
TRIM: 0 630  -1.00
CHEM: unknown
DYE: unknown

END_COMMENT

BEGIN_DNA
t 15 750
g 19 766
c 25 782
```

```
a 18 793
g 18 804
g 17 819
.........(此处省略部分信息)
t 14 10854
t 14 10878
c 21 10891
c 24 10913
t 20 10933
g 22 10952
END_DNA

END_SEQUENCE
```

2）Fasta 格式的核酸序列文件

Fasta 头注释行包含修饰信息（序列没有影响），此行有如下格式：

（1）序列名称 。

（2）phred 读出的碱基数 。

（3）序列开始部分被修饰掉的碱基数。

（4）修饰后余下的碱基数。

（5）描述输入文件类型。

```
>23_A8 -9.ab1  289  0    289  ABI
GCATGGGATTCCGATCAGGATGATCTTCAGAGACTGTCTCAGATTAGACT
CAAGAGCCCTCAGAGGTACTGTGACTTTTTATGGGGGTGGGGGTGGGGGG
TTATTGCCTTCTCTCCAGGATGAAGATGGGAAGAAGTTGTCCCATCCACT
CCCTCTCAGCGCACCCGGACACCTTTAGGTTTGCCCGGCGAGACGCGCCA
CCTGGTGGCTAGGGTGCGTGGCTAGGGGGACACCGGATCCCAGGACAGAC
CGTGTGCTGCGCCTGTCATGGCCTGGGGGGCAGCCCCGC
```

3）Fasta 格式的质量文件（和序列文件相对应，给出每个碱基的质量值）

```
>23_A8 -9.ab1    289    0    289  ABI
4 4 4 4 7 9 8 8 7 7 7 10 13 6 6 6 7 6 6 6 6 8 8 14
18 13 15 8 8 10 9 16 18 29 29 29 37 37 30 27 17 22
24 29 29 18 18 25 27 31 22 22 16 14 19 16 19 30 33
23 11 10 10 19 33 46 42 42 42 42 40 40 40 40 40 40
… …
9 9 9 11 13 6 7 8 8 8 9 10 9 9 7 7 10 11 9 7 7 9 9
9 10 9 11 11 11 8 8 9 10 7 8 8 9 9 10 10 9 8 9 8 10
10 20 10 11 9 9 14 12 14 11 11 11 11 11 11 9 9 8 7
11 9 12 13 10
```

7. 参数

详细的参数列表及说明可以通过键入 phred -doc 查看：

$ phred -doc

1）输入选项

-id	输入文件目录

2）运行选项

-nocall	关闭 phred 碱基读取而使用 ABI 碱基读取，默认为采用 phred
-trim	修饰当前序列

- -trim_alt　根据此参数序列对输入序列进行修饰
- -trim_cutoff　-trim_alt 参数修饰错误的可能性值并写入 phd 文件中，默认值 0.05
- -trim_fasta　修饰序列写入到 Fasta 文件，Fasta 注释信息行显示序列的高质量信息
- -trim_scf　修饰序列、质量值、碱基位置写入到 SCF 文件
- -trim_phd　修饰序列、质量值、碱基位置写入到 PHD 文件
- -trim_out　Fasta、SCF、PHD 的输出，‘-trim_fasta’，‘-trim_scf’，‘-trim_phd’参数结合

3）输出选项

- -st fasta　输出 Fasta 文件（默认）
- -s　输出文件加后缀“.seq”
- -sd　输出序列文件到特定目录
- -sa　输出 Fasta 格式的序列文件
- -qt fasta　输出 Fasta 格式的质量文件
- -qt xbap　输出 XBAP 格式的质量文件
- -qt mix　输出 mix 格式的质量文件
- -q　输出质量文件到运行 phred 目录，名字为“输入.qual”，仅限 Fasta 格式
- -q <文件名>　输出质量到文件<文件名>，仅当只有一个文件输入时有效
- -qd　输出“.qual”质量文件，并存储在目录中
- -qa　输出 Fasta 格式的质量文件
- -qr　输出高质量碱基的柱状图
- -c　输出 SCF 文件，包含序列、碱基位置
- -cd　输出 SCF 文件到特定目录下
- -cp　将 SCF 文件存储为 1 或 2 字节值
- -cv　以 Version2 或 Version3 的格式输出 SCF 文件，默认为 2
- -cs　输出 SCF 文件前计算峰值
- -p　输出 PHD 文件
- -pd　输出 PHD 文件到特定目录
- -d　输出用于查找多态性碱基的数据文件
- -dd　输出多态性文件到某一目录
- -raw　给序列文件和质量文件写入标题行
- -log　程序运行日志“phred.log”

4）其他

- -h，-help　显示命令行基本参数
- -doc　显示 phred 文档
- -V　显示 phred 版本

在线帮助文档：http://www.phrap.org/phredphrap/phred.html。

实　例

峰图文件输入请见光盘：Phred \ chromat_dir

```
$ ls - l chromat_dir/

total 1228
-rw-r--r--  1 soft  bgi  137332 Dec 20 06:43 23_A8-9.ab1
-rw-r--r--  1 soft  bgi  254559 Dec 20 06:43 22_A8-9.ab1
-rw-r--r--  1 soft  bgi  185602 Dec 20 06:43 21_A8-9.ab1
-rw-r--r--  1 soft  bgi  254615 Dec 20 06:43 15_A8-9.ab1
-rw-r--r--  1 soft  bgi  184235 Dec 20 06:43 11_A8-9_R.ab1
-rw-r--r--  1 soft  bgi  185858 Dec 20 06:43 10_A8-9.ab1
```

建立输出文件目录 phd_dir：$ mkdir phd_dir

运行命令（在 chromat_dir 上级目录下运行）：$ phred -id chromat_dir -pd phd_dir -trim_cutoff 0.01 -trimatt “” -trim_phd

查看输出结果：$ ls - l phd_dir/

```
$ ls -l phd_dir/

total 48
-rw-r--r--  1 soft  bgi  3040 Dec 20 06:58 23_A8-9.ab1.phd.1
-rw-r--r--  1 soft  bgi  6996 Dec 20 06:58 22_A8-9.ab1.phd.1
-rw-r--r--  1 soft  bgi  7013 Dec 20 06:58 21_A8-9.ab1.phd.1
-rw-r--r--  1 soft  bgi  7026 Dec 20 06:58 15_A8-9.ab1.phd.1
-rw-r--r--  1 soft  bgi  6908 Dec 20 06:58 11_A8-9_R.ab1.phd.1
-rw-r--r--  1 soft  bgi  7041 Dec 20 06:58 10_A8-9.ab1.phd.1
```

练　习

将光盘 \ Phred \ chromat_dir2 目录下峰图分别进行如下处理：

（1）以 Q20 标准进行 basecalling，并输出 PHD 文件以备后期拼接查看峰图等信息。

命令行提示：

$ mkdir phd_dir_2

$ phred -id chromat_dir2 -pd phd_dir_2 -trim_alt “” -trim_phd -trim_cutoff 0.01

（2）以 Q13 标准进行 basecalling，直接输出序列文件及其对应的质量文件。

命令行提示：

$ phred -id chromat_dir2 -s -q -trim_fasta -trim_alt “” -trim_cutoff 0.05

2.4 文件转换（phd2fasta）

1. 简介

phd2fasta 是 Phred \ Phrap 软件包的一部分，Phred \ Phrap 软件包由华盛顿大学分子生物技术学院的 Phil Green 和 Brent Ewing 开发，主要用于学术科研活动。Phd2fasta 将 Phred 产生的 PHD 文件转换为 Fasta 格式的核酸和质量文件，便于 crossmatch 和 Phrap 程序应用。

2. 下载

该软件包可以从 Phrap 的网站申请，申请通过后邮件获取，申请链接：

http://www.phrap.org/consed/consed.html#howToGet

3. 安装

（1）上传 phd2fasta 的压缩包到本地 Linux/Unix 运算服务器。

（2）解压缩：

$ gzip -d phd2fasta-acd-dist.tar.gz

$ tar -xvf phd2fasta-acd-dist.tar

（3）编译源程序：

在命令行键入 make，编译完成后，可将执行文件 phd2fasta 拷到统一的可执行程序目录，如：/usr/local/genome/bin 下面，源文件包可删除。

编译成功无提示信息。

4. 使用

程序运行命令行：

phd2fasta -id phd_dir -os out.fas -oq out.fas.qual

直接键入 phd2fasta 的屏幕提示（图 2-7）：

no input files specified

no output file specified

使用帮助可通过命令 phd2fasta -h 获取：

```
> phd2fasta -h

parameter   argument     default    description
---------   --------     -------    -----------
-if         <filename>   none       read input filenames from file
-id         <dirname>    none       read input files from <dirname>
-ix         <filename>   none       read exclude filenames from file
-is         none         none       read filenames from stdin
-os         <filename>   none       sequence output filename
-oq         <filename>   none       quality output filename
-ob         <filename>   none       base position output file
-oe         <filename>   none       write edit file
-of         <filename>   none       write failure log
-mask       <type>       none       mask vector (types: vector
                                                         sequencing
                                                         cloning
                                                         all)
-halt       none         none       exit on file read/process error

-verbose    none         none       Display some processing
                                    information.
-V          none         none       show version
-help       none         none       help
-h          none         none       help
-doc        none         none       show documentation

no input files specified
no output file specified
```

图 2-7 phd2fasta 的帮助信息

5. 输入

此程序的输入文件为 Phred 产生的 PHD 文件：

```
$ ls -l phd_dir/
total 44
-rw-r--r--   1 bgi  soft   3040 Dec 20 06:58 23_A8-9.ab1.phd.1
-rw-r--r--   1 bgi  soft   6996 Dec 20 06:58 22_A8-9.ab1.phd.1
-rw-r--r--   1 bgi  soft   7013 Dec 20 06:58 21_A8-9.ab1.phd.1
-rw-r--r--   1 bgi  soft   7026 Dec 20 06:58 15_A8-9.ab1.phd.1
-rw-r--r--   1 bgi  soft   6908 Dec 20 06:58 11_A8-9_R.ab1.phd.1
-rw-r--r--   1 bgi  soft   7041 Dec 20 06:58 10_A8-9.ab1.phd.1
```

6. 输出

此程序运行无屏幕输出，结果为 Fasta 格式的序列和质量文件。

序列文件：

```
$ more out.fas
>10_A8-9.ab1 CHROMAT_FILE: 10_A8-9.ab1 PHD_FILE: 10_A8-9.ab1.phd.1 CHEM: un-
known DYE: unknown TIME: Wed Dec 20 06:58:47 2006
gtgctctggtctctgctcctttcccctaagcaatagtaggcagaatcaac
aaaaacaacccctctcccctccctacctggggaacagagccaatgagac
aggctcaggaacagggcaccagcacctgcactcaccattcaatctcttta
... ...
acagtctctgaagattcatcctctttccagaaacccaagcccatcttgct
ctcctagaaacctttctataaaaaaaaaaaaan
>11_A8-9_R.ab1 CHROMAT_FILE: 11_A8-9_R.ab1 PHD_FILE: 11_A8-9_R.ab1.phd.1 CHEM:
unknown DYE: unknown TIME: Wed Dec 20 06:58:47 2006
gggagaggcggagctctggtccttgtcatctaagctgtgtggattgatcg
cctagaacctccctatctaccctccctacctggggaacagagccaatgag
aaaggctcaggaacagggcaccagcacctgcactcaccattcaatctctt
tcaccctcaaacataaaggtgtcagcttctgctcttatgtcctcatcgga
agacagtctctgaagattcatcctctttccagaaacccaagcccatcttg
ctctccagaacccttcttaaa
... ...
```

质量文件：

```
$ more out.fas.qual
>10_A8-9.ab1 PHD_FILE: 10_A8-9.ab1.phd.1
15 16 15 15 13 20 20 29 40 33 33 32 32 19 13 4 4 4
15 24 32 32 34 34 34 34 40 46 46 46 46 51 51 46 46
... ...
47 42 42 44 44 47 56 56 56 56 56 56 56 40 40 40 40
17 23 18 14 11 8 9 8 12 4 0
>11_A8-9_R.ab1 PHD_FILE: 11_A8-9_R.ab1.phd.1
11 9 13 11 14 13 16 19 13 10 10 11 12 12 14 10 11 10
... ...
56 56 56 56 56 56 56 56 56 56 56 51 51 51 51 43 56
56 56 56 56 42 42 42 42 42 56 56 56 56 56 56 56 56
56 56 56 56 56 56 51 56 48 48 42 42 44 48 44 56 56
9 10 20 29 32 27 19 6 6 8 9 9
... ...
```

7. 参数

详细的参数说明可以通过键入 phd2fasta -doc 查看：

$ phd2fasta - doc

1）输入选项

-id <directory name>	读取目录中的文件作为输入文件
-if <file name>	读取文件列表中的文件作为输入文件
-is	读取标准输入作为输入文件
-ix <file name>	读取不需运行的文件列表

2）输出选项

-os <file name>	输出 Fasta 序列到文件
-oq <file name>	输出 Fasta 序列的质量到文件
-ob <file name>	输出序列碱基位置信息到文件
-oe <file name>	将 PHD 文件中的编辑信息提取到文件中
-of <file name>	phd2fasta 处理失败的文件写入日志文件

3）运行选项

-mask <type>	用 x 屏蔽序列中的载体
-halt	如有错误则停止继续运行程序

4）其他

-verbose	显示进程信息
-V	显示 phd2fasta 版本
-h，-help	显示命令行参数列表
-doc	显示详细的帮助文档

例子：

以上一节 phred 中的 phd_dir（光盘 phred \ phd_dir）里面的文件为输入

运行命令 $ phd2fasta -id phd_dir -os out. fas -oq out. fas. qual

输出文件为序列文件 out. fas 和质量文件 out. fas. qual。

```
% more out.fas
>10_A8 -9.ab1 CHROMAT_FILE: 10_A8 -9.ab1 PHD_FILE: 10_A8 -9.ab1.phd.1 CHEM: un-
known DYE: unknown TIME: Wed Dec 20 06:58:47 2006
gtgctctggtctctgctcctttcccctaagcaatagtaggcagaatcaac
aaaaacaaccccttctcccctccctacctggggaacagagccaatgagac
aggctcaggaacagggcaccagcacctgcactcaccattcaatctcttta
ggctcacggtccttcagaagctcttgtacctcctgccgacagcgctcctg
gtattccgggtgctttgcaaggtggtacaggacccaggagagaccactgg
ctgtggtgtcatggcctgggggcagcaaggcaggcttgggtctctgggc
tgcttcagcacccgagggtgtacagcaaccttgcattgaggacctcaggg
aggatgggggaagggggatgggaagtgcgaggggtccacccaccctgttc
ctggaatggagatatccaagtccccactctagccccacactggggccctc
accctcaaacataaaggtgtcagcttctgctcttatgtcctcatcggaca
acttcttcccatcttcatcctggagagaaggcaataaccccccacccccca
cccccataaaaagtcacagtacctctgagggctcttgagtctaatctgag
acagtctctgaagattcatcctctttccagaaacccaagcccatcttgct
ctcctagaaacctttctataaaaaaaaaaaaaan
.....
>23_A8 -9.ab1 CHROMAT_FILE: 23_A8 -9.ab1 PHD_FILE: 23_A8 -9.ab1.phd.1 CHEM: un-
known DYE: unknown TIME: Wed Dec 20 06:58:47 2006
gcatgggattccgatcaggatgatcttcagagactgtctcagattagact
caagagccctcagaggtactgtgactttttatggggtgggggtgggggg
```

```
ttattgccttctctccaggatgaagatgggaagaagttgtcccatccact
ccctctcagcgcacccggacacctttaggtttgcccggcgagacgcgcca
cctggtggctagggtgcgtggctaggggacaccggatcccaggacagac
cgtgtgctgcgcctgtcatggcctgggggcagccccgc
```

练　习

（1）应用上一节 phred 中练习 1 所输出的结果（见光盘 phd2fasta\phd_dir），提取 fasta 序列及其质量文件。

命令行提示：

phd2fasta -id phd_dir_2 -os out. fas -oq out. fas. qual

（2）对光盘文件 phd2fasta \ no_use. lis 中的 reads 列表不进行处理，其他的给出 Fasta 序列及其质量文件。

命令行提示：

$ phd2fasta －id phd_dir_2 －ix no_run. lis －os out2. fas －oq out2. fas. qual

2.5　载体屏蔽（cross_match）

1. 简介

Phil Green 和 Brent Ewing 开发的 Phrap 软件包的一部分，用于比对两套 DNA 序列，如：可以用来找出序列中的载体序列，并产生屏蔽了载体的序列；也可以用于 cDNA 和 cosmid 的比对等。和 blastn 相比，速度较慢但敏感度较高（因其允许 gap 存在）。

2. 下载

包含在 Phrap 软件包中，发邮件申请至：phg@ u. washington. edu。

3. 安装

（1）上传 phrap 的压缩包到本地 Linux/Unix 运算服务器；

（2）解压缩：

$ gzip -d phrap. tar. gz

$ tar -xvf phrap. tar

（3）编译源程序：

在命令行键入 make，如果数据集多于 64 000 条序列，或者序列中含有长于 64 000 bp 的序列，则需要使用 cross_match. manyreads 或 cross_match. longreads，这两个程序编译命令为 make manyreads。

4. 使用

命令行：

cross_match seq_file1 seq_file2 －minmatch 10 －minscore 20 －screen ＞ screen. out

5. 输入

标准 Fasta 格式的序列文件。

6. 参数

参数及默认值

1）比对分值控制参数

-penalty -2	不匹配时罚分值
-gap_init penalty -2	Gap 罚分
-gap_ext penalty -1	扩展 Gap 罚分
-ins_gap_ext gap_ext	扩展插入罚分
-del_gap_ext gap_ext	扩展删除罚分
-matrix [None]	SWAT 比对打分矩阵
-raw *	使用原始的 Smith-Waterman 分值计算

2）搜索宽度

-minmatch 14	最小比对长度
-maxmatch 30	最大比对长度，对于 cross_match，默认值和 minmatch 相同
-max_group_size 20	组长度
-word_raw *	使用原始长度
-bandwidth 14	$\frac{1}{2}$SWAT 搜索结合宽度（全长为 2 倍宽度值加 1）

3）比对筛选

-minscore 30	最小比对分值
-vector_bound 80	序列开头载体的可能碱基数目，默认值为 0 到 80。
-masklevel 80	报告 domain（比对上的查询部分）至少有（100-masklevel)% 的碱基未包含在更高分匹配中的比对

Special cases:

-masklevel 0	只报告单条最高分值的比对
-masklevel 100	报告 domain 未完全包含在更高分比对中的比对结果
-masklevel 101	报告所有比对

4）输入相关参数

-default_qual 15	当没有质量文件存在时，设定的每个碱基的质量值，默认为 15

5）输出相关参数

-tags *	在标准输出时标记比对的被选行
-screen *	产生“. screen”文件。Fasta 格式，第一输入文件中的序列被第二个文件比上的部分用 X 替代
-alignments *	显示比对情况
-discrep_lists *	显示比对的差异
-discrep_tables *	给出每个比对差异的统计表格

6）其他

-indexwordsize 10	用于索引的字符数，此参数影响运行时间和内存使用

7. 输出

（1） *. log files，程序运行日志。

（2） *. screen 文件，被屏蔽了相应序列后的序列文件，Fasta 格式（此文件仅当使用 - screen 参数时输出）。

（3）标准屏幕输出，可重定向到文件，如 > screen. out：

```
$ bash more screen.out

cross_match out.fas A8 -9  -screen
cross_match version 0.990329

Run date:time 070122:085518
Query file(s): out.fas
Subject file(s): A8 -9
Presumed sequence type: DNA

Pairwise comparison algorithm: banded Smith-Waterman

Score matrix (set by value of penalty: -2)

        A     C     G     T     N     X

  A     1    -2    -2    -2     0    -3

  C    -2     1    -2    -2     0    -3

  G    -2    -2     1    -2     0    -3

  T    -2    -2    -2     1     0    -3

  N     0     0     0     0     0     0

  X    -3    -3    -3    -3     0    -3

Gap penalties: gap_init: -4, gap_ext: -3, ins_gap_ext: -3, del_gap_ext: -3,
Using complexity-adjusted scores. Assumed background frequencies:
A: 0.250   C: 0.250   G: 0.250   T: 0.250   N: 0.000   X: 0.000

minmatch: 14, maxmatch: 14, max_group_size: 20, minscore: 30, bandwidth: 14, index-
wordsize: 10
vector_bound: 0
word_raw: 0
masklevel: 80

Sequence file: out.fas 6 entries
Residue counts:
  a    858
  c    1112
```

```
  g   914
  n   6
  t   800
Total 3690

Quality file: out.fas.qual

Input quality (quality, n_residues, % , cum, cum % , cum expected errs):
56  1655  44.9  1655  44.9  0.00
51  362    9.8  2017  54.7  0.01
50  148    4.0  2165  58.7  0.01
48   34    0.9  2199  59.6  0.01
47   63    1.7  2262  61.3  0.01
46   82    2.2  2344  63.5  0.01
45   48    1.3  2392  64.8  0.01
44  148    4.0  2540  68.8  0.02
43   57    1.5  2597  70.4  0.02
42  175    4.7  2772  75.1  0.03
……
 9  90     2.4  3483  94.4  27.31
 8  52     1.4  3535  95.8  35.55
 7  35     0.9  3570  96.7  42.53
 6  79     2.1  3649  98.9  62.37
 4  35     0.9  3684  99.8  76.31
 0   1     0.0  3685  99.9  77.31
-1   5     0.1  3690  100.0 82.31   (quality -1 = terminal quality 0)

Avg. full length: 615.0, trimmed (qual > -1): 614.2
Avg. quality: 44.0 per base
Maximal single base matches (low complexity regions):

440 2.38 1.39 0.79 hh44a1.s1  33 536(0) C 00311 (3084) 8277 7771
*378 0.26 0.00 0.00 10_BFQA8 -9.ab1  136 519 (164) C A8 -9 (0) 384 1
378 0.26 0.00 0.00 11_A8 -9_R.ab1  138 521 (150) C A8 -9 (0) 384 1
381 0.00 0.00 0.00 15_A8 -9.ab1  143 526 (160) C A8 -9 (0) 384 1
378 0.26 0.00 0.00 21_A8 -9.ab1  136 519 (162) C A8 -9 (0) 384 1
377 0.26 0.00 0.00 22_A8 -9.ab1  140 523 (157) C A8 -9(0) 384 1
5 matching entries (first file).
Discrepancy summary:
Qual algn  cum  rcum (%)     unalgn  X  N  sub  del  ins  total (%)  cum  rcum (%)
56   1315  1315 1920 (100.00)0       0  0  1    0    0    1 (0.08)   1    4 (0.21)
51   260   1575 605 ( 31.51) 0       0  0  1    0    0    1 (0.38)   2    3 (0.50)
50   103   1678 345 ( 17.97) 0       0  0  0    0    0    0 (0.00)   2    2 (0.58)
```

```
48     9    1687 242 ( 12.60) 0       0  0  0    0    0    0 (0.00)    2    2 (0.83)
47     7    1694 233 ( 12.14) 0       0  0  0    0    0    0 (0.00)    2    2 (0.86)
……
 4     0    1920   0 (0.00)   0       0  0  0    0    0    0 (0.00)    4    0 (0.00)
 0     0    1920   0 (0.00)   0       0  0  0    0    0    0 (0.00)    4    0 (0.00)
-1     0    1920   0 (0.00)   0       0  0  0    0    0    0 (0.00)    4    0 (0.00)
Screened sequences written to out.fas.screen
```

Screen. out 文件依次给出软件运行时间、所选参数等，随后对输入文件进行序列碱基数目及其质量的统计。接下来为 Query 序列（第一个输入文件）和 Subject 序列（第二个输入文件）比对的情况，如果只有一个输入文件，则是这个文件中任意两个序列的比对情况。比对情况通过命令行的 - minscore 和 - masklevel 参数控制，另外也受比对分值和 band search 的参数控制。报告按序列顺序输出，以屏幕输出粗体行为例：

440 2. 38 1. 39 0. 79 hh44a1. s1 33 536 (0) C 00311 (3084) 8277 7771 *

对各列解释如下：

440	smith - waterman 比对分值
2. 38	比对部分的替换百分比
1. 39	比对部分的删除百分比
0. 79	比对部分的插入百分比
hh44a1. s1	第一个输入序列的名称
33	第一个输入序列比对起始位点
536	第一个输入序列比对终止位点
(0)	第一个序列超出比对终止位点的碱基数目
C	和输入序列的互补链比对上
00311	第二个输入序列的名称
(3084)	第二个输入序列（互补链）比对开始前的碱基数
8277	第二个输入序列比对起始位点
7771	第二个输入序列比对终止位点
*	表示有个高分值比对上的区域部分包含这段比对

Screen. out 文件最后给出序列间的差异统计，即 Discrepancy summary 部分：

Discrepancy summary：

Qual	algn	cum	rcum	(%)	unalgn	X	N	sub	del	ins	total	(%)	cum	rcum	(%)
56	1315	1315	920	(100.00)	0	0	0	1	0	0		(0.08)	1	4	(0.21)

对各列解释如下：

Qual 质量值

Algn 第一个输入序列这个质量值的碱基数

Cum 在 SWAT 比对中比对上的碱基数

Rcum 累计比对上的碱基数（包含这个质量即更高的质量）

Unalgn 没有被包含进来的比对部分碱基数

每种类型的不一致的数目（sub 替换、del 删除、ins 插入）

cum（%）差异的总数和百分比

rcum（%）累计差异数和百分比

实　　例

对文件 reads. dat 进行载体屏蔽，所用载体为 puc18。

（1）输入文件 1，需要进行处理的序列：$ more reads. dat

```
>gbeod0_000332.z1.scf
taagactaaggatcccgggtacgagctcgaatcaatagcttccttaacct
tctcattaatatttactttttcaacaatatactcgaaaggtgtatatcgt
cttttaacttccttttcaacatatacatccaaaggattaattcggctaaa
attacttactacatcatcacttcttaattcaattacaataccacctaatg
cgtatgtgagttccgtgtattctggttcaacatcaagaataatattctta
gttatcccatctaaatatccacgtccaataacggtcttaacaaaaacgcc
tttacctgcacctgaaattccgaatatacccatactgaaactttctaatt
ttgaatcaaaattattgaaatatatatactcgttgttatatacacctatt
ggcattccaccagtatgatttaatgttgaagagttatgaggaaacatagc
tgctaaggcattttcatcaagattcctttcagaattcgtaatcatgtcat
agctgttacctgtgtgaaattgtgatccgctcacaattccacacaacata
cgagccggaagcataaagtgtaaagcctggggtgcctaa
>rgbhoda0_001003.y1.scf
tagtcgacctgcaggcatgcaagcttgcgaagccttcattaaggctaatg
tagcccggggacttactcctaaataaacatagctgttttctctagtttga
gtagcaagctccaccatgtaatttttttactgaatcttcaacgtacactcc
ttgaacaagctcttgtaattcaattaattgagctactgacaatacagcgt
cgatcttttcaattgctttgccattttccgctcgacgtaaaatttctact
tcttgccctctagtagggtagcccatctttattttcaacaaaaaacgatc
aagctgggcttccggcaatggataagtaccttcgtgttctatcggatttt
gcgtggccattacaaagaaaggctgattaatggcaagtgttttaccatca
atagtaacagatgcttcttccatcccctctagtaaagctgattgcgtttt
tggcgaggtacgattaatttcatcagctaaaataacatcgcccattatcg
gtcctggacgaaattcaaactccaaagtctttggattataaatagagatt
cccactacatcggaaggtaataaatctggagtaaattgaattcgtttaaa
ctgtgcatcaaaggatttggctaatgaacgaaccatcattgttttcccaa
caccaggcacatcctctaacaatacgtgcccctcgctaataaagcaaca
aggctcagct
```

（2）输入文件 2，载体序列：% more Vector. seq

```
>PUC18
tcgcgcgtttcggtgatgacggtgaaaacctctgacacatgcagctcccggagacggtca
cagcttgtctgtaagcggatgccgggagcagacaagcccgtcagggcgcgtcagcgggtg
ttggcgggtgtcggggctggcttaactatgcggcatcagagcagattgtactgagagtgc
accatatgcggtgtgaaataccgcacagatgcgtaaggagaaaataccgcatcaggcgcc
attcgccattcaggctgcgcaactgttgggaagggcgatcggtgcgggcctcttcgctat
tacgccagctggcgaaagggggatgtgctgcaaggcgattaagttgggtaacgccagggt
tttcccagtcacgacgttgtaaaacgacggccagtgccaagcttgcatgcctgcaggtcg
actctagaggatccccgggtaccgagctcgaattcgtaatcatggtcatagctgtttcct
gtgtgaaattgttatccgctcacaattccacacaacatacgagccggaagcataaagtgt
aaagcctggggtgcctaatgagtgagctaactcacattaattgcgttgcgctcactgccc
gctttccagtcgggaaacctgtcgtgccagctgcattaatgaatcggccaacgcgcgggg
agaggcggtttgcgtattgggcgctcttccgcttcctcgctcactgactcgctgcgctcg
gtcgttcggctgcggcgagcggtatcagctcactcaaaggcggtaatacggttatccaca
```

```
gaatcaggggataacgcaggaaagaacatgtgagcaaaaggccagcaaaaggccaggaac
cgtaaaaaggccgcgttgctggcgtttttccataggctccgcccccctgacgagcatcac
aaaaatcgacgctcaagtcagaggtggcgaaacccgacaggactataaagataccaggcg
tttccccctggaagctccctcgtgcgctctcctgttccgaccctgccgcttaccggatac
ctgtccgcctttctcccttcgggaagcgtggcgctttctcaaagctcacgctgtaggtat
ctcagttcggtgtaggtcgttcgctccaagctgggctgtgtgcacgaaccccccgttcag
cccgaccgctgcgccttatccggtaactatcgtcttgagtccaacccggtaagacacgac
ttatcgccactggcagcagccactggtaacaggattagcagagcgaggtatgtaggcggt
gctacagagttcttgaagtggtggcctaactacggctacactagaagaacagtatttggt
atctgcgctctgctgaagccagttaccttcggaaaaagagttggtagctcttgatccggc
aaacaaaccaccgctggtagcggtggtttttttgtttgcaagcagcagattacgcgcaga
aaaaaaggatctcaagaagatcctttgatcttttctacggggtctgacgctcagtggaac
gaaaactcacgttaagggattttggtcatgagattatcaaaaaggatcttcacctagatc
cttttaaattaaaaatgaagttttaaatcaatctaaagtatatatgagtaaacttggtct
gacagttaccaatgcttaatcagtgaggcacctatctcagcgatctgtctatttcgttca
tccatagttgcctgactccccgtcgtgtagataactacgatacgggagggcttaccatct
ggccccagtgctgcaatgataccgcgagacccacgctcaccggctccagatttatcagca
ataaaccagccagccggaagggccgagcgcagaagtggtcctgcaactttatccgcctcc
atccagtctattaattgttgccgggaagctagagtaagtagttcgccagttaatagtttg
cgcaacgttgttgccattgctacaggcatcgtggtgtcacgctcgtcgtttggtatggct
tcattcagctccggttcccaacgatcaaggcgagttacatgatcccccatgttgtgcaaa
aaagcggttagctccttcggtcctccgatcgttgtcagaagtaagttggccgcagtgtta
tcactcatggttatggcagcactgcataattctcttactgtcatgccatccgtaagatgc
ttttctgtgactggtgagtactcaaccaagtcattctgagaatagtgtatgcggcgaccg
agttgctcttgcccggcgtcaatacgggataataccgcgccacatagcagaactttaaaa
gtgctcatcattggaaaacgttcttcggggcgaaaactctcaaggatcttaccgctgttg
agatccagttcgatgtaacccactcgtgcacccaactgatcttcagcatcttttactttc
accagcgtttctgggtgagcaaaaacaggaaggcaaaatgccgcaaaaaagggaataagg
gcgacacggaaatgttgaatactcatactcttcctttttcaatattattgaagcatttat
cagggttattgtctcatgagcggatacatatttgaatgtatttagaaaaataaacaaata
ggggttccgcgcacatttccccgaaaagtgccacctgacgtctaagaaaccattattatc
atgacattaacctataaaaataggcgtatcacgaggccctttcgtc
```

(3)运行命令:% cross_match reads. dat puc18. fas-minmatch 12 -penalty －2 -minscore 20 -screen ＞ screen. out

(4) 输出结果 1，屏蔽载体后的序列文件 reads. dat. screen

```
$ more reads.dat.screen
>gbeod0_000332.z1.scf
TAAGACTAAGGATCCCGGGTACGAGCTCGAATCAATAGCTTCCTTAACCT
TCTCATTAATATTTACTTTTTCAACAATATACTCGAAAGGTGTATATCGT
CTTTTAACTTCCTTTTCAACATATACATCCAAAGGATTAATTCGGCTAAA
ATTACTTACTACATCATCACTTCTTAATTCAATTACAATACCACCTAATG
CGTATGTGAGTTCCGTGTATTCTGGTTCAACATCAAGAATAATATTCTTA
GTTATCCCATCTAAATATCCACGTCCAATAACGGTCTTAACAAAAACGCC
TTTACCTGCACCTGAAATTCCGAATATACCCATACTGAAACTTTCTAATT
TTGAATCAAAATTATTGAAATATATATACTCGTTGTTATATACACCTATT
GGCATTCCACCAGTATGATTTAATGTTGAAGAGTTATGAGGAAACATAGC
TGCTAAGGCATTTTCATCAAGATTCCTTTCAXXXXXXXXXXXXXXXXXXX
XXXXXXXXXXXXXXXXXXXXXXXXXXXXXXXXXXXXXXXXXXXXXXXXXX
XXXXXXXXXXXXXXXXXXXXXXXXXXXXXXXXXXXXX
>rgbhoda0_001003.y1.scf
TXXXXXXXXXXXXXXXXXXXXXXXXXCGAAGCCTTCATTAAGGCTAATG
TAGCCCGGGGACTTACTCCTAAATAAACATAGCTGTTTTCTCTAGTTTGA
GTAGCAAGCTCCACCATGTAATTTTTTACTGAATCTTCAACGTACACTCC
TTGAACAAGCTCTTGTAATTCAATTAATTGAGCTACTGACAATACAGCGT
CGATCTTTTCAATTGCTTTGCCATTTTCCGCTCGACGTAAAATTTCTACT
```

```
TCTTGCCCTCTAGTAGGGTAGCCCATCTTTATTTTCAACAAAAAACGATC
AAGCTGGGCTTCCGGCAATGGATAAGTACCTTCGTGTTCTATCGGATTTT
GCGTGGCCATTACAAAGAAAGGCTGATTAATGGCAAGTGTTTTACCATCA
ATAGTAACAGATGCTTCTTCCATCCCCTCTAGTAAAGCTGATTGCGTTTT
TGGCGAGGTACGATTAATTTCATCAGCTAAAATAACATCGCCCATTATCG
GTCCTGGACGAAATTCAAACTCCAAAGTCTTTGGATTATAAATAGAGATT
CCCACTACATCGGAAGGTAATAAATCTGGAGTAAATTGAATTCGTTTAAA
CTGTGCATCAAAGGATTTGGCTAATGAACGAACCATCATTGTTTTCCCAA
CACCAGGCACATCCTCTAACAATACGTGCCCCCTCGCTAATAAAGCAACA
AGGCTCAGCT
```

（5）输出结果 2，载体屏蔽信息文件 screen. out

```
% more screen.out
cross_match reads.dat puc18.fas -minmatch 12 -penalty -2 -minscore 20 -screen
cross_match version 0.990329

Run date:time 070309:105149
Query file(s): reads.dat
Subject file(s): puc18.fas
Presumed sequence type: DNA

Pairwise comparison algorithm: banded Smith-Waterman

Score matrix (set by value of penalty: -2)
        A    C    G    T    N    X

  A     1   -2   -2   -2    0   -3

  C    -2    1   -2   -2    0   -3

  G    -2   -2    1   -2    0   -3

  T    -2   -2   -2    1    0   -3

  N     0    0    0    0    0    0

  X    -3   -3   -3   -3    0   -3

Gap penalties: gap_init: -4, gap_ext: -3, ins_gap_ext: -3, del_gap_ext: -3,
Using complexity-adjusted scores. Assumed background frequencies:
A: 0.250 C: 0.250 G: 0.250 T: 0.250 N: 0.000 X: 0.000

minmatch: 12, maxmatch: 12, max_group_size: 20, minscore: 20, bandwidth: 14, index-
wordsize: 10
vector_bound: 0
word_raw: 0
masklevel: 80

Sequence file: reads.dat 2 entries
Residue counts:
  a         397
  c         288
  g         209
  t         405
Total       1299

NO QUALITY FILE reads.dat.qual WAS FOUND. REMAINING INPUT QUALITIES SET TO 15.
Maximal single base matches (low complexity regions):

98  1.85  0.93  0.00  gbeod0_000332.z1.scf  482  589 (0)  PUC18  450  558 (2128)
```

```
26  0.00  0.00  0.00  rgbhoda0_001003.y1.scf  2  27(683)  C  PUC18  (2263)  423
  398

2 matching entries (first file).

Discrepancy summary:
Qual  algn  cum  rcum  (%)  unalgn  X  N  sub  del  ins  total  (%)  cum
rcum(%)

Screened sequences written to reads.dat.screen
```

练　　习

对光盘数据\crossmatch\1\test.fa 进行载体屏蔽处理，相应的载体为 puc118（光盘\crossmatch\1\puc118.fa）。

2.6　序列聚类拼接

2.6.1　序列组装（Phrap）

1. 简介

Phrap（phragment assembly program，或 phil's revised assembly program）是由华盛顿大学分子生物技术学院的 Phil Green 和 Brent Ewing 开发的 Phred\Phrap 软件包的一部分，主要用于 shotgun 序列的组装。

主要特征：

（1）允许使用全长的序列（而不仅仅是高质量部分）。

（2）使用质量信息进行组装提高组装的准确度。

（3）由最高质量部分的序列构建 contig 序列。

（4）提供广泛的组装信息帮助解决错拼等问题（包括 contig 序列的质量信息）。

（5）能够处理比较大的数据集。

2. 下载

Phrap 可通过邮件直接向作者索取：phg@u.washington.edu。

3. 安装

（1）上传 Phrap 的压缩包到本地 Linux/Unix 运算服务器；

（2）解压缩：

$ gzip-d phrap.tar.gz

$ tar-xvf phrap.tar

（3）编译源程序：

在命令行键入 make，屏幕提示如下：

```
$ make
   cc -O2 -c swat.c
   cc -O2 -c weibull.c
   cc -O2 -c alignments.c
```

```
    cc -O2 -c db.c
    cc -O2 -c smith_wat.c
    cc -O2 -c -o full_smith_wat.o smith_wat.c -DFINDALIGN
……
    cc -O2 -c loco.c
    cc -O2 -o loco loco.o alignments.o db.o smith_wat.o full_smith_wat.o quick_
smith_wat.o utilities.o nw.o full_nw.o profile.o parameters.o -lm
    chmod o-r loco
```

如果编译器不识别 -O2，可将 makefile 文件中 CFLAGS = -O2 行改为 CFLAGS = -O，删除 *.O 文件后重新编译。

如果数据集多于 64 000 条序列，或者序列中含有长于 64 000bp 的序列，则需要使用 phrap. manyreads 或 phrap. longreads，这两个程序编译命令为

```
$ make manyreads
    touch swat.h;
    make CFLAGS =" -O2 -DMANYREADS" phrap cross_match;
    cc -O2 -DMANYREADS -c phrap.c
    cc -O2 -DMANYREADS -c call_subs.c
    cc -O2 -DMANYREADS -c contigs.c
    cc -O2 -DMANYREADS -c tig_node.c
……
    chmod o-r phrap
    cc -O2 -c cross_match.c
    cc -O2 -o cross_match cross_match.o call_subs.o readin.o words.o
    segments.o recursive_swat.o log_file.o pairs.o cand_pairs.o diffs.o names.o
    nodes.o anomalies.o qual.o tags.o alignments.o db.o smith_wat.o full_smith
_wat.o
    quick_smith_wat.o
    utilities.o nw.o full_nw.o profile.o parameters.o -lm
    chmod o-r cross_match
```

编译完成后，可用命令 make clean 清除编译过程中的文件。剩下的有用文件为

```
$ ls -l
total 2060
-rwxr-x--x  1 soft  bgi  227380  Jan 11  02:47  cross_match*
-rwxr-x--x  1 soft  bgi  302176  Jan 11  02:47  phrap*
-rw-------  1 soft  bgi  18745   Jan 11  02:46  swat.h
-rwxr-x--x  1 soft  bgi  302176  Jan 11  02:46  phrap.longreads*
-rwxr-x--x  1 soft  bgi  227380  Jan 11  02:46  cross_match.manyreads*
-rwxr-x--x  1 soft  bgi  302176  Jan 11  02:46  phrap.manyreads*
-rwxr-x--x  1 soft  bgi  88348   Jan 11  02:45  loco*
-rwxr-x--x  1 soft  bgi  231476  Jan 11  02:45  cluster*
-rwxr-x--x  1 soft  bgi  105048  Jan 11  02:45  swat*
-rw-------  1 soft  bgi  6120    Jan 11  02:05  makefile
-rw-------  1 soft  bgi  88444   Mar 25  1999   phrap.doc
-rw-------  1 soft  bgi  6755    Mar 8   1999   general.doc
-rw-------  1 soft  bgi  13729   Nov 17  1997   swat.doc
-rw-r--r--  1 soft  bgi  2083    Jun 20  1997   BLOSUM50
-rwx--x--x  1 soft  bgi  33903   Jul 31  1996   phrapview*
-rw-------  1 soft  bgi  2083    Jun 22  1996   BLOSUM62
-rw-------  1 soft  bgi  192     Jun 22  1996   penalty2
-rw-------  1 soft  bgi  378     Jun 22  1996   mat70
-rw-------  1 soft  bgi  367     Apr 14  1995   mat50
-rw-------  1 soft  bgi  103912  Aug 24  1994   vector.seq
```

```
-rw-------    1 soft  bgi  1992    Sep 4   1992   PAM250
```

4. 使用

程序运行命令行：

phrap [sequence file] -new_ace > phrap. out

5. 输入

Fasta 格式的核酸序列，如：pp. seq. screen：

```
>10_A8 -9.ab1
gtgctctggtctctgctcctttcccctaagcaatagtaggcagaatcaac
aaaaacaaccccttctcccctccctacctggggaacagagccaatgagac
aggctcaggaacagggcaccagcacctgcactcaccattcaatctcttta
ggctcacggtccttcagaagctcttgtacctcctgccgacagcgctcctg
gtattccgggtgctttgcaaggtggtacaggacccaggagagaccactgg
cccccataaaaagtcacagtacctctgagggctcttgagtctaatctgag
acagtctctgaagattcatcctctttccagaaacccaagcccatcttgct
ctcctagaaacctttctataaaaaaaaaaaaan
>11_A8 -9_R.ab1
gggagaggcggagctctggtccttgtcatctaagctgtgtggattgatcg
cctagaacctccctatctaccctccctacctggggaacagagccaatgag
aaaggctcaggaacagggcaccagcacctgcactcaccattcaatctctt
taggctcacggtccttcagaagctcttgtacctcctgccgacagcgctcc
caacttcttcccatcttcatcctggagagaaggcaataacccccacccc
cacccccataaaaagtcacagtacctctgagggctcttgagtctaatctg
agacagtctctgaagattcatcctctttccagaaacccaagcccatcttg
ctctccagaacccttcttaaa
>15_A8 -9.ab1
aagactggcagnggatctctgcatctagtcacctaagctatagctggtag
actcgaccaaaacaaccctttctaccctccctacctggggaacagagcca
atgagacaggctcaggaacag
……
```

如有质量文件，则质量文件需和序列文件放在同一目录下，且名字为［序列文件名.qual］，如序列文件名为 pp. seq. screen，质量文件名必须为 pp. seq. screen. qual。质量文件不需要在命令行中，并且，质量文件中的序列和序列文件中的序列必须一一对应，包括顺序和碱基个数。

6. 输出

在程序运行目录，除屏幕输出外，会产生一系列相关文件，分别为

（1） *. contigs 文件。组装好的 contig 序列，格式为 Fasta 格式。其中，包括单个 read 的 contig（这类 reads 和其他 contig 有比对上的部分，但达不到连上的标准）。

（2） *. contigs. qual 文件。contig 组装的质量文件，格式为 Fasta 格式。此文件记录每个 contig 的碱基质量信息。

（3） *. singlets 文件。和任何其他 reads 没有重叠的序列，Fasta 格式。

（4） *. log 文件和 *. problems 文件。对使用者基本没用。

（5） *. ace 文件。当使用参数 -new_ace 或 -old_ace 时才会产生的文件，用 consed 查看组装结果时需要。

（6） *. view 文件。当使用 -view 参数时产生的文件，用 phrapview 查看组装结果时需要。

（7）除以上文件外，phrap 还有屏幕输出，可重新定向到文件，如 phrap > phrap. out，此输出包含 contigs 的组成信息，如下所示（截取部分内容）：

```
/usr/local/genome/bin/phrap pp.fasta.screen-new_ace-view
phrap version 0.990329

Run date:time 061230:074329
Query file(s): pp.fasta.screen
Presumed sequence type: DNA

Pairwise comparison algorithm: banded Smith-Waterman

Score matrix (set by value of penalty: -2)

      A    C    G    T    N    X

A     1   -2   -2   -2    0   -3

C    -2    1   -2   -2    0   -3

G    -2   -2    1   -2    0   -3

T    -2   -2   -2    1    0   -3

N     0    0    0    0    0    0

X    -3   -3   -3   -3    0   -3

Gap penalties: gap_init: -4, gap_ext: -3, ins_gap_ext: -3, del_gap_ext: -3,
Using complexity-adjusted scores. Assumed background frequencies:
A: 0.250  C: 0.250  G: 0.250  T: 0.250  N: 0.000  X: 0.000

minmatch: 14, maxmatch: 30, max_group_size: 20, minscore: 30, bandwidth: 14, indexwordsize: 10 vector_bound: 80
word_raw: 0
trim_penalty: -2, trim_score: 20, trim_qual: 13, maxgap: 30
repeat_stringency: 0.950000
qual_show: 20
confirm_length: 8, confirm_trim: 1, confirm_penalty: -5, confirm_score: 30
node_seg: 8, node_space: 4
forcelevel: 0, bypasslevel: 1
max_subclone_size: 5000
```

此上部分是程序运行的相关信息，包括命令行及一些参数的设置等。下面是对输入文件的一些统计，略去。

Sequence file: pp. fasta. screen 8 entries

Residue counts:

……

下面是每个 contig 的序列组成、碱基质量等信息：

```
Contig 1.7 reads; 685 bp (untrimmed), 653 (trimmed). Isolated contig.
      -1   682 15_A8 -9.ab1   604 ( 0) 1.55 0.31 0.00   15 ( 58)  23 ( 23)
       1   679 22_A8 -9.ab1   635 ( 0) 0.15 0.30 0.15    0 ( 6)   23 ( 19)
       2   673 11_A8 -9_R.ab1  580 ( 0) 0.67 0.00 0.17   65 ( 65)   6 ( 15)
       5   686 10_A8 -9.ab1   662 ( 0) 0.44 0.15 0.00    2 ( 2)    1 ( 27)
       4   684 21_A8 -9.ab1   648 ( 0) 0.59 0.15 0.15    7 ( 7)    1 ( 24)
   C  139  522 A8 -9.ref.scf   381 ( 0) 0.00 0.00 0.00 0 ( 0)     0 ( 0)
   C  352  641 23_A8 -9.ab1   120 ( 0) 0.00 0.00 0.79   147 (147)  16 ( 16)

   Overall discrep rates (%): 0.58  0.16  0.11

   Contig quality (quality, n_residues, % , cum, cum % , cum expected errs):
   90  373  54.5  373  54.5   0.00
   88  3    0.4   376  54.9   0.00
   73  4    0.6   380  55.5   0.00
   56  148  21.6  528  77.1   0.00
   51  34   5.0   562  82.0   0.00
   50  1    0.1   563  82.2   0.00
   48  8    1.2   571  83.4   0.00
……
   9   1    0.1   647  94.5   0.28
   8   1    0.1   648  94.6   0.44
   7   3    0.4   651  95.0   1.04
   4   2    0.3   653  95.3   1.84
  -1   32   4.7   685  100.0 33.84   (quality -1 = terminal quality 0)

   .....

Read/contig alignment summary, by read base; trace qualities
Qual algn cum rcum (% ) unalgn X N sub del ins total (% ) cum rcum (% )
56  2019   2019  3760 (100.00) 0    0  0  1  0  0  1 (0.05)   1  32 (0.85)
51  362    2381  1741 ( 46.30) 0    0  0  1  0  0  1 (0.28)   2  31 (1.78)
50  148    2529  1379 ( 36.68) 0    0  0  0  0  0  0 (0.00)   2  30 (2.18)
48  52     2581  1231 ( 32.74) 0    0  0  0  0  0  0 (0.00)   2  30 (2.44)
47  63     2644  1179 ( 31.36) 0    0  0  0  0  0  0 (0.00)   2  30 (2.54)
46  82     2726  1116 ( 29.68) 0    0  0  0  0  0  0 (0.00)   2  30 (2.69)
45  48     2774  1034 ( 27.50) 0    0  0  0  0  0  0 (0.00)   2  30 (2.90)
……
8   21     3702    79 (2.10)   5    0  0  0  0  1  1 (4.76)   22 11 (13.92)
4   9      3760    9 ( 0.24)   4    0  0  0  1  0  1 (11.11) 32 1 (11.11)
 -1 8      3768    0 ( 0.00)   267 0  0  0  0  0  0 (0.00)   32 0 (0.00)
```

.....

对于 phrap. out 的结果，我们可以用 phraplist 程序提取 contigs 的 reads 组成的信息。命令如下：

phraplist phrap. out > phrap. lis

phraplist 代码如下：

```
#! /usr/bin/perl
die "Usage: $ 0 phrap.out \n" if (@ ARGV! =1);
open( PhrapOut, " $ ARGV[0]") ||die "could not open $ ARGV[0]";
@ line = < PhrapOut >;
 $ real =0;
foreach $ hang (@ line) {
          if( $ hang  = ~ /Contig \s \d + . \s + \d + \s \w + ; \s \d + \sbp/) {
                $ real =1;
          }
          $ real =0 if( $ hang  = ~ /Contig quality (. * ): $ / || $ hang  = ~ /Overall
discrep rates/);
    $ real =0 if( $ hang = ~ "Overall");
    print $ hang if( $ real);
}
close( PhrapOut);
```

提取到的信息 phrap. lis 包含了每个 contig 的组成、长度等信息，格式如下：

```
Contig 1. 7 reads; 685 bp (untrimmed), 653 (trimmed). Isolated contig.
    -1     682 15_A8 -9.ab1      604 ( 0) 1.55 0.31 0.00    15 ( 58)    23 ( 23)
     1     679 22_A8 -9.ab1      635 ( 0) 0.15 0.30 0.15     0 ( 6)     23 ( 19)
     2     673 11_A8 -9_R.ab1    580 ( 0) 0.67 0.00 0.17    65 ( 65)    6 ( 15)
     5     686 10_A8 -9.ab1      662 ( 0) 0.44 0.15 0.00     2 ( 2)     1 ( 27)
     4     684 21_A8 -9.ab1      648 ( 0) 0.59 0.15 0.15     7 ( 7)     1 ( 24)
C   139    522 A8 -9.ref.scf     381 ( 0) 0.00 0.00 0.00     0 ( 0)     0 ( 0)
C   352    641 23_A8 -9.ab1      120 ( 0) 0.00 0.00 0.79    147 (147)   16 ( 16)
```

7. 参数

详细的参数列表可以查看 Phrap 文档：

参数及默认值：

1）比对分值

-penalty -2	碱基不匹配（替换）罚分
-gap_init penalty -2	gap 罚分
-gap_ext penalty -1	扩展 gap 罚分
-ins_gap_ext gap_ext	插入罚分
-del_gap_ext gap_ext	删除罚分
-matrix [None]	打分矩阵
-raw *	只用原始的 Smith-Waterman 打分

2）结合搜索

-minmatch 14	最小匹配长度
-maxmatch 30	最大匹配长度，默认为 30

- max_group_size 20	组的限制
- word_raw *	测试最小匹配长度时使用原始字串长度（最大匹配长度指原始长度）
- bandwidth 14	二分之一 SWAT 搜索结合宽度（全长为二倍宽度值加一）
3）比对过滤参数	
- minscore 30	最小比对分值
- vector_bound 80	序列开始部分可能的载体碱基数目
Special cases:	
- masklevel 0	只报告单条最高分值的比对
- masklevel 100	报告 domain 未完全包含在更高分比对中的比对结果
- masklevel 101	报告所有的比对
4）输入相关	
- default_qual 15	没有质量文件时的碱基默认质量值
- subclone_delim .	克隆名称的分隔符号
- n_delim 1	定义亚克隆名末尾的分界符
- group_delim_	组名分界符：与组名相关的序列名末尾符号（只有参数-preassemble 使用时才有效）;
- trim_start 0	序列开头去掉的碱基数
5）组装相关	
- forcelevel 0	contig 合并的最后一步放松严紧度
- bypasslevel 1	控制处理合并不一致的序列
- maxgap 30	在合并的第一步，合并的 contigs 中未匹配区域的最大允许长度
- repeat_stringency .95	控制匹配的严紧度
- revise_greedy *	在弱结合部位打断，并尝试重新结合
- shatter_greedy *	打断弱的结合但不尝试重新结合
- preassemble *	组内序列先结合
- force_high *	在最后合并 contig 时忽略高质量不匹配
6）一致性序列构建参数	
- node_seg 8	最小片段长度（为了计算横移比重）
- node_space 4	各结点间步长
7）输出相关	
- tags *	标准输出中标记所选行
- screen *	当有-old_oce 或-new_arc 选项时，此参数将测序载体或嵌入片段替换为“x”
- old_ ace *	产生旧格式的 ace 文件
- new_ ace *	产生新格式的 ace 文件

- ace *	同参数 - new_ ace
- view *	产生适用于 phrapview 的 ". view" 文件
- qual_ show 20	标记低质量区域和组成序列与 contig 间高质量不匹配时的质量标准值
- print_ extraneous_ matches *	打印 contigs 间的非局部比对信息

8）其他

- retain_ duplicates *	保留完全相同的序列，而不是去除
- max_ subclone_ size 5000	最大克隆长度
- trim_ penalty -2	用于判定序列两端简并序列时的罚分
- trim_ score 20	用于判定序列两端简并序列时的最小分值
- trim_ qual 13	定义序列高质量部分的质量值
- confirm_ length 8	确信片段最小长度
- confirm_ trim 1	被修饰边缘的确信片段计数
- confirm_ penalty -5	与确信序列比对时的罚分
- confirm_ score 30	一条序列确认可作为另一条序列的一部分的最小比对分值
- indexwordsize 10	用于查找序列间匹配字的长度

8. 运行问题

（1）内存不足：

如果程序运行提前终止，并给出以下错误信息提示：

FATAL ERROR：REQUESTED MEMORY UNAVAILABLE

（2）程序长时间运行：

可以试着提高参数 - minmatch 的值

实　例

输入光盘数据 phrap 下序列文件 for-phrap. fas（7 条序列）及质量文件 for - phrap. fas. qual。

命令行：$ phrap for-phrap. fas > phrap. out

运用上文提到的 contigs 提取程序提取到 contig 组成信息，

命令行：$ perl phraplist phrap. out > phrap. lis

组装成一条 contig，信息见输出说明部分。

练　习

1. 试着提高 - minmatch 和 - minscore 的值，比较此参数对拼接的影响。

2. 对光盘数据 \ phrap \ example2 \ chromat_dir 中峰图文件进行峰图转换，然后分别采用默认值、加参数-revise_greedy、加参数 - repeat_stringency 0. 90 进行拼接，比较拼接结果，此数据集可以明显看出不同参数对拼接结果的影响，通过此练习熟悉各关键参数。

2.6.2 序列拼接（Cap3）

1. 简介

Huang 和 Madan 开发的一套用于序列拼接的软件，此软件适用于小的数据集或 EST 拼接，它有如下特征：

（1）应用正反向信息更正拼接错误、连接 contigs。

（2）在序列拼接中应用 reads 的质量信息。

（3）自动截去 reads 5′端、3′端的低质量区。

（4）产生 Consed 程序可读的 ace 格式拼接结果文件。

（5）CAP3 能用于 Staden 软件包中的 GAP4 软件。

2. 下载

此软件可以免费下载，下载地址：http://seq. cs. iastate. edu/download. html。填写基本信息表格，即可下载。CAP3 详细参考文档可见：http://genome. cs. mtu. edu/sas. html 。

3. 安装

（1）上传 Cap3 的压缩包到本地 Linux/Unix 运算服务器；

（2）解压缩：

```
$ tar xvf cap3.tar
CAP3/
CAP3/README
CAP3/cap3
CAP3/doc
CAP3/aceform
CAP3/formcon
```

（3）查看解压缩后的文件：

```
$ ls -l
total 240
-rwxr-xr-x   1 soft  bgi  25844   Sep  2  2002  formcon*
-rwxr-xr-x   1 soft  bgi  169836  Sep  2  2002  cap3*
-rw-r-----   1 soft  bgi  513     Aug 22  2002  README
-rw-------   1 soft  bgi  18448   Aug 22  2002  aceform
-rw-r-----   1 soft  bgi  18922   Jun 21  2002  doc
```

4. 使用

程序运行命令行：

$ cap3 <dna-file in fasta format> [options] >cap3. out

5. 输入

输入序列是普通的 Fasta 格式，如果序列文件名为“xyz”，则质量文件应命名为“xyz. qual”，约束文件应命名为“xyz. con”。在命令行中只需输入序列文件，程序会自动在相应的目录中寻找相应的质量文件和约束文件。

“xyz”格式如下：

```
>Sequence1
ACGTGCGCGATCGCCTGCTAGGCGTACGTCGCAGGCGATCGATGTGCTAGATCAGATGACA
>Sequence2
GGGCTAGATTAGCACCACATACATCGCTCA
```

“xyz. qual” 格式如下：

```
>R1
 6 8 8 8 15 17 17 17 12 12 20 20 29 31 34 34 38 38 40 40 49 49 37 33 33
33 33 30 31 24 24 34 45 45 45 45 38 38 38 45 40 40 40 40 40 40 40 40 40 40
33 33 33 33 33 33 40 37 40 40 45 45 45 40 40 40 45 45 45 45 49 49 49 49 45
49 45 45 45 45 40 40 43 43 43 40 40 40 37 40 49 49 40 40 37 37 37 42 45 40
36 36 36 36 33 33 27 27 21 19 19 27 33 33 34 36 36 36 36 38 36 36 40 33 35
>R2
98 98 98 98 98 98 98 98 98 98 98 98 98 98 98 98 98 98 98 98 98 98 98 98 98
37 37 37 37 37 37 37 37 37 37 37 37 37 34 34 34 34 37 37 37 37 34 34 37 38
34 37 34 37 37 37 37 37 45 37 37 37 37 37 37 37 40 37 37 32 45 41 45 45 41
```

约束文件 “xyz. con” 中每一行都以如下格式指定了正反向的约束：

ReadA ReadB MinDistance MaxDistance

其中，“ReadA” 和 “ReadB” 是两个 reads 的名称；“MinDistance”、“MaxDistance” 是最小、最大距离（bp）。

约束文件 *. con 可由此软件包中的 formcon 程序生成，用法：

formcon [序列文件] [最小长度] [最大长度]

此处最小、最大长度指克隆的长度限制，单位为 bp。克隆长度限制要与插入片段长度相差 1000 ~ 1500bp 左右，如：插入片段为 2 ~ 3kb，建议 500 为克隆最小长度，4000 为克隆最大长度。

输入的序列文件中一对正反向的 reads 名称在第一个句点前要保持相同。

6. 输出

输出文件格式：

(1) xyz. cap. ace：ace 格式文件，注意：reads 的 5′、3′的低质量区没有被显示在 ace 格式中。

(2) xyz. cap. contigs：生成的 contigs 序列文件。

(3) xyz. cap. contigs. qual：生成的 contigs 质量文件。

(4) xyz. cap. singlets：没有用于拼接的 reads 文件。

(5) xyz. cap. info：关于拼接的额外信息文件。

```
R1       5      849       860
R2      55      888      1022
R3      55      870       918
R4       4      790       799
R5      17      599       920
R6      70      789       850

R1 -      2     427     R4 +     374      799
R1 -      2     239     R5 +     390      628
R1 -      2     311     R6 +     518      827
R1 +     12     829     R2 +      55      873
R1 +     12     829     R3 +      55      874
R2 -     27     545     R4 +     282      799
R2 -     34     357     R5 +     304      628
R2 -     27     429     R6 +     426      827
R2 +     55     838     R3 +      55      838
```

```
R3 -     4    441    R4 +    364    799
R3 -    90    253    R5 +    464    628
R3 -     4    325    R6 +    508    827
R4 +    46    611    R5 +     52    628
R4 +    18    683    R6 +    152    827
R5 +    52    628    R6 +    181    755

R1    12    859    860
R2    55    996    1022
R3    55    915    918
R4    18    799    799
R5    52    628    920
R6    152   827    850

Number of overlaps saved: 15
ComputeOverlap done
IdentifyChimeras done
Number of overlaps removed: 0
RemovePoorOverlaps done
R1 +     1    848    848    R3 +     1    850    861    Containment    53378
R3 +     1    861    861    R2 +     1    861    942    Containment    51554
R1 +     1    848    848    R2 +     1    849    942    Containment    50668
R6 +     1    676    676    R4 +     1    666    782    Containment    36206
R4 +   357    782    782    R1 -     1    426    848        Overlap    19848
R4 +   265    782    782    R2 -     1    519    942        Overlap    19133
R4 +   347    782    782    R3 -     1    438    861        Overlap    18011
R5 +     1    577    577    R4 +    29    594    782    Containment    10311
R6 +   275    676    676    R2 -     1    403    942        Overlap    10308
R5 +     1    577    577    R6 +    30    604    676    Containment    10211
R6 +   367    676    676    R1 -     1    310    848        Overlap    10047
R6 +   357    676    676    R3 -     1    322    861        Overlap    8516
R5 +   246    577    577    R2 -     1    331    942        Overlap    3021
R5 +   339    577    577    R1 -     1    238    848        Overlap    2473
R5 +   327    577    577    R3 -     1    250    861        Overlap    1871
ASSEM done
ComputDistForContigs done
PresentLayout done
Clip R2 left clip: 55, right clip: 996, length: 1022, right size 26
Clip R3 left clip: 55, right clip: 915, length: 918, right size 3
Clip R1 left clip: 12, right clip: 859, length: 860, right size 1
Clip R4 left clip: 18, right clip: 799, length: 799, right size 0
Clip R5 left clip: 52, right clip: 628, length: 920, right size 292
Clip R6 left clip: 152, right clip: 827, length: 850, right size 23
```

（6）Cap3. out：拼接的结果文件。

```
Number of segment pairs = 30; number of pairwise comparisons = 15
'+'means given segment;'-'means reverse complement

Overlaps           Containments No. of Constraints Supporting Overlap

****************** Contig 1 ******************
R2 +
                        R3 + is in R2 +
                        R1 + is in R3 +
R4 -
                        R5 - is in R4 -
                        R6 - is in R4 -
```

```
DETAILED DISPLAY OF CONTIGS
******************* Contig 1 *******************
                .    :    .    :    .    :    .    :    .    :    .    :
R2 +         AGTTTTAGTTTTCCTCTGAAGCAAGCACACCTTCCCTTTCCCGTCTGTCTATCCATCCCT
R3 +         AGTTTTAGTTTTCCTCTGAAGCAAGCACACCTTCCCTTTCCCGTCTGTCTATCCATCCCT
R1 +         AGTTTTAGTTTTCCTCTGAAGCAAGCACACCTTCCCTTTCCCGTCTGTCTATCCATCCCT
             ____________________________________________________________
consensus    AGTTTTAGTTTTCCTCTGAAGCAAGCACACCTTCCCTTTCCCGTCTGTCTATCCATCCCT
......
                .    :    .    :    .    :    .    :    .    :    .    :
R4 -         ATATTATAT-ACATATCACATT
R6 -         ATATTATATTACATATCACATT
             ____________________________________________________________
consensus    ATATTATATTACATATCACATT
```

7. 参数

参数选项（默认值）:

```
-a   N   带宽扩展长度,N > 10 (20)
-b   N   不同碱基的切除值,N > 15 (20)
-c   N   去除末端低质量时的质量值,N > 5 (12)
-d   N   不同时的最大 q 打分的总和,N > 20 (200)
-e   N   不同数目间的清楚值,N > 10 (30)
-f   N   重叠部分最大 gap 长度,N > 1 (20)
-g   N   gap 罚分,N > 0 (6)
-h   N   specify max overhang percent length,N > 2 (20)
-m   N   比对分值,N > 0 (2)
-n   N   不匹配的分值,N < 0 (-5)
-o   N   重叠长度阈值,N > 20 (40)
-p   N   重叠的一致性百分比,N > 65 (80)
-r   N   specify reverse orientation value,N >= 0 (1)
-s   N   重叠相似度的打分阈值,N > 400 (900)
-t   N   匹配的最大长度,N > 30 (300)
-u   N   用于修正的最小约束数目,N > 0 (3)
-v   N   用于连接的最小约束数目,N > 0 (2)
-w   N   序列去除信息的文件名 (none)
-x   N   输出文件名称的前缀 (cap)
-y   N   去除碱基范围,N > 5 (250)
-z   N   min no. of good reads at clip pos,N > 0 (3)
```

实　　例

输入序列 xyz. fa，对应的质量文件和约束文件分别为 xyz. fa. qual 和 xyz. fa. con，内容详见光盘 cap3 目录下相应文件。

```
$ head xyz.fa

>ENV1440.y1 CHROMAT_FILE: ENV1440.y1 PHD_FILE: ENV1440.y1.phd.1 TIME: Mon Oct 18
02:46:08 1999
TCCACCGAGATGTCTAAGTACAGAAACTTTCCTTGAACAAATTATACTTTAAAGCTTCAA
AGATAAATAAAAGATCAATACCCTCTGTTTTTACCTCTGACAGATGAAGAGAACAAATAT
AACTGGGCTNTGTGGTTTAGAGCTCTGGGATAAGAACTTTAACCATGTTTAAAACCCACT
AAAATACCACTTATTTAGAGTTGGGATAGATCCATGACTTTCTATNGTTCAAAGGCATTT
TCCTTNGTAATAATTCCATGGAAAGAAAAATGACTTGAAAGCCACATTTATTAAAAAGCC
CAAAGGCATTTGAACATCAATTTACATTTTTCTTTTTTATAGGAAAAAAAGTAGTTAAGT
GTAAATGAATGTCAAACATGTGGTTTACATTTTCTTTAAGATGCATGTGGGCTTTAAAAC
CTAATGAAAATACTTTAGAAAGAACATATTCCACAATATGGTAAGTGTAAGATAGGTAGG
AAATGTGGAGCACGTCAACATTCAGGTTGGGTCTTGCATAAGTCCTGCAGATAAAACAGG
```

```
$ head xyz.fa.con

ENV1644.x1 ENV1644.y2    1000    6000
ENV1704.x1 ENV1704.y2    1000    6000
ENV1180.x1 ENV1180.y1    1000    6000
ENV553.y1 ENV553.x1      1000    6000
ENV87.x1 ENV87.y1        1000    6000
ENV446.x1 ENV446.y1      1000    6000
ENV446.x2 ENV446.y1      1000    6000
ENV1178.x1 ENV1178.y1    1000    6000
ENV1192.x1 ENV1192.y1    1000    6000
ENV1073.x1 ENV1073.y1    1000    6000

$ head xyz.fa.qual

>ENV1440.y1 CHROMAT_FILE: ENV1440.y1 PHD_FILE: ENV1440.y1.phd.1 TIME: Mon Oct 18
02:46:08 1999
 6   6   6  14   9   8  17  34  22  18  12  12  12  10  18  11  18  19  24  27
28  33  36  38  36  36  34  21  18  10   8   6  12   7   7  14  15  25  39  39
29  17  19  21  24  23  28  31  33  34  36  38  33  36  40  40  36  37  38  37
37  37  37  37  37  38  38  40  36  37  36  36  36  36  33  28  28  27  27  25
24  24  27  26  21  21  18  21  21  30  31  33  31  31  31  33  33  33  33  33
33  33  37  37  37  37  37  38  38  38  38  38  45  38  37  37  37  36  34  34
33  33  36  39  39  39  23  14   4   0   4  14  17  27  34  33  33  33  38  38
38  44  39  40  36  36  37  38  38  38  45  45  44  44  38  45  45  37  37  35
35  35  33  33  30  30  30  30  30  30  37  34  37  38  38  38  38  38  38  38
```

运行命令 cap3 xyz. fa ＞ cap3. out

结果输出详见光盘数据，此拼接只生成一个 contig。

练　　习

选择本节或上节 phrap 提供的数据中的一组分别用两个软件进行拼接，比较拼接结果。

2.7　Consed

1. 简介

Consed 是一款非常强大的图形化 finish 软件，由 David Gordon 等于 1998 年发布，目前已更新至 15.0 版本。

现在 Consed 已经成为基因组 finish 的标准工具，它为组装正确性的验证提供了一个直观的界面，能够方便地进行组装的各项统计并绘图、对结果进行比对分析，并能实现对组装结果进行拆分、重组等功能。同时还可以通过峰图的比较来查找或者验证 SNP。

该软件需要在支持图形界面的 X-Win32 环境下操作，软件的使用需要获得作者的授权。

2. 下载

Consed 软件需要到 Phrap 网站申请，申请成功后下载相应操作系统的版本，如consed_linux. tar. z。

申请地址：

http://bozeman. mbt. washington. edu/consed/consed. html#howToGet

3. 安装

1）将软件包上传到大型机上

2）解压缩 zcat consed_linux. tar. Z | tar-xvf-

3）环境变量配置

（1）默认 CONSE_HOME 为/usr/local/genome，如果不使用这个目录，请建立相关链接，并修改环境变量设置（. cshrc 或其他 shell 的配置文件）：setenv CONSED_HOME xxx，xxx 为 Consed 安装的目录。

（2）建立 $ CONSED_HOME/bin 和 $ CONSED_HOME/lib 目录，可执行文件全部放到 $ CONSED_HOME/bin 目录下。

Consed 需要使用其他的一些软件，如：phred，phrap，crossmatch，这些文件需放到/usr/local/genome/bin 目录下，或 $ CONSED_HOME/bin。

对于软件 Phred，联系方式：bge@ u. washington. edu（Brent Ewing）

对于软件 Phrap 和 cross_match，联系方式：phg@ u. washington. edu（Phil Green）

（3）编译 phd2fasta：

到 misc/phd2fasta 目录，键入命令 make 编译 phd2fasta，然后将 phd2fasta 可执行文件移到目录 /usr/local/genome/bin 或 $ CONSED_HOME/bin。

（4）编译 mktrace：

到 misc/mktrace 目录，键入命令 make 编译 mktrace，然后将 mktrace 可执行文件移到目录 /usr/local/genome/bin 或 $ CONSED_HOME/bin。

（5）将所有的 perl 程序（scripts 目录和 contributions 目录下）移到目录 /usr/local/genome/bin 或 $ CONSED_HOME/bin，并修改权限为可执行（chmod a + x * ）。

（6）如果系统 perl 不是安装在/usr/bin/下，需将每个 perl 程序的开头位置#! /usr/bin/perl-w 改成相应的路径。

（7）建立子目录 /usr/local/genome/lib/screenLibs 或 $ CONSED_HOME/lib/screenLibs，将目录 misc 下的文件 primerCloneScreen. seq 和 primerSubcloneScreen. seq 拷到此目录下。

（8）建立载体序列文件（Fasta 格式）：

/usr/local/genome/lib/screenLibs/vector. seq 或 $ CONSED _ HOME/lib/screenLibs/vector. seq。此文件包含所有载体序列。

（9）建立重复序列文件（Fasta 格式）：

/usr/local/genome/lib/screenLibs/repeats. fasta，或 $ CONSED _ HOME/lib/screenLibs/repeats. fasta）。如果不想标注任何重复序列，将 phredPhrap 相关的行屏蔽掉即可（行前加#号），即：

```
! system ( " $ tagRepeats $ szAceFileToBeProduced")
  | | die "some problem running $ tagRepeats";
```

改为：

```
#! system ( " $ tagRepeats $ szAceFileToBeProduced")
# | | die "some problem running $ tagRepeats";
```

4. 输入

Consed 的输入文件是 Phrap 组装生成的 *. ace 文件和组装用到的 reads 的 phd、峰图文件。这些文件必须以如下方式存放：

一个存放峰图文件的目录，目录名必须是 chromat_dir；

一个存放 Phred 读取峰图输出的文件——phd 文件的目录，目录名必须是 phd_dir；

一个供 Consed 编辑的工作目录，目录名任意（通常命名为 edit_dir），里面存放 ace 文件。

3 个目录必须同级放置。如：

```
$ ls -lFt
total 72
drwxr-xr-x    2 liudy    prj0327    4096 Sep 22 02:01 edit_dir/
drwxr-xr-x    2 liudy    prj0327    20480 Sep 18 03:21 phd_dir/
drwxr-xr-x    2 liudy    prj0327    16384 Sep 18 03:21 chromat_dir/
```

5. 使用

满足上述输入条件以后，在目录"edit_dir"下直接键入"consed"即可运行程序，程序打开以后会弹出一个选择输入的 ace 文件的窗口（图 2-8）：

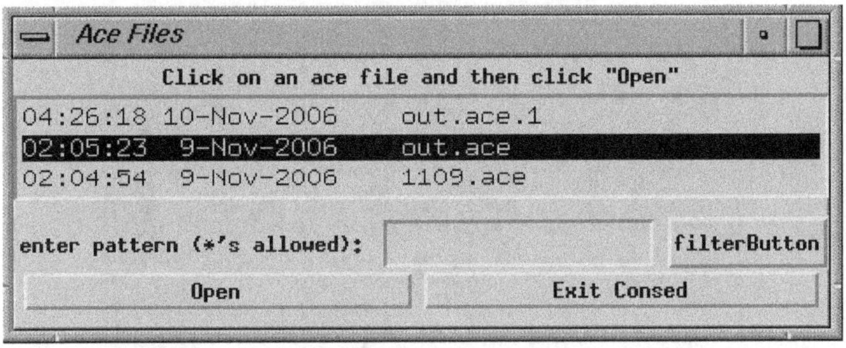

图 2-8　Consed 的输入选择界面

如果 phd_dir 目录缺失却需要强行打开 Consed，必须加"- nophd"参数运行才能打开 Consed 界面，否则会报错退出。而在"- nophd"参数下，Consed 的很多功能都无法实现，包括查看每个 read 的质量、调整组装结果等。如果 chromat_dir 缺失，则不能查看 reads 的原始峰图。通常运行 Consed 的时候都要求至少绝大多数 reads 的 phd 文件都存在。

以下的所有功能的实现都是在 Consed 目录结构完整、reads 路径对应正确，并且参数配备无误的情况下进行的。

1）主界面布局

主界面"Consed Main Window"从上到下依次排列了菜单区、功能键、contig 列表和 read 列表。

Contig 列表中的所有 contigs 按照包含 reads 从少到多的顺序排列。窗口中显示了 contig 名称、拼成 contig 的 reads 数量和 contig 的总长度等信息。

read 列表中显示了每一个 read 在拼接结果中属于哪一个 contig、read 长度和在 contig 上的拼接位置。

contig 列表和 read 列表的下方分别有一个搜索区，可以输入 contig 或者 read 的名称进行搜索，搜索区支持模糊搜索的功能。

图 2-9 就是 consed 的主界面：

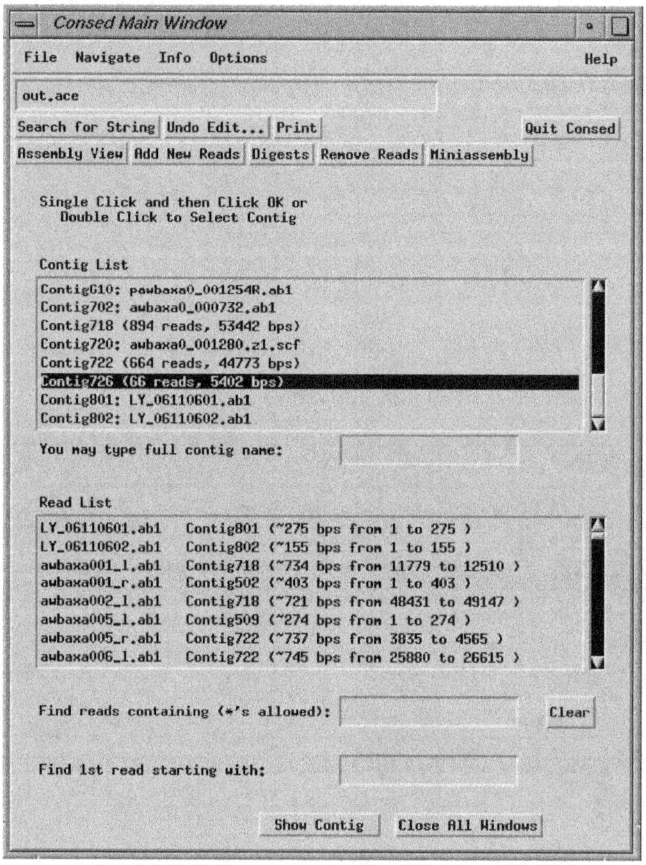

图 2-9　consed 的主界面

2）检查 contig 的组装质量

在 contig 列表中双击一个 contig 的名字，会弹出这个 contig 的窗口。窗口中以图形的方式显示了此 contig 的组装情况。最上面一行的碱基表示组装完成的 contig 序列（consensus），下面的每一行表示组成 contig 的每一条 read，在窗口的左端显示了每一条 read 的名字，名字后面的箭头代表 read 的测序方向。拼接质量是由碱基的背景色表示的，背景色浅表示质量好，反之则表示质量差。通过拖动滚动条，可以查看到整个 contig 的拼接情况。如果需要查看某一个 read 的峰图，只需选中这个 read 上的碱基点击鼠标中键，就会弹出峰图（双键鼠标可以通过同时点击左右键来实现中键功能）。如图 2-10 所示。

对于比较大的 contig，手动检查的效率是很低的，所以 consed 提供了一系列统计以辅

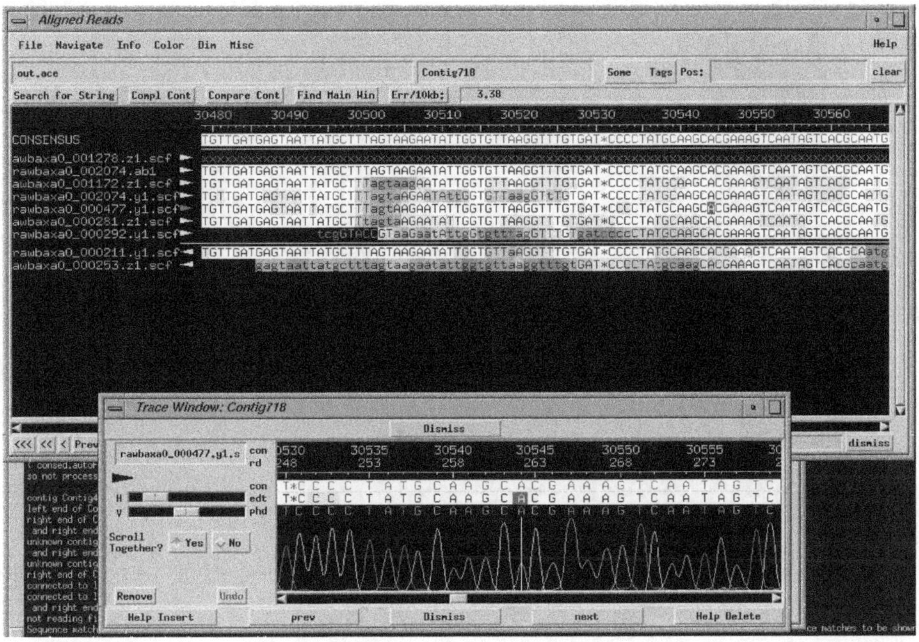

图 2-10　contig 窗口和 reads 峰图

助检查 contig 的拼接：

第一是提供了 contig 的平均单碱基错误率统计，以衡量 contig 的整体质量。这个信息显示在 contig 窗口按键区“Err/10kb”的右边。如图 2-10 显示就是万分之 3. 38 的错误率。

第二是提供了查找 contig 上组装有问题的区域的功能。点击“navigate”按钮，下拉菜单中有很多查找选项，其中，第一个选项“Low Cons/High Qual Descrep/Single Stranded/Single Subclone/Unaligned High”，即查找全部有问题的组装区域。相对于这种一网打尽的找法，分类寻找往往更有针对性，所以最常用的是如下选项：“Low consensus quality”、“Region covered by only 1 subclone”和“High quality discrepancies/ >5bp from unaligned region”，即低质量、单覆盖和高质量错配。

以查找低质量区为例，依次点击“navigate” - > “Low consensus quality”，会弹出一个窗口，显示所有低于指定质量值（默认为 25）的区域，双击其中的任意一个结果，contig 窗口就会显示这个位置附近的组装情况。点击“save”按键，弹出窗口显示的统计结果可以保存。如图 2-11 所示。

3）提取组成 contig 的所有 reads 的位置信息

在 contig 窗口上点击“Info”按钮，选择“Show Contig Information”，就会弹出“Contig Information”窗口，显示所有 reads 在这个 contig 上的位置和方向。可以点击“Save”输出这些信息。如图 2-12 所示。

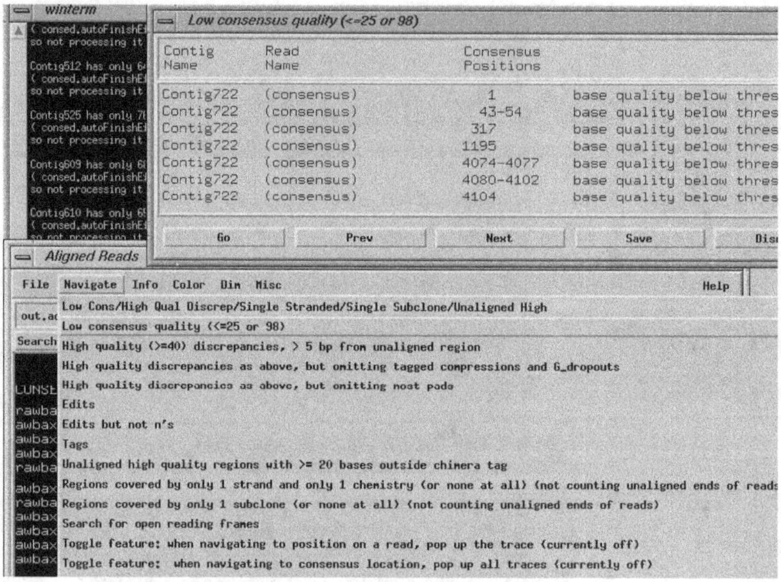

图 2-11 寻找 contig 的低质量区

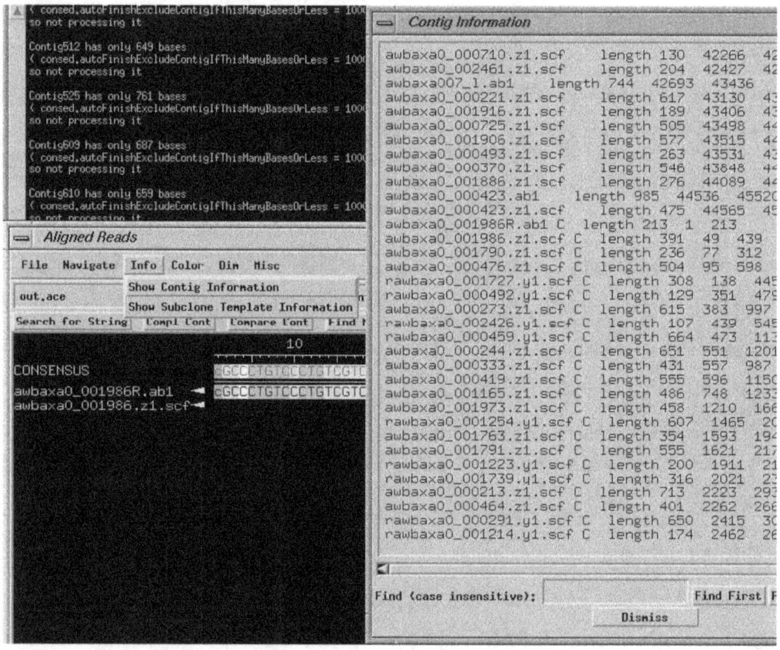

图 2-12 查看 contig 上 reads 的位置

4）查看 contig 之间的关系和正反向 reads 的覆盖情况

在主窗口上点击按钮“Assembly View”会弹出一个窗口显示 contig 之间的正反向 reads 关系，并将关系足够多的正反向连成 scaffold。在 contig 的上方会出现两条起伏的线，较高的一条是浅绿色，表示亚克隆的覆盖度曲线；较低的一条是深绿色，表示组装的 reads 覆盖度曲线。这两条曲线突然降低的位置往往是组装结果中连接较弱的位置，甚至是错拼。因此，这两条曲线能够用来粗略地检验序列组装的可靠性。如图 2-13 所示。

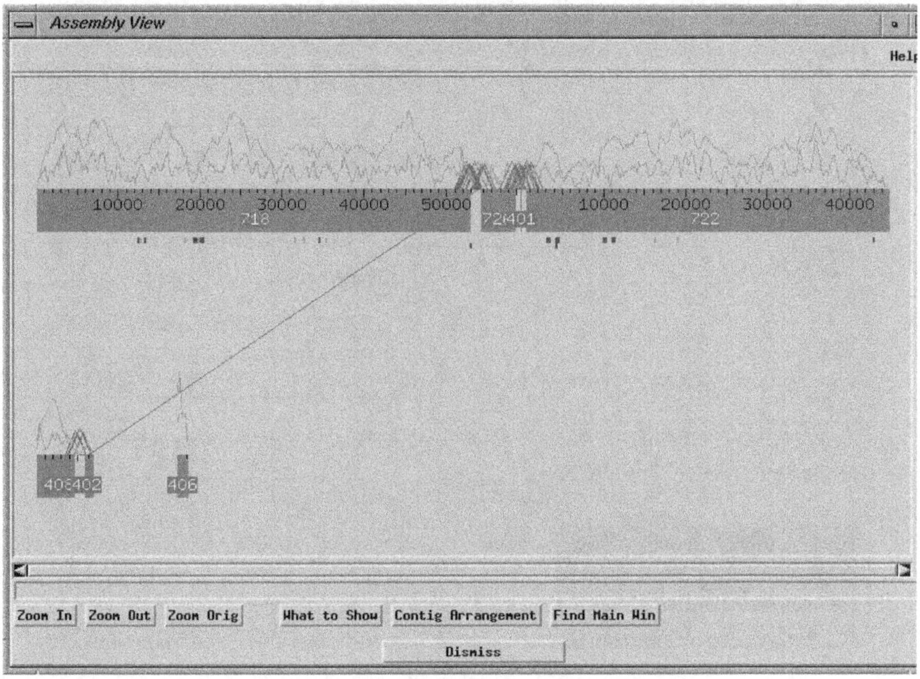

图 2-13 Assembly View

如果想仔细观察正反向的覆盖情况，可以点击“Assembly View”窗口的“What to Show”，在菜单中选择“Fwd/Rev Pairs”，选中正反像选项中的“Show each consistent fwd/rev pair within contigs”和“Show legs on squares for consistent fwd/rev pairs”，并点击“Apply”，就会在显示 contigs 之间的关系的同时也显示 contigs 内部的正反向关系，能够比较方便地找到正反向覆盖异常的区域。

5）寻找组装结果中的重复区

在“Assembly View”窗口点击“Sequence Matches”，会弹出 cross_match 比对的参数选项窗口。点击“run crossmatch”，程序会在所有的 contigs 之间进行比对，并把比对结果绘制在“Assembly View”窗口里面的 contig 上，其中，橙色线条代表正向比对的结果，黑色线条代表反向比对。如图 2-14 所示。

6）在 consed 中搜索序列

打开“Search for String”窗口，从一个 contig 中选中一段序列（consed 设置为选中复制），用鼠标中键粘贴在“Query String”内（也可以键盘输入），然后点击“OK”，程序就会找出这一段序列在所有结果中出现的位置。如图 2-15 所示。

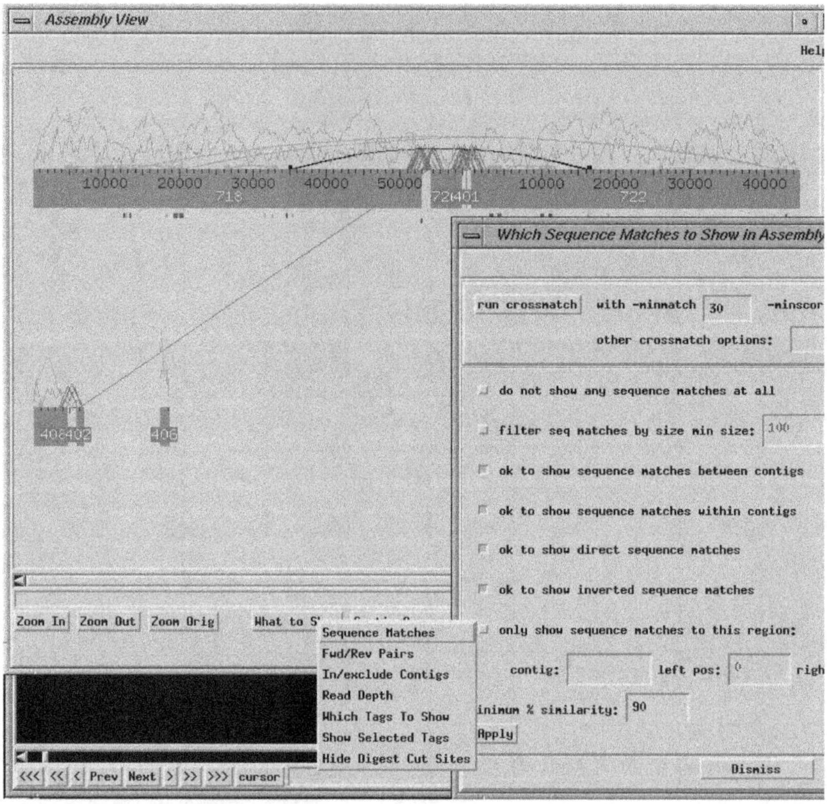

图 2-14　Assembly View 的比对功能

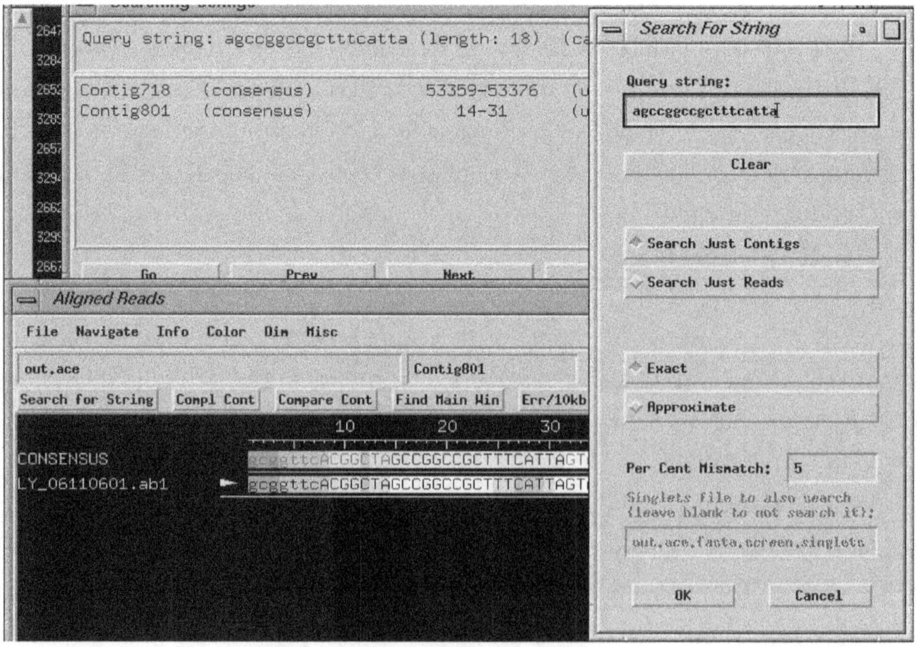

图 2-15　搜索序列

7）连接 contigs

对于有重复区域的两个 contigs，我们可以把鼠标的焦点定在两个 contig 重复区域的同一个碱基上，在两个 contig 窗口里分别点击“Compare Cont”弹出比对窗口。点击窗口中间的“Align”比对。查验比对结果没有问题可以接受以后，点击比对窗口右下角的“join Contigs”，两个 contigs 就连接起来了，如图 2-16 和图 2-17 所示。需要注意的是，如果两个 contigs 是反向比对，则必须用按钮“Compl Cont”把其中一个 contig 变成互补序列，才能进行连接。

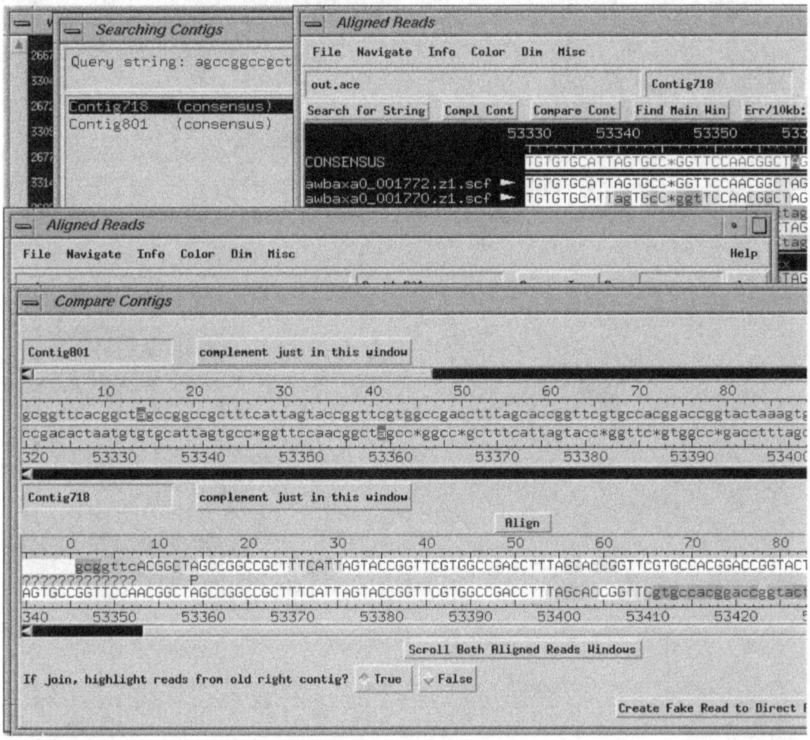

图 2-16　连接 contigs

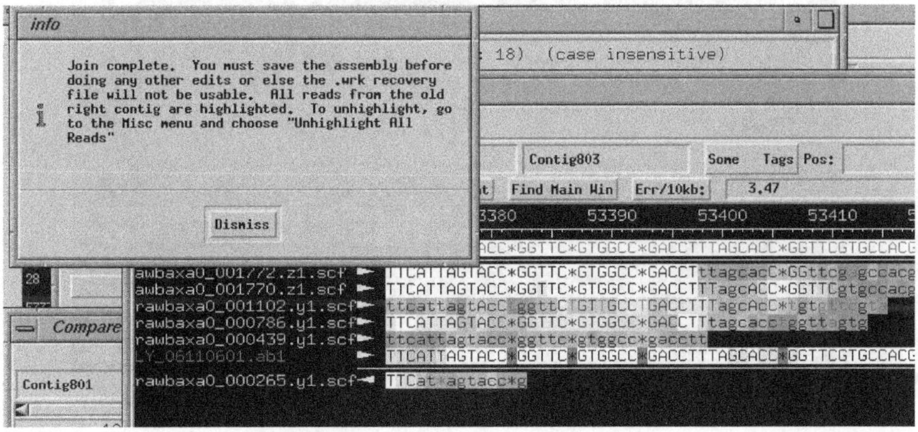

图 2-17　连接以后的 contig

8）拆分 contig

在 contig 窗口里选中一个位置按右键，选择“Tear contig at this consensus position”，就会弹出一个窗口，以供选择跨过这一碱基的每一个 reads 应该划分到上游还是下游。选定之后点击“Do Tear”，原来的 contig 就拆成了两个。如图 2-18 和图 2-19 所示。

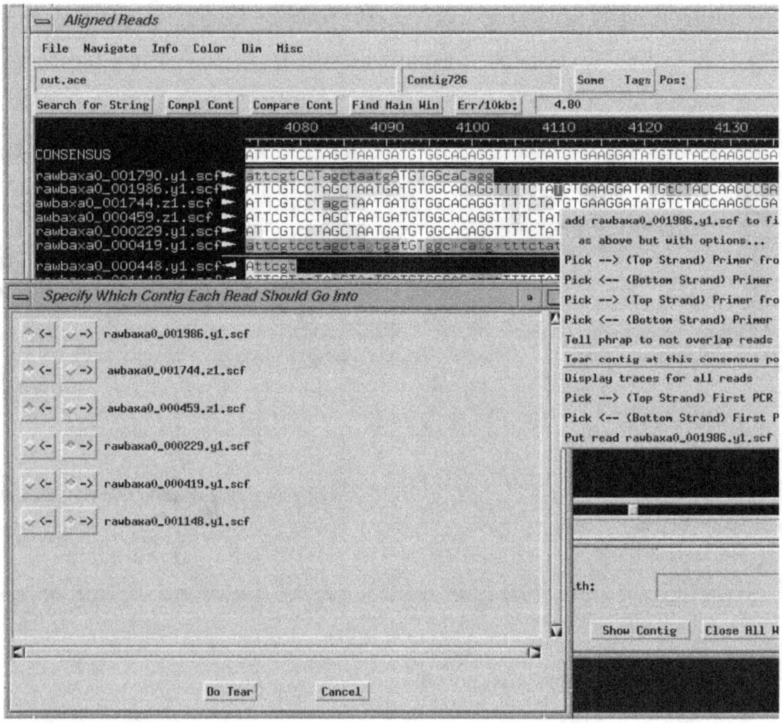

图 2-18 拆分 contig

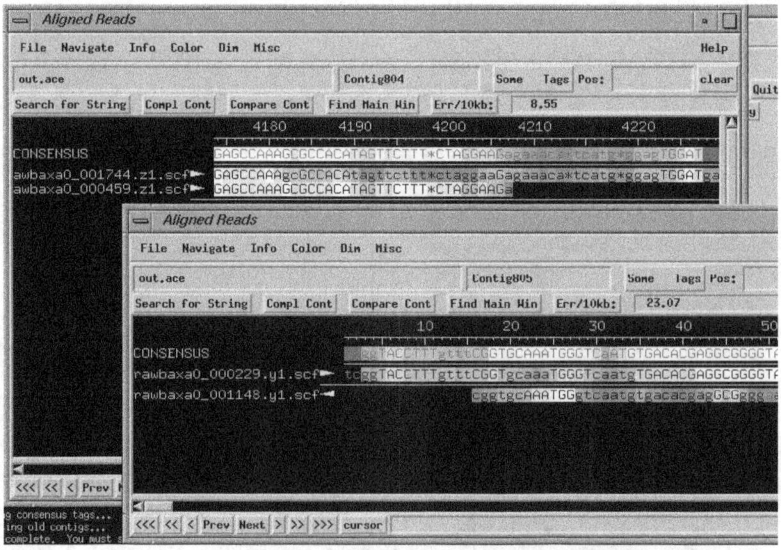

图 2-19 拆分后的 contig

9）把一个 read 从 contig 中分离出来

在 contig 窗口中选中需要分出来的 read，点鼠标右键，选择“Put read ＊＊＊ into its own contig”，即可把这条 read 从中分离出来。如图 2-20 和图 2-21 所示。

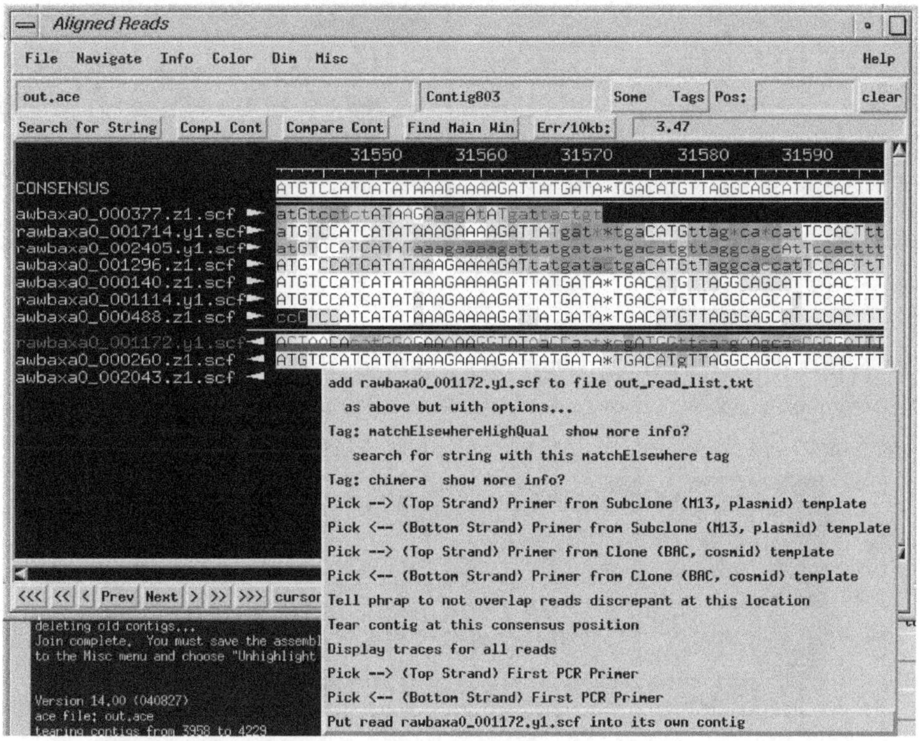

图 2-20　从 contig 中分离 reads

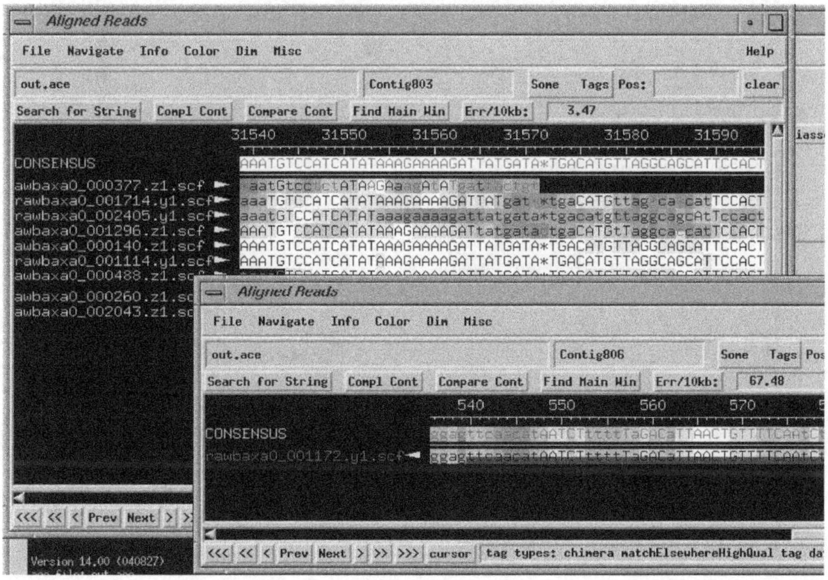

图 2-21　分离出来的 read 单独成为一个 contig

以上是一些常用的基本功能，其他扩展功能读者可以慢慢摸索。需要注意的是，以上的功能都是在参数配备完整的情况下实现的。如果 Consed 实现某一功能的调用程序路径不对，会弹出类似于这样的错误窗口（图 2-22、图 2-23）。

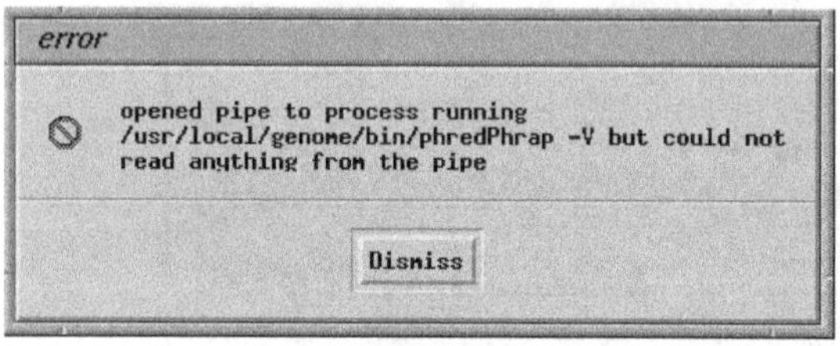

图 2-22　错误 1

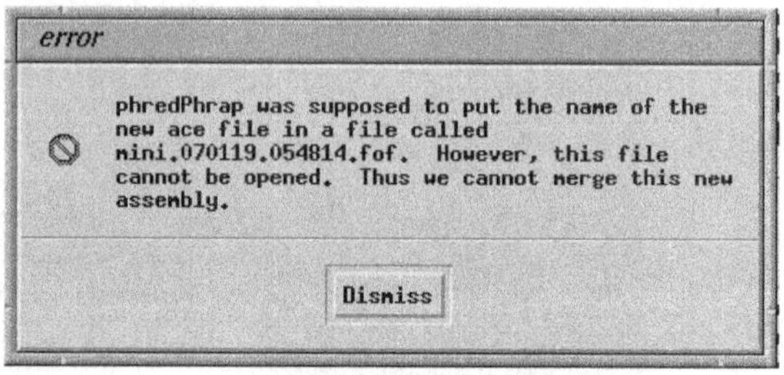

图 2-23　错误 2

遇到这种情况的需要重新配置 Consed 的参数调用列表，方法如图 2-24 所示，在主界面上点击“Options”，选择“Edit Consed/Autofinish Parameters”，把报错的调用程序路径修改为当前系统内的有效路径即可。使用 Consed 时多数配置问题可以通过这种方法解决。

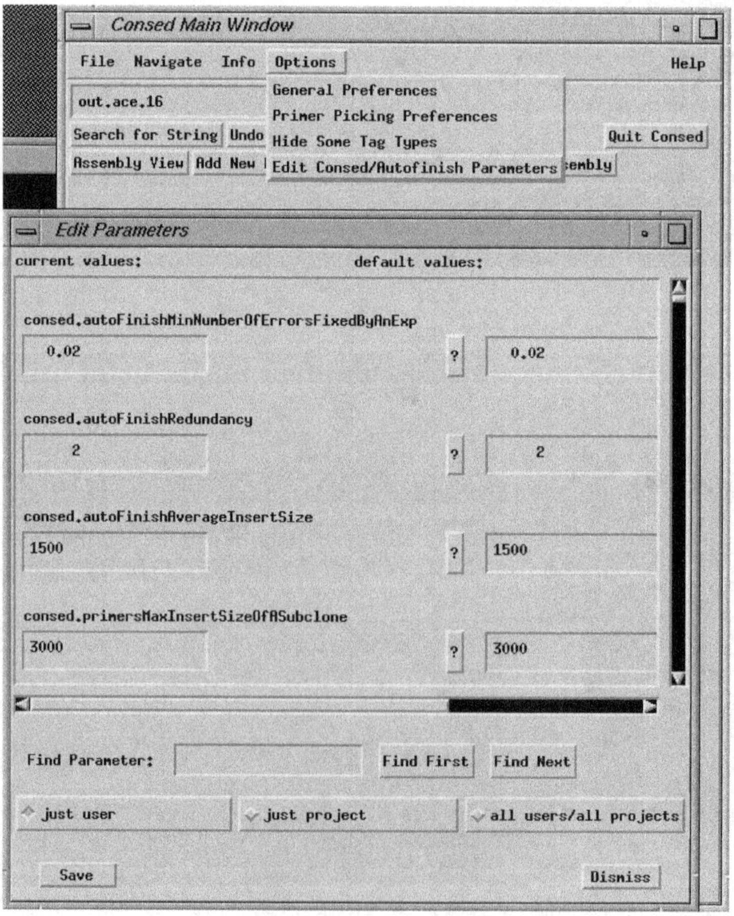

图 2-24　调整 Consed 参数

6. 输出

1）保存 ace 文件

点击主窗口的“File”按钮，在菜单中选择“Save assembly”选项，可以用来保存修改后的 ace 文件。如图 2-25 所示。

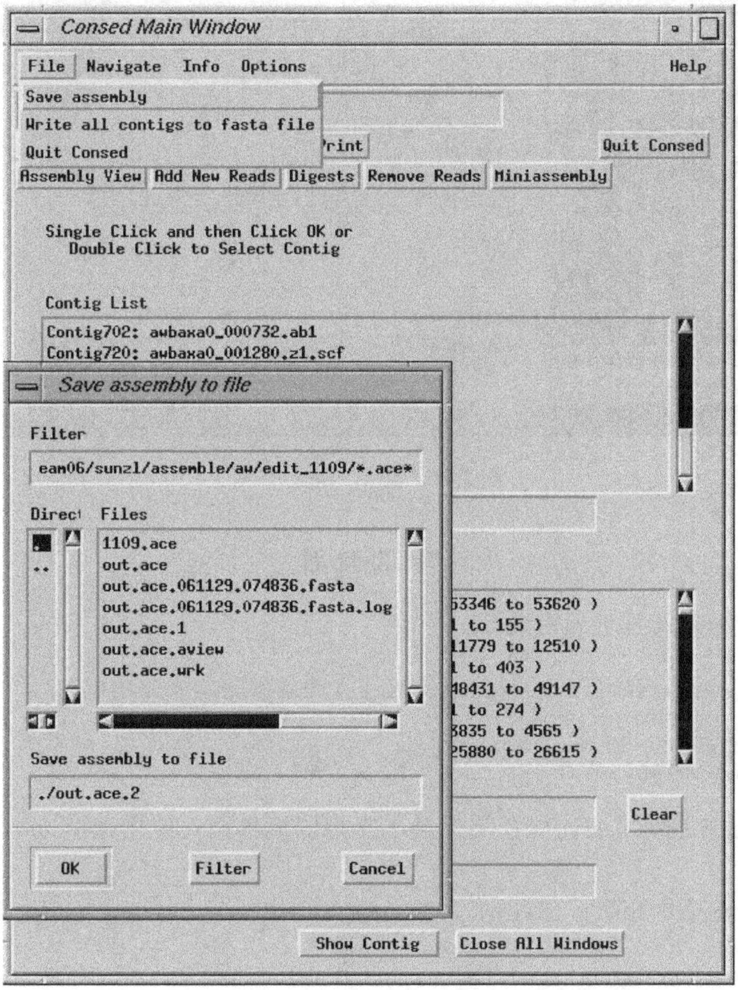

图 2-25　保存 ace 文件

2）输出 contigs 序列

点击主界面的“File”，选择“Write all contigs to fasta file”可以输出所有 contigs。如果需要单独输出某一个 contig，可以在相应的 contig 窗口内点击“File”，选择“Export consensus sequence”或者“Export consensus sequence (with options)”来指定输出完整 contig 还是部分序列、输出起止位点、是否输出质量、输出格式是 Fasta 还是 PHD 等。如图 2-26 所示。

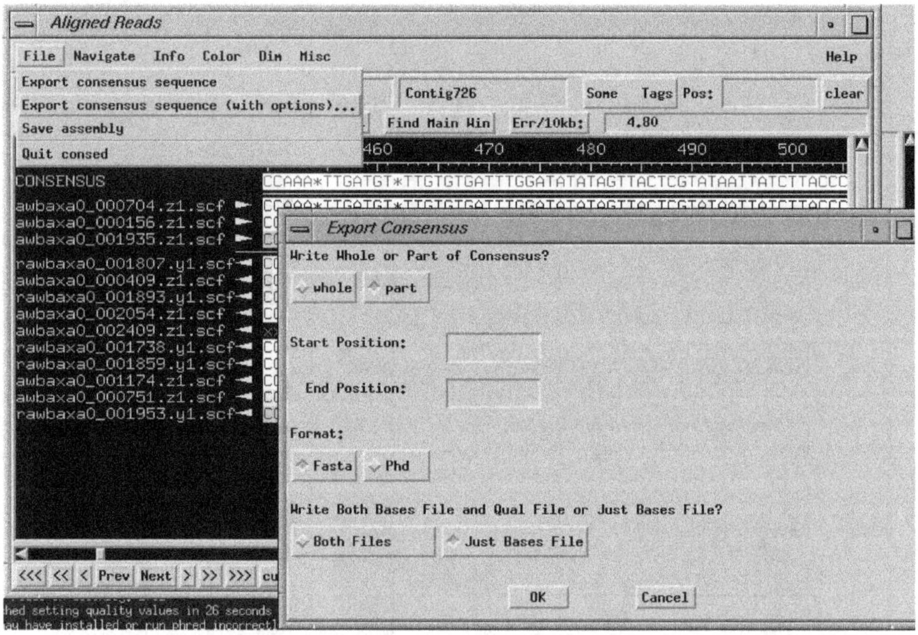

图 2-26　输出 contig 序列

常 见 问 题

1）运行 consed 时报下列错误：

```
no ~/.consedrc file so no user resources will be used--that's ok
no ./.consedrc file so no project-specific resources--that's ok
couldn't open readOrder.txt--that's ok
Error: Can't open display:
```

这种情况通常是使用的远程登陆工具不支持图形界面。使用 X-Win32 或 X-ming 登陆即可解决。

2）运行 consed 时报下列错误：

```
no ~/..consedrc file so no user resources will be used--that's ok
no ./.consedrc file so no project-specific resources--that's ok
couldn't open readOrder.txt--that's ok
Fatal: The parent directory must contain phd_dir and chromat_dir, but it doesn't.
A typical directory structure is a directory named after the project, with
subdirectories named edit_dir (containing the ace files), phd_dir (containg the phd
files), and chromat_dir (containing the chromatogram files). Consed would then be
run from within edit_dir.
Version 14.00 (040827)
```

这是由于上级目录没有"phd_dir"。

练　　习

对一个组装结果进行调整，连接原来未连接起来的 contigs，并统计每个 contig 的平均单碱基错误率，对已知排列顺序的 contig 设计引物，输出 contig 序列。

数据存放在光盘：\ consed \ example \ test. ace

2.8　引物设计（Primer3）

1. 简介

Primer3 是一款以命令行形式运行的引物设计软件。它源于引物设计程序 primer0. 5，由 Steve Lincoln、Mark Daly 和 Eric Lander 开发。

Primer3 的功能是做 PCR 引物设计，它能够比较严格地控制引物发夹结构和二聚体。命令行的操作方式也使 primer3 很容易嵌入流程，适合做大规模的 PCR 引物设计。

2. 下载

下载地址：

http://sourceforge. net/project/showfiles. php? group_id = 112461

下载包：

primer3 - 1. 1. 0 - beta. tar. gz

以往版本下载地址：

http://fokker. wi. mit. edu/primer3/old_releases. html

3. 安装

```
$ unzip primer3_1. 0. 1. tar. gz ——解压 gz 包
$ tar xvf primer3_1. 0. 1. tar  ——解压 tar 包
$ cd primer3_1. 0. 1/src        ——转到安装操作目录
$ make all                      ——生成文件
```

4. 输入参数

Primer3 的参数全部写在输入文件里，具体如下：

PRIMER_SEQUENCE_ID　引物的名字

SEQUENCE　要设计引物的序列

TARGET　指定一个位置及长度作为标靶，引物对必须在它的两侧

PRIMER_MIN_SIZE　引物最小长度

PRIMER_OPT_SIZE　引物最适长度

PRIMER_MAX_SIZE　引物最大长度

PRIMER_MIN_TM　引物最小复性温度

PRIMER_OPT_TM　引物最适复性温度

PRIMER_MAX_TM　引物最大复性温度

PRIMER_MAX_GC　引物最大 GC 含量

PRIMER_MIN_GC　引物最小 GC 含量

PRIMER_PRODUCT_SIZE_RANGE　产物长度范围（格式：min-max）

PRIMER_PRODUCT_OPT_SIZE　最适产物长度

PRIMER_NUM_RETURN　返回的引物数量，默认为 5

PRIMER_FILE_FLAG　是否输出过程文件（推荐 0，不输出）

PRIMER_EXPLAIN_FLAG　1

PRIMER_MAX_END_STABILITY　引物的最大末端稳定性，推荐 8

PRIMER_SELF_ANY　引物互补碱基数目，推荐 8

PRIMER_SELF_END　引物末端互补碱基数目，推荐 3

PRIMER_DNA_CONC　引物 DNA 浓度单位 nmol/L，推荐 40

PRIMER_GC_CLAMP　引物 3′端 GC 的数量，推荐 0

其中，target 的格式是 TARGET = pos，length。它的意义是指：PCR 的上游引物在目标片段的 pos 处之前，下游引物在 pos + length 之后。Primer3 的输入结束标记是“ = ”。

5. 使用和输出

Primer3 使用起来很简单，只有一个基本命令行：primer3_ core < input > output。

其中，输入文件的内容是目标序列和参数配置，输出文件的内容包括了输入参数记录和生成的引物序列、引物位置和长度、GC 含量、实验条件、产物长度。其中，主要的输出信息格式如下：

PRIMER_LEFT_SEQUENCE　上游引物序列

PRIMER_RIGHT_SEQUENCE　下游引物序列

PRIMER_LEFT　上游引物位置、上游引物长度

PRIMER_RIGHT　下游引物位置、下游引物长度

PRIMER_LEFT_TM　上游引物复性温度

PRIMER_RIGHT_TM　下游引物复性温度

PRIMER_LEFT_GC_PERCENT　上游引物 GC 含量

PRIMER_RIGHT_GC_PERCENT　下游引物 GC 含量

PRIMER_PRODUCT_SIZE　产物长度

由于 Primer3 对于发夹结构和二聚体限制得比较严格，所以条件比较特殊的序列可能会设计不出引物，这对于大规模批量设计是不利的。因此，在使用 Primer3 设计引物之前，需要尽可能多地了解序列的情况，尤其是 GC 含量和特殊结构是否存在。对于有明显异常的序列，要对引物的 GC 含量和复性温度（TM 值）等参数的要求适当放宽，以求更高的成功率；而对于有特殊结构的位置，需要严格控制引物位置。

对于很少量并且对条件要求很高的引物设计，Primer3 表达的信息相对少一些，也不够直观，推荐使用其他手动引物设计软件。

6. 在线工具

http://frodo. wi. mit. edu/cgi-bin/primer3/primer3_www. cgi

实　例

输入文件如下，加粗区域为预定的引物区域：

```
PRIMER_ SEQUENCE_ ID = test_ primer
SEQUENCE = tttttatagaatgaaggccaaaataccaaaaatatgttcagtcagattcatttgattctgagtcagac
atgttgggactttctgactgactgatgattttattctgactgtatgaattgatttttcatacctttacattcaaactg
```

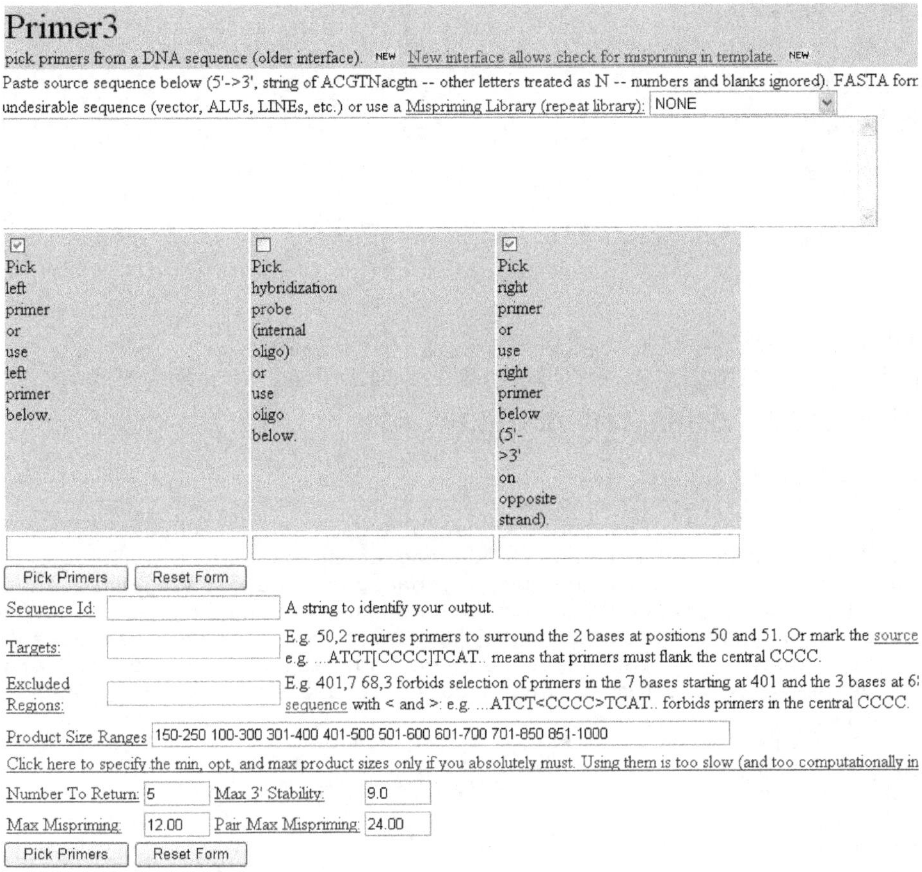

图 2-27　Primer3 在线运行页面

```
tctgttttcctcaggtgtgcaggtgtgggaagatcagaccggaacaacagatgccttccgtcaggaaggttatgatgg
agaggactctctgtctcttgatttgaaggagaaagagttgaaagagttggaggagaaagagatgaaagagttgaaaga
gttggaggagaaagagttggaggagaaagagatgaaagagttgaaagagttggaggagaaagagttggaggagtaaga
gatgaaagagttggaggagatctatattctgggggctctatattctagcggaccccccagcatgagtttaaagtgacc
gttattttagtacattattttagaaagtattaattgcttggagatgtgtcatgcagctggcagatatgtaggtatcgc
gataagatatggtttttttctttttatttaaaatttttccaaaaatcttaaaggtggagtca
TARGET =200, 200
PRIMER_ MIN_ SIZE =18
PRIMER_ OPT_ SIZE =20
PRIMER_ MAX_ SIZE =22
PRIMER_ MIN_ TM =55
PRIMER_ MAX_ TM =60
PRIMER_ MIN_ GC =40
PRIMER_ MAX_ GC =60
PRIMER_ PRODUCT_ SIZE_ RANGE =200 -1000
PRIMER_ NUM_ RETURN =2
PRIMER_ SELF_ END =3
```

```
PRIMER_ FILE_ FLAG =0
PRIMER_ PICK_ INTERNAL_ OLIGO =1
PRIMER_ EXPLAIN_ FLAG =1
PRIMER_ DNA_ CONC =40
PRIMER_ MAX_ END_ STABILITY =8
PRIMER_ SELF_ ANY =8
PRIMER_ NUM_ NS_ ACCEPTED =0
=
```

运行程序：$ primer3_ core < test.input > test.primer。

输出结果中按照参数要求返回了两对引物，并列举了每一对引物位置的 GC 含量、TM 值和产物长度等信息（有用信息的区域用粗体表示）：

```
PRIMER_SEQUENCE_ID =test_primer
SEQUENCE =ttttatagaatgaaggccaaaataccaaaaatatgttcagtcagattcatttgattctgagtcaga
catgttgggactttctgactgactgatgattttattctgactgtatgaattgattttcatacctttacattcaaac
tgtctgttttcctcaggtgtgcaggtgtgggaagatcagaccggaacaacagatgccttccgtcaggaaggttatga
tggagaggactctctgtctcttgatttgaaggagaaagagttgaaagagttggaggagaaagagatgaaagagttga
aagagttggaggagaaagagttggaggagaaagagatgaaagagttgaaagagttggaggagaaagagttggaggag
taagagatgaaagagttggaggagatctatattctgggggctctatattctagcggaccccccagcatgagtttaaa
gtgaccgttattttagtacattatttagaaagtattaattgcttggagatgtgtcatgcagctggcagatatgtag
gtatcgcgataagatatggtttttttctttttatttaaaattttccaaaaatcttaaaggtggagtca
TARGET =200,200
PRIMER_MIN_SIZE =18
PRIMER_OPT_SIZE =20
PRIMER_MAX_SIZE =22
PRIMER_MIN_TM =55
PRIMER_MAX_TM =60
PRIMER_MIN_GC =40
PRIMER_MAX_GC =60
PRIMER_PRODUCT_SIZE_RANGE =200 -1000
PRIMER_NUM_RETURN =2
PRIMER_SELF_END =3
PRIMER_FILE_FLAG =0
PRIMER_PICK_INTERNAL_OLIGO =1
PRIMER_EXPLAIN_FLAG =1
PRIMER_DNA_CONC =40
PRIMER_MAX_END_STABILITY =8
PRIMER_SELF_ANY =8
PRIMER_NUM_NS_ACCEPTED =0
PRIMER_LEFT_EXPLAIN =considered 865, GC content failed 595, low tm 106, high tm 62,
high 3 ′stability 13, ok 89
PRIMER_RIGHT_EXPLAIN =considered 817, GC content failed 575, low tm 130, high tm 37,
high end compl 5, long poly -x seq 11,high 3 ′stability 31, ok 28
PRIMER_INTERNAL_OLIGO_EXPLAIN =considered 5554, GC content failed 469, low tm 2545,
high tm 904, long poly -x seq 31, ok 1605
PRIMER_PAIR_EXPLAIN =considered 12, ok 12
PRIMER_PAIR_PENALTY =2.2202
PRIMER_LEFT_PENALTY =0.324336
PRIMER_RIGHT_PENALTY =1.895904
PRIMER_INTERNAL_OLIGO_PENALTY =1.059530
PRIMER_LEFT_SEQUENCE =ggaagatcagaccggaacaa
PRIMER_RIGHT_SEQUENCE =gggggtccgctagaatataga
PRIMER_INTERNAL_OLIGO_SEQUENCE =cgtcaggaaggttatgatgga
PRIMER_LEFT =173,20
```

```
PRIMER_RIGHT=436,21
PRIMER_INTERNAL_OLIGO=204,21
PRIMER_LEFT_TM=59.676
PRIMER_RIGHT_TM=59.104
PRIMER_INTERNAL_OLIGO_TM=59.940
PRIMER_LEFT_GC_PERCENT=50.000
PRIMER_RIGHT_GC_PERCENT=52.381
PRIMER_INTERNAL_OLIGO_GC_PERCENT=47.619
PRIMER_LEFT_SELF_ANY=4.00
PRIMER_RIGHT_SELF_ANY=5.00
PRIMER_INTERNAL_OLIGO_SELF_ANY=3.00
PRIMER_LEFT_SELF_END=0.00
PRIMER_RIGHT_SELF_END=3.00
PRIMER_INTERNAL_OLIGO_SELF_END=0.00
PRIMER_LEFT_END_STABILITY=7.0000
PRIMER_RIGHT_END_STABILITY=5.6000
PRIMER_PAIR_COMPL_ANY=4.00
PRIMER_PAIR_COMPL_END=0.00
PRIMER_PRODUCT_SIZE=264
PRIMER_PAIR_PENALTY_1=2.6136
PRIMER_LEFT_1_PENALTY=0.717729
PRIMER_RIGHT_1_PENALTY=1.895904
PRIMER_INTERNAL_OLIGO_1_PENALTY=1.059530
PRIMER_LEFT_1_SEQUENCE=tcagaccggaacaacagatg
PRIMER_RIGHT_1_SEQUENCE=gggggtccgctagaatataga
PRIMER_INTERNAL_OLIGO_1_SEQUENCE=cgtcaggaaggttatgatgga
PRIMER_LEFT_1=179,20
PRIMER_RIGHT_1=436,21
PRIMER_INTERNAL_OLIGO_1=204,21
PRIMER_LEFT_1_TM=59.282
PRIMER_RIGHT_1_TM=59.104
PRIMER_INTERNAL_OLIGO_1_TM=59.940
PRIMER_LEFT_1_GC_PERCENT=50.000
PRIMER_RIGHT_1_GC_PERCENT=52.381
PRIMER_INTERNAL_OLIGO_1_GC_PERCENT=47.619
PRIMER_LEFT_1_SELF_ANY=4.00
PRIMER_RIGHT_1_SELF_ANY=5.00
PRIMER_INTERNAL_OLIGO_1_SELF_ANY=3.00
PRIMER_LEFT_1_SELF_END=3.00
PRIMER_RIGHT_1_SELF_END=3.00
PRIMER_INTERNAL_OLIGO_1_SELF_END=0.00
PRIMER_LEFT_1_END_STABILITY=6.6000
PRIMER_RIGHT_1_END_STABILITY=5.6000
PRIMER_PAIR_1_COMPL_ANY=4.00
PRIMER_PAIR_1_COMPL_END=0.00
PRIMER_PRODUCT_SIZE_1=258
=
```

常见问题

1）运行时报错

primer3_core：Final record not terminated by ‘=’

这是因为 Primer3 把等号作为文件的结尾识别符，必须在结尾空行加上“=”。

2）运行时报错

primer3_core：PRIMER_MAX_SIZE > min PRIMER_PRODUCT_SIZE_RANGE

这是由于产物长度设置不合理：一个 PCR 反应的产物长度必定大于两条引物的长度之和。所以“PRIMER_PRODUCT_SIZE_RANGE”这个参数的下限必须大于两条引物的长度。

3）运行时报错

primer3_core：Input line with no ‘ = ’：

输入文件里面有不包含“ = ”的行，通常是空行导致的错误。

4）运行时不报错，但是设计不出引物

这通常是序列较为特殊造成的。比如 GC 含量异常、选定区域中含有重复序列等，通常设计引物尽量避开这些区域，如果必须在这种位置设计，可以适当改变参数，比如缩短引物长度、改变引物选择区域、加大 GC 含量和 TM 值的取值范围。

练　习

用 Primer3 设计引物扩增人类基因组的基因 ENST00000332708（3 个 exon，见光盘 primer3\ ENST00000332708_Exon. seq）和 ENST00000381494（5 个 exon，见光盘 primer3\ ENST00000381494_Exon. seq）的 intron 区。

主要参考文献

Ewing B, Green P. 1998. Basecalling of automated sequencer traces using phred. II. Error probabilities. Genome Research, 8: 186 ~ 194

Ewing B, Hillier L, Wendl M et al. 1998. Basecalling of automated sequencer traces using phred. I. Accuracy assessment. Genome Research, 8: 175 ~ 185

Gordon D, Abajian C, Green P. 1998, Consed: a graphical tool for sequence finishing. Genome Res, 8 (3): 195 ~ 202

Huang X, Madan A. 1999. CAP3: A DNA sequence assembly program. Genome Research, 9: 868 ~ 877

Krawetz S, Misener S. Bioinformatics methods and protocols: Methods in molecular biology. Humana Press, Totowa, NJ. 365 ~ 386

Nickerson D A, Tobe V O, Taylor S L. 1997. PolyPhred: automating the detection and genotyping of single nucleotide substitutions using fluorescence-based resequencing. Nucleic Acids Res, 25 (14): 2745 ~ 2751

Steve Rozen, Helen J Skaletsky. 2000. Primer3 on the WWW for general users and for biologist programmers. Methods Mol Biol, 132: 365 ~ 386

Wang J, Wong G K, Ni P et al. 2002. RePS: a sequence assembler that masks exact repeats identified from the shotgun data. Genome Res, 12 (5): 824 ~ 831

第 3 章　序列的比对

1. 序列联配

判断两条基因或两段基因组片段是否相似是序列分析的基本工作。从序列数据库搜索、序列拼接到基因蛋白质功能预测，以及进化树构建等，都依赖于分子序列相似性比较。两个物种从同一个祖先分化后，其相应的 DNA 序列将各自发生一些替换或插入缺失突变，也就是说序列不再精确相同，这就需要使用一些巧妙的方法评价序列的相似性。通常的解决方法是先将这两条序列或者各取这两条序列中的一部分进行序列联配，然后基于得到的联配的结果来判断相似性是由于序列之间具有进化渊源，还是纯粹的随机巧合。问题的关键有：① 联配的对象是什么，DNA 还是蛋白质序列；② 如何评分联配的相似性；③ 使用什么算法找到全局或局部最优的联配；④ 如何建立统计模型衡量相似度的显著性水平。

下面给出了 3 组实例，分别是 3 条不同基因片段对人的 α-球蛋白 HBA_HUMAN 同一片段的联配结果。每组比对的上下两行给出了相应氨基酸位的对应关系，中间一行按位给出了联配的状态，对于精确匹配的位点以相应氨基酸来表示，对于“相似”的位点用加号来表示。

这里的“相似”是基于打分而定义的，在代换矩阵中对应位置上是正分的非精确匹配被定义为相似匹配，代换矩阵的概念我们稍后解释。

先来看第一组联配，这一组中有很多精确匹配的位点，另外还有很多是功能上保守的，比如说在接近尾端的 D-E 配对，就揭示了天冬氨酸和谷氨酸的关系，两者都是带负电的氨基酸。例子 b 也给出了一组联配结果，尽管在这一组中精确匹配少了很多，并且为了维持联配在 α-球蛋白中插入了两组空位，但我们已经知道这两条序列是从同一祖先进化而来的，并且具有相同的三维空间结构和与氧结合的功能，因此，匹配是正确的，具有生物学意义。例子 c 的情形和上边介绍的两组在联配结果上看是比较类似的，但实际上这一组中的两个蛋白质有着完全不同的结构和功能，我们称这样的联配为“伪联配”。那么我们怎么才能区分像例子 b 和例子 c 中的情形呢？这对于序列联配来说是一个挑战。我们必须仔细推敲评分规则，区分正确和伪联配。

例子 a：

```
HBA_HUMAN    GSAQVKGHGKKVADALTNAVAHVDDMPNALSALSDLHAHKL
             G+ +VK+HGKKV  A+++++AH+D++ +++++LS+LH  KL
HBB_HUMAN    GNPKVKAHGKKVLGAFSDGLAHLDNLKGTFATLSELHCDKL
```

例子 b：

```
HBA_HUMAN    GSAQVKGHGKKVADALTNAVAHV---D--DMPNALSALSDLHAHKL
             ++ ++++H+ KV   + +A  ++          +L+ L+++H+ K
LGB2_LUPLU   NNPELQAHAGKVFKLVYEAAIQLQVTGVVVTDATLKNLGSVHVSKG
```

例子 c：

```
HBA_HUMAN    GSAQVKGHGKKVADALTNAVAHVDDMPNALSALSD----LHAHKL
             GS+ + G +   +D L  ++ H+ D+  A +AL D    ++AH+
F11G11.2     GSGYLVGDSLTFVDLL--VAQHTADLLAANAALLDEFPQFKAHQE
```

2. 打分模型

序列进化过程的突变类型包括碱基替换、插入和删除，所谓替换是指序列中的残基发生改变，而插入和删除，顾名思义，就是指增加和移除了某个残基。插入和删除也被统称为空位。突变是随机的，但选择是有偏向性的，这就使得某些突变类型发生的可能性远大于其他类型。

我们假设序列不同位点是相互独立的，给一组联配的评分是对联配中序列各位点分值之和。用概率论的语言来描述，即为这两条序列相关和不相关两种假设的相对概率。我们期望精确匹配和保守型替换在联配中的出现频率显著高于随机情况。

3. 替换矩阵

替换矩阵包括了联配中各种替换组合，两个碱基或两个氨基酸 a、b 之间的分值即衡量了从 a 突变为 b 的概率高低，如下表列出了四种碱基间的一种替换模型：

	A	C	G	T
A	2	-2	-1	-2
C	-2	2	-2	-1
G	-1	-2	2	-2
T	-2	-1	-2	2

需要指出的是联配结果与所选用的替换矩阵紧密相关。在实际应用中，没有一个矩阵适用于所有情况。但为了简单起见，对于 DNA 序列，主要使用 mat50 和 mat70 两种矩阵；对于蛋白质序列，主要采用 PAM 和 BLOSUM 两组矩阵。PAM 和 BLOSUM 都是从真实序列联配结果中统计出来的替换偏向性，BLOSUM 总体比 PAM 矩阵更符合实际匹配。PAM 矩阵的数字表示进化距离，如 PAM100、PAM250 等，数字越大，距离越远。PAM1 相当于 1% 的氨基酸发生了改变。类似，BLOSUM 矩阵名后面的数字也是用来表示相似程度，最常用的 BLOSUM62 表示用来构建该矩阵的联配数据集中精确匹配位点占 62% 。数字越大，精确匹配的比例越大，序列进化距离越近。

4. 空位罚分

对于替换突变，可以根据观察到的真实联配结果，建立模型，统计得到替换矩阵，而对于插入或缺失突变，到目前为止，还没有适当的统计模型。通常用的是与替换矩阵相对应的经验分值。一般空位罚分有两个参数值，即起始空位罚分和空位延伸罚分。对于一个长度为 k 的连续空位，罚分可以表示为：$\text{score} = a + b \times k$

5. 联配算法

已经有了评分规则，下一步工作是设计有效算法，寻找最优序列联配。若不允许插入空位，序列联配算法是很简单的。对于全局联配，只有一种联配方式。然而，由于序列突变过程的特点，不考虑空位插入的模型是不符合实际的。然而一旦允许在联配中存在空位（抑或我们要在一对序列的子序列间寻找局部联配方案），那么事情就会变得复杂了。在两条长度同为 n 的序列间，存在着 $\frac{2^{2n}}{\sqrt{n\pi}}$ 种可能的全局联配方式。很明显，即使对于比较适中的 n 值，想要列举所有这些联配，也是不可行的。目前，序列联配主要采用动态规划算法，它可以在理论上保证得到最优联配。

6. 全局联配，Needleman-Wunsch 算法

全局联配是用来衡量两条序列整体的相似性，即寻找一种联配方式，使整体相似性最

大化。若两条序列长度不同，则必须插入一些空位使所有位点都能对应起来。

7. *局部联配，Smith-Waterman 算法*

两条亲缘关系较远的 DNA 或蛋白质序列可能只在一些片段上相似，这就需要找到这些相似性片段，和其相应的联配方式，通常这样的分析需要进行局部联配，而不是全局联配。Smith-Waterman 算法是寻找相似性片段最常用的算法，广泛使用于序列同源性比较、数据库搜索等。

8. *启发式联配算法*

动态规划算法的时间复杂度为 O（nm），也就是说消耗的时间取决于序列长度的乘积。数据库中序列的累积速度越来越快，标准的动态规划算法能够得到理论上真正的最优联配，但非常耗时。很多时候，需要采用启发式策略，适当牺牲一点敏感度，成倍提高搜索速度。可用的启发式搜索技术有很多，在这里我们主要描述两个最广泛使用的算法：BLAST 和 FASTA。

9. BLAST

BLAST 算法的思想是：真正的联配很可能包含着一段短的连续的精确匹配区域或者是分数非常高的一段联配区域，所以我们可以一开始就去寻找这样的小段区域，利用它们作为“种子”，向首尾两个方向尝试延伸，找到完整的联配。为提高速度，可以进一步要求寻找到两个或以上共线性的短片段，之后才进行延伸。

10. FASTA

另一个广泛使用的启发式序列搜索软件包是 FASTA（Pearson and Lipman 1988）。它使用了多步方法来寻找局部的高分联配，先是由精确短串匹配开始，通过无空位的扩展到最大分片段，最终构建出带空位的联配结果。

11. *联配的显著性*

我们已经知道了如何找到最优联配，那么我们如何评价联配的显著性呢？怎么衡量这样的联配是具有生物学意义的，还是纯粹的随机巧合？我们通常使用的 BLAST 和 FASTA 都采用了 E 值来衡量显著性。E 值是综合考虑了真实联配与随机联配的相对概率、序列的长度、数据库大小和序列组分的偏向性等数据而计算出来的。如 $E=1\text{e-}6$ 表示这样一组最优联配是随机巧合而不是具有生物学意义匹配的概率为百万分之一。

3.1　全局比对

3.1.1　Clustal W

1. *简介*

Clustal 系列程序广泛用于分子生物学的研究中涉及的核酸、蛋白质的全局多序列比对，为进一步构建分子进化树等进化分析提供了基础。欧洲分子生物实验室（EMBL）和欧洲分子生物信息学中心（EBI）的科学家们在 1988 年开发了第一个 Clustal 程序，之后一直不断改进、完善。1992 年，推出的新版本软件被命名为 Clustal V，增加了基于已有剖面（profile）进行比对的功能。1994 年，推出了第三代软件，就是我们本书要介绍的

Clustal W，它在原有基础上进行了多项算法上的改进。之后推出的 Clustal X 没有触动算法，只是提供了更多的图形化界面。因此，我们选择了 Clustal W 进行介绍。

序列两两比对的标准方法是动态规划算法，但是如果直接对所有序列应用这个方法的话，当数据量稍微变大，那么在现有计算能力下的计算时间将变得不可想像。因此，Clustal W 引入了引导树（guide tree）的办法，简单介绍如下：

（1）所有的序列两两比对，计算得到包含每对序列分歧程度的距离矩阵。

（2）根据距离矩阵计算得到引导树。

（3）根据前面得到的引导树的分支顺序，逐级比对（progressive alignment），最终得到全部序列的全局比对结果。

要了解更加深入的算法信息，可以参阅后面提到的参考文献。

2. 下载

Clustal W 是一个学术免费软件，网络上提供了很多下载的地方，下面是欧洲生物信息中心网站的 Clustal W 网页，提供了 Windows、MAC、Unix 多种操作系统的安装版本。

http://www.ebi.ac.uk/clustalw/

本教材的讲解基于 Unix 操作系统的最新的 1.83 版本。

3. 安装

下载后安装很简单，在 Unix/Linux 系统按照下面步骤进行：

(1) 解压缩文件（图 3-1）。

```
$gunzip < clustalw1.83.UNIX.tar.gz | tar -xvf -
clustalw1.83
clustalw1.83/README
clustalw1.83/alnscore.c
clustalw1.83/amenu.c
clustalw1.83/calcgapcoeff.c
clustalw1.83/calcprf1.c
clustalw1.83/calcprf2.c
clustalw1.83/calctree.c
clustalw1.83/clustalv.doc
clustalw1.83/clustalw.c
clustalw1.83/clustalw.doc
clustalw1.83/clustalw.h
clustalw1.83/clustalw.ms
clustalw1.83/clustalw_help
clustalw1.83/dayhoff.h
clustalw1.83/gcgcheck.c
clustalw1.83/general.h
clustalw1.83/globin.pep
clustalw1.83/gon90.bla
clustalw1.83/interface.c
clustalw1.83/makefile
clustalw1.83/malign.c
clustalw1.83/matrices.h
clustalw1.83/matrixseries.gon
clustalw1.83/pairalign.c
clustalw1.83/param.h
clustalw1.83/prfalign.c
clustalw1.83/random.c
clustalw1.83/readmat.c
clustalw1.83/sequence.c
clustalw1.83/showpair.c
clustalw1.83/trees.c
clustalw1.83/util.c
```

图 3-1　解压缩 Clustal W 安装文件

(2) tar 文件被解压缩到一个命名为 clustalw1. 83 的目录。进入该目录 $ cd clustalw1. 83。

(3) 编译，这个过程你可能会看到一些警告信息。但是不用担心，它们在你的编译器没有问题的情况下不会引起任何问题。

$ make

编译成功，可执行文件是 Clustal W 你可以拷贝到其他目录，或者就放在这里。

4. 使用

Clustal W 提供了三种操作方式：

1) 键盘交互的菜单界面

2) 命令行方式

clustalw －INFILE = group. fasta [－PARAMETER. . .]

3) 网页提交方式 (http://www. ebi. ac. uk/clustalw/)

我们主要介绍键盘交互的菜单界面运行方式。运行 Culstal W，得到如图 3-2 所示的操作界面。各选项含义如下，2、3、4 分别代表了该软件的三个功能：多序列比对、基于已有剖面的比对、构建进化树。按照提示选择不同的选项将得到你需要的结果。

1 输入待比对序列；

2 进行多序列比对；

3 进行基于已有剖面 (profile) 的比对；

4 构建进化树；

S 执行非 Clustal W 的系统命令；

H 打开帮助文件；

X 退出程序；

```
$clustalw



 **************************************************************
 ******** CLUSTAL W (1.83) Multiple Sequence Alignments  ********
 **************************************************************


     1. Sequence Input From Disc
     2. Multiple Alignments
     3. Profile / Structure Alignments
     4. Phylogenetic trees

     S. Execute a system command
     H. HELP
     X. EXIT (leave program)


Your choice:
```

图 3-2　运行 Clustal W 后的初始界面

多序列比对是很多初次使用的用户常用的功能。我们用含有 5 个蛋白序列的 fasta 格式的文件 group. fasta 作为例子来讲一下具体操作。

（1）首先选择主界面的选项 1，软件提示可识别的输入文件格式，然后输入待比对序列文件的名字“group. fasta”，回车回到主菜单（图 3-2）。

（2）继续选择主界面的选项 2，进入多序列比对功能界面（图 3-3）。

```
 **************************************************************
 ******** CLUSTAL W (1.83) Multiple Sequence Alignments  ********
 **************************************************************


     1. Sequence Input From Disc
     2. Multiple Alignments
     3. Profile / Structure Alignments
     4. Phylogenetic trees

     S. Execute a system command
     H. HELP
     X. EXIT (leave program)


Your choice: 1


Sequences should all be in 1 file.

7 formats accepted:
NBRF/PIR, EMBL/SwissProt, Pearson (Fasta), GDE, Clustal, GCG/MSF, RSF.


Enter the name of the sequence file: group.fasta

Sequence format is Pearson
Sequences assumed to be PROTEIN


Sequence 1: AK109096        151 aa
Sequence 2: DH16B_ORYSA     164 aa
Sequence 3: Chr05_1557       69 aa
Sequence 4: DH21_ORYSA      163 aa
Sequence 5: DH16C_ORYSA     164 aa

 **************************************************************
 ******** CLUSTAL W (1.83) Multiple Sequence Alignments  ********
 **************************************************************


     1. Sequence Input From Disc
     2. Multiple Alignments
     3. Profile / Structure Alignments
     4. Phylogenetic trees

     S. Execute a system command
     H. HELP
     X. EXIT (leave program)


Your choice: 2
```

图 3-3　输入待比对序列文件

（3）直接选择选项 2-1（上级是选项 2，当前选项 1，以下均以这种格式表示），回车，系统提示输出的比对文件和引导树文件的名字，一般情况下，使用默认值就可以了（图 3-4）。

```
****** MULTIPLE ALIGNMENT MENU ******

     1. Do complete multiple alignment now (Slow/Accurate)
     2. Produce guide tree file only
     3. Do alignment using old guide tree file

     4. Toggle Slow/Fast pairwise alignments = SLOW

     5. Pairwise alignment parameters
     6. Multiple alignment parameters

     7. Reset gaps before alignment? = OFF
     8. Toggle screen display        = ON
     9. Output format options

     S. Execute a system command
     H. HELP
     or press [RETURN] to go back to main menu

Your choice: 1

Enter a name for the CLUSTAL output file  [group.aln]:

Enter name for new GUIDE TREE          file   [group.dnd]:

Start of Pairwise alignments
Aligning...
Sequences (1:2) Aligned. Score:  62
Sequences (1:3) Aligned. Score:  46
Sequences (1:4) Aligned. Score:  65
Sequences (1:5) Aligned. Score:  58
Sequences (2:3) Aligned. Score:  46
Sequences (2:4) Aligned. Score:  66
Sequences (2:5) Aligned. Score:  92
Sequences (3:4) Aligned. Score:  46
Sequences (3:5) Aligned. Score:  43
Sequences (4:5) Aligned. Score:  63
Guide tree        file created:   [group.dnd]
```

图 3-4 多序列比对界面

完成后，最后系统生成两个新的文件：比对结果文件 group. aln（图 3-5）和引导树文件 group. dnd（图 3-6）。这样就很轻松地完成了多序列比对。

```
CLUSTAL W (1.83) multiple sequence alignment


DH16B_ORYSA      MENYQGQHG-YGADRVDVYGNPVGAGQYGGGATAPGGGHGAMGMGGHAGAGAGGQFQPAR
DH16C_ORYSA      MENYQGQHG-YGADRVDVYRNPV-AGQYGGGATAPGGGHGVMGMGGHH-AGAGGQFQPVK
DH21_ORYSA       ME-HQGQHG-HVTSRVDEYGNPV-------GTGAGHAQMGTAGMGTHGTAGTGRQFQPMR
AK109096         ME-YQGQHGGHASSRADEHGNPA--------VTTGNAPTG---------MGAGHIQEPAR
Chr05_1557       ------------------------------------------------------------


DH16B_ORYSA      EDRKTGGILHRSGSSSSSSSSSEDDGMGGRRKKGIKEKIKEKLPGGNKGNNQQQQMMGN-
DH16C_ORYSA      EEHKTGGILHRSGSSSSSSSSSEDDGMGGRRKKGIKEKIKEKLPGGNKANNHQQQMMGN-
DH21_ORYSA       EEHKTGGVLQRSGSSSSSSS-EDDGMGGRRKKGIKEKIKEKLPGGNKGEQQHAMGGTGTG
AK109096         EDKKTDGVLRRSGSSSSSSSSSEDDGMGGRRKKGIKEKIKEKLPGGNKGNNQQQQEHTTT
Chr05_1557       -----------------------------------------LPGGNKGGQQQPTATAAT-
                                                          ******. :::      .

DH16B_ORYSA      ------TGGAYGQ-QGH-AGMTGAGTG--VHGAEYGNAG-EKKGFMDKIKEKLPG--QH
DH16C_ORYSA      ------TGGAYGQ-QGH-AGMTGAGTGTGVHGAEYGNTG-EKKGFMDKIKEKLPG--QH
DH21_ORYSA       TGTGTGTGGAYGQ-QGHGTGMTTGTTG--AHGTTTTDTG-EKKGIMDKIKEKLPG--QH
AK109096         T-----TGGAYGP-QGHDTKIATGAHG--GTAATTADAGGEKKGIVDKIKEKLPG--QH
Chr05_1557       ---------GGYGAGTGHTAAAGTTTDAGGTAYTPTTQPTHEKKGMMEKIKEKLPGGGHH
                          *.**   ** :         .     :   :.  ****:::*********  :*
```

图 3-5 比对结果文件 group. aln

```
(
AK109096:0.18098,
(
(
DH16B_ORYSA:0.02215,
DH16C_ORYSA:0.05103)
:0.15430,
DH21_ORYSA:0.15881)
:0.01338,
Chr05_1557:0.35525);
```

图 3-6 引导树文件 group. dnd

```
(
(
(
DH16B_ORYSA:0.01751,
DH16C_ORYSA:0.04422)
:0.13773,
AK109096:0.17045)
:0.02380,
DH21_ORYSA:0.11433,
Chr05_1557:0.34599);
```

图 3-7 进化树文件 group. ph

同样，可以构建进化树，操作步骤如下：

(1) 主界面选择选项 4，进入构建进化树界面；

(2) 然后选择选项 4-1，输入多序列比对结果，如上面生成的文件 group. aln；

(3) 然后选择 4-4，构建进化树。

默认生成的进化树的文件名是 group. ph（图 3-7）。

5. 输入

软件可以自动识别以下 7 种输入文件的格式：NBRF/PIR、EMBL/SWISSPROT、Pearson（Fasta）、Clustal（*.aln）、GCG/MSF（Pileup）、RSF、GDE。对于各格式说明请参考第一章。软件将根据序列中字母的比例自动识别是核酸序列还是蛋白质序列。

6. 输出

输出文件格式包括 Fasta、Clustal（*.aln）、NBRF/PIR、GCG/MSF（Pileup）、PHYLIP、NEXUS、GDE。

7. 交互式参数

前面介绍了 Clustal W 主界面的参数（图 3-2），主要有三种主要功能：多序列比对、基于已有剖面（profile）的比对、构建进化树。

1）多序列比对

前面已经提到如果要进行多序列比对，首先从主界面通过选项 1 输入待比对序列。然后从主界面选择选项 2 进入多序列比对界面（图 3-3）。

2-1 进行完整的多序列比对；

2-2 只会产生引导树，而不进行多序列比对；

2-3 省去构建引导树，利用已有的引导树进行后面的多序列比对；

2-4 可以选择算法第一步进行两两比对计算距离矩阵的两种方法，对于序列比较少的情况，可以选择 SLOW，可以提高精确性，对于序列比较多时，就要选择 FAST，减少时间；默认值是 SLOW；

2-5 就是具体设定两两比对的算法参数，主要是用来平衡第一步比对的速度和敏感度之间的关系（图 3-8）。这里不做详细介绍，有兴趣的读者可以进一步了解。

```
Your choice: 5

 ********* PAIRWISE ALIGNMENT PARAMETERS *********

      Slow/Accurate alignments:

      1. Gap Open Penalty        :10.00
      2. Gap Extension Penalty   :0.10
      3. Protein weight matrix   :BLOSUM series
      4. DNA weight matrix       :IUB

      Fast/Approximate alignments:

      5. Gap penalty             :3
      6. K-tuple (word) size     :1
      7. No. of top diagonals    :5
      8. Window size             :5

      9. Toggle Slow/Fast pairwise alignments = FAST

      H. HELP
```

图 3-8 两两比对算法参数设定界面

2-6 设定最终的多序列比对时的算法参数，主要涉及如何处理 GAPS（图 3-9）。

```
********* MULTIPLE ALIGNMENT PARAMETERS *********


    1. Gap Opening Penalty              :10.00
    2. Gap Extension Penalty            :0.20
    3. Delay divergent sequences        :30 %

    4. DNA Transitions Weight           :0.50

    5. Protein weight matrix            :Gonnet series
    6. DNA weight matrix                :IUB
    7. Use negative matrix              :OFF

    8. Protein Gap Parameters

    H. HELP


Enter number (or [RETURN] to exit):
```

图 3-9　最终的多序列比对算法参数设定界面

2-7 设定在比对之前是否重置 GAPS 罚分；

2-8 设定是否进行屏幕输出，默认是输出，一般不需要；

2-9 设定输出比对结果的文件格式。选择选项 2-9，进入如图 3-10 所示界面；

```
Your choice: 9

 ********* Format of Alignment Output *********


     F. Toggle FASTA format output       =  OFF

     1. Toggle CLUSTAL format output     =  ON
     2. Toggle NBRF/PIR format output    =  OFF
     3. Toggle GCG/MSF format output     =  OFF
     4. Toggle PHYLIP format output      =  OFF
     5. Toggle NEXUS format output       =  OFF
     6. Toggle GDE format output         =  OFF

     7. Toggle GDE output case           =  LOWER
     8. Toggle CLUSTALW sequence numbers =  OFF
     9. Toggle output order              =  ALIGNED

     0. Create alignment output file(s) now?

     T. Toggle parameter output          = OFF
     R. Toggle sequence range numbers =  OFF

     H. HELP


Enter number (or [RETURN] to exit):
```

图 3-10　多序列比对结果输出格式设定界面

2-9-F、2-9-1～2-9-6 设定输出格式，可以同时输出多种格式文件，默认是 Clustal 格式；

2-9-7 设定 GDE 格式中序列字母的大小写；

2-9-8 设定 Clustal W 格式在每行末尾是否要显示除去 GAPS 后的字母数；

2-9-9 设定输出序列的顺序是按照输入文件中的顺序还是按照比对的顺序，默认是按照比对的顺序；

2-9-0 生成比对结果；

2-9-T 设定是否生成参数文件，默认是否，如果生成，文件后缀默认是 * . par；

2-9-R 设定是否显示序列范围，默认是否，如果选择是的话，比对结果的序列 ID 后面将会显示序列的范围。

2）基于已有剖面（profile）的比对

有时候我们已经有了一个多序列比对结果，而只是想加入一些新的序列，或者想对两个多序列比对结果进行比较。这时，就要用到这个功能。从主界面选择选项 3，进入基于剖面的比对功能界面（图 3-11）。

```
Your choice: 3

****** PROFILE AND STRUCTURE ALIGNMENT MENU ******


     1. Input 1st. profile
     2. Input 2nd. profile/sequences

     3. Align 2nd. profile to 1st. profile
     4. Align sequences to 1st. profile (Fast/Approximate)

     5. Toggle Slow/Fast pairwise alignments = FAST

     6. Pairwise alignment parameters
     7. Multiple alignment parameters

     8. Toggle screen display              = ON
     9. Output format options
     0. Secondary structure options

     S. Execute a system command
     H. HELP
     or press [RETURN] to go back to main menu


Your choice:
```

图 3-11　基于剖面的比对界面

3-1 输入第一个多序列比对的剖面文件；

3-2 可以是另一个剖面文件，也可以是序列文件；

3-3 进行两个剖面文件的比对，只适用于第二个文件是剖面文件的情况；

3-4 将序列文件和剖面文件进行比对，只适用于第二个文件是序列文件的情况。因为第二个文件是序列文件，需要计算距离矩阵，所以同样有 SLOW 和 FAST 两种算法，通过选项 3-5 可以进行选择；

3-5 同选项 2-4 功能，适用于第二个文件是序列文件的情况；可以选择算法第一步进行两两比对计算距离矩阵的两种方法。对于序列比较少的情况，可以选择 SLOW，可以提高精确性，对于序列比较多时，就要选择 FAST，减少时间；默认值是 SLOW；

3-6 就是具体设定两两比对的算法参数，主要是用来平衡第一步比对的速度和敏感度之间的关系。这里不做详细介绍，有兴趣的读者可以进一步了解；

3-7 设定最终的多序列比对时的算法参数，主要涉及如何处理 GAPS。

3-8 设定是否进行屏幕输出，默认是输出，一般不需要；

3-9 输出格式设定，同选项 2-9；

3-0 二级结构设定；如果已知输入的剖面文件中的结构是保守的或者可靠的，想用这些结构去引导新的比对，那么可以通过这个界面进行设定（图 3-12）。这里不做详细介绍，有兴趣的读者可以进一步了解。

```
Your choice: 0

 ********** SECONDARY STRUCTURE OPTIONS **********


     1. Use profile 1 secondary structure / penalty mask  = YES
     2. Use profile 2 secondary structure / penalty mask  = YES

     3. Output in alignment  = Secondary Structure

     4. Helix gap penalty                        :4
     5. Strand gap penalty                       :4
     6. Loop gap penalty                         :1
     7. Secondary structure terminal penalty     :2
     8. Helix terminal positions          within :3      outside :0
     9. Strand terminal positions         within :1      outside :1


     H. HELP


Enter number (or [RETURN] to exit):
```

图 3-12 二级结构参数设定界面

3）构建进化树

有了多序列比对结果，我们就可以进行进化树的构建了。这不同于之前的引导树，引导树是为了进行多序列比对而进行的基于 NJ 法（neibour joining 邻接法）建立距离矩阵得到的树，输出结果在 *.dnd 文件中。这里构建的进化树是根据多序列比对结果，用 NJ 或者 phylip 方法构建的树。

从主菜单选择选项 4，就进入进化树界面（图 3-13）。

```
Your choice: 4

****** PHYLOGENETIC TREE MENU ******


    1.  Input an alignment
    2.  Exclude positions with gaps?          = OFF
    3.  Correct for multiple substitutions? = OFF
    4.  Draw tree now
    5.  Bootstrap tree
    6.  Output format options

    S.  Execute a system command
    H.  HELP
    or press [RETURN] to go back to main menu


Your choice:
```

图 3-13 进化树界面

4-1 输入多序列比对文件。

4-2 选择是否在建树时考虑 GAP 点。

4-3 选择是否在建树时对序列分歧度很大的情况进行纠正，因为这时很多位置上的替换可能发生了不止一次，但是你只看到了最后一次。纠正的效果就是让这些分支变得更长。

4-4 构建进化树。得到的是一个无根树，如果想对所研究的一组序列构建有根树，必须引入一个外源序列。

4-5 构建 boostrap 树。就是用 bootstrap 的方法为每个分支提供了一个置信度。

4-6 设定输出格式（图 3-14）。

```
Your choice: 6

 ****** Format of Phylogenetic Tree Output ******


     1. Toggle CLUSTAL format tree output    =  OFF
     2. Toggle Phylip format tree output     =  ON
     3. Toggle Phylip distance matrix output =  OFF

     4. Toggle Phylip bootstrap positions    =  NODE LABELS


     H. HELP


Enter number (or [RETURN] to exit):
```

图 3-14　进化树输出格式页面

4-6-1 ~ 4-6-3 设定文件输出格式，包括 Clustal 格式和 Phylip 格式，还可以输出 Phylip 距离矩阵，默认是 Phylip 格式。

4-6-4 选择 bootstrap 结果放置的位置，分支还是结点。

8. 命令行参数

当你有很多组序列要进行处理时，通过上面的方式就会比较繁琐。对于有一定编程和 Unix 操作能力的用户，可以选择命令行的方式，通过编写程序脚本调用 Clusatal W。具体参数如下，这里不再详述，有兴趣的用户可以自行尝试。

```
DATA (sequences)
 -INFILE = file.ext                                  :input sequences.
 -PROFILE1 = file.extand -PROFILE2 = file.ext        :profiles (old alignment).

VERBS (do things)
 -OPTIONS             :list the command line parameters
 -HELPor  -CHECK      :outline the command line params.
 -ALIGN               :do full multiple alignment
 -TREE                :calculate NJ tree.
 -BOOTSTRAP( =n)      :bootstrap a NJ tree (n = number of bootstraps;def.  = 1000).
 -CONVERT             :output the input sequences in a different file format.

PARAMETERS (set things)
 * * *General settings: * * * *
 -INTERACTIVE   :read command line, then enter normal interactive menus
 -QUICKTREE     :use FAST algorithm for the alignment guide tree
```

```
-TYPE =          :PROTEIN or DNA sequences
-NEGATIVE        :protein alignment with negative values in matrix
-OUTFILE =       :sequence alignment file name
-OUTPUT =        :GCG,GDE,PHYLIP,PIR or NEXUS
-OUTORDER =      :INPUT or ALIGNED
-CASE            :LOWER or UPPER (for GDE output only)
-SEQNOS =        :OFF or ON (for Clustal output only)
-SEQNO_RANGE =   :OFF or ON (NEW: for all output formats)
-RANGE = m,n     :sequence range to write starting m to m+n.
***Fast Pairwise Alignments:***
-KTUPLE = n      :word size
-TOPDIAGS = n    :number of best diags.
-WINDOW = n      :window around best diags.
-PAIRGAP = n     :gap penalty
-SCORE           :PERCENT or ABSOLUTE
***Slow Pairwise Alignments:***
-PWMATRIX =      :Protein weight matrix = BLOSUM,PAM,GONNET,ID or filename
-PWDNAMATRIX =   :DNA weight matrix = IUB,CLUSTALW or filename
-PWGAPOPEN = f   :gap opening penalty
-PWGAPEXT = f    :gap opening penalty
***Multiple Alignments:***
-NEWTREE =       :file for new guide tree
-USETREE =       :file for old guide tree
-MATRIX =        :Protein weight matrix = BLOSUM,PAM,GONNET,ID or filename
-DNAMATRIX =     :DNA weight matrix = IUB,CLUSTALW or filename
-GAPOPEN = f     :gap opening penalty
-GAPEXT = f      :gap extension penalty
-ENDGAPS         :no end gap separation pen.
-GAPDIST = n     :gap separation pen. Range
-NOPGAP          :residue - specific gaps off
-NOHGAP          :hydrophilic gaps off
-HGAPRESIDUES =  :list hydrophilic res.
-MAXDIV = n      :% ident. for delay
-TYPE =          :PROTEIN or DNA
-TRANSWEIGHT = f :transitions weighting
***Profile Alignments:***
-PROFILE         :Merge two alignments by profile alignment
-NEWTREE1 =      :file for new guide tree for profile1
-NEWTREE2 =      :file for new guide tree for profile2
-USETREE1 =      :file for old guide tree for profile1
-USETREE2 =      :file for old guide tree for profile2
***Sequence to Profile Alignments:***
-SEQUENCES       :Sequentially add profile2 sequences to profile1 alignment
-NEWTREE =       :file for new guide tree
-USETREE =       :file for old guide tree
***Structure Alignments:***
-NOSECSTR1       :do not use secondary structure - gap penalty mask for profile 1
-NOSECSTR2       :do not use secondary structure - gap penalty mask for profile 2
-SECSTROUT = STRUCTURE or MASK or BOTH or NONE :output in alignment file
-HELIXGAP = n    :gap penalty for helix core residues
-STRANDGAP = n   :gap penalty for strand core residues
-LOOPGAP = n     :gap penalty for loop regions
-TERMINALGAP = n :gap penalty for structure termini
-HELIXENDIN = n  :number of residues inside helix to be treated as terminal
-HELIXENDOUT = n :number of residues outside helix to be treated as terminal
-STRANDENDIN = n :number of residues inside strand to be treated as terminal
-STRANDENDOUT = n:number of residues outside strand to be treated as terminal
***Trees:***
-OUTPUTTREE = nj OR phylip OR dist OR nexus
```

```
- SEED = n              :seed number for bootstraps.
- KIMURA                :use Kimura's correction.
- TOSSGAPS              :ignore positions with gaps.
- BOOTLABELS = node OR branch :position of bootstrap values in tree display
```

实　　例

通过几个例子，读者自己来熟悉一下具体的应用。

（1）前面例子中用到 5 个水稻蛋白质，读者从光盘中下列路径可以找到这个序列文件 group. fasta，然后进行多序列比对，如果是默认值进行的话，可以和我们提供的结果进行比较。

\clustalw\example1\group. fasta

\clustalw\example1\group. dnd

\clustalw\example1\group. aln

（2）基于上面的比对结果构建进化树。读者可以从光盘中发现我们的结果，进行比较。

\clustalw\example1\group. ph

练　　习

读者找一个自己感兴趣的基因的蛋白质序列，然后去 NCBI 的蛋白数据库进行 BLAST，将找到的最好的前 10 条序列取出来。用前 5 条序列和用来搜索的基因放在一起进行多序列比对，然后把比对结果和后 5 条序列继续进行比对，最后构建进化树。

有很多程序可以读取进化树文件（ * . ph），产生图形文件，NJPLOT 是其中一个。多序列比对结果（ * . aln 等格式）也有很多软件包可以很方便地进行读取和编辑，如 bioedit、seaview 等。

3. 1. 2　MUSCLE

1. 简介

MUSCLE（Multiple Protein Sequence Alignment）是 Edgar Robert C. 在 2004 年公布的一款蛋白质水平多序列比对的开源软件，在速度和精度上都优于 Clustal W。在普通配置的机器上，5000 条平均 350 长度的序列可以在 7min 完成。因此，在进行多序列比对的时候，大多数情况下可以优先使用 MUSCLE。

算法：MUSCLE 先使用渐进式比对（progressive alignment）获得初始的多序列比对，再使用横向精炼（horizontal refinement）迭代提高多序列比对结果。

1）使用数串（k-mer counting）方法构造序列间的全局比对和局部相似度比对

2）填充序列间距离的三角矩阵

3）使用 UPGMA 或 NJ 法构建序列发生树，并确定无根树的根

4）从叶结点开始向上推测父结点的渐进式比对，最后产生根结点的多序列比对

5）根据得到的多序列比对，计算任意两序列间的相似度

6）计算 Kimura 距离矩阵，构建发生树

7）比较新生成的树和原来树的差异，如果有结点的重排，跳转到步骤4）

8）从树上砍断一个枝，产生两个子树，每次砍断的位置是按距根的距离降序排列的

9）分别计算两个子树的多序列比对，并对两个结果比对得到新的多序列比对

10）如果新的比对结果的SP分数（sum of pairs）降低，就保留这个新的比对结果，反之丢弃。反复迭代8）→9）→10），直到分值不再降低或达到最大迭代次数

2. 安装

下载地址：http://www. drive5. com/muscle/downloads. htm，在下载页可以找到Linux、Windows、Mac的安装程序，其他系统可以下载源码，编译安装。

编译安装示例：

下载并解压缩MUSCLE源码包：

http://www. drive5. com/muscle/downloads3. 6/muscle3. 6_src. tar. gz

解压缩到muscle3. 6_src目录，

```
$ cd muscle3.6_src
$ make
```

编译后测试

```
$ ./muscle
MUSCLE v3.6 by Robert C. Edgar
http://www.drive5.com/muscle
This software is donated to the public domain.
Please cite: Edgar,R.C. Nucleic Acids Res 32(5),1792 -97.

Basic usage
   muscle -in <inputfile> -out <outputfile>
Common options (for a complete list please see the User Guide):
    -in <inputfile>    Input file in FASTA format (default stdin)
    -out <outputfile> Output alignment in FASTA format (default stdout)
    -diags             Find diagonals (faster for similar sequences)
    -maxiters <n>      Maximum number of iterations (integer,default 16)
    -maxhours <h>      Maximum time to iterate in hours (default no limit)
    -maxmb <m>         Maximum memory to allocate in Mb (default 80% of RAM)
    -html              Write output in HTML format (default FASTA)
    -msf               Write output in GCG MSF format (default FASTA)
    -clw               Write output in CLUSTALW format (default FASTA)
    -clwstrict         As -clw,with CLUSTAL W (1.81) header
    -log[a] <logfile> Log to file (append if -loga,overwrite if -log)
    -quiet             Do not write progress messages to stderr
    -stable            Output sequences in input order (default is -group)
    -group             Group sequences by similarity (this is the default)
    -version           Display version information and exit
Without refinement (very fast,avg accuracy similar to T-Coffee): -maxiters 2
Fastest possible (amino acids): -maxiters 1 -diags -sv -distance1 kbit20_3
Fastest possible (nucleotides): -maxiters 1 -diags
```

编译安装成功。

3. 使用

MUSCLE使用起来十分方便，大多数情况下用户只需要指定输入输出文件即可

```
muscle -in <input_file(fasta)> -out <output_file(default fasta)>
```

输入文件为标准的fasta格式，默认的输出文件也是fasta格式。

例如：我们的序列集是test. fa（光盘muscle\test. fa）

```
>ENSPTRT00000013558.2
MAPKQDPKPKFQEGERVLCFHGPLLYEAKCVKVAIKDKQVKYFIHYSGWNKKSAVRPRRS
EKSLKTHEDIVALFPVPEGAPSVHHPLLTSSWDEWVPESRVLKYVDTNLQKQRELQKANQ
EQYAEGKMRGAAPGKKTSGLQQKNVEVKTKKNKQKTPGNGDGGSTSETPQPPRKKRARVD
PTVENEETFMNRVEVKVKIPEELKPWLVDDWDLITRQKQLFYLPAKKNVDSILEDYANYK
KSRGNTDNKEYAVNEVVAGIKEYFNVMLGTQLLYKFERPQYAEILADHPDAPMSQVYGAP
HLLRLFVRIGAMLAYTPLDEKSLALLLNYLHDFLKYLAKNSATLFSASDYEVAPPEYHRK
AV
>ENST00000331268.3
MAPKQDPKPKFQEGERVLCFHGPLLYEAKCVKVAIKDKQVKYFIHYSGWNKKSAVRPRRS
EKSLKTHEDIVALFPVPEGAPSVHHPLLTSSWDEWVPESRVLKYVDTNLQKQRELQKANQ
EQYAEGKMRGAAPGKKTSGLQQKNVEVKTKKNKQKTPGNGDGGSTSETPQPPRKKRARVD
PTVENEETFMNRVEVKVKIPEELKPWLVDDWDLITRQKQLFYLPAKKNVDSILEDYANYK
KSRGNTDNKEYAVNEVVAGIKEYFNVMLGTQLLYKFERPQYAEILADHPDAPMSQVYGAP
HLLRLFVRIGAMLAYTPLDEKSLALLLNYLHDFLKYLAKNSATLFSASDYEVAPPEYHRK
AV
>ENSMUST00000085248.3
MAPKQDPKPKFQEGERVLCFHGPLLYEAKCVKVAIKDKQVKYFIHYSGWNKKSAVRPRRS
EKSLKTREDIVALFPVPEGAPSVHHPLLTSSWDEWVPESRVLKYVDTNLQKQRELQKANQ
EQYAEGKMRGAAPGKKTSGLQQKNVEVKTKKNKQKTPGNGDGGSTSETPQPPRKKRARVD
PTVENEETFMNRVEVKVKIPEELKPWLVDDWDLITRQKQLFYLPAKKNVDSILEDYANYK
KSRGNTDNKEYAVNEVVAGIKEYFNVMLGTQLLYKFERPQYAEILADHPDAPMSQVYGAP
HLLRLFVRIGAMLAYTPLDEKSLALLLNYLHDFLKYLAKNSATLFSASDYEVAPPEYHRK
AV
>ENSRNOT00000019365.4
MAPKQDPKPKFQEGERVLCFHGPLLYEAKCVKVAIKDKQVKYFIHYSGWNKKSAVRPRRS
EKSLKTREDIVALFPVPEGAPSVHHPLLTSSWDEWVPESRVLKYVDANLQKQRELQKANQ
EQYAEGKMRGAAPGKKTSGLQQKNVEVKTKKNKQKVTPGNGDGGSTSETPQPPRKKRARV
DPTVENEETFMNRVEVKVKIPEELKPWLVDDWDLITRQKQLFYLPAKKNVDSILEDYANY
KKSRGNTDNKEYAVNEVVAGIKEYFNVMLGTQLLYKFERPQYAEILADHPDAPMSQVYGA
PHLLRLFVRIGAMLAYTPLDEKSLALLLNYLHDFLKYLAKNSATLFSASDYEVAPPEYHR
KAV
```

要得到这四条基因蛋白序列的对序列比对结果 test. mfa，在命令行中输入

```
$ muscle -in test.fa -out test.mfa
```

屏幕输出：

```
MUSCLE v3.6 by Robert C. Edgar
http://www.drive5.com/muscle
This software is donated to the public domain.
Please cite: Edgar,R.C. Nucleic Acids Res 32(5),1792-97.

full 4 seqs,max length 363, avg length 362
00:00:00    18 MB(-4%) Iter  1  100.00% K-mer dist pass 1
00:00:00    18 MB(-4%) Iter  1  100.00% K-mer dist pass 2
00:00:00    21 MB(-5%) Iter  1  100.00% Align node
00:00:00    21 MB(-5%) Iter  1  100.00% Root alignment
00:00:00    21 MB(-5%) Iter  2  100.00% Root alignment
00:00:00    21 MB(-5%) Iter  3  100.00% Refine biparts
00:00:00    21 MB(-5%) Iter  4  100.00% Refine biparts
00:00:00    21 MB(-5%) Iter  5  100.00% Refine biparts
00:00:00    21 MB(-5%) Iter  6  100.00% Refine biparts
00:00:00    21 MB(-5%) Iter  7  100.00% Refine biparts
00:00:00    21 MB(-5%) Iter  8  100.00% Refine biparts
00:00:00    21 MB(-5%) Iter  9  100.00% Refine biparts
00:00:00    21 MB(-5%) Iter 10  100.00% Refine biparts
00:00:00    21 MB(-5%) Iter 11  100.00% Refine biparts
00:00:00    21 MB(-5%) Iter 12  100.00% Refine biparts
00:00:00    21 MB(-5%) Iter 13  100.00% Refine biparts
```

这些信息一般情况下是没有用处的，我们可以把这些信息过滤掉

```
$ muscle -in test.fa -out test.mfa -quiet
```

这样我们就得到了 tset. fa 的多序列比对结果 test. mfa

```
>ENSPTRT00000013558.2
MAPKQDPKPKFQEGERVLCFHGPLLYEAKCVKVAIKDKQVKYFIHYSGWNKKSAVRPRRS
EKSLKTHEDIVALFPVPEGAPSVHHPLLTSSWDEWVPESRVLKYVDTNLQKQRELQKANQ
EQYAEGKMRGAAPGKKTSGLQQKNVEVKTKKNKQK-TPGNGDGGSTSETPQPPRKKRARV
DPTVENEETFMNRVEVKVKIPEELKPWLVDDWDLITRQKQLFYLPAKKNVDSILEDYANY
KKSRGNTDNKEYAVNEVVAGIKEYFNVMLGTQLLYKFERPQYAEILADHPDAPMSQVYGA
PHLLRLFVRIGAMLAYTPLDEKSLALLLNYLHDFLKYLAKNSATLFSASDYEVAPPEYHR
KAV
>ENST00000331268.3"Mortality factor 4-like protein 1 (MORF-related gene 15 pro-
tein) (Transcription factor-like protein MRG15) (MSL3-1 protein). [Source:Uni-
prot/SWISSPROT;Acc:Q9UBU8]"
MAPKQDPKPKFQEGERVLCFHGPLLYEAKCVKVAIKDKQVKYFIHYSGWNKKSAVRPRRS
EKSLKTHEDIVALFPVPEGAPSVHHPLLTSSWDEWVPESRVLKYVDTNLQKQRELQKANQ
EQYAEGKMRGAAPGKKTSGLQQKNVEVKTKKNKQK-TPGNGDGGSTSETPQPPRKKRARV
DPTVENEETFMNRVEVKVKIPEELKPWLVDDWDLITRQKQLFYLPAKKNVDSILEDYANY
KKSRGNTDNKEYAVNEVVAGIKEYFNVMLGTQLLYKFERPQYAEILADHPDAPMSQVYGA
PHLLRLFVRIGAMLAYTPLDEKSLALLLNYLHDFLKYLAKNSATLFSASDYEVAPPEYHR
KAV
>ENSMUST00000085248.3 "mortality factor 4 like 1
[Source:MarkerSymbol;Acc:MGI:1096551]"
MAPKQDPKPKFQEGERVLCFHGPLLYEAKCVKVAIKDKQVKYFIHYSGWNKKSAVRPRRS
EKSLKTREDIVALFPVPEGAPSVHHPLLTSSWDEWVPESRVLKYVDTNLQKQRELQKANQ
EQYAEGKMRGAAPGKKTSGLQQKNVEVKTKKNKQK-TPGNGDGGSTSETPQPPRKKRARV
DPTVENEETFMNRVEVKVKIPEELKPWLVDDWDLITRQKQLFYLPAKKNVDSILEDYANY
KKSRGNTDNKEYAVNEVVAGIKEYFNVMLGTQLLYKFERPQYAEILADHPDAPMSQVYGA
PHLLRLFVRIGAMLAYTPLDEKSLALLLNYLHDFLKYLAKNSATLFSASDYEVAPPEYHR
KAV
>ENSRNOT00000019365.4 "Mortality factor 4-like protein 1 (MORF-related gene 15
protein) (Transcription factor-like protein MRG15). [Source:Uniprot/SWISSPROT;
Acc:Q6AYU1]"
MAPKQDPKPKFQEGERVLCFHGPLLYEAKCVKVAIKDKQVKYFIHYSGWNKKSAVRPRRS
EKSLKTREDIVALFPVPEGAPSVHHPLLTSSWDEWVPESRVLKYVDANLQKQRELQKANQ
EQYAEGKMRGAAPGKKTSGLQQKNVEVKTKKNKQKVTPGNGDGGSTSETPQPPRKKRARV
DPTVENEETFMNRVEVKVKIPEELKPWLVDDWDLITRQKQLFYLPAKKNVDSILEDYANY
KKSRGNTDNKEYAVNEVVAGIKEYFNVMLGTQLLYKFERPQYAEILADHPDAPMSQVYGA
PHLLRLFVRIGAMLAYTPLDEKSLALLLNYLHDFLKYLAKNSATLFSASDYEVAPPEYHR
KAV
```

习惯看 Clustal W 结果的用户对可能觉得上面的输出格式不太直观，下面，我们让 muscle 输出 Clustal W 格式的结果（光盘 muscle \ test. mfa. clw）：

```
$ muscle -in test.fa -out test.mfa.clw -quiet -clw
```

结果如下：

```
MUSCLE (3.6) multiple sequence alignment

ENSPTRT00000013558.2   MAPKQDPKPKFQEGERVLCFHGPLLYEAKCVKVAIKDKQVKYFIHYSGWNKKSAVRPRRS
ENST00000331268.3      MAPKQDPKPKFQEGERVLCFHGPLLYEAKCVKVAIKDKQVKYFIHYSGWNKKSAVRPRRS
ENSMUST00000085248.3   MAPKQDPKPKFQEGERVLCFHGPLLYEAKCVKVAIKDKQVKYFIHYSGWNKKSAVRPRRS
ENSRNOT00000019365.4   MAPKQDPKPKFQEGERVLCFHGPLLYEAKCVKVAIKDKQVKYFIHYSGWNKKSAVRPRRS
                       ************************************************************

ENSPTRT00000013558.2   EKSLKTHEDIVALFPVPEGAPSVHHPLLTSSWDEWVPESRVLKYVDTNLQKQRELQKANQ
ENST00000331268.3      EKSLKTHEDIVALFPVPEGAPSVHHPLLTSSWDEWVPESRVLKYVDTNLQKQRELQKANQ
ENSMUST00000085248.3   EKSLKTREDIVALFPVPEGAPSVHHPLLTSSWDEWVPESRVLKYVDTNLQKQRELQKANQ
ENSRNOT00000019365.4   EKSLKTREDIVALFPVPEGAPSVHHPLLTSSWDEWVPESRVLKYVDANLQKQRELQKANQ
                       ******.***************************************:*************
```

```
ENSPTRT00000013558.2  EQYAEGKMRGAAPGKKTSGLQQKNVEVKTKKNKQK-TPGNGDGGSTSETPQPPRKKRARV
ENST00000331268.3     EQYAEGKMRGAAPGKKTSGLQQKNVEVKTKKNKQK-TPGNGDGGSTSETPQPPRKKRARV
ENSMUST00000085248.3  EQYAEGKMRGAAPGKKTSGLQQKNVEVKTKKNKQK-TPGNGDGGSTSETPQPPRKKRARV
ENSRNOT00000019365.4  EQYAEGKMRGAAPGKKTSGLQQKNVEVKTKKNKQKVTPGNGDGGSTSETPQPPRKKRARV
                      ************************************************************

ENSPTRT00000013558.2  DPTVENEETFMNRVEVKVKIPEELKPWLVDDWDLITRQKQLFYLPAKKNVDSILEDYANY
ENST00000331268.3     DPTVENEETFMNRVEVKVKIPEELKPWLVDDWDLITRQKQLFYLPAKKNVDSILEDYANY
ENSMUST00000085248.3  DPTVENEETFMNRVEVKVKIPEELKPWLVDDWDLITRQKQLFYLPAKKNVDSILEDYANY
ENSRNOT00000019365.4  DPTVENEETFMNRVEVKVKIPEELKPWLVDDWDLITRQKQLFYLPAKKNVDSILEDYANY
                      ************************************************************

ENSPTRT00000013558.2  KKSRGNTDNKEYAVNEVVAGIKEYFNVMLGTQLLYKFERPQYAEILADHPDAPMSQVYGA
ENST00000331268.3     KKSRGNTDNKEYAVNEVVAGIKEYFNVMLGTQLLYKFERPQYAEILADHPDAPMSQVYGA
ENSMUST00000085248.3  KKSRGNTDNKEYAVNEVVAGIKEYFNVMLGTQLLYKFERPQYAEILADHPDAPMSQVYGA
ENSRNOT00000019365.4  KKSRGNTDNKEYAVNEVVAGIKEYFNVMLGTQLLYKFERPQYAEILADHPDAPMSQVYGA
                      ************************************************************

ENSPTRT00000013558.2  PHLLRLFVRIGAMLAYTPLDEKSLALLLNYLHDFLKYLAKNSATLFSASDYEVAPPEYHR
ENST00000331268.3     PHLLRLFVRIGAMLAYTPLDEKSLALLLNYLHDFLKYLAKNSATLFSASDYEVAPPEYHR
ENSMUST00000085248.3  PHLLRLFVRIGAMLAYTPLDEKSLALLLNYLHDFLKYLAKNSATLFSASDYEVAPPEYHR
ENSRNOT00000019365.4  PHLLRLFVRIGAMLAYTPLDEKSLALLLNYLHDFLKYLAKNSATLFSASDYEVAPPEYHR
                      ************************************************************

ENSPTRT00000013558.2  KAV
ENST00000331268.3     KAV
ENSMUST00000085248.3  KAV
ENSRNOT00000019365.4  KAV
                      ***
```

4. 参数

-in	输入文件，Fasta 格式的序列文件
-out	输出文件，默认输出 Fasta 格式比对后的结果序列，其他格式参考-clw
-maxiters	最大迭代次数，默认为 16
-maxhours	最长迭代时间，默认无限制
-clw	输出 Clustal W 格式的结果
-clwstrict	同-clw，输出文件的头部包含“CLUSTAL W（1.81）”字样
-html	输出 HTML 格式结果
-msf	输出 msf 格式结果
-log [a]	日志文件，-loga 表示添加，-log 则直接覆盖已有日志文件
-quiet	不要向标准错误流打印进度信息
-stable	按着输入文件中的序列顺序输出序列结果
-group	按着序列的相似度输出序列结果，默认选项
-version	版本信息

5. 网络资源

在线的 WEB 服务：http://phylogenomics.berkeley.edu/cgi-bin/muscle/input_muscle.py 将要分析的序列粘贴到输入框中或点击 Browse（浏览上传本地文件，然后点击 Submit 即可运行，如图 3-15 所示。结果将以网页形式展现。

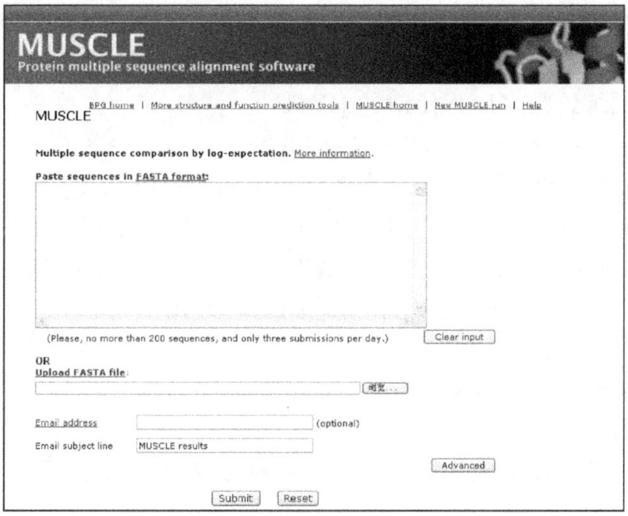

图 3-15　MUSCLE 在线资源

注 意 事 项

对于某些序列集，MUSCLE 在迭代多次以后会产生段错误，如果发现这类错误，最好指定一个小的迭代次数（比如：两次）

muscle -in <input> -out <output> -maxiters 2

更多关于 MUSCLE 安装、使用、算法以及常见问题的信息可以在以下网址找到：

http://www.drive5.com/muscle/muscle.html

练　　习

（1）选择一个你感兴趣的基因（如：glyoxalase I）的一条蛋白质序列，在 NCBI 上搜索到它的同源蛋白质序列，在本地机器上使用 muscle 获得它们的多序列比对。

（2）对于上面我们收集到的序列，利用网络资源：http://phylogenomics.berkeley.edu/cgi-bin/muscle/input_muscle py 来进行多序列比对，学会利用网络资源。

发布须知

请引用 Edgar R C. 2004. MUSCLE: multiple sequence alignment with high accuracy and high throughput. Nucleic Acids Research, 32 (5), 1792 ~ 1797

详细算法

Edgar R C. 2004. MUSCLE: a multiple sequence alignment method with reduced time and space complexity. BMC Bioinformatics, 5 (1): 113

3.1.3　HMMER

1. 简介

HMMER（Profile Hidden Markov Model Software）比其他序列比对程序敏感，同时花费的时间也更长。它基于序列一级结构一致的统计模型（HMM），使用给定的多序列比对结果训练出 HMM，计算出 HMM 合适的统计显著性参数，基于 HMM 寻找数据库。

HMMER 包含下面几个主要的程序：

1）hmmbuild，训练给定多序列比对的 HMM

hmmbuild <hmmfile output> <alignment file>

输入文件支持很多生物数据格式，未比对的序列如：FASTA、Swissport、EMBL、GenBank、PIR、Intelligenetics、Strider 或 GCG format。多序列比对后的序列格式如：CLUSTALW，SELEX，GCG MSF。如果用户输入的是未对齐的序列，hmmbuild 默认使用 hmmls domain alignment，是比较精确的局部比对，可选的比对方式：

-f：multi-hit local（hmmfs style）

-g：global alignment（hmms style，Needleman/Wunsch）

-s：local alignment（hmmsw style，Smith/Waterman）

hmmbuild 可以自动判断输入序列的类型（核酸或者蛋白质）。用户可以指定输入序列的类型：

--amino：蛋白质序列

--nucleic：核酸序列

输出文件一般命名为 .hmm 后缀，该结果只作为其他使用 HMM 的程序使用，用户得不到太多的可阅读信息。

2）hmmcalibrate，计算 HMM 的统计显著性

hmmcalibrate --num 5000 <hmmfile>

该程序修改输入的 HMM 文件，默认无其他文件输出。

也可以添加参数 --histfile <file_name>，保存 hmmcalibrate 使用其生成的随机序列的统计分布，输出文件是文本格式的图表。

3）hmmsearch，寻找相似序列

hmmsearch <hmmfile> <sequence file>

常用运行参数：

-A　对于一个序列，最多输出的最好匹配的结构域的个数

-E　最小满足的 *E* 值

-Z　计算 *E* 值时使用指定的序列个数

--forward 使用 forword 算法代替 Viterbi 算法

该程序无输出文件，用户需要通过它打印到标准控制台的信息，提取结果

```
==============================================================================
hmmsearch -search a sequence database with a profile HMM
HMMER 2.3.2 (Oct 2003)
Copyright (C) 1992 -2003 HHMI/Washington University School of Medicine
Freely distributed under the GNU General Public License (GPL)
- - - - - - - - - - - - - - - - - - - - - - - - - - - - - - - - - - - - - - -
HMM file:                    seed.mfa.hmm [seed]
Sequence database:           test.fa
per -sequence score cutoff:  [none]
per -domain score cutoff:    [none]
per -sequence Eval cutoff:   < = 10
per -domain Eval cutoff:     [none]
- - - - - - - - - - - - - - - - - - - - - - - - - - - - - - - - - - - - -
```

```
Query HMM:    seed
Accession:    [none]
Description:  [none]
   [HMM has been calibrated;E-values are empirical estimates]

Scores for complete sequences (score includes all domains):
Sequence              Description                          Score      E-value    N
--------              -----------                          -----      -------   ---
ENST00000256442.4 GENEID=ENSG00000134057 SYMBOL=CCNB1  787.5      8.4e-238   1

Parsed for domains:
Sequence            Domain    seq-f  seq-t     hmm-f  hmm-t          score  E-value
--------            -------   -----  -----     -----  -----          -----  -------
ENST00000256442.4 1/1          1      432 [.   1      479 []        787.5  8.4e-238

Alignments of top-scoring domains:
ENST00000256442.4: domain 1 of 1,from 1 to 432: score 787.5,E = 8.4e-238
                   *->malrrtrnsraaaenvakgnaslenagkrrkrkaktapkkpalkkRt
                      malr+trns ++aen+ak+    ++ag++r + a +a++kp+l++Rt
ENST000002     1      MALRVTRNSKINAENKAKI----NMAGAKRVPTAPAATSKPGLRPRT 43

                   ALgdigkNkvnar.vaggvnapkearkefGlkkkPlaekkkkskklqeak
                   ALgdig Nkv+++ +                +k   P+   kk++k++++ k
ENST000002    44   ALGDIG-NKVSEQlQ----------------AKMPM---KKEAKPSATGK    73

                   aavketkkepvekkpens.s.ask...........kpvasvkpepkeeea
                   +  +k++ ++p+ek+p  ++ ++s++ ++++++++++pv+ +k  p+ ++
ENST000002    74   VIDKKL-PKPLEKVPMLVpVpVSEpvpepepepEPVKEEKLSPE-PIL   121

                   seedvvedepeepsPietdgckpefseeerveedlcqafsdvllesslga
                          + ++psP+et+gc+p        +eedlcqafsdv+l
ENST000002   122   -------VDTASPSPMETSGCAP-------AEEDLCQAFSDVILA-----   152

                   ekeeaveDiDaeDkdnpllvsEYvkDIysYLrelEeeflvrpadYMegvQ
                        v D+DaeD+++p+l+sEYvkDIy+YLr+lEee++vrp  +Y+g
ENST000002   153   -----VNDVDAEDGADPNLCSEYVKDIYAYLRQLEEEQAVRP-KYLLG--   194

                   keYhinekMRaILvDWLVEVHekFeLlpETLYLtVniiDRFLskkpVprk
                   +e   ++++MRaIL+DWLV+V++kF+Ll+ET+Y+tV+iiDRF++++ Vp+k
ENST000002   195   RE--VTGNMRAILIDWLVQVQMKFRLLQETMYMTVSIIDRFMQNNCVPKK   242

                   kLQLVGvtAlLIAsKYEEiypPeveDFvyITDnaYtreqIleMEktILnt
                   +LQLVGvtA++IAsKYEE+ypPe++DF+++TDn+Yt++qI++ME+ IL++
ENST000002   243   MLQLVGVTAMFIASKYEEMYPPEIGDFAFVTDNTYTKHQIRQMEMKILRA   292

                   LnFdLgrPtPyvFLRRfsKAadaDmethlltLAkYllELsLvdYdmvhyp
                   LnF LgrP+P++FLRR+sK++++D e+h  tLAkYl+EL+++dYdmvh+p
ENST000002   293   LNFGLGRPLPLHFLRRASKIGEVDVEQH--TLAKYLMELTMLDYDMVHFP   340

                   PSllAAAlyLArkmLgkGplkaWtptLehYsGYtesdLlpcvkllaknl
                   PS++AA+A++LA+k+L++G+   WtptL+hY  Yte++Llp++++lakn+
ENST000002   341   PSQIAAGAFCLALKILDNGE---WTPTLQHYLSYTEESLLPVMQHLAKNV   387

                   lhvnageskLkavrnKYssskfgkVAlPipplkselledlasasma<-*
                   ++vn+g++k+++v+nKY++sk+ k+++ +p+l+s+l++dla+a  +
ENST000002   388   VMVNQGLTKHMTVKNKYATSKHAKIST-LPQLNSALVQDLAKAVAK     432
```

```
Histogram of all scores:
score    obs    exp(one = represents 1 sequences)
-----    ---    ---
  787      1      0 |=

% Statistical details of theoretical EVD fit:
              mu   =  -273.9340
          lambda   =     0.1447
chi-sq statistic   =     0.0000
  P(chi-square)    =          0

Total sequences searched: 1

Whole sequence top hits:
tophits_s report:
Total hits:                1
      Satisfying E cutoff: 1
      Total memory:        20K

Domain top hits:
tophits_s report:
      Total hits:          1
      Satisfying E cutoff: 1
      Total memory:        22K
=================================================================
```

常用的处理方法是在标准输出中使用正则表达式，首先匹配到“Scores for complete sequences”字样，尔后找到在输入序列中匹配到的序列名称（Seqence）、分值（Score）和 *E* 值。这里我们提供一个参考的解析程序，它使用 perl 编写，仅作示例，用户可以自由修改使用。

```
-------------------------------------------------------------------
unless(open(IN,"hmmsearch --forward -Z 15000 -E 10.0 seed.mfa.hmm test.fa |")){
  die("hmmsearch: $!");
}
while(<IN>){
  last if(/Scores for complete sequences/);
}
if(<IN>){
   <IN>;
  while(<IN>){
  chomp;
  if(/(\S+)\s+(.+?)\s+(\S+)\s+(\S+)\s+(\S+)$/){
    my $id = $1;
    my $score= $3;
    my $evalue = $4;
    print "$id\t$score\t$evalue\n";
    } else {
      last;
    }
  }
}
close IN;
-------------------------------------------------------------------
```

以上 3 个最常用的程序都可以通过 --cpu <n_cpus> 来指定并发的线程数。

2. 安装

下载地址：http://hmmer.janelia.org/wiki/WikiStart#download。

HMMER 支持所有版本的 Uuix，包括 Mac，下载可执行文件包，解压缩后运行即可。

Windows 用户通过修改配置文件也可编译成功。

3. 实例

已有一个基因（G）在不同物种的蛋白质序列（光盘\ hmmer\ seed. fa），对于几条新获得的蛋白质序列（光盘\ hmmer\ new. fa），我们想要知道新的序列和已有序列的同源性有多大，这决定我们是否添加新的序列到该基因的系统发生树中。

```
$ muscle -in seed.fa -out seed.mfa -quiet
$ ls
  old.fa. old.mfa new.fa
$ hmmbuild G.hmm seed.mfa
$ ls
  G.hmm seed.fa seed.mfa new.fa
$ hmmcalibrate G.hmm
$ ls
  G.hmm seed.fa seed.mfa new.fa
我们这里使用10.0 作为 E 值的 cutoff
$ hmmsearch --forward -E 10.0 G.hmm new.fa >new.fa.hs
$ ls
  G.hmm seed.fa seed.mfa new.fa new.fa.hs
```

根据我们上面提供的参考代码，从 new. fa. hs 中可以提取出比对上的序列信息。

4. 提示

HMMER 进行同源搜索花费很长的时间，如果用户对较大的数据集进行处理时，比较可行的方案是先使用其他速度快的同源搜索软件，如 BLAST、FASTA 等，初步筛选出较小的序列集后，再使用 HMMER 得到较好的同源结果。

发布须知

请引用 The theory behind profile HMMs：R. Durbin, S. Eddy, A. Krogh, and G. Mitchison, Biological sequence analysis：probabilistic models of proteins and nucleic acids, Cambridge University Press, 1998.

3.2 局部比对

3.2.1 Blast

1. 简介

Blast（Basic Local Alignment Search Tool）即“基于局部比对算法的搜索工具”，由 Altschul 等于 1990 年发布。Blast 能够实现比较两段核酸或者蛋白质序列之间的同源性的功能，它能够快速地找到两段序列之间的同源序列并对比对区域进行打分以确定同源性的高低。

Blast 的运行方式是先用目标序列建数据库（这种数据库称为 database，里面的每一条序列称为 subject），然后用待查的序列（称为 query）在 database 中搜索，每一条 query 与 database 中的每一条 subject 都要进行双序列比对，从而得出全部比对结果。

Blast 是一个集成的程序包，通过调用不同的比对模块，Blast 实现了 5 种可能的序列比对方式：

blastp：蛋白质序列与蛋白质库做比对，直接比对蛋白质序列的同源性。

blastx：核酸序列对蛋白质库的比对，先将核酸序列翻译成蛋白质序列（根据相位可以翻译为6种可能的蛋白质序列），然后再与蛋白质库做比对。

blastn：核酸序列对核酸库的比对，直接比较核酸序列的同源性。

tblastn：蛋白质序列对核酸库的比对，将库中的核酸翻译成蛋白质序列，然后进行比对。

tblastx：核酸序列对核酸库在蛋白质级别的比对，将库和待查序列都翻译成蛋白质序列，然后对蛋白质序列进行比对。

Blast提供了核酸和蛋白序列之间所有可能的比对方式，同时具有较快的比对速度和较高的比对精度，因此，在常规双序列比对分析中应用最为广泛。可以毫不夸张地说，blast是做比较基因组学乃至整个生物信息学研究所必须掌握的一种比对工具。

2. 下载

NCBI提供免费下载，网址：ftp：//ftp. ncbi. nih. gov/blast/executables/release/，可根据自己的机器选择相应操作系统的版本。

3. 安装

直接解压缩包即可。解压缩命令：

zcat *. tar. gz | tar xvf -

4. 使用

Blast的运行分为两个步骤：①建立目标序列的数据库；②做blast比对。

1）运行建库程序formatdb

建库的过程是建立目标序列的索引文件，所用程序是formatdb。程序允许的输入格式为Fasta或者ASN. 1格式，通常我们使用Fasta格式的序列作为输入。用于建库的Fasta序列是db. seq，formatdb的基本命令是：

formatdb -i db. seq [-options]

常用的参数有以下几个：

-p（T/F）：-p参数的意义是选择建库的类型，“T”表示蛋白质库，“F”表示核酸库。缺省值为“T”。

-o（T/F）：-o参数的意义是判断是否分析序列名并建立序列名索引。“T”表示建立序列名索引，“F”表示不建立序列名索引。缺省值为“F”。

程序输出：

如果建立的是核酸库，输出为db. seq. nhr、db. seq. nin、db. seq. nsq，如果选择了参数“-o T”，还会同时输出db. seq. nsd、db. seq. nsi、db. seq. nni、db. seq. nnd。

蛋白质库和核酸库的输出类似，相应的输出文件为：db. seq. phr、db. seq. pin、db. seq. psq和db. seq. psd、db. seq. psi、db. seq. pni、db. seq. pnd。

除了这些结果，程序还会输出LOG文件（默认为formatdb. log），里面记录了运行时间、版本号、序列数量等信息。

几点需要注意的问题：

（1）建库以后，做Blast比对的输入文件就是建库所得的文件db. seq. n * * 或者

db. seq. p＊＊，而不是原始的 Fasta 序列。也就是说，建库以后，原始的序列文件是可以删除的。

（2）如果命令行中选择了" -o T"，并且目标序列中含有 gi 号重复的序列名时，程序会停止建库并报错。例如，下列序列文件中出现了重复的序列名：

```
>gi|112385745|gb|DQ859020.1|Oryza sativa (japonica cultivar-group) glutathione S-transferase 2 mRNA,complete cds
ATGGCGGAGGCGGCGGGGGCGGCGGTGGCGCCGGCGAAGCTGGGTCTGTACTCGTACTGGCGGAGCTCGT
GCTCGCACCGCGTCCGCATCGCCCTCAACCTCAAAGGATTGGAGTACGAGTACAAGGCGGTGAACCTGCT
CAAGGGGGAGCACTCTGATCCAGAATTCATGAAGGTTAATCCTATGAAGTTCGTCCCGGCATTGGTCGAT
......
CAAGCAGCACTCCCAGACAGACAACCAGATGCCCCTTCCTCTACCTAG
>gi|112385745|gb|DQ859020.1|Oryza sativa (japonica cultivar-group) glutathione S-transferase 2 mRNA,complete cds
ATGGCGGAGGCGGCGGGGGCGGCGGTGGCGCCGGCGAAGCTGGGTCTGTACTCGTACTGGCGGAGCTCGT
GCTCGCACCGCGTCCGCATCGCCCTCAACCTCAAAGGATTGGAGTACGAGTACAAGGCGGTGAACCTGCT
CAAGGGGGAGCACTCTGATCCAGAATTCATGAAGGTTAATCCTATGAAGTTCGTCCCGGCATTGGTCGAT
......
```

运行时就会报如下错误：

[formatdb] ERROR：Failed to create index. Possibly a gi included more than once in the database.

（3）如果输入序列不符合 Fasta 格式或者 ASN. 1 格式，程序会自动退出，并报错：

[formatdb] ERROR：Could not open db

（4）核酸序列可以用于建核酸库和蛋白质库，但是蛋白质序列不能用于建核酸库。

其他参数简介：

-l：“-l 文件名”用来改变 LOG 文件的命名

-n：“-n 文件名”可以自定义生成的库文件命名

-a：输入文件为 ASN. 1 格式

2）运行比对程序 blastall

Blast 的主程序是 blastall。程序的输入文件是查询序列（-i 参数）和库文件（-d 参数），比对类型的选择（-p 参数）和输出文件（-o 参数）由用户指定。其中，“-p”参数有 5 种取值：

-p blastp：蛋白质序列与蛋白质库做比对。

-p blastx：核酸序列对蛋白质库的比对。

-p blastn：核酸序列对核酸库的比对。

-p tblastn：蛋白质序列对核酸库的比对。

-p tblastx：核酸序列对核酸库在蛋白质级别的比对。

这些元素就构成了 blast 的基本运行命令（以 blastn 为例）：

blastall -i query. fasta -d database_prefix -o blast. out -p blastn

其中，如果“-o”参数缺省，则结果输出方式为屏幕输出。下面以一个 blastn 比对为例，来说明比对全过程：

Query 序列（query. fasta）：

```
>gi|45593933|gb|AY551259.1|Oryza sativa precursor microRNA 319c gene
AGGAAGAGGAGCTCCTTTCGATCCAATTCAGGAGAGGAAGTGGTAGGATGCAGCTGCCGATTCATGGATA
```

```
CCTCTGGAGTGCATGGCAGCAATGCTGTAGGCCTGCACTTGCATGGGTTTGCATGACCCGGGAGATGAAC
CCACCATTGTCTTCCTCTATTGATTGGATTGAAGGGAGCTCCACATCTCT
>gi |45593932 |gb |AY551258.1 | Oryza sativa precursor microRNA 319b gene
CATATTCTTTTAATTTGATGGAAGAAGCGATCGATGGATGGAAGAGAGCGTCCTTCAGTCCACTCATGGG
CGGTGCTAGGGTCGAATTAGCTGCCGACTCATTCACCCACATGCCAAGCAAGAAACGCTTGAGATAGCGA
AGCTTAGCAGATGAGTGAATGAAGCGGGAGGTAACGTTCCGATCTCGCGCCGTCTTTGCTTGGACTGAAG
GGTGCTCCCTCCTCCTCGATCTCTTCGATCTAATTAAGCTACCTTGACAT
```

库文件 Database（db. seq，已经运行 formatdb -i db. seq -p F -o T 建库）：

```
>fake_seq
AGGAAGAGGAGCTCCTTTCGTTCCAATTCAGGAGAGGAAGTGGTAGGATGCAGCTGCCGATTCATGGATA
CCTCTGGAGTGCATGCAGCAATGCTGTAGGCCTGCACTTGCATGGGTTTGCATGACCCGGCGAGATGAAC
CCACCATTGTCTTCCTCTATTGATTGGATTGAAGGGAGCTCCACATCTCT
```

运行命令：

```
blastall -i query.fasta -d db.seq -o blast.out -p blastn
```

运行结果：

```
BLASTN 2.2.8 [Jan-05-2004]
Reference: Altschul,Stephen F.,Thomas L. Madden,Alejandro A. Schaffer,
Jinghui Zhang,Zheng Zhang,Webb Miller,and David J. Lipman (1997),
"Gapped BLAST and PSI-BLAST: a new generation of protein database search
programs",Nucleic Acids Res. 25:3389-3402.
Query = gi |45593933 |gb |AY551259.1 | Oryza sativa precursor microRNA 319c
gene,complete sequence
        (190 letters)
Database: db.seq
        1 sequences;190 total letters
Searching.done
                                                                  Score   E
Sequences producing significant alignments:                      (bits) Value

fake_seq                                                           339  2e-98
>fake_seq
        Length = 190
Score =339 bits (171),Expect = 2e-98
  Identities = 188/191 (98%),Gaps = 2/191 (1%)
  Strand = Plus / Plus
Query: 1   aggaagaggagctcctttcgatccaattcaggagaggaagtggtaggatgcagctgccga 60
           |||||||||||||||||||| |||||||||||||||||||||||||||||||||||||||
Sbjct: 1   aggaagaggagctcctttcgttccaattcaggagaggaagtggtaggatgcagctgccga 60
Query: 61  ttcatggatacctctggagtgcatggcagcaatgctgtaggcctgcacttgcatgggttt 120
           |||||||||||||||||||||||| |||||||||||||||||||||||||||||||||||
Sbjct: 61  ttcatggatacctctggagtgcat-gcagcaatgctgtaggcctgcacttgcatgggttt 119
Query: 121 gcatgacccgg-gagatgaacccaccattgtcttcctctattgattggattgaagggagc 179
           ||||||||||| ||||||||||||||||||||||||||||||||||||||||||||||||
Sbjct: 120 gcatgacccggcgagatgaacccaccattgtcttcctctattgattggattgaagggagc 179
Query: 180 tccacatctct 190
           |||||||||||
Sbjct: 180 tccacatctct 190
  Database: db.seq
    Posted date:Aug 28,2006 8:14 PM
  Number of letters in database: 190
  Number of sequences in database:1
Lambda     K      H
   1.37    0.711    1.31
Gapped
Lambda     K      H
   1.37    0.711    1.31
```

```
Matrix: blastn matrix:1 -3
Gap Penalties: Existence: 5,Extension: 2
Number of Hits to DB: 3
Number of Sequences: 1
Number of extensions: 3
Number of successful extensions: 3
Number of sequences better than 10.0: 1
Number of HSP's better than 10.0 without gapping: 1
Number of HSP's successfully gapped in prelim test: 0
Number of HSP's that attempted gapping in prelim test: 0
Number of HSP's gapped (non-prelim): 1
length of query: 190
length of database: 190
effective HSP length: 8
effective length of query: 182
effective length of database: 182
effective search space:33124
effective search space used:33124
T: 0
A: 0
X1: 6 (11.9 bits)
X2: 15 (29.7 bits)
S1: 12 (24.3 bits)
S2: 6 (12.4 bits)
BLASTN 2.2.8 [Jan-05-2004]

Reference: Altschul,Stephen F.,Thomas L. Madden,Alejandro A. Schaffer,
Jinghui Zhang,Zheng Zhang,Webb Miller,and David J. Lipman (1997),
"Gapped BLAST and PSI-BLAST: a new generation of protein database search
programs",Nucleic Acids Res. 25:3389-3402.
Query = gi|45593932|gb|AY551258.1| Oryza sativa precursor microRNA 319b
gene,complete sequence
         (260 letters)
Database: db.seq
         1 sequences;190 total letters
Searching.done
 ***** No hits found ******
  Database: db.seq
    Posted date:Aug 28,20068:14 PM
  Number of letters in database: 190
  Number of sequences in database:1
Lambda     K      H
   1.37    0.711    1.31
Gapped
Lambda     K      H
   1.37    0.711    1.31
Matrix: blastn matrix:1 -3
Gap Penalties: Existence: 5,Extension: 2
Number of Hits to DB: 0
Number of Sequences: 1
Number of extensions: 0
Number of successful extensions: 0
Number of sequences better than 10.0: 0
Number of HSP's better than 10.0 without gapping: 0
Number of HSP's successfully gapped in prelim test: 0
Number of HSP's that attempted gapping in prelim test: 0
Number of HSP's gapped (non-prelim): 0
length of query: 260
length of database: 190
```

```
effective HSP length: 8
effective length of query: 252
effective length of database: 182
effective search space:45864
effective search space used:45864
T: 0
A: 0
X1: 6 (11.9 bits)
X2: 15 (29.7 bits)
S1: 12 (24.3 bits)
S2: 6 (12.4 bits)
```

Blast 的结果包含的信息很丰富。每一个 query 的比对结果从“BLASTN”开始，记录了版本和作者信息，“Query = ”之后记录了 query 名和序列长度。如果两条序列没有找到相关性信息，那么在“Searching. done”下方显示“ ***** No hits found ****** ”；反之，则在“Searching. done”下方记录了该 query 序列和库中每一条 subject 序列的比对概况列表，包括比对得分（Score）和期望值（E value）。期望值是一个大于零的正实数，代表两条序列不相关的可能性。期望值是在整体上综合评定两条序列的相似性的参数，期望值数值越小，序列相似性就越高，反之期望值数值越大，相似性越低。比对的输出结果会按照期望值从低到高的顺序来排列。

Query 序列和每一条 subject 序列比对结果的详细信息以“ > ”开始。需要注意的是同一个 query 和同一个 subject 可能会有多个比对结果，每一个具体的结果从“Score = ”开始，记录了比对得分、期望值、相似度百分比（identity）、比对的空位和两条序列的比对方向，之后是比对条形图，显示了比对区域内每个碱基的比对情况。列出两条序列的所有比对结果后，罗列比对的参数设置和统计信息，至此两条序列间的比对结果输出完毕。

如上述结果所示，AY551259 和 fake_seq 同为正链相比得到一个结果，期望值为 2e-98，相似度百分比为 98%，中间有两个空位，两条序列相似度很高。而 AY551258 和 fake_seq 没有找到同源性。

对于蛋白质相关的比对，需要在 blastall 的运行目录下放置取代矩阵，并在运行时指定此取代矩阵，程序才能正常运行，否则 blastall 会报错退出。一般来讲，蛋白质比对时最常用的取代矩阵是 BLOSUM62 矩阵。

5. *参数*

仅仅运行 Blast 的基本运行命令，得到的结果往往不能清晰准确地得出有用的信息。最大的问题就是有太多的冗余，很多很短的比对都会出现在输出结果中，导致结果杂乱无章。例如：

```
                                                          Score    E
Sequences producing significant alignments:              (bits)  Value
Contig3421 out.ace.2                                       2367   0.0
Contig3424 out.ace.2                                        165   1e-40
Contig3423 out.ace.2                                         30   4.9
Contig3314 out.ace.2                                         30   4.9
......
>Contig342 3 out.ace.2
          Length = 148505
Score = 30.2 bits (15),Expect = 4.9
 Identities = 15/15 (100% )
 Strand = Plus /Plus
```

```
Query: 571    aaagaataaaattat 585
              |||||||||||||||
Sbjct: 103697 aaagaataaaattat 103711
```

可以很明显地看出，query 序列和 Contig3423 的比对结果不能表示两条序列的相关性。事实上这个比对结果只是一个偶然出现的重复。这样的结果不但会浪费大量的运算和存储资源，更给结果分析带来了沉重的负担。为了处理杂乱无章的比对结果，满足各种比对需求，blast 设置了很多参数来限制比对的范围和输出的形式。以下多数结果以 blastn 举例，如不做特殊说明，这些参数适用于所有比对方式。

1）-e 参数

-e（value）参数是用来过滤比对较差的结果的，用“-e”参数指定一个实数，Blast 会过滤掉期望值大于这个数的比对结果。这样不但简化了结果，还缩短了运行时间和结果占用的空间。如果在上一个例子中，在命令行中加上限制期望值：

blastall -i query. fasta -d db. seq -o blast. out -p blastn -e 1e-10

那么结果中就会只剩下比对较好的结果：

```
                                                          Score    E
Sequences producing significant alignments:               (bits)   Value
Contig3421 out.ace.2                                       2367    0.0
Contig3424 out.ace.2                                        165    1e-40
.......
```

通常，对于不同物种间的比对，期望值设在 1e-5 左右即可；而对于同源性较高的物种或者同种的比对，可以适当将期望值调得更小来过滤垃圾结果。比如同一物种 cDNA 和染色体的比对，参数可用 1e-10 或更高。

2）-F 参数

-F（T/F）参数是用来屏蔽简单重复和低复杂度序列的。如果选“T”，程序在比对过程中会屏蔽掉 query 中的简单重复和低复杂度序列；选“F”则不会屏蔽。缺省值为“T”。例如，我们将如下含有两段简单重复的序列自己和自己进行比对（重复区用小写字母表示）：

```
>test1
TACAATAAATAAAAAAGAGCTGTCTACAGTCTTTTcgcgcgcgcgcgTTCAGAAGTAAAG
CACTATACAtttttttGTTTGTTCTTCTCAATTTAGGAAACTCAATGAACAATGAATACG
AACTATTATTACCAGTAAATACAAGTAATAC
```

第一次比对采用缺省参数：

```
blastall -i test.seq -d test.seq -o test.blast -p blastn -e 1e-5
```

得到的结果：

```
>test1
          Length = 151
    Score =186 bits (94),Expect = 1e-52
     Identities = 132/151 (87% )
     Strand = Plus / Plus
Query: 1   tacaataaataaaaaagagctgtctacagtcttttnnnnnnnnnnnnttcagaagtaaag 60
           |||||||||||||||||||||||||||||||||||            ||||||||||||| 
Sbjct: 1   tacaataaataaaaaagagctgtctacagtcttttcgcgcgcgcgcgttcagaagtaaag 60
Query: 61  cactatacannnnnnngtttgttcttctcaatttaggaaactcaatgaacaatgaatacg 120
           |||||||||       ||||||||||||||||||||||||||||||||||||||||||||| 
Sbjct: 61  cactatacatttttttgtttgttcttctcaatttaggaaactcaatgaacaatgaatacg 120
Query: 121 aactattattaccagtaaatacaagtaatac 151
           |||||||||||||||||||||||||||||||
Sbjct: 121 aactattattaccagtaaatacaagtaatac 151
......
```

第二次运行采用参数“-F F”：

```
blastall -i test.seq -d test.seq -o test.blast -p blastn -e 1e-5 -F F
```

得到的结果：

```
>test1
      Length = 151
Score =299 bits (151),Expect = 1e-86
 Identities = 151/151 (100% )
 Strand = Plus /Plus
Query: 1   tacaataaataaaaaagagctgtctacagtcttttcgcgcgcgcgcgttcagaagtaaag 60
           ||||||||||||||||||||||||||||||||||||||||||||||||||||||||||||
Sbjct: 1   tacaataaataaaaaagagctgtctacagtcttttcgcgcgcgcgcgttcagaagtaaag 60
Query: 61  cactatacatttttttgtttgttcttctcaatttaggaaactcaatgaacaatgaatacg 120
           ||||||||||||||||||||||||||||||||||||||||||||||||||||||||||||
Sbjct: 61  cactatacatttttttgtttgttcttctcaatttaggaaactcaatgaacaatgaatacg 120
Query: 121 aactattattaccagtaaatacaagtaatac 151
           |||||||||||||||||||||||||||||||
Sbjct: 121 aactattattaccagtaaatacaagtaatac 151
```

比较两个结果，我们看出使用缺省参数的比对结果损失了一部分信息，得到的统计结果也出现失真，期望值和 identity 都没有反映出真实情况。有时较长的重复序列甚至会导致比对终止。加了“-F F”就保证了比对结果的完整性。通常在大规模、低精度的比对中，往往用缺省参数，这样能避免程序把过多的时间浪费在无意义的简单重复上，提高运行速度；而在小规模、高精度的比对中，需要加上参数“-F F”，保证比对的精确度和完整性。

3）-m 参数

“-e”参数能够做到筛选适当的比对结果，但是即使如此，Blast 的输出结果仍然非常庞大并且难以处理。为了精简输出、节省存储空间、实现更多功能并使结果易于处理，blast 提供了参数“-m（integer）”来设定输出格式，可供选择的值为 0～11 之间的整数，缺省为 0。下面就通过实例逐个解析“-m”参数能够实现的输出功能。

输入文件的内容（针对-m 0～-m 7），其中，加粗的区域是三条序列的重合位置，注意 subject1 多一个碱基。

```
query.fasta:
>query1
TACAATAAATAAAATAGAGCTGTCTACAGTACTTTTTCAGGAACTCCTTCAGAAGTAAAG
CACTATACAtttttttGTTTGTTCTTTTCAATTTAGGAAACTCAATGAACAATGAATACG
AACTATTATTACCAGTAAATACAAGTAATAC
database.fasta:
>subject1
TCCTTCAGAAGTAAAGCACTATACAtttttttGTTTGTTCTTTTCAATTTAGGAAACTCA
AATGAACAATGAATAC
>subject2
AATTTAGGAAACTCAATGAACAATGAATACGAACTATTATTACCAGTAAATACAAGTAAT
```

输出：

-m 0：缺省参数，显示一个 query 和一个 subject 两两比对的信息。

```
>subject1
      Length = 76
Score = 93.7 bits (47),Expect = 1e-24
 Identities = 68/76 (89% ),Gaps = 1/76 (1% )
 Strand = Plus /Plus
```

```
Query: 45 tccttcagaagtaaagcactatacannnnnnngtttgttcttttcaatttaggaaactc - 103
          ||||||||||||||||||||||||||          ||||||||||||||||||||||||||
Sbjct: 1 tccttcagaagtaaagcactatacatttttttgtttgttcttttcaatttaggaaactca 60
......
```

-m 1：显示 query 在所有 subjects 上的定位信息，并显示一致性比对信息，subject 之间不同的碱基会被标出。

```
Sequencesproducing significant alignments:                          (bits) Value
subject2                                                              119  2e-32
subject1                                                               94  1e-24
QUERY 45 tccttcagaagtaaagcactatacannnnnnngtttgttcttttcaatttaggaaactca 104
1     1                                                ............... 15
0     1 ........................ttttttt..........................  61
                                                                    \
                                                                    |
                                                                    a
......
```

-m 2：显示 query 在所有 subjects 上的定位信息但是不显示一致性比对信息，subject 之间不同的碱基会被标出。

```
Sequences producing significant alignments:                         (bits) Value
subject2                                                              119  2e-32
subject1                                                               94  1e-24
QUERY 45tccttcagaagtaaagcactatacannnnnnngtttgttcttttcaatttaggaaactca 104
1     1                                              aatttaggaaactca 15
0     1 tccttcagaagtaaagcactatacatttttttgtttgttcttttcaatttaggaaactca 61
                                                                    \
                                                                    |
                                                                    a
......
```

-m 3：显示 query 在所有 subjects 的定位和一致性比对信息，不显示 subjects 之间的差异。

```
Sequences producing significant alignments:                         (bits) Value
subject2                                                              119  2e-32
subject1                                                               94  1e-24
QUERY 45 tccttcagaagtaaagcactatacannnnnnngtttgttcttttcaatttaggaaactc - 103
1     1                                                ..............- 14
0     1 ........................ttttttt...........................a 60
......
```

-m 4：显示 query 在所有 subjects 上的定位信息但是不显示一致性比对信息，不显示 subjects 之间的差异。

```
Sequences producing significant alignments:                         (bits) Value
subject2                                                              119  2e-32
subject1                                                               94  1e-24
QUERY 45 tccttcagaagtaaagcactatacannnnnnngtttgttcttttcaatttaggaaactc- 103
1     1                                              aatttaggaaactc - 14
0     1 tccttcagaagtaaagcactatacatttttttgtttgttcttttcaatttaggaaactca 60
......
```

-m 5：显示 query 在所有 subjects 上的定位信息但是不显示每个碱基的比对信息，补充“-”对齐比对区域，subjects 之间不同的碱基会被标出。

```
Sequences producing significant alignments:                         (bits) Value
subject2                                                              119  2e-32
subject1                                                               94  1e-24
```

```
QUERY 45 tccttcagaagtaaagcactatacannnnnnngtttgttcttttcaatttaggaaactca 104
1      1 ----------------------------------------------aatttaggaaactca 15
0      1 tccttcagaagtaaagcactatacatttttttgtttgttcttttcaatttaggaaactca 61
                                                                  \
                                                                  |
                                                                  a
......
```

-m 6：显示 query 在所有 subjects 上的定位信息但是不显示每个碱基的比对信息，补充"-"对齐比对区域，不显示 subjects 之间的差异。

```
Sequences producing significant alignments:                        (bits) Value
subject2                                                             119  2e-32
subject1                                                              94  1e-24
QUERY 45 tccttcagaagtaaagcactatacannnnnnngtttgttcttttcaatttaggaaactc-103
1      1 ----------------------------------------------aatttaggaaactc-14
0      1 tccttcagaagtaaagcactatacatttttttgtttgttcttttcaatttaggaaactca60
......
```

-m 7：输出 XML 格式的 Blast 结果。

```
<Hsp_num>1</Hsp_num>
<Hsp_bit-score>119.434</Hsp_bit-score>
<Hsp_score>60</Hsp_score>
<Hsp_evalue>1.95644e-32</Hsp_evalue>
<Hsp_query-from>90</Hsp_query-from>
<Hsp_query-to>149</Hsp_query-to>
<Hsp_hit-from>1</Hsp_hit-from>
<Hsp_hit-to>60</Hsp_hit-to>
<Hsp_query-frame>1</Hsp_query-frame>
<Hsp_hit-frame>1</Hsp_hit-frame>
<Hsp_identity>60</Hsp_identity>
<Hsp_positive>60</Hsp_positive>
<Hsp_align-len>60</Hsp_align-len>
<Hsp_qseq>AATTTAGGAAACTCAATGAACAATGAATACGAACTATTATTA</Hsp_qseq>
<Hsp_hseq>AATTTAGGAAACTCAATGAACAATGAATACGAACTATTATTA</Hsp_hseq>
<Hsp_midline>||||||||||||||||||||||||||||||||||||||||||</Hsp_midline>
.....
```

-m 8：列表格式的比对结果。从左到右各列的意义依次是：query 名、subject 名、identity、比对长度、错配数、空位数、query 比对起始坐标、query 比对终止坐标、subject 比对起始坐标、subject 比对终止坐标、期望值、比对得分。

```
query1  sub24  91.11  45   3   1  198  241  502208   502252   2.7e-06  50.05
query1  sub21  98.68  151  2   0  532  682  1360665  1360515  1.0e-76  284.0
query1  sub21  86.17  94   12  1  198  290  479232   479139   4.8e-14  75.82
query1  sub21  87.04  54   7   0  238  291  1297867  1297920  6.9e-07  52.03
query2  sub21  99.44  892  3   2  28   918  1351055  1350165  0.0      1713.2
query2  sub21  87.58  153  17  1  343  495  1358110  1357960  2.1e-35  147.2
query2  sub21  84.11  107  16  1  699  805  1305723  1305618  4.0e-12  69.88
query2  sub21  89.58  48   5   0  519  566  1305968  1305921  6.0e-08  56.00
query2  sub14  88.24  153  16  1  343  495  145402   145252   8.7e-38  155.1
query2  sub24  88.08  151  16  1  345  495  567561   567709   1.4e-36  151.2
query2  sub24  87.80  123  14  1  686  808  563341   563220   1.9e-26  117.5
```

在 m8 格式中通过 subject 的比对起止位置可以判断出序列的比对方向。比如上述结果中第一行，subject 的起始坐标小于终止坐标，则两条序列是同方向比对上的；第二行中 subject 起始坐标大于终止坐标，则 query 序列是和 subject 的互补链比对上的。

-m 9：带注释行的列表格式。格式和-m 8 一样，只是在每个 query 的比对结果前面加了注释行用以说明列表中各列的意义。

```
# BLASTN 2.2.8 [Jan-05-2004]
# Query: query1 out.ace.1
# Database: database.seq
# Fields: Query id, Subject id,%  identity, alignment length, mismatches, gap openings,q. start,q. end,s. start,s. end,e-value,bit score
query1 sub24  91.11  45   3   1  198  241  502208   502252   2.7e-06  50.05
query1 sub21  98.68  151  2   0  532  682  1360665  1360515  1.0e-76  284.0
query1 sub21  86.17  94   12  1  198  290  479232   479139   4.8e-14  75.82
query1 sub21  87.04  54   7   0  238  291  1297867  1297920  6.9e-07  52.03
# BLASTN 2.2.8 [Jan-05-2004]
# Query: query1  out.ace.1
# Database: database.seq
# Fields: Query id, Subject id,%  identity, alignment length, mismatches, gap openings,q. start,q. end,s. start,s. end,e-value,bit score
query2 sub21  99.44  892  3   2  28   918  1351055  1350165  0.0       1713.2
query2 sub21  87.58  153  17  1  343  495  1358110  1357960  2.1e-35   147.2
query2 sub21  84.11  107  16  1  699  805  1305723  1305618  4.0e-12   69.88
query2 sub21  89.58  48   5   0  519  566  1305968  1305921  6.0e-08   56.00
query2 sub14  88.24  153  16  1  343  495  145402   145252   8.7e-38   155.1
query2 sub24  88.08  151  16  1  345  495  567561   567709   1.4e-36   151.2
query2 sub24  87.80  123  14  1  686  808  563341   563220   1.9e-26   117.5
```

-m 10 和 11：分别是 ASN 格式的文本文件和二进制文件，这里就不做介绍了。

“-m”参数的值从 1 到 6 都是为了便于在 subjects 之间做比较而设立的功能；8 和 9 保留了所有比对结果的原貌，只是统计成了列表的格式，从而大幅度降低了存储空间的消耗，并使结果更加清晰易读。但是 m8/m9 格式也有相应的缺点，就是损失了一部分比对信息，除了序列长度信息和比对条形图以外，还会在 blastx、tblastn 和 tblastx 的比对中损失关键的相位信息，这是要尽量避免的。因此，在大规模的 blastn 比对任务中，往往要采用 m8 格式的输出结果来节省空间；而在小规模高精度比对中，通常用默认的输出格式，再用其他程序来提取结果中的有用信息。

4）-v 参数和-b 参数

这两个参数都限制输出结果的数量。

-v（integer）：规定输出中每一个 query 的比对列表最多显示 subject 的个数（即“Sequences producing significant alignments:”后面列出的 subjects 数目），缺省为 500 条。

-b（integer）：规定输出中每个 query 最多显示与多少条 subject 的比对条形图（即每条 query 的结果中“ > ”的个数），缺省为 250 条。

如果同时使用“-m 8”参数，则输出结果中的 subjects 数量和“-b”参数规定的数量一致。

在 database 数据中能和 query 比对上的 subjects 过多的时候，这两个参数就能够帮助我们把其中比对结果较好的一部分挑出来，屏蔽掉相对差的结果。当然有些时候我们是不希望屏蔽掉这些结果的，比如在某个大基因组的 Contig 数据集中统计一条转座子的重复次数，就需要把“-v”和“-b”参数定的足够大以显示所有结果。

5）-T 参数

-T（T/F）参数用于决定是否输出 html 格式的比对结果，缺省值为“F”。选择“-T T”就会输出 html 格式的比对结果。如果在建库过程中选择了“-o T”，并且 database 数据中的序列是以 gi 号命名的，那么在 html 结果中以 gi 号命名的相应序列会自动链接到 NCBI 的数据库上。如图 3-16 所示。

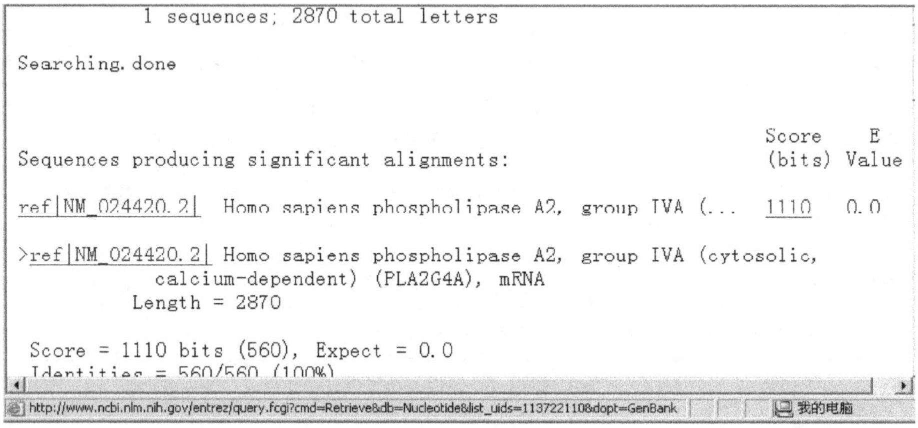

图 3-16　html 格式的 blast 结果

6）-M 参数

做有关蛋白质的比对时，需要用"-M"参数指定取代矩阵，比如 BLOSUM45、BLOSUM62、BLOSUM80 等，缺省值为 BLOSUM62。这 3 个矩阵都可以在 Blast 安装目录的 data 目录下找到。BLOSUM 矩阵后面的数字代表比对结果允许的最低相似度百分比，我们可以根据不同的精度需求选择不同的取代矩阵。BLOSUM62 的内容如下：

```
#Matrix made by matblas from blosum62.iij
#* column uses minimum score
#BLOSUM Clustered Scoring Matrix in 1/2 Bit Units
#Blocks Database = /data/blocks_5.0/blocks.dat
#Cluster Percentage: > = 62
#Entropy = 0.6979,Expected = -0.5209
   A  R  N  D  C  Q  E  G  H  I  L  K  M  F  P  S  T  W  Y  V  B  Z  X  *
A  4 -1 -2 -2  0 -1 -1  0 -2 -1 -1 -1 -1 -2 -1  1  0 -3 -2  0 -2 -1  0 -4
R -1  5  0 -2 -3  1  0 -2  0 -3 -2  2 -1 -3 -2 -1 -1 -3 -2 -3 -1  0 -1 -4
N -2  0  6  1 -3  0  0  0  1 -3 -3  0 -2 -3 -2  1  0 -4 -2 -3  3  0 -1 -4
D -2 -2  1  6 -3  0  2 -1 -1 -3 -4 -1 -3 -3 -1  0 -1 -4 -3 -3  4  1 -1 -4
C  0 -3 -3 -3  9 -3 -4 -3 -3 -1 -1 -3 -1 -2 -3 -1 -1 -2 -2 -1 -3 -3 -2 -4
Q -1  1  0  0 -3  5  2 -2  0 -3 -2  1  0 -3 -1  0 -1 -2 -1 -2  0  3 -1 -4
E -1  0  0  2 -4  2  5 -2  0 -3 -3  1 -2 -3 -1  0 -1 -3 -2 -2  1  4 -1 -4
G  0 -2  0 -1 -3 -2 -2  6 -2 -4 -4 -2 -3 -3 -2  0 -2 -2 -3 -3 -1 -2 -1 -4
H -2  0  1 -1 -3  0  0 -2  8 -3 -3 -1 -2 -1 -2 -1 -2 -2  2 -3  0  0 -1 -4
I -1 -3 -3 -3 -1 -3 -3 -4 -3  4  2 -3  1  0 -3 -2 -1 -3 -1  3 -3 -3 -1 -4
L -1 -2 -3 -4 -1 -2 -3 -4 -3  2  4 -2  2  0 -3 -2 -1 -2 -1  1 -4 -3 -1 -4
K -1  2  0 -1 -3  1  1 -2 -1 -3 -2  5 -1 -3 -1  0 -1 -3 -2 -2  0  1 -1 -4
M -1 -1 -2 -3 -1  0 -2 -3 -2  1  2 -1  5  0 -2 -1 -1 -1 -1  1 -3 -1 -1 -4
F -2 -3 -3 -3 -2 -3 -3 -3 -1  0  0 -3  0  6 -4 -2 -2  1  3 -1 -3 -3 -1 -4
P -1 -2 -2 -1 -3 -1 -1 -2 -2 -3 -3 -1 -2 -4  7 -1 -1 -4 -3 -2 -2 -1 -2 -4
S  1 -1  1  0 -1  0  0  0 -1 -2 -2  0 -1 -2 -1  4  1 -3 -2 -2  0  0  0 -4
T  0 -1  0 -1 -1 -1 -1 -2 -2 -1 -1 -1 -1 -2 -1  1  5 -2 -2  0 -1 -1  0 -4
W -3 -3 -4 -4 -2 -2 -3 -2 -2 -3 -2 -3 -1  1 -4 -3 -2 11  2 -3 -4 -3 -2 -4
```

```
Y  -2 -2 -2 -3 -2 -1 -2 -3  2 -1 -1 -2 -1  3 -3 -2 -2  2  7 -1 -3 -2 -1 -4
V   0 -3 -3 -3 -1 -2 -2 -3 -3  3  1 -2  1 -1 -2 -2  0 -3 -1  4 -3 -2 -1 -4
B  -2 -1  3  4 -3  0  1 -1  0 -3 -4  0 -3 -3 -2  0 -1 -4 -3 -3  4  1 -1 -4
Z  -1  0  0  1 -3  3  4 -2  0 -3 -3  1 -1 -3 -1  0 -1 -3 -2 -2  1  4 -1 -4
X   0 -1 -1 -1 -2 -1 -1 -1 -1 -1 -1 -1 -1 -1 -2  0  0 -2 -1 -1 -1 -1 -1 -4
*  -4 -4 -4 -4 -4 -4 -4 -4 -4 -4 -4 -4 -4 -4 -4 -4 -4 -4 -4 -4 -4 -4 -4  1
```

7） -W 参数

-W（integer）：指定做比对时的“字”的长度。缺省值是0（代表 blastn 的搜索字长为11，megablast 是28，其他是3）。这个参数多数时候不用调整，但是需要做短序列的比对时，可能要适当调短字长，来增加比对的敏感度。

以上为 blastall 的常用参数，对于一些不常用的参数，可以查找 blast 的参数表，此参数表可以通过直接运行 blastall 得到。

常 见 问 题

（1）运行 formatdb 时报下列错误：

```
[formatdb] ERROR: 1.seq.nhrOutput
Blast-def-line-set.E. <title>
Invalid value(s) [9] in VisibleString [seq1#ss ...]
```

这种情况通常是 subject 序列的标题行中含有非法字符，比如 Tab。

（2）运行 blastall 时报下列警告：

```
[blastall] WARNING: seq1: Could not find index files for database sub.seq
```

出现这种问题通常是没有做 formatdb 建库或者建的库不符合比对类型要求，需要重新建库。尤其注意 tblastx 的建库应该使用核酸库。

（3）运行 blastall 时报下列警告和错误：

```
[blastall] WARNING:[000.000]seq1: SetUpBlastSearch failed.
[blastall] ERROR:[000.000]seq1: BLASTSetUpSearch: Unable to calculate Karlin-Alts-
chul params,check query sequence
[blastall] ERROR:[000.000]seq1: BLASTSetUpSearch: Unable to calculate Karlin-Alts-
chul params,check query sequence
```

这种情况多出在 reads 等短序列的比对中，某一个 query 序列的有效长度是0，则会导致这个错误。但是这个错误不会影响到其他 query 序列的正常比对，通常情况下可以忽略。

（4）运行 blastall 时报下列警告并退出：

```
[blastall] WARNING:[000.000]seq1: Unable to open BLOSUM62
[blastall] WARNING:[000.000]seq1: BlastScoreBlkMatFill returned non-zero status
[blastall] WARNING:[000.000]seq1: SetUpBlastSearch failed.
```

这是因为做蛋白质相关比对的时候目录下没有蛋白质比对矩阵 BLOSUM62。

实 例

其他4种比对方式的使用和 blastn 大同小异，下面通过几个例子加以概括：

（1）用 BLOSUM45 矩阵、“-F F”参数对两条相似的蛋白质做 blastp 比对：

输入的 query 序列：光盘：\blast\example1\query. seq

输入的 database 序列：光盘：\blast\example1\db. seq

运行命令：blastall -i db. seq -d db. seq -o blastp. out -p blastp -F F -M BLOSUM45

输出结果存放在：光盘：\blast\example1\blastp. out

（2）用一条核酸序列和一条蛋白质序列做交叉比对 blastx 和 tblastn：

输入的核酸序列：光盘：\blast\example2\cdna. seq

输入的蛋白质序列：光盘：\blast\example2\pep. seq

运行命令：

blastall -i cdna. seq -d pep. seq -o blastx. out -p blastx

blastall -i pep. seq -d cdna. seq -o tblastn. out -p tblastn

输出结果存放在：

光盘：\blast\example2\blastx. out

光盘：\blast\example2\tblastn. out

（3）用两条核酸序列蛋白质比对 tblastx：

输入的 query 序列：光盘：\blast\example3\query. seq

输入的 database 序列：光盘：\blast\example3\db. seq

运行命令：blastall -i query. seq -d db. seq -o tblastx. out -p tblastx -e 0. 5

输出结果存放在：光盘：\blast\example3\tblastx. out

◆我们还随书免费赠送处理 blast 结果的配套软件 PblastI. pl，此软件能够把复杂的 blast 结果处理为简单的列表格式，并根据需要筛选比对结果。用法如下：

```
Program : /disk4/prj0411/eiudy/bin PblastI.pl
Version : 3.2
Contact : zhangzj@ genomics.org.cn
Usage :perl /disk4/prj0411/eiudy/bin/pblasI.pl.[options]
    -b*    [Blast Result]
           Blastp,tBlastn,tBlastx result File
    -o     [Output]Default add (-b).xls
           Output Hits Filename
    -n     [Output2]Default add (-b).Nohits
           Output NoHits Filename
    -l     [AlignLen Each Hsp]Default 0
           Input 100 ,50 etc(>).
    -e     [Expect Value]Default 10
           Input float 1e-5,1e-10 etc(<).
    -i     [Identity]Default 0
           Input 80 ,90 etc(>).
    -s     [Score]Default 0
           Input 300 ,200 etc(>).
    -p     [Positive]Default 0
           Input 80 ,90 etc(>).
    -a     [Sbject Annotation show]
           Default 0 [0:Not show |1:show]
    -h     Display this usage information
    *      must be given Argument
```

此软件存放在：光盘：\blast\bin\PblastI. pl

练　　习

（1）用 Blast 搜索人类基因组 Chr10 的重复序列（提示，为了减少比对时间，可以采取分割比对的方法）。

（2）用 Blast 查找蛋白质序列 ENSP00000328808 在人类基因组 Chr10 上的位置。

（3）用 Blast 检查以下引物 primer1 和 primer2 是否可以用作在参考序列 refseq 上扩增（提示，注意引物可能发生错配的条件和 Blast 的比对参数）。

```
>refseq
CTTAATTCGCCTCGTGAAAGAATATCATCTGCTGAACCCGGTCATTGTTG
ACTGCACCTCCAGCCAGGCAGTGGCGGATCAATATGCCGACTTCCTGCGC
GAAGGTTTCCACGTTGTCACGCCGACGGCACCTCCAGCCAGGCAGTCGAT
GGATTACTACCATCTGTTGCGTCATGCGGCTGAAAAATCGCGGCGTAAAT
TCCTCTATGACACCAACGTTGGGGCTGGATTACCGGTTATTGAGAACCTG
CAAAATCTGCTCAATGCTGGTGATGAATTGATGAAGTTCTCCGGCATTCT
TTCAGGTTCGCTTTCTTATATCTTCGGCAAGTTAGACGAAGGCATGAGTT

>primer1
ACTGCACCTCCAGCCAGGCAG

>primer2
GATATAAGAAAGCGAACCTG
```

3.2.2　Blat

1. 简介

Blat（The BLAST-Like Alignment Tool）可以称为“类 BLAST 比对工具”，由 W. James Kent 于 2002 年开发。当时随着人类基因组计划的进展，把大量基因和 ESTs 快速定位到较大的基因组上成为一种迫切需要。Blast 相对于这种比对有几个缺陷：速度偏慢、结果难于处理、无法表示出包含 intron 的基因定位。Blat 就是在这种形势下应运而生了。

Blat 的主要特点就是：速度快，共线性输出结果简单易读。对于比较小的序列（如 cDNA 等）对大基因组的比对，Blat 无疑是首选。Blat 把相关的呈共线性的比对结果连接成为更大的比对结果，从中也可以很容易的找到 exons 和 introns。因此，在相近物种的基因同源性分析和 EST 分析中，Blat 得到了广泛的应用。

如图 3-17 所示，Blast 会把每一个比对作为一个输出，而 Blat 会把一些符合共线性关系的比对连接起来作为一个输出。

2. 下载

源代码：http://www.soe.ucsc.edu/~kent/src/，下载包：blatSrc33.zip（不同版本名称不同）。

可执行文件：http://genome-test.cse.ucsc.edu/~kent/exe/里面有针对各操作系统编译好的可执行文件，如：linux/blatSuite.33.zip。

3. 安装

如果下载的是已经编译好的可执行文件，只需解压缩即可使用，如上面提到的对于 Linux 系统的 blatSuite.33.zip，解压命令：$ unzip blatSuite.33.zip。

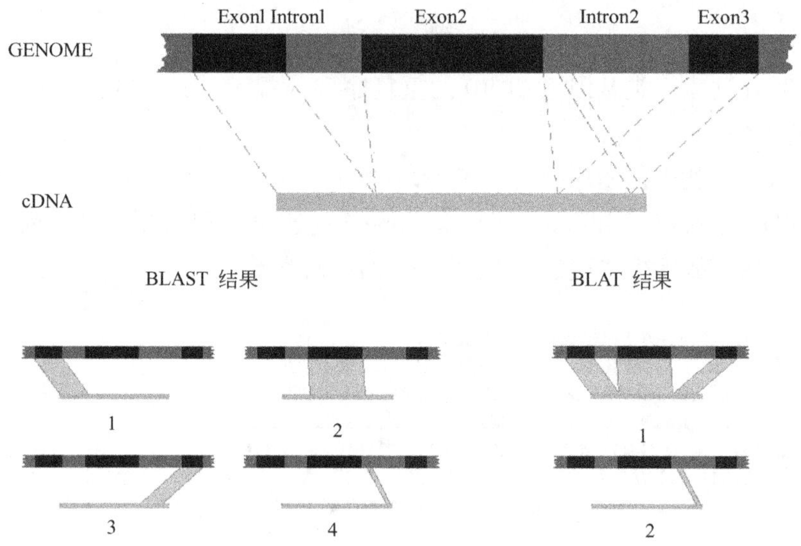

图 3-17　blast 和 blat 的比较

如果下载的是源代码，需要进行编译，对于不同的操作系统稍有区别，安装过程如下：

（1）解压缩包：$ unzip blatSrc33. zip。

（2）检查机器的环境变量 MACHTYPE ，如果没有设置，则需要进行设置，对于不同的机器设置不同，如：Linux 对应的机器类型为 i386，Alpha 对应 alpha，sun 对应 sparc，irix 对应 mipseb。

设置：

bash shell：

```
MACHTYPE = 机器类型
export MACHTYPE
```

tcsh shell：setenv MACHTYPE 机器类型

（3）建立安装目录：

```
$ mkdir ~/bin
$ mkdir ~/bin/ $ MACHTYPE
```

（4）到源文件目录的 lib 目录下，查看是否有对应机器类型的目录，如没有需建立：

```
$ cd blatSrc/lib
$ mkdir $ MACHTYPE
```

（5）编译，成功后可执行程序放到了 ~/bin/ $ MACHTYPE 下面，可移到其他你所要放可执行程序的目录。

```
$ cd blatSrc
$ make > make. log
```

4. 使用

Blat 的输入文件必须满足 Fasta 格式，运行时非常简单，不需要进行建库就可以直接比对。Blat 的基本命令：

blat database query [-参数] output

程序正常运行时，会在读完 database 中的所有 subject 序列时在屏幕输出 database 的统计结果：

Loaded 22510 letters in 1 sequences

并在比对结束时屏幕输出 query 的统计结果：

Searched 2611 bases in 1 sequences

默认输出结果是列表形式的文本文件，即 psl 格式。

5. 输出

我们通过 cDNA 序列 cdna. seq 和基因组序列 genome. seq 之间的比对来分析 Blat 结果，所有数据存放在：光盘：\blat\example\。

运行命令：blat genome. seq cdna. seq out. psl。

输出结果：

psLayout version 3

match	Mis - match	rep. match	N's	Q gap count	Q gap bases	T gap count	T gap bases	......
505	0	0	0	0	0	2	409	
681	0	0	0	0	0	1	1088	

strand	Q name	Q size	Q start	Q end	T name	T size	T start	T end	......
+	cDNA1	505	0	505	genome	15000	9493	10407	
-	cDNA2	681	0	681	genome	15000	10980	12749	

block count	blockSizes	qStarts	tStarts
3	61,195,249,	0,61,256,	9493,9657,10158,
2	360,321,	0,360,	10980,12428,

Psl 格式的结果包含了详细的比对位置信息，每一列的意义都在文件开头列出。第 1 ~ 8 列是总体的比对统计，包括精确比对碱基数、错配、query 和 subject 上的 gap 个数与 gap 总长等等；第 9 ~ 17 列是比对位置信息，包括比对方向、query 和 subject 的名字、长度、比对起止位置；18 ~ 21 列是显示每一个精确比对的 block 的信息，包括 blocks 数、每个 block 的长度和在 query、subject 上的位置。

对于 psl 输出结果，需要注意以下几点：

（1）Blat 的结果在 subject 上允许存在很大的 gap（intron 区域），所以同一个结果在 query 和 subjects 上覆盖的区域可能会相差很多，这一点与 blast 不同。

（2）在基因对基因组的比对中，block 的个数不能等同于 exon 的个数。因为 Blat 对 block 的定义是一个没有插入缺失的比对，任何插入或者缺失的碱基都会使一个 block 终止，所以一个 exon 很可能是由很多 blocks 构成的。因此 exon 和 intron 的个数要通过足够大的 gap 来判断。

（3）psl 结果里面碱基位置的计算是从 0 开始的，而不是 1。

6. 参数

1） - noHead 参数

由于输出文件开头列出的每一列的信息在做大规模处理的时候很不方便，所以可以用这个参数把 psl 格式里面冗长的头信息去掉，保留了干净的列表，便于后续程序的处理。例：

blat genome. seq cdna. seq - noHead out. psl. noHead

输出结果：

505	0	0	0	0	0	2	409		
681	0	0	0	0	0	1	1088		……
+	cDNA1	505	0	505	genome	15000	9493	10407	
-	cDNA2	681	0	681	genome	15000	10980	12749	……
3	61，195，249，		0，61，256，		9493，9657，10158，				
2	360，321，		0，360，		10980，12428，				

2）-out 参数

除了 psl 格式，blat 还能通过添加参数"-out = type"输出其他格式的结果。Blat 提供了以下 6 种格式的输出：

-out = psl　　默认格式

-out = pslx　在 psl 的结果后面添加了每一个 block 的序列

-out = axt　　blastz 关联的 axt 格式

-out = maf　　multiz 关联的 maf 格式

-out = wublast　类似 wublast 的输出格式

-out = blast　类似 blast 的输出格式

这些格式运用都不多，我们举其中一个例子，让 blat 输出类 blast 结果。

blat genome. seq cdna. seq -out = blast out. blast

输出结果：

```
BLASTN 2.2.4 [blat]
Reference:Kent,WJ. (2002) BLAT - The BLAST - like alignment tool
Query =    cDNA1
           (505 letters)
Database: genome.seq
           1 sequences; 15,000 total letters
                                                                 Score  E
Sequences producing significant alignments:                     (bits) Value

genome                                                            488  e - 138
```

```
>genome
        Length = 15000

Score = 488 bits (1258),Expect = e-138
Identities = 249/249 (100%)
Strand = Plus /Plus

Query:   257 atccagcagggacgttctgcagtgctgctctgaatcctcctaaaggctcagtgaataaac 316
             ||||||||||||||||||||||||||||||||||||||||||||||||||||||||||||
Sbjct: 10159 atccagcagggacgttctgcagtgctgctctgaatcctcctaaaggctcagtgaataaac 10218

Query:   317 ccaaatgtgagattaacccct tcatgcctcacgcctccatggtcagatgggcttctgctc 376
             ||||||||||||||||||||||||||||||||||||||||||||||||||||||||||||
Sbjct: 10219 ccaaatgtgagattaaccccttcatgcctcacgcctccatggtcagatgggcttctgctc 10278

Query:   377 tcactgactccgcccagagtccagtctacctgcaagctgattggttttcagtggcagcac 436
             ||||||||||||||||||||||||||||||||||||||||||||||||||||||||||||
Sbjct: 10279 tcactgactccgcccagagtccagtctacctgcaagctgattggttttcagtggcagcac 10338

Query:   437 aaggccttgatgaccagctgacactgtccaatattatgagagcaccttcagcttctaaag 496
             ||||||||||||||||||||||||||||||||||||||||||||||||||||||||||||
Sbjct: 10339 aaggccttgatgaccagctgacactgtccaatattatgagagcaccttcagcttctaaag 10398

Query:   497 aaccaaaag 505
             |||||||||
Sbjct: 10399 aaccaaaag 10407

 Score = 380 bits (981), Expect = e-105
 Identities = 195/195 (100%)
 Strand = Plus / Plus

Query:   62 cttgtggttctggatgtccggttctggagtgctggtttgtacaagagaagcctggtcatg 121
            ||||||||||||||||||||||||||||||||||||||||||||||||||||||||||||
Sbjct: 9658 cttgtggttctggatgtccggttctggagtgctggtttgtacaagagaagcctggtcatg 9717

Query:  122 gaggaggtttatcaaccccaatgagtcaagagaaatctctcatatttatcaggactgaag 181
            ||||||||||||||||||||||||||||||||||||||||||||||||||||||||||||
Sbjct: 9718 gaggaggtttatcaaccccaatgagtcaagagaaatctctcatatttatcaggactgaag 9777

Query:  182 cctacagtgaagaaataaagactgaactgcatcctcctgcagacatcagctcatccagag 241
            ||||||||||||||||||||||||||||||||||||||||||||||||||||||||||||
Sbjct: 9778 cctacagtgaagaaataaagactgaactgcatcctcctgcagacatcagctcatccagag 9837

Query:  242 tttactatgtgactg 256
            |||||||||||||||
Sbjct: 9838 tttactatgtgactg 9852

 Score = 118 bits (304), Expect = 1e-26
 Identities = 61/61 (100%)
 Strand = Plus / Plus

Query:    1 atgtctgatatttcgaccgtattcaagatatctgtcatcgcttttacattgttttacggt 60
            ||||||||||||||||||||||||||||||||||||||||||||||||||||||||||||
Sbjct: 9494 atgtctgatatttcgaccgtattcaagatatctgtcatcgcttttacattgttttacggt 9553

Query:   61 t 61
            |
Sbjct: 9554 t 9554

  Database: genome.seq
……
```

3）-t、-q、-prot 参数

这 3 个参数可以定义序列类型和比对类型。

“-t = type” 定义 database 的类型：

-t = dna　默认值，database 序列为 DNA 序列

-t = prot　database 序列为蛋白质序列

-t = dnax　database 为 DNA 序列但是要翻译成 6 种蛋白质序列比对

“-q = type” 定义 query 的类型：

-q = dna　默认值，query 序列为 DNA 序列

-q = rna　query 序列为 RNA 序列

-q = prot　query 序列为蛋白质序列

-q = dnax　query 为 DNA 序列，翻译成 6 种蛋白质序列比对

-q = rnax　query 为 RNA 序列，翻译成 3 种蛋白质序列比对

“-prot” 相当于 “-q” 和 “-t” 都定义为 “-prot”。

做不同类型的比对的时候需要注意一个问题，就是 “-t” 和 “-q” 的定义必须为同一类型。比如 database 和 query 都是蛋白质序列，并且两者同时定义为 “prot” 的时候，比对能够正常进行；如果 database 是 DNA 序列而 query 是蛋白质序列，那么在定义 “-q = prot” 的同时还需要定义 “-t = dnax”。下面就用同一个基因的 DNA 和蛋白质序列举几个例子。

运行命令 1：

blat cdna. seq pro. seq -q = prot out. psl

程序报错退出：

d and q must both be either protein or dna

运行命令 2，蛋白质序列比核酸库：

blat cdna. seq pro. seq -t = dnax -q = prot -noHead out. psl

输出结果 2：

633　0　0　0　0　0　0　0　+ +prot　634　……

注意蛋白质比对和核酸比对在输出上的不同点，在显示方向的位置显示了 2 个 “ + ”，表示 query 和 subject 都是正向比对。

运行命令 3，核酸序列的蛋白质级别比对：

blat cdna. seq cdna. seq -t = dnax -q = dnax -noHead out. psl

输出结果 3 得到了两个重复的结果：

2610　0　0　0　0　0　0　0　++　cdna　2611　……

2610　0　0　0　0　0　0　0　--　cdna　2611　……

以上是 Blat 比对中的常用参数。其他并不常用的参数可以通过直接键入 “blat” 显示完整参数列表来查找，这里就不多做叙述了。

7. 在线工具

http://genome. ucsc. edu/cgi-bin/hgBlat，如图 3-18。

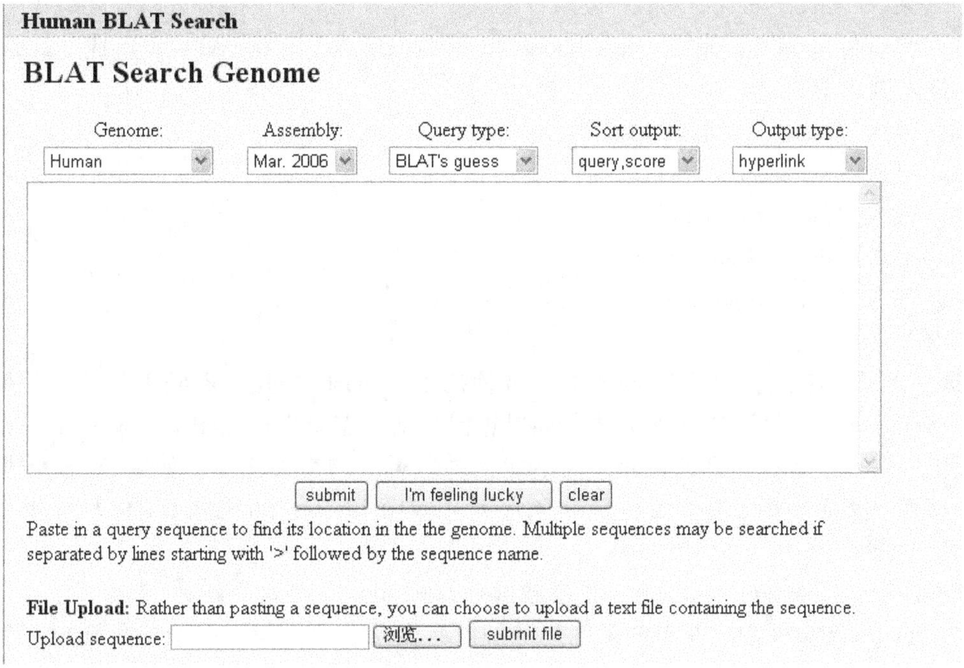

图 3-18　UCSC 网站提供的 blat 在线服务页面

练　　习

（1）用 Blat 寻找 cDNA 序列 ENST00000272035 在人类基因组 chr10 上的位置，找出 exon 和 intron 区域。

（2）用 Blat 找到蛋白质序列 ENSP00000272035 在人类基因组 chr10 上的定位。

3.2.3　Blastz

1. 简介

Blastz 来源于 Scott Schwartz 等 2002 年发表的文章 *Human-Mouse Alignments with BLASTZ*。相比 Blast 和 Blat，Blastz 具有更高的灵敏度。

Blastz 的算法思想就是先屏蔽掉两条序列中的重复，然后用设定的一个打分阈值搜寻两条序列的比对位置，得分超过阈值的位置视作一个比对；进而用较低的标准重新进行比对打分并延伸，得到较大的比对结果；最后在相邻的比对结果中间用更短的片段和更低的阈值进一步搜索序列间的相似性，以此提高比对的灵敏度。

从 Blastz 的算法思想不难看出，Blastz 具有很高的灵敏度。事实上 blast 的核酸比对只能找到整体同一性高于 80% 的相似序列，而 Blastz 能找到很多同一性低于 80% 的相似序列。

2. 下载

http://pipmaker. bx. psu. edu/dist/，下载最新的安装包：blastz-2004-12-20. tar. gz。

3. 安装

（1）将软件包解压，命令：zcat blastz-2004-12-20. tar. gz | tar xvf - ，生成 blastz-source 目录，进入该目录。

（2）敲入“make”，完成 blastz 编译。

（3）敲入“make strip_rpts”。

（4）敲入“make revcomp”。

（5）敲入“make restore_rpts”。

（6）敲入“make repeats_tag”。

4. 使用

Blastz 的输入格式仍然是 Fasta 格式。在使用上，Blastz 有几个不同于其他比对软件的特点。第一是采取了屏幕输出的方式，如果想保留结果需要进行输出重定向；第二是比对只能提供一对一或者一对多的比对，而不能提供多对多的交叉比对，如果 query 数据中含有多条序列，则必须拆成每个文件放一条序列才能做 Blastz；第三是 Blastz 只提供核酸对核酸的比对方式。

基本命令：blastz query database [参数 =*] > out. lav

输入的 query 文件中只能有一条序列，如果有多条，只有第一条会参加比对，其他的会被省略。

5. 输出

Blastz 的输出格式为 lav 格式，这个格式的比对结果很有特色，是完全数字化的结果。我们以一个例子来分析 lav 格式。运行命令：

```
blastz query.seq sub.seq M=2 >out.lav
```

输出结果：

```
#:lav
d {
  "blastz query.seq sub.seq M=2
     A     C     G     T
    91  -114   -31  -123
  -114   100  -125   -31
   -31  -125   100  -114
  -123   -31  -114    91
  O = 400, E = 30, K = 3000, L = 3000, M = 2"
}
#:lav
s {
  "query.seq" 1 600 0 1
  "sub.seq" 1 200 0 1
}
h {
  " >query"
  " >sub1"
}
a {
  s 17623
  b 103 3
  e 298 198
  l 103 3 298 198 96
}
```

```
x {
  n 0
}
#:lav
s {
  "query.seq" 1 600 0 1
  "sub.seq - " 1 300 1 2
}
h {
  "> query"
  "> sub2 (reverse complement)"
}
a {
  s 28655
  b 253 3
  e 548 298
  l 253 3 548 298 100
}
x {
  n 46
}
m {
  x 253 298
  n 1
}
#:eof
```

Blastz 的结果以“#：lav”作为文件的开头和 subjects 之间的分隔，以“#：eof”作为结尾，把比对结果的各种项目用括号加以分隔。

第一个“#：lav”包含“d {}”。括号中的内容分别包括运行命令、替换矩阵和具体的参数设置。

从第二个“#：lav”开始，每一个“#：lav”代表 query 和一个 subject 的比对结果。

在“s {}”中统计了比对双方的序列信息。这里除了序列名之外，还有 4 列数字。其中，第二列代表序列长度，第三列表示比对的方向（“0”为正向，“1”是反向），最后一列是这条序列在 database 中的次序。

“h {}”显示了 query 和 subject 的序列名。

每一个“a {}”代表一个比对结果。其中，“s”为比对得分；“b”和“e”分别是两条序列比对区域的起止位置；“l”代表构成这个比对的每个细节部分的比对情况，包括 query 和 subject 的起始位置、终止位置和比对的同一性。

“x {}”记录了屏蔽掉的重复序列的长度，“m {}”记录了被屏蔽掉的序列的位置细节信息。

6. 参数

1）M 参数

“M = n”表示屏蔽 query 序列的阈值。如果 query 中的一段序列在 subject 上出现的次数达到了 n 次，那么这段序列将被屏蔽掉。这个参数的设置能够很好地屏蔽重复序列的干扰，并提高比对的效率，但是需要注意要根据 subject 的大小来设定适当的 M 值。很多时候都需要试运行几次才能确定出合适的 M 值。

2）K 参数和 L 参数

K 参数代表初步搜索设定的打分阈值。*L* 参数代表在比对成功区域进行二次搜索的打分阈值。这两个值设定的越低，比对就越灵敏。

除了上述几个常用参数，可以直接运行命令"blastz"得到下面的参数列表：

```
m(80M) bytes of space for trace-back information
v(0) 0: quiet; 1: verbose progress reports to stderr
B(2) 0: single strand; >0: both strands
C(0) 0: no chaining; 1: just output chain; 2: chain and extend;
    3: just output HSPs
E(30) gap-extension penalty.
G(0) diagonal chaining penalty.
H(0) interpolate between alignments at threshold K = argument.
K(3000) threshold for MSPs
L(K) threshold for gapped alignments
M(50) mask threshold for seq1, if a bp is hit this many times
O(400) gap-open penalty.
P(1) 0: entropy not used; 1: entropy used; >1 entropy with feedback.
Q load the scoring matrix from a file.
R(0) antidiagonal chaining penalty.
T(1) 0: W-bp words; 1: 12of19; 2: 12of19 without transitions.
W(8) word size.
X(10 * 'a') scaled mismatch score.
Y(O +300E) X-drop parameter for gapped extension.
```

Blastz 的灵敏度高，能够搜索到相似度并不是很高的同源序列，这决定了它在亲缘关系较远的物种间寻找同源性的优势。同时，blastz 可以通过改变 *K* 参数和 *L* 参数来针对不同的物种做出调整，能够灵活的适用于很多情况。而这种较大的灵活性也要求我们在做 blastz 的比对时需要做较多的预实验来确定经验参数。

7. 格式转化

可以看出 lav 格式有一个明显的缺陷，就是不便于阅读。因此，我们需要一系列软件来做结果的处理。Jim Kent 提供的软件包"Jim Kent Suit"中就有很多做格式转换的软件，能把 lav 格式转成 axt 格式、psl 格式等。

1）下载和安装

下载压缩包：http://hgwdev.cse.ucsc.edu/~kent/src/old/jksrc456.zip。

创建目录"JimKentSuit"，把压缩包放进去并解压。

分别在目录"JimKentSuit/lib"和"JimKentSuit/jkOwnLib"中运行命令"make"编译运行库（需要提前在系统变量中定义变量"MACHTYPE"）。

编译需要的程序，以 lavToAxt 为例：

进入目录"JimKentSuit/hg/mouseStuff/lavToAxt"。

编辑文件"makefile"，把程序的释放路径"$(HOME)/bin/$(MACHTYPE)/"改为自己需要的路径。

运行命令"make"。

2）使用

lavToAxt 的输入除了比对结果 lav 文件之外，还需要 query 和 subject 序列的 nib 格式文件。如果没有 nib 格式的文件，可以安装"JimKentSuit/utils/faToNib/"下的 faToNib 软件来转换序列格式，编译方法和 lavToAxt 类似。

运行条件：每一条序列生成一个 nib 文件，文件名为"序列名.nib"。并且所有 query

序列的 nib 文件在一个目录，database 的 nib 文件在一个目录。

运行命令：lavToAxt in. lav tNibDir qNibDir out. axt。

其中，“tNibDir”代表 database 的 nib 目录，“qNibDir”代表 query 的 nib 目录。

下面举个例子：

当前目录有序列“query”和“database”的比对结果 out. lav 和 nib 格式的文件 query. nib、database. nib。运行命令：

```
lavToAxt out.lav ./. /out.axt
```

得到输出结果 out. axt：

```
0 query 1 54 database 141 194 + 5058
TCGAGGACTTAACCATATAATATGTAGCAAATGTTATCTAGTTTTGAAGGAATA
TCGAGGACTTAACCATATAATATGTAGCAAATGTTATCTAGTTTTGAAGGAATA
```

此外，“JimKentSuit/hg/mouseStuff/”目录下还有很多格式转换的软件，包括 lavToPsl、axtToPsl 等，读者可以根据需要安装使用。上一个例子的输入输出都存放在光盘：\blat\example\。

8. 实例

用 Blastz 查找 AF182156 在序列 AL672151 上的比对情况（序列可以从 NCBI 下载）：

运行命令 1：

```
blastz AF182156.seq AL672151.seq K=2500 L=1000 > out.lav
```

结果 1：

```
.......
#:lav
s {
  "AF182156.seq" 1 727 0 1
  "AL672151.seq-" 1 102077 1 1
}
h {
  ">gi|6636422|gb|AF182156.1|"
  ">gi|20520499|emb|AL672151.8|"
}
a {
  s 14430
  b 1 27624
  e 231 27854
  l 1 27624 231 27854 83
}
a {
  s 5623
  b 16 71177
  e 231 71392
  l 16 71177 231 71392 59
}
a {
  s 15946
  b 229 40235
  e 518 40524
  l 229 40235 518 40524 77
}
a {
  s 18290
  b 506 42135
  e 727 42356
  l 506 42135 727 42356 92
```

```
}
a {
  s 11331
  b 514 91432
  e 725 91643
  l 514 91432 725 91643 75
}
x {
  n 0
}
m {
  n 0
}
#:eof
```

运行命令 2：

```
blastz AF182156.seq AL672151.seq K =1500 L =1000 M =2  > out2.lav
```

结果 2：

```
......
#:lav
s {
  "AF182156.seq" 1 727 0 1
  "AL672151.seq -" 1 102077 1 1
}
h {
  ">gi |6636422 |gb |AF182156.1 | "
  ">gi |20520499 |emb |AL672151.8 | "
}
a {
  s 14430
  b 1 27624
  e 231 27854
  l 1 27624 231 27854 83
}
a {
  s 5623
  b 16 71177
  e 231 71392
  l 16 71177 231 71392 59
}
a {
  s 3497
  b 229 90486
  e 508 90762
  l 229 90486 265 90522 78
  l 266 90526 294 90554 48
  l 301 90555 329 90583 90
  l 335 90584 341 90590 57
  l 348 90591 372 90615 52
  l 373 90627 412 90666 65
  l 419 90667 428 90676 60
  l 429 90681 437 90689 56
  l 438 90693 448 90703 45
  l 450 90704 508 90762 58
}
a {
  s 15946
  b 229 40235
```

```
  e 518 40524
  l 229 40235 518 40524 77
}
a {
  s 18290
  b 506 42135
  e 727 42356
  l 506 42135 727 42356 92
}
a {
  s 11331
  b 514 91432
  e 725 91643
  l 514 91432 725 91643 75
}
x {
  n 724
}
m {
  x 16 725
  n 1
}
#:eof
```

练 习

（1）用 Blat 或者 Blast 寻找人的 cDNA 序列 ENST00000272035、ENST00000328974 和 ENST00000332708 在人类基因组 10 号染色体序列上的位置，然后截出这段区域的序列，用 blastz 做比对，得出精确的比对结果。

（2）将上一题的结果转为 axt 和 psl 格式。

3.2.4 Genewise

1. 简介

Genewise 是 EBI 的 Ewan Birney 和他的同事们开发的一套软件系统，用来做蛋白质序列和 DNA 序列之间的比对，软件比对过程中会考虑剪切位点信息，所以能够定义出 intron/exon 结构，同时它和 Blast 的最大区别是它能够把基因的多个 exon 链接起来，从而得到基因整体的比对情况。

Genewise 只能一次进行一条蛋白质序列和一条核酸序列的比对，同等运算量的情况下，运行时间较 Blast、Blat、sim4 等慢，由于进行的是蛋白质水平的比对，所以敏感性比 blat、sim4 等要高。

2. 下载

该软件包可以从 EBI 的网站上免费下载，目前最新版本的软件下载链接如下：

ftp://ftp.ebi.ac.uk/pub/software/unix/wise2/wise2.2.0.tar.gz

3. 安装

（1）上传 wise 的压缩包到本地 Linux/ Unix 运算服务器。注意：使用 binary（二进制）传输，否则解压缩会出问题。

（2）解压缩：

gzip －d wise2. 2. 0. tar. gz

tar －xvf wise2. 2. 0. tar

注意：如果在同级目录下有 wise2. 2. 0 的目录，请在解 tar 包之前移走，或者删除。

（3）查看解压缩后的文件：

```
-rw-r--r--   1 zhenghk  prj02    934 Nov  6  2001 INSTALL
-rw-r--r--   1 zhenghk  prj02   2385 Jun 18  2001 LICENSE
-rw-r--r--   1 zhenghk  prj02   1048 Nov  6  2001 README
drwxr-xr-x   2 zhenghk  prj02   4096 Nov  6  2001 docs
drwxr-xr-x  12 zhenghk  prj02   4096 Feb 20 01:37 src
drwxr-xr-x   2 zhenghk  prj02   4096 Nov  6  2001 test_data
drwxr-xr-x   2 zhenghk  prj02   4096 Nov  6  2001 wisecfg
```

（4）编译源程序：

进入 src 目录（cd src），在命令行键入 make all，编译完成后，可执行文件放在了 /src/bin 目录下面。

默认是用 cc 编译源代码，如果编译报错的话，很可能是 CC 编译器有问题，可以试一下用 gcc 编译，命令如下：make CC = gcc all。

编译成功的提示信息：

```
Welcome to Wise2.0
The executable programs are in the ./bin directory
You must set your WISECONFIGDIR to the config directory
before using the programs.
ie, type setenv WISECONFIGDIR /usr/bin/wise2.2.0/wisecfg/
to try an example, try cd example and then
../bin/genewise road.pep human.genomic
to build perl, type make perl and follow the instructions
to test the package, type make test
```

（5）设置环境变量。

为了以后使用方便，可以把 Genewise 需要的环境变量设置在用户宿主目录下面的 . profile和 . bashrc 文件里面，把配置文件的路径付给 WISECONFIGDIR，例如：

```
WISECONFIGDIR=/usr/bin/wise2.2.0/wisecfg/
export WISECONFIGDIR
```

注意：路径要根据不同用户安装目录的不同做相应的修改，不能照抄这个例子，主要就是指定存放 wise 配置文件的目录，wisecfg 这个目录默认是在解压缩之后生成的 wise2. 2. 0 目录下面，可能不同的版本会有不同，请根据具体情况处理。

如果有如下报错信息，说明环境变量还没有设置成功，需要重新设置环境变量：

```
Warning Error
        Could not open human.gf as a genefrequency file
Warning Error
        Could not read a GeneFrequency file in human.gf
Warning Error
        Could not open blosum62.bla as a filename for read Blast matrix
Warning Error
        Could not read Comparison matrix file in blosum62.bla
Warning Error
        Could not open file codon.table as codon table file
Warning Error
        Could not read codon table file in codon.table
Fatal Error
```

```
    Could not build objects!
```

4. 使用

程序运行命令行:

```
genewise <protein-file> <dna-file>
genewise -genesf [other options] <protein-file> <dna-file>
```

直接键入 genewise 的屏幕提示:

```
Warning Error
        Wrong number of arguments (expect 2)!
genewise ($ Name: wise2-2-0 $)
This program is freely distributed under a GPL. See -version for more info
Copyright (c) GRL limited: portions of the code are from separate copyrights

genewise <protein-file> <dna-file> in fasta format
 Options. In any order, '-' as filename (for any input) means stdin
 Dna      [-u, -v, -trev, -tabs, -fembl, -both]
 Protein  [-s, -t, -g, -e, -m]
 HMM      [-hmmer, -hname]
 Model    [-codon, -gene, -cfreq, -splice, -subs, -indel, -intron, -null]
 Alg      [-kbyte, -alg]
 Output   [-pretty, -genes, -genesf, -para, -sum, -cdna, -trans, -pep, -
         ace, -embl, -diana]
 ..cont   [-gff, -gener, -alb, -pal, -block, -divide]
 Standard [-help, -version, -silent, -quiet, -errorlog]

For more help go genewise -help.

See WWW help at http://www.sanger.ac.uk/Software/Wise2/
```

5. 输入

Fasta 格式的蛋白质序列:

```
>AK058311 "AK058311", 1615, "", "", 92, 1438, "001-013-H11"
MGQGTPGGMGKQGGAPGDRKPGGDGDKKDRKFEPPAAPSRVGRKQRKQKGPEAAARLPNV
VMKVEKAPLESYADIGGLDAQIQEIKEAVELPLTHPELYEDIGIRPPKGVILYGEPGTGK
KVTHADFKKAKEKVMFKKKEGVPEGLYM
```

Fasta 格式的核酸序列:

```
>AK058311_Chr03_11499998_11507414
AATATCACCAGTGTCTTATAAGCAATTACACCAATTTTATTGGGGGTGTTCCTCAATAGT
TCGACGATCATGATGTCATGTCACCGAGGAATGAAAACGGAGCAGATAATTCTCTAATAG
TGAGACATACTCCAATTCTTTATAACTCTACCACCTTCAATATACCTTTTAGATTTTATA
AAGCCCAAGATACTTGAAAAGAACAGAAAAACAGAAG
```

6. 输出

运行过程中的屏幕输出:

Warn 输出:

```
Find start end points: [0,2009][447,5416] Score 315269
Recovering alignment: Alignment recoveredxplicit read offfone 72%  Information
```

当输入的蛋白质序列或者核酸序列的名字大于 15 个字符时，genewise 会自动保留前 15 位，并提示如下信息:

```
       Name AK058311_Chr03_11499998_11507414 is longer than allowed name
block (15). Truncating
```

程序的输出结果是屏幕标准输出，格式如下:

```
genewise $ Name: wise2-2-0 $ (unreleased release)
```

```
This program is freely distributed under a GPL. See source directory
Copyright (c) GRL limited: portions of the code are from separate copyright

Query protein:           AK058311
Comp Matrix:             blosum62.bla
Gap open:                12
Gap extension:           2
Start/End                default
Target Sequence          AK058311_Chr03_11499998_11507414
Strand:                  forward
Start/End (protein)      default
Gene Paras:              human.gf
Codon Table:             codon.table
Subs error:              1e-05
Indel error:             1e-05
Model splice?            model
Model codon bias?        flat
Model intron bias?       tied
Null model               syn
Algorithm                623

genewise output
Score 909.67 bits over entire alignment
Scores as bits over a synchronous coding model

Warning: The bits scores is not probablistically correct for single seqs
See WWW help for more info

AK058311                1 MGQGTPGGMGKQGGAPGDRKPG--GDGDKKDRKFEPPAAPSRVGRKQRK
                          MGQGTPGGMGKQGG PGDRKPG G GDKKDRKFEPPAAPSRVGRKQRK
                          MGQGTPGGMGKQGGLPGDRKPGDGGAGDKKDRKFEPPAAPSRVGRKQRK
AK058311_Chr03_2008       agcgacggagacggccggcacggggggggaagcatgccggctcggcacca
                          tgagccggtgaaggtcgagacgaggcgaaaagatacccccgtggaaga
                          gggctccgggggcccctcggcctccccggccgcgcccggccccggggg
……
……
AK058311              320 LLNQLDGFDSRGDVKVILATNRIESLDPALLRPGRIDRKIEFPLPDIKT
                          LLNQLDGFDSRGDVKVILATNRIESLDPALLRPGRIDRKIEFPLPDIKT
                          LLNQLDGFDSRGDVKVILATNRIESLDPALLRPGRIDRKIEFPLPDIKT
AK058311_Chr03_4769       tcaccggtgtagggagatgaacagacgcgtcccgcagaaagtctcgaaa
                          ttaatagtacggatatttccagtagtaccttgcggtagatatctcatac
                          gttggttttagattattaaatctattcatgtattgacagtatgaattac

AK058311              369 RRRIFQ                          IHTSKMTLADDVNLEEFVMT
                          RRRIFQ                          IHTSKMTLADDVNLEEFVMT
                          RRRIFQ                          IHTSKMTLADDVNLEEFVMT
AK058311_Chr03_4916       aacatcGTGCTTT    Intron 4    CAGacataaatggggacggtgaa
                          gggtta<0-----[4934 : 5008]-0>taccatctcaatataatttc
                          gggccg                         acatggagatttcaagtggc

AK058311              422 VTHADFKKAKEKVMFKKKEGVPEGLYM
                          VTHADFKKAKEKVMFKKKEGVPEGLYM
                          VTHADFKKAKEKVMFKKKEGVPEGLYM
AK058311_Chr03_5334       TAGgacggtaagagagataaagggcggcta
                           -0>tcacataacaaatttaaaagtcagtat
                              gatctcggcaggcgcgggatagagttg

//
```

在默认参数情况下，输出的结果包括三部分：

（1）在结果中，前半部分为参数列表，提示用户该Genewise比对所用的参数。其中，“Query protein”为用户提供的query蛋白质序列的名字，“Target Sequence”为用户提供的target DNA序列名字；比对用的打分矩阵；剪切位点模型等参数；

（2）Genewise比对的score值。信息如下：

Score 909.67 bits over entire alignment

Scores as bits over a synchronous coding model

其中，“909.67”为该Genewise比对的打分，分越高，说明比对的质量越高；

（3）Genewise align信息：

比对结果的显示6行一组，如标准输出格式示例显示。其中，第一行是用户输入的蛋白质序列；第二行显示的是能够和DNA序列精确比上的氨基酸；第三行是DNA序列翻译出来的氨基酸序列；第四到第五行分别表示的是对应的氨基酸0、1、2三个相位的碱基。

```
AK058311                1 MGQGTPGGMGKQGGAPGDRKPG--GDGDKKDRKFEPPAAPSRVGRKQRK  Query protein
                          MGQGTPGGMGKQGG PGDRKPG  G GDKKDRKFEPPAAPSRVGRKQRK  Match information
                          MGQGTPGGMGKQGGLPGDRKPGDGGAGDKKDRKFEPPAAPSRVGRKQRK  Translated protein
AK058311_Chr03_ 2008 agcgacggagacggccggcacggggggaagcatgccggctcggcacca-┐
                          tgagccggtgaaggtcgagacgaggcgaaaagatacccccgtggaaga-┤ DNA sequence
                          gggctccgggggcccccctcggcctccccggccgcgcccggccccggggg-┘
```

当序列比对中有移码出现时（非3整数倍的插入、缺失），Genewise会在DNA翻译的氨基酸序列行显示一个“！”，如下：

```
AK058311               48 QKGPEAAARLPNVAPLSKCRLRLLKLERVKDYLLMEEEFVAAQERLRPT
                          QKGPEA ARLP VAP+SKC+  LLKLERVKDYLLMEEEFV +QERLRP+
                          QKGPEAEARLPAVAPISKCQ!SLLKLERVKDYLLMEEEFVVSQERLRPS
AK058311_Chr03_ 2155 cagcgggcccgggcatatc5atcacgcgagtccagggtggacgcccca
                          aagcacacgtcctcctcaga gttatagtaaatttaaatttgaagtgcg
                          gggcggggcgccgggccgcg cgcggggcgccccggggccccggggacc
```

Genewise得到的剪切位点的信息在结果中显示如下：

```
                                          splice site
AK058311              296 DAVGTK                                    YDAHSGGEREIQRTMLE
                          DAVGTK           codon on two exons       YDAHSGGEREIQRTMLE
                          DAVGTK              R:R[agg]              YDAHSGGEREIQRTMLE
AK058311_Chr03_ 4564 ggggaaAGGTAGAGT  Intron 3    TAGGtggctgggcgacaaatg
                          actgca  <2-----[4584 : 4716]-2> aacacggagatagctta
                          tacaag                                    ttttgtagtatgacggg
                               exon phase   intron position in DNA
```

表示DNA序列的区域［4584：4716］是第三个intron的位置；R：R［agg］表示一个密码子跨在了第三个外显子和第四个外显子之间，分别表示输入蛋白质的氨基酸序列和核酸序列翻译的氨基酸［dna上该氨基酸的碱基］，其中的AG两个碱基落在了第三个外显子上，G这个碱基落在了第四个外显子上，所以Genewise的结果不能用通常的一个密码子竖着3个碱基的方式显示，只能以R：R［agg］的方式显示在intron信息的上面。

如果Genewise运行时加入了别的参数，输出的结果会有所不同，例如：当加入-genesf时会有如下的结果显示，其中表示的每个外显子在输入的蛋白质序列上的位置和对应的DNA序列上的位置，以及每个外显子的相位等信息：

```
Gene 1
Gene 2008 2214
  Exon 2008 2214 phase 0
```

```
    Supporting 2008 2073 1 22
    Supporting 2080 2214 23 67
Gene 2
Gene 2220 5417
  Exon 2220 2504 phase 0
    Supporting 2220 2504 69 163
  Exon 3957 4202 phase 0
    Supporting 3957 4202 164 245
  Exon 4414 4583 phase 0
    Supporting 4414 4581 246 301
//
```

结果的显示也可以使用其他的格式，详细的参数见下一节。

7. 参数

详细的参数列表可以通过键入 genewise -help 查看，部分参数解释如下：

```
standard options:
-help verbose help of all options
-version show version and compile info
-silent No messages on stderr, whether reports or warnings
-quiet No reports or information messages on stderr
-erroroffstd No warning messages to stderr, but reports are still issued
-errorlog [file] Log warning messages to file (useful for sending to me)

dna/protein options:
-u start position in dna
-v end position in dna
-trev Compare on the reverse strand
-tfor (default) Compare on the forward strand
-both Both strands
-tabs Report positions as absolute to truncated/reverse sequence
-s start position in protein - has no meaning for HMMs
-t end position in protein - has no meaning for HMMs
-gap [no] default [12] gap penalty to use for protein comparisons.
-ext [no] default [2] extension penalty to use for protein comparisons
-matrix default [blosum62.bla] Comparison matrix
-hmmer Protein file is HMMer 2 HMM
-hname Use this as the name of the HMM
-init [default/global/local/wing]. For protein sequences the default is to be
local (like smith waterman). For protein profile HMMs, the default is read from the
HMM - the HMM carries this information internally. The global mode is equivalent to
the ls building option (the default in the HMMer2 package). The local mode is
equivalent to to the fs building option (-f) in the HMMer2 package. The wing model
is local on the edges and global in the middle.

gene model options:
-codon [codon.table] Codon file. The default is for the universal code
-gene [human.gf] Gene parameter file
-subs [1e-05] Substitution error rate
-indel [1e-05] Insertion/deletion error rate
-cfreq [model/flat] Using codon bias or not? [default flat]
-splice [model/flat] Using splice model or GT/AG? [default model]
-intron [model/tied] Use tied model for introns [default tied]
-null [syn/flat] Random Model as synchronous or flat [default syn]
-pg [file] Potential Gene file (heurestic for speeding alignments)
-alg [623/623L/2193/2193L] Algorithm used [default 623/623L]
-kbyte [2000] Max memory number of kilobytes used in main calculation
```

```
output options:
-pretty show pretty ascii output
-pseudo For genes with frameshifts, mark them as pseudo genes
-genes show gene structure
-para show parameters
-sum show summary output
-cdna show cDNA Show a fasta format of the predicted cDNA sequence
-trans show protein translation Show a fasta format of the predicted protein
sequence. Breaks on frameshifts
-pep show predicted peptide. Shows predicted peptide, including frameshifts, which
are X's in the proteins
-ace ace file gene structure
-gff Gene Feature Format file - useful for programs which also support GFF
-gener raw gene structure - a debugging output
-alb show logical AlnBlock alignment - a debugging output
-pal show raw matrix alignment - a debugging output
-block [50] Length of main block in pretty output
-divide [//] divide string for multiple outputs
```

参数设置的注意事项：

(1) 默认情况下，蛋白质序列和DNA序列的正链进行比对，即-tfor参数；如果用户不确定蛋白质序列是在DNA序列的正链上还是反链上，可以改用-both参数。

(2) 当用户需要使用Genewise比对得到的DNA序列时，可以通过添加-cdna得到；可以通过-trans参数得到对应的氨基酸序列。

8. 实例

下面我们就用几个例子列举一下Genewise的一些常用功能。

(1) 定义基因在基因组DNA上的intron-exon结构。

用户输入的蛋白质序列：

光盘：\genewise\example1\input-protien1. fa

用户输入的DNA序列：

光盘：\genewise\example1\input-dna1. fa

用户使用的命令行：

genewise -both -genesf input-protien1. fa input-dna1. fa >output1. genewise. out

用户输出的Genewise结果：

光盘：\genewise\example1\output1. genewise. out

基因的结构可以通过-genes或者-genesf参数的输出格式查看：

```
-genes
show gene structure - as
Gene 1
  Gene 1386 3963
    Exon 1386 1493
    Exon 1789 1935
    Exon 2084 2294
//
-genesf
show gene structure - as
Gene 1
Gene 2008 2214
  Exon 2008 2214 phase 0
    Supporting 2008 2073 1 22
```

```
    Supporting 2080 2214 23 67
Gene 2
Gene 2220 5417
  Exon 2220 2504 phase 0
    Supporting 2220 2504 69 163
  Exon 3957 4202 phase 0
    Supporting 3957 4202 164 245
//
```

（2）当拿一个物种的基因和另外一个物种的基因组 DNA 进行比对时，就可以定义基因在另外物种基因组上的同源性和基因结构，通过这些信息可以方便地研究基因的进化。

用户输入的人的 HSP90A 蛋白质序列：

光盘：\genewise\example2\input-protien2. fa

用户输入棘鱼（*Gasterosteus aculeatus*）的 DNA 序列：

光盘：\genewise\example2\input-dna2fa

用户使用的命令行：

genewise -both -genesf -cdna input-protein2. fa input-dna2. fa >output2. genewise. out

用户输出的 Genewise 结果：

光盘：\genewise\example2\genewise. out

人类的 hsp90 基因在棘鱼对应的核酸序列可以通过 - cdna 参数获得；通过 Genewise 的比对结果可以得到序列的同源性，现附带我们自主开发的 DealGeneWise. pl 程序，处理 Genewise 的结果，得到的统计结果中含有同源性等信息，如表 3-1 所示。

表 3-1　Genewise 统计结果

pro	dna	q_start	q_stop	identity	cutoff	exon #	f	s	s_start	s_stop
HSP90AA1	HSP90AA1_mm8-chr1	14	732	60. 36	98. 09	1	1	1	2501	458
HSP90AA1	HSP90AA1_mm8-chr11	16	542	49. 53	71. 86	2	1	1	237	6907
HSP90AA1	HSP90AA1_mm8-chr12	1	732	99. 18	99. 86	10	0	0	4638	501
HSP90AA1	HSP90AA1_mm8-chr13	14	616	61. 53	82. 24	1	1	1	2255	501
HSP90AA1	HSP90AA1_mm8-chr14	14	693	64. 71	92. 76	1	1	1	2579	618
HSP90AA1	HSP90AA1_mm8-chr15	4	732	57. 34	99. 45	1	1	1	501	2552
HSP90AA1	HSP90AA1_mm8-chr17	14	732	87. 15	98. 09	10	0	0	4370	501
HSP90AA1	HSP90AA1_mm8-chr2	14	732	73. 85	98. 09	1	1	1	431	2569
HSP90AA1	HSP90AA1_mm8-chr3	14	712	59. 37	95. 36	1	1	1	525	2646
HSP90AA1	HSP90AA1_mm8-chr5	14	724	59. 77	96. 99	1	1	1	292	2346
HSP90AA1	HSP90AA1_mm8-chr8	3	646	71. 58	87. 84	2	1	1	2668	464
HSP90AA1	HSP90AA1_mm8-chrX	171	700	47. 74	72. 27	1	1	1	345	1860

序列的同源性可以根据 identity 和 cutoff 两个参数获得，其中 identity 是精确比对上的氨基酸占参与比对的氨基酸长度的百分比，cutoff 是参与比对的氨基酸占蛋白质总长的百

分比。

（3）检测假基因。

用户输入的人类的 HSP90A 蛋白质序列：

光盘：\genewise\example1\input-protien3. fa

用户输入人类的一段 dna 序列：

光盘：\genewise\example1\input-dna3. fa

用户使用的命令行：

genewise input-protein3. fa input-dna3. fa >output3. genewise. out

用户输出的 genewise 结果：

光盘：\genewise\example1\genewise. out

当比对的结果里面出现"!"时说明 DNA 序列中出现了移码突变，当比对中出现 X 时说明出现了不成熟的终止密码子。假基因的信息同样可以用 DealGeneWise. pl 程序结果得到，格式如表 3-1 所示；f 代表是否存在移码突变，如果存在，值为 1，否则为 0；s 代表是否存在不成熟的终止密码子，如果存在，值为 1，否则为 0。

练　　习

以下两个题目大家可以作为课外练习题思考一下：

（1）检测 Human HSP90 基因在小鼠基因组和大鼠基因组中拷贝数的不同。

（2）检测嗅觉受体（olfactory receptor）基因在人，黑猩猩，小鼠和大鼠之间的同源性。

提示：由于定义基因水平的复制必须要基于能够检测到较完整的基因的复制信息，Genewise 比较适合这种工作，但是由于 Genewise 是全局的比对，所以需要先对基因进行大体的定位，可以通过 Blast 等局部比对的软件进行比对得到基因大体的位置信息，再通过 Genewise 确定是否是基因的复制。

对 Genewise 的比对结果进行一下过滤，把其中 score 值比较小的，或者比上的区域占输入蛋白质序列比较少的过滤掉，根据不同的需求，百分比的定义会有所不同，过滤之后的可以定义为输入蛋白质的拷贝，从而可以得到基因的拷贝数。

3.2.5　Fasta

1. 简介

Fasta 软件包是由 Virginia 大学的 Lipman 和 Pearson 在 1985 年开发的一款用做序列比对的软件包。软件包中包括了许多子程序，能够进行 DNA 对 DNA、DNA 对蛋白质、蛋白质对 DNA 和蛋白质对蛋白质的比对。软件包中的主要软件的详细用途如下（以 3.4 版本为例）：

fasta34：可以进行核酸 VS 核酸，蛋白质 VS 蛋白质的比对；

fastx34：核酸 VS 蛋白质的比对；

tfasta34：蛋白质 VS 核酸的比对；

tfastx34：蛋白质 VS 核酸的比对，相对于 tfasta34 能更好的处理移码，同时会造成运算时间较长。

该软件包的特点是算法比 Blast 等软件要敏感、精确，同时会造成比对比较慢，适用于先用 Blast 等速度较快的软件进行粗定位，再用 Fasta 进行精细比对；在有些情况下，当 Query 序列比较短时，例如在 50bp 以下，用 Fasta 比对是较好的选择。

2. 下载

该软件为共享软件，软件包可以从 Virginia 大学的网站下载：
ftp://ftp. virginia. edu/pub/fasta；

也可以从 ebi 的网站上下载：
ftp://ftp. ebi. ac. uk/pub/software/unix/fasta。

3. 安装

1）释放自解压文件

Fasta 软件包的安装很方便，对下载到的压缩包进行解压缩后得到的是一个“shell archive”文件，用户可以把该文件移动到一个空的目录，然后释放安装文件，只需键入命令如下：

```
zcat fasta3.shar.Z |sh
```

2）编译 Fasta 软件包

作者提供了多种操作系统的 Makefile 文件，用户可以根据自己的情况指定自己的 Makefile 文件。例如，用户是 Linux 操作系统，可以使用如下命令行编译：

```
make -f Makefile.linux
```

如果是 Sun 的操作系统，可以使用：

```
make -f Makefile.sun
```

4. 使用

1）终端交互式用户界面

Fasta 提供了交互式用户使用界面，即用户键入 Fasta 程序名称之后，软件会有屏幕提示，引导用户输入相关的信息，比较适用于初级用户，且允许次数较少的情况，大体过程如下：

test sequence file name　提示用户输入要检测的 query 序列文件；

library file name　提示用户输入要检测的库文件；

ktup?（1 to 6）[6]　提示用户输入比对时的字长，默认为 6bp；

Enter filename for results [ ]　提示用户输入存放结果的文件名字；

How many scores would you like to see? [20]　提示结果文件中显示多少 score；

More scores? [0]　提示用户是否多显示一些 score，0 表示不再多显示；

Display alignments also?（y/ n）[n]y　提示用户结果中是否显示 alignment 信息；

number of alignments [20]?　提示用户在结果中显示多少 alignment，默认 20 个。

2）终端命令行语法

```
fasta34 [ -QaAbcdEfgHiklmnoOprswxyz] query-file @ library-name-file [ktup]
fasta34 [ -QaAbcdEfgHiklmnoOprswxyz] query-file "% PRMVI"
fasta34 [ -aAbcdEgHlmnoOprswyx] - interactive mode
fastx34 [ -aAbcdEfghHilmnoOprswyx] DNA-query-file protein-library [ktup]
tfasta34 [ -aAbcdEfgkmoOprswy3] protein-query-file DNA-library [ktup]
```

```
tfastx34 [ -abcdEfghHikmoOprswy3] protein-query-file DNA-library [ktup]
```

3）也可以使用 web server 提供的服务

在 Virginia 大学的 fasta web 服务器：

http://fasta.bioch.virginia.edu/fasta_www2/fasta_list2.shtml

在 EBI 的 fasta web 服务器：

http://www.ebi.ac.uk/fasta33/

5. 输入

输入文件可以为下列格式中任意一种，各格式详细说明参见本书第一章：

（1）简单序列格式，只有一段序列，如下所示：

```
atgcctgaggaaacccagacccaagaccaaccgatggaggaggaggaggttgagacattc
gcctttcaggcagaaattgcccagttgatgtcattgatcatcaatactttcta
```

（2）Fasta 格式：

（3）NBRF/PIR 格式：

```
>P1; CRAB_ANAPL
ALPHA CRYSTALLIN B CHAIN (ALPHA(B) -CRYSTALLIN).
  MDITIHNPLI RRPLFSWLAP SRIFDQIFGE HLQESELLPA SPSLSPFLMR
  GKHEERQDEH GFIAREFNRK YRIPADVDPL TITSSLSLDG VLTVSAPRKQ
  SDVPERSIPI TREEKPAIAG AQRK*
>P1; CRAB_HUMAN
ALPHA CRYSTALLIN B CHAIN (ALPHA(B) -CRYSTALLIN) (ROSENTHAL FIBER).
  MDIAIHHPWI RRPFFPFHSP SRLFDQFFGE HLLESDLFPT STSLSPFYLR
  HGKHEERQDE HGFISREFHR KYRIPADVDP LTITSSLSSD GVLTVNGPRK
  QVSGPERTIP ITREEKPAVT AAPKK*
```

（4）Genbank 格式：

（5）EMBL 格式：

其中，fasta 格式是使用较方便的格式，它既可以作为 query 文件，也可以作为 library 文件；简单序列文件只能作为 query 文件输入，而 PIR、GenBank 和 EMBL 只能做为库文件使用。

6. 输出

Fasta 的输出格式比较丰富，在默认参数下输出结果如下：

```
# --/fasta34 -Q -E 1e-5 input-query2.fa input-library2.fa 1
FASTA searches a protein or DNA sequence data bank
 version 3.4t26 July 7, 2006
Please cite:
W.R. Pearson & D.J. Lipman PNAS (1988) 85:2444-2448

Query library input-query2.fa vs input-library2.fa library
searching input-library2.fa library

  1 >>>HSP90AA1__human18-chr14__101617305__101622968_aa 732 aa - 732 aa
vs input-library2.fa library

  730 residues in     1 sequences
 Altschul/Gish params: n0: 732 Lambda: 0.158 K: 0.019 H: 0.100

FASTA (3.5 Sept 2006) function [optimized, BL50 matrix (15:-5)] ktup: 1
join: 44, opt: 32, open/ext: -10/-2, width: 32
Scan time: 0.000
```

```
The best scores are:                                    opt bits E(1)
HSP90AA1__human18-chr11__27866465__27869656        (730) 4453 1021.1      0

>>HSP90AA1__human18-chr11__27866465__27869656        (730 aa)
initn: 2739 init1: 1839 opt: 4453 Z-score: 5461.4 bits: 1021.1 E(): 0
Smith-Waterman score: 4453; 95.628% identity (95.890% ungapped) in 732 aa over-
lap (1-732:1-730)

               10        20        30        40        50        60
HSP90A MPEETQTQDQPMEEEEVETFAFQAEIAQLMSLIINTFYSNKEIFLRELISNSSDALDKIR
       ::::::::::::::::::::::::::::::::::::::::::::::::::::::::::: 
HSP90A MPEETQTQDQPMEEEEVETFAFQAEIAQLMSLIINTFYSNKEIFLRELISNSSDALDKIW
               10        20        30        40        50        60

               70        80        90       100       110       120
HSP90A YESLTDPSKLDSGKELHINLIPNKQDRTLTIVDTGIGMTKADLINNLGTIAKSGTKAFME
       :::::::::::::::::::::::::::.::::::::::::::::::::::::::::::::
HSP90A YESLTDPSKLDSGKELHINLIPNKQDQTLTIVDTGIGMTKADLINNLGTIAKSGTKAFME
               70        80        90       100       110       120

.......

              610       620       630       640       650       660
HSP90A TSTYGWTANMERIMKAQALRDNSTMGYMAAKKHLEINPDHSIIETLRQKAEADKNDKSVK
       ::::::: :::::::::::::::::::::::::::::::: :::::::::::::::::::
HSP90A TSTYGWTENMERIMKAQALRDNSTMGYMAAKKHLEINPDDSIIETLRQKAEADKNDKSVK
         600       610       620       630       640       650

              670       680       690       700       710       720
HSP90A DLVILLYETALLSSGFSLEDPQTHANRIYRMIKLGLGIDEDDPTADDTSAAVTEEMPPLE
       ::.::::::::::::::::::::::: ::::::::::::::::::::.::::::::::::
HSP90A DLLILLYETALLSSGFSLEDPQTHANRTYRMIKLGLGIDEDDPAADDTSAAVTEEMPPLE
         660       670       680       690       700       710

              730
HSP90A GDDDTSRMEEVD
       :::::: :::::
HSP90A GDDDTSCMEEVD
         720       730

732 residues in 1 query sequences
730 residues in 1 library sequences
 Scomplib [34t26]
 start: Thu Jan 18 14:40:43 2007 done: Thu Jan 18 14:40:44 2007
 Total Scan time: 0.000 Total Display time: 0.040
Function used was FASTA [version 3.4t26 July 7, 2006]
```

输出结果主要包括三部分：

(1) 条形图 (histogram)：显示查询序列与数据库序列间匹配碱基或氨基酸残基的分布。

(2) 匹配统计 (match statistics)。

(3) 查询序列与匹配序列区 (matched sequence region) 的序阵排列。

Fasta 相似性分析相关分数：

(1) initl："初始区域"的最高相似性得分。

(2) initn：非重叠区相连接的最高得分。

（3）opt：以 init1 或者 initn 为中心，向两端延伸，应用 Smith - Waterman 算法所得到的最佳序阵得分。

Fasta 有多种显示比对的格式，可以通过参数 - m 来设置，详细的参数可以参考下一节。

7. 参数

Fasta 详细的参数列表如下：

```
ktup sensitivity and speed of the search (protein:2, DNA:6)
-a   (fasta3, ssearch3 only) show both sequences in their
     entirety.
-A   force Smith-Waterman alignments for fasta3 DNA sequences.
-B   Show normalized score as a z-score, rather than a bit-score
     in the list of best scores.
-b   #Number of sequence scores to be shown on output.
-c   #Threshold score for optimization (OPTCUT).
-E   #Limit the number of scores and alignments shown based on the
     expected number of scores.
-d   #Maximum number of alignments to be displayed. Ignored if
     "-Q" is not used.
-f   Penalty for the first residue in a gap (-12 by default for
     proteins, -16 for DNA, -15 for FAST[XY]/TFAST[XY]).
-F   #Limit the number of scores and alignments shown based on the
     expected number of scores.
-g   Penalty for additional residues in a gap (-2 by default for
     proteins, -4 for DNA, -3 for FAST[XY]/TFAST[XY]).
-h   Penalty for frameshift (fastx3/y3, tfastx3/y3 only).
-H   Omit histogram.
-i   Invert (reverse complement) the query sequence if it is DNA.
     For tfasta3/x3/y3, search the reverse complement of the
     library sequence only.
-j   #Penalty for frameshift within a codon (fasty3/tfasty3 only).
-l   file
     Location of library menu file (FASTLIBS).
-L   Display more information about the library sequence in the
     alignment.
-m   #Specify alignment type: 0, 1, 2, 3, 4, 5, 6, 9, 10
-M   low-high. Include library sequences (proteins only) with lengths
     between low and high.
-n   Force the query sequence to be treated as a DNA sequence.
-O   Send copy of results to "filename." Helpful for
     environments without STDOUT (mostly for the Macintosh).
-o   Turn off default optimization of all scores greater than
     OPTCUT. Sort results by "initn" scores (reduces the accuracy
     of statistical estimates).
-p   Force query to be treated as protein sequence.
-Q/ -q Quiet - does not prompt for any input.
-r   Specify match/mismatch scores for DNA comparisons.
-R   file. Save a results summary line for every sequence in the
     sequence library.
-s   file. Specify the scoring matrix file.
-S   Treat lower-case characters in the query or library
     sequences as "low-complexity" residues.
-U   Treat the query sequence as RNA sequence.
-V str. It is now possible to specify some annotation characters
     that can be included (and will be ignored), in the query
     sequence file.
-w   #Line length (width) = number (<200)
```

```
-W   # context length (default is 1/2 of line width -w) for
     alignment, like fasta and ssearch, that provide additional
     sequence context.
-x   # Specify the penalty for a match to an termination codons 'X'.
-X   Specifies offsets for the beginning of the query and library
     sequence.
-y   Set the width of the band used for calculating "optimized"
     scores.
-z   statistical calculations. [-1,0,1,2,3,4,5,11,12,14,15]
-Z   db_size for calculating expectation E() values
-1   sort output by init1 score (for compatibility with FASTP -
     do not use).
-3   translate only three forward frames
```

参数务必要加在序列文件的前面才能成功执行。目前的版本还支持 Unix 下的 "stdin" 数据流，用户可以运行如下的命令行：

```
cat query.aa | fasta -w 100 @  library.fa >output.txt
```

此时的 query 文件名的位置可以使用 "-" 或者 "@" 来代替。

常用的参数如下：

ktup　设置字的长度；

-f　出现 gap 时的罚分；

-g　gap 延伸时的罚分；

-h　出现移码突变时的罚分；

-E　最高 *E* 值，结果将输出比该 *E* 值小的比对结果，可以把相似性较低的记录过滤掉；

-F　最低 *E* 值，结果将输出比该 *E* 值大的比对结果，可以把相似性较高的记录过滤掉；

-b　输出的比对结果的个数，当 -b 1 时就输出比对最好的 1 条记录；

-d　输出 alignments 的个数；

-m：alignment 输出格式控制参数，参数可以从 [0, 1, 2, 3, 4, 5, 6, 9, 9c, 10] 中选择；格式分别为：

```
   -m 0          -m 1        -m 2          -m 3          -m 4
MWRTCGPPYT  MWRTCGPPYT  MWRTCGPPYT                 MWRTCGPPYT
::.:: :::       xx X     ..KS..Y...   MWKSCGYPYT  ----------
MWKSCGYPYT  MWKSCGYPYT
```

-m 5 是 -m0 和 -m4 整合在一起的结果；

-m 6 是 -m 5 的 html 格式的结果，在 -m 5 基础上增加了 html 文件头的信息；

-m 9 增加了一些更详细的比对信息，如下：

```
%_id  %_gid  sw   alen  an0  ax0  pn0  px0  an1  ax1  pn1  px1  gapq  gapl  fs
0.771 0.771 1248  218    1   218   1   218   1   218   1   219   0     0    0
```

-m 9c 在 -m9 的基础上增加了表示插入缺失的编码信息，如下的比对信息：

```
           10        20        30        40        50          60        70
GT8.7   NVRGLTHPIRMLLEYTDSSYDEKRYTMGDAPDFDRSQWLNEKFKL--GLDFPNLPYL-IDGSHKITQ
        :.::  . :: ::  .   .:::           : .:     ::.:   .: : ..:.. :::  :..:
XURTG   NARGRMECIRWLLAAAGVEFDEK---------FIQSPEDLEKLKKDGNLMFDQVPMVEIDG-MKLAQ
                  20        30                  40        50        60
```

会增加 " =23 +9 =13 -2 =10 -1 =3 +1 =5" 的编码；" =" 左边的数字表示的是插

入缺失的个数，“+/ -”分别表示的是 subject 序列上的插入/ 缺失；

-m 10 是为其他程序使用方面而专门作的接口格式。

8. 实例

（1）进行核酸对核酸的比对，输出比对最好的结果，带有较详细的比对信息，每行显示 100 长度的比对结果，并使用 html 格式输出，方便用浏览器查看。

用户输入的 query 核酸序列：

光盘：\fasta\example1\input-query1. fa

用户输入的 libray 核酸序列：

光盘：\fasta\example1\input-library1. fa

命令行：

fasta34 -w 100 -m 6 -b 1 input-query1. fa input-library1. fa > output1. fasta. html

输出结果存放在：

光盘：\fasta\example1\output1. fasta. html

（2）进行蛋白质对蛋白质的比对，将“字”大小设置成最敏感的 1，输出期望值在 1e-5 以下的比对结果。

用户输入的 query 蛋白质序列：

光盘：\fasta\example2\input-query2. fa

用户输入的 library 蛋白质序列：

光盘：\fasta\example2\input-library2. fa

命令行：

fasta34 -Q -E 1e-5 input-query2. fa input-library2. fa 1 > output2. fasta. out

输出结果存放在：

光盘：\fasta\example2\output2. fasta. out

（3）进行蛋白质对核酸的比对，将“字”大小设置成最敏感的 1，用 BLOSUM62 的打分矩阵，输出结果中包含相似性相关结果，并只将第一个比对结果输出来，结果输出到屏幕。

用户输入的 query 蛋白质序列：

光盘：\fasta\example3\input-query2. fa

用户输入的 library 蛋白质序列：

光盘：\fasta\example3\input-library1. fa

命令行：

tfasty34 -Q -d 1 -s BL62 -m 9 input-query2. fa input-library1. fa 1

输出结果存放在：

光盘：\fasta\example3\output3. fasta. out

练　习

（1）把小鼠的外显子定位到人的基因组上，由于是跨物种的比对，而且参与比对的 query 序列比较短，小鼠外显子的平均长度在 120bp 左右，可以设计使用 fasta 检测外显子的同源性。

（2）用水稻基因的蛋白序列检测其在拟南芥基因组中的同源性片段，比对过程中允许出现移码，统计有多少水稻基因在拟南芥的基因组中能检测到大于 50% 同源区域。

3.2.6 Exonerate

1. 简介

Exonerate（a genetic tool for sequence alignment）是 EBI 的 Guy Slater 和 Ewan Birney（GeneWise 的作者）在 2005 年公布的一套软件系统，用来做序列比对。此软件功能强大而且速度快。比如，它能考虑剪切位点信息定出 intron/ exon 结构，所以能代替 GeneWise。它既可以做全局比对，也可以做局部比对。同时它比 blast、blat 要快。它基本上能够做你想做的任何一种比对。

2. 下载

该软件包可以从 EBI 的网站上免费下载，目前最新版本的软件下载链接如下：

http://www.ebi.ac.uk/~guy/exonerate/exonerate-1.3.0.tar.gz

3. 安装

（1）上传 Exonerate 的压缩包到本地 Linux/ Unix 运算服务器。注意：使用 binary（二进制）传输，否则解压缩会出问题；

（2）解压缩：

```
$ tar -zxvf exonerate-1.3.0.tar.gz
```

注意：如果在同级目录下有 exonerate-1.3.0 的目录，请在解压缩之前移走，或者删除。

（3）编译源程序：

参见 README。本例只适合 Linux + x86 架构的 cpu（intel 奔腾系列和 AMD 系列）

进入 exonerate-1.3.0 目录：cd exonerate-1.3.0

在命令行键入

./configure --prefix="你要安装的目录"（--prefix="你要安装的目录"也可以不要，这是会装到默认的目录）

```
$ make
$ make install
```

编译完成后，可执行文件放在了/你要安装的目录/bin 目录下面。

默认是用 cc 编译源代码，如果编译报错的话，很可能是 CC 编译器有问题，可以试一下用 gcc 编译，命令如下：make CC=gcc all。

注意编译是否成功，有没有报错信息。

4. 使用

```
$ exonerate query.fa target.fa
$ exonerate -m ** query.fa target.fa
```

直接键入 exonerate，屏幕输出为：

```
exonerate from exonerate version 1.0.0
Using glib version 1.2.10
Built on Jan 8 2006
Branch: unnamed branch
```

```
exonerate: A generic sequence comparison tool
Guy St.C. Slater. guy@ ebi.ac.uk. 2000 -2005.

Examples of use:

1. Ungapped alignment of any DNA or protein sequences:
   exonerate queries.fa targets.fa
2. Gapped alignment of Mouse proteins to Fugu proteins:
   exonerate --model affine:local mouse.fa fugu.fa
3. Find top 10 matches of each EST to a genome:
   exonerate --model est2genome --bestn 10 est.fa genome.fa
4. Find proteins with at least a 50% match to a genome:
   exonerate --model protein2genome --percent 50 p.fa g.fa
5. Perform a full Smith-Waterman-Gotoh alignment:
   exonerate --model affine:local --exhaustive yes a.fa b.fa
6. Many more combinations are possible. To find out more:
   exonerate --help
   man exonerate
```

5. 输入

输入文件格式为Fasta格式的核酸序列或蛋白质序列。

序列的输入有多种形式，最简单的是 exonerate query. fa target. fa。文件里可以是一条序列也可以是多条序列，Exonerate将做一个 all to all 比对。

你也可以输入多个文件 Exonerate -- query q1. fa q2. fa 93. fa -- target t1. fa t2. fa t3. fa。

如果输入的是一个文件夹的话，Exonerate将会读入该文件夹下所有的 Fasta 序列，默认情况下，以 . fa 为后缀的文件被认为是 Fasta 文件，你也可以用参数 -- fastasuffix 指定，如下：exonerate -q query_ dir -t target_ dir -- fastasuffix . fasta。

默认情况下，Exonerate会判断你的输入文件是DNA还是蛋白质。如果文件里面的AGCT超过85%，那么就会被认为是核酸。当你文件很大时，你最好时指定文件类型，如下 Exonerate -q query. fa -t target. fa -- querytype dna -- targettype protein。

多进程运行 Exonerate：

有时候你的database太大了，你想把文件切成几份一起跑来获得并行性，使用Exonerate可以很简单做到这一点。比如，你想把文件切成8份，你可以运行以下命令：

```
exonerate query.fa target.fa --querychunkid 1 --querychunktotal 8
exonerate query.fa target.fa --querychunkid 2 --querychunktotal 8
exonerate query.fa target.fa --querychunkid 3 --querychunktotal 8
exonerate query.fa target.fa --querychunkid 4 --querychunktotal 8
exonerate query.fa target.fa --querychunkid 5 --querychunktotal 8
exonerate query.fa target.fa --querychunkid 6 --querychunktotal 8
exonerate query.fa target.fa --querychunkid 7 --querychunktotal 8
exonerate query.fa target.fa --querychunkid 8 --querychunktotal 8
```

6. 输出

Exonerate的默认输出为一种可读的序列比对和“vulgar”格式的信息，如下页所示。

```
Command line: [exonerate -m a:l query.fa target.fa]
Hostname: [genode002]

C4 Alignment:
------------                        alingment  result
         Query: query
        Target: target
         Model: affine:local
     Raw score: 765
   Query range: 33 -> 216
  Target range: 66 -> 250

  34 : tgcggcaagtactgcccgacgccttcgacgccgtcgacgacgccatcgacgccgtcctacaaca :  97
       ||||||||||||||||||||||||||||||||||||||||||||||||||||||||||||||||
  67 : tgcggcaagtactgcccgacgccttcgacgccgtcgacgacgccatcgacgccgtcctacaaca : 130

  98 : ccaagtgccccaagaacgcgctcaagttcgcggcgtgcgcc-----------cctcgtcagcgc : 150
       |||||||||||||||||||||||||||||||||||||||||           ||||||||||||
 131 : ccaagtgccccaagaacgcgctcaagttcgcggcgtgcgccgacgtgctgggcctcgtcagcgc : 194

 151 : cgaggtcggccagccgccgtacgaaaaaaaaaaagccgtgctgcggcgtcctcggcggcctcgc : 214
       |||||||||||||||||||||||          |||||||||||||||||||||||||||||||
 195 : cgaggtcggccagccgccgtacg----------agccgtgctgcggcgtcctcggcggcctcgc : 248

 215 : cg : 216
       ||
 249 : cg : 250                    vulgar  result

vulgar: query 33 216 + target 66 250 + 765 M 105 105 G 0 11 M 35 35 G 10 0 M 33 33
-- completed exonerate analysis
```

你可以选择是否输出这些：exonerate --showvulgar no --showalignment no ...

也可以选择其他输出的格式：exonerate --showcigar yes --showquerygff ye...

还可以自定义输出格式，比如你想把比对上的 target 序列用 Fasta 格式输出，你可以这样做：exonerate --ryo ">%ti (%tab-%tae)\n%tas\n"。结果如下：

```
>hshcf2.embl (13651 - 13802)
AGAACTCGAGAAGTGCTTCTGCCGAAATTCAAGCTGGAGAAGAACTACAATCTAGTGGAGTCCCTGAAGT
TGATGGGGATCAGGATGCTGTTTGACAAAAATGGCAACATGGCAGGCATCTCAGACCAAAGGATCGCCAT
CGACCTGGTAA
```

">%ti (%tab - %tae)\n%tas\n"的解释为：

\n：换行符

%ti：target ID，目标序列的 ID

%tab：target aligned beginning，目标序列比对上区域的起始位置

%tae：target aligned end，目标序列比对上区域的中止位置

%tas：target aligned sequence，目标序列比对上区域的序列

你可以自由配置你的输出格式。

7. 参数

使用 --help，你可以得到完整的帮助文档，包含详细的参数说明。

```
exonerate --help
Examples of use:
1. Ungapped alignment of any DNA or protein sequences:
   exonerate queries.fa targets.fa
2. Gapped alignment of Mouse proteins to Fugu proteins:
   exonerate --model affine:local mouse.fa fugu.fa
3. Find top 10 matches of each EST to a genome:
   exonerate --model est2genome --bestn 10 est.fa genome.fa
4. Find proteins with at least a 50% match to a genome:
```

```
    exonerate --model protein2genome --percent 50 p.fa g.fa
5. Perform a full Smith-Waterman-Gotoh alignment:
    exonerate --model affine:local --exhaustive yes a.fa b.fa
6. Many more combinations are possible. To find out more:
    exonerate --help
    man exonerate
General Options:
 -h -shorthelp: Display compact help text; Default: "FALSE"
 --help: Displays verbose help text; Default: "FALSE"
 -v -version: Show version number for this program; Default: "FALSE"
Sequence Input Options:
 -q --query <path>: Specify query sequences as a fasta format file
 -t --target <path>: Specify target sequences as a fasta format file
 -Q --querytype <alphabet type>: Specify query alphabet type; Default: "unknown"
 -T --targettype <alphabet type>: Specify target alphabet type; Default: "un-
known"
 --querychunkid: Specify query job number; Default: "0"
 --targetchunkid: Specify target job number; Default: "0"
 --querychunktotal: Specify total number of query jobs; Default: "0"
 --targetchunktotal: Specify total number of target jobs; Default: "0"
Analysis Options:
 -E -exhaustive: Perform exhaustive alignment (slow); Default: "FALSE"
 -B -bigseq: Allow rapid comparison between big sequences; Default: "FALSE"
 -V --verbose <level>: Show analysis progress; Default: "0"
 --forcescan <[q|t]>: Force FSM scan on query or target sequences; Default: "none"
 -w --dnawordlen <bases>: Wordlength for DNA words; Default: "12"
 -W --proteinwordlen <residues>: Wordlength for protein words; Default: "6"
 --saturatethreshold <int>: Word saturation threshold; Default: "0"
Fasta Database Options:
 --fastasuffix <suffix>: Fasta file suffix filter (in subdirectories); Default: ".fa"
Ungapped Alignment Options:
 -M --fsmmemory <Mb>: Memory limit for FSM scanning; Default: "64"
 --forcefsm <fsm type>: Force FSM type ( normal | compact ); Default: "none"
 --useworddropoff: Use word neighbourhood dropoff; Default: "TRUE"
 --wordjump: Jump betwen wordneighbourhood words; Default: "1"
 --dnawordthreshold <score>: Threshold score for word neighbourhood generation;
Default: "5"
 --proteinwordthreshold <score>: Threshold score for word neighbourhood genera-
tion; Default:"3"
Gapped Alignment Options:
 -m --model <alignment model>: Specify alignment model type
      Supported types:
          ungapped ungapped:trans
          affine:global affine:bestfit affine:local affine:overlap
          est2genome ner protein2dna protein2genome
          coding2coding coding2genome genome2genome
          Default: "ungapped"
 -s --score <threshold>: Score threshold for gapped alignment; Default: "100"
 --percent <threshold>: Percent self-score threshold; Default: "0.0"
 --showalignment: Include (human readable) alignment in results; Default: "TRUE"
 --showsugar: Include 'sugar' format output in results; Default: "FALSE"
 --showcigar: Include 'cigar' format output in results; Default: "FALSE"
 --showvulgar: Include 'vulgar' format output in results; Default: "TRUE"
 --showquerygff: Include GFF output on query in results; Default: "FALSE"
 --showtargetgff: Include GFF output on target in results; Default: "FALSE"
 --ryo <format>: Roll-your-own printf-esque output format; Default: "NULL"
 -n --bestn <number>: Report best N results per query; Default: "0"
 -S -subopt: Search for suboptimal alignments; Default: "TRUE"
 -g -gappedextension: Use gapped extension (default is BSDP); Default: "FALSE"
```

```
Viterbi algorithm options:
-C --compiled: Use compiled viterbi implementations; Default: "TRUE"
-D --dpmemory <Mb>: Maximum memory to use for DP tracebacks (Mb); Default: "32"
Heuristic Options:
--terminalrangeint: Internal terminal range; Default: "12"
--terminalrangeext: External terminal range; Default: "12"
--joinrangeint: Internal join range; Default: "12"
--joinrangeext: External join range; Default: "12"
--spanrangeint: Internal span range; Default: "12"
--spanrangeext: External span range; Default: "12"
--refine: Alignment refinement strategy [none|full|region]; Default: "none"
--refineboundary: Refinement region boundary; Default: "32"
BSDP algorithm options:
--joinfilter: BSDP join filter threshold; Default: "0"
Ungapped Model Options:
-d --dnasubmat <name>: DNA substitution matrix; Default: "nucleic"
-p --proteinsubmat <name>: Protein substitution matrix; Default: "blosum62"
Affine Model Options:
-o --gapopen <penalty>: Affine gap open penalty; Default: "-12"
-e --gapextend <penalty>: Affine gap extend penalty; Default: "-4"
NER Model Options:
--minner <length>: Minimum NER length; Default: "10"
--maxner <length>: Maximum NER length; Default: "50000"
--neropen <score>: NER open penalty; Default: "-100"
Intron Modelling Options:
--forcegtag: Force use of gt...ag splice sites; Default: "FALSE"
--minintron <length>: Minimum intron length; Default: "30"
--maxintron <length>: Maximum intron length; Default: "200000"
-i --intronpenalty <score>: Intron Opening penalty; Default: "-30"
Frameshift Options:
-f --frameshift <penalty>: Frameshift creation penalty; Default: "-24"
Alphabet Options:
--useaatla: Use three-letter abbreviation for AA names; Default: "TRUE"
HSP creation options:
--hspfilter: Aggressive HSP filtering level; Default: "0"
Pairwise Comparison Options:
--softmaskquery: Allow softmasking on the query sequence; Default: "FALSE"
--softmasktarget: Allow softmasking on the target sequence; Default: "FALSE"
--dnahspdropoff <score>: HSP dropoff score; Default: "30"
--proteinhspdropoff <score>: HSP dropoff score; Default: "20"
--dnahspthreshold <score>: DNA HSP threshold score; Default: "75"\
--proteinhspthreshold <score>: Protein HSP threshold score; Default: "30"
Alignment options:
--alignmentwidth: Alignment display width; Default: "80"
--forwardcoordinates: Report all coordinates on the forward strand; Default:
"TRUE"
SAR Options:
--quality <percent>: HSP quality threshold; Default: "0"
```

8. 比对模型选择相关参数

--model 或 -m：选择不同的算法来进行比对。默认为无空位联配，就是不允许gap，通常不使用。常用的模型有：

ungapped　　无空位联配

ungapped：trans

affine：global　带空位的全局联配

affine：local　带空位的局部联配

est2genome　带空位的局部联配，考虑 intro 和剪切位点信号
protein2genome　带空位的局部联配，考虑 intro 和剪切位点信号，移码突变等，是 GeneWise 的替代，而且更快。
coding2coding　带空位的局部联配，6 种读马框翻译的 DNA 与 DNA 比对

9. 分数阈值的使用相关参数

有好几种方法使用分数阈值，使用分数阈值不仅可以让你得到更可信的结果，还可以让程序跑的更快。用法如下：

-- score：分数

-- percent：输出不低于最好比对分数 * * % 的结果

-- bestn：输出前 n 条最好的结果

10. 增加比对灵敏度相关参数

有好几种方法可以增加比对的灵敏度，但是是以降低速度为代价的。

• 降低‘字’的阈值——减少字串的长度。用 -- dnawordthreshold 和 -- proteinwordthreshold 选项。

• 降低 hsp 阈值——这将增加被认为是一个比对的 HSP 分数线用 -- dnahspthreshold 和 -- proteinhspthreshold 选项。

• 增加 HSP 两端 SARs 的大小。有下列选项 -- terminalrangeint -- terminalrangeext -- joingangeint -- joinrangeext -- spanrangeint -- spanrangeext。

• 有 gap 延伸。使用 - g 你可以强制 Exonerate 进行有 gap 延伸。这可能是最好的方法，但在 1.1 版后才有用。

• 精确比对。你可以让 Exonerate 在所有使用了启发式方法的地方使用精确比对。exonerate -- refine region

11. 实例

(1) 简单无空位 (gap) 比对 (局部)

```
$ exonerate query.fa target.fa
```

Exonerate 默认输出到标准输出，就是当前屏幕，如果需要，你可以把它重定向到文件里。命令行如下：

```
$ exonerate query.fa target.fa >out
```

(2) 有空位比对 (局部)

```
$ exonerate --model affine:local query.fa target.fa
```

(3) cDNA 与基因组序列比对 (考虑 intron 和剪切位点信号)

```
$ exonerate --model est2genome query.fa target.fa
```

(4) 蛋白与基因组序列比对 (考虑 intron、剪切位点信号、移码突变等，是 GeneWise 的替代，而且更快)

```
$ exonerate --model protein2genome query.fa target.fa
```

(5) 6 种读马框翻译的 DNA 与 DNA 比对

```
$ exonerate --model coding2coding query.fa target.fa
```

(6) 基因组和基因组比对

```
$ exonerate -m a:l --bigseq yes --dnahspthreshold 120 chr21.fa chr22.fa
```

-- bigseq：大序列比对时使用

-- dnahspthreshold hsp 阈值

（7）Smith-Waterman-Gotoh 比对

```
$ exonerate -m a:l --exhaustive yes query.fa target.fa
```

-- exhaustive 慢但敏感度高、准确

练　　习

（1）找出 Human HSP90 基因的 intron 区序列（输入序列见光盘\exonerate\example1\）。

（2）找到水稻基因 AK058318 的 intron 序列（序列见光盘\exonerate\AK058318. fas）。

（3）比较水稻两个亚种的某个同源基因的同源性（序列见光盘\exonerate\Exercise3. fas）。

（4）对光盘\exonerate\Exercise3. fas 文件中两条序列分别使用有空位联配和无空位联配并比较结果区别。

（5）再使用 Smith-Waterman-Gotoh 对练习 4 中 2 条序列做联配。

3. 2. 7　Sim4

1. 简介

Sim4 是一个很有用的比对工具。它可以将基因表达序列和同物种或者相近物种的基因组序列进行比对，进而确定基因结构。基因表达序列可以是 cDNA、EST、mRNA 等。作者是宾夕法尼亚州立大学计算科学与工程系的米勒博士等。他们在 1998 年发布了这个软件，文章发表在第八期的 Genome Research 上，文章标题是 A Computer Program for Aligning a cDNA Sequence with a Genomic DNA Sequence。

该软件的算法可以分成四步，简单介绍如下：

（1）基于 BLAST 的算法确定高分值比对区域（high-scoring segment pairs，HSP），作为外显子序列核心。Sim4 通过寻找 12 碱基对的精确比对区域，然后用简单的罚分机制进行延伸。

（2）用动态规划的方法确定一个共线性的高分值比对区域集合，代表整个基因。

（3）确定外显子边界。如果两个外显子之间有重叠区域，那么要根据剪切信号等方法来确定边界。如果两个外显子之间还有未匹配区域，那么还可以在这段区域降低标准重复前面的过程，尽量延伸外显子，增加匹配区域。

（4）确定完整的序列比对。

要了解详细信息，可以参阅上面提到的文章。

同样功能的软件还有 Blat，都可以把基因表达序列和基因组序列进行比对，在核酸水平上确定基因结构。Sim4 在每一条基因组序列上搜索基因结构时，只会给出最好的一个结果，而且 Blat 可以输出多个结果，比对效果各有千秋，有兴趣的读者可以自行比较一下。另外，Genewise 可以把蛋白质序列比对到基因组上面，从而在蛋白质水平上确定基因结构，由于用的是全局比对算法，速度比较慢，但是敏感度更高。一般不会利用 Genewise 直接和基因组进行比对，而是先在基因组上粗定位，截取相应的区域再进行比对。

2. 下载

Sim4 是一个免费软件，网络上提供了很多下载的地方，下面网址是作者提供的网址。http://globin. cse. psu. edu/html/docs/sim4. html。

3. 安装

下载后安装很简单，在 Unix/ Linux 系统按照下面步骤进行：

（1）解压缩文件（图 3-19）。

```
prj11@690a /disk0/prj11>ls
sim4-test/            sim4.tar.gz           sun_162_disk3_prj11/  sun_160_snow1_prj11/
prj11@690a /disk0/prj11>gunzip < sim4.tar.gz | tar -xvf -
x sim4.2003-09-21
x sim4.2003-09-21/COPYING, 17992 bytes, 36 media blocks.
x sim4.2003-09-21/COPYRIGHT, 1442 bytes, 3 media blocks.
x sim4.2003-09-21/INSTALL, 280 bytes, 1 media blocks.
x sim4.2003-09-21/VERSION, 1972 bytes, 4 media blocks.
x sim4.2003-09-21/README.psublast, 763 bytes, 2 media blocks.
x sim4.2003-09-21/README.sim4, 851 bytes, 2 media blocks.
x sim4.2003-09-21/Xtend1.c, 20335 bytes, 40 media blocks.
x sim4.2003-09-21/Xtend1.h, 260 bytes, 1 media blocks.
x sim4.2003-09-21/Makefile, 298 bytes, 1 media blocks.
x sim4.2003-09-21/align.c, 22533 bytes, 45 media blocks.
x sim4.2003-09-21/align.h, 745 bytes, 2 media blocks.
x sim4.2003-09-21/sim4.h, 3551 bytes, 7 media blocks.
x sim4.2003-09-21/sim4.init.c, 31490 bytes, 62 media blocks.
x sim4.2003-09-21/sim4b1.c, 106640 bytes, 209 media blocks.
x sim4.2003-09-21/sim4b1.h, 940 bytes, 2 media blocks.
x sim4.2003-09-21/splice.c, 11662 bytes, 23 media blocks.
x sim4.2003-09-21/splice.h, 414 bytes, 1 media blocks.
x sim4.2003-09-21/args.c, 2446 bytes, 5 media blocks.
x sim4.2003-09-21/args.h, 447 bytes, 1 media blocks.
x sim4.2003-09-21/charvec.c, 1772 bytes, 4 media blocks.
x sim4.2003-09-21/charvec.h, 943 bytes, 2 media blocks.
x sim4.2003-09-21/discrim.c, 759 bytes, 2 media blocks.
x sim4.2003-09-21/discrim.h, 145 bytes, 1 media blocks.
x sim4.2003-09-21/dna.c, 1446 bytes, 3 media blocks.
x sim4.2003-09-21/dna.h, 355 bytes, 1 media blocks.
x sim4.2003-09-21/encoding.c, 1732 bytes, 4 media blocks.
x sim4.2003-09-21/encoding.h, 229 bytes, 1 media blocks.
x sim4.2003-09-21/libc.h, 309 bytes, 1 media blocks.
x sim4.2003-09-21/misc.c, 3443 bytes, 7 media blocks.
x sim4.2003-09-21/misc.h, 1223 bytes, 3 media blocks.
x sim4.2003-09-21/poly.c, 13417 bytes, 27 media blocks.
x sim4.2003-09-21/poly.h, 253 bytes, 1 media blocks.
x sim4.2003-09-21/prnt.c, 3754 bytes, 8 media blocks.
x sim4.2003-09-21/prnt.h, 321 bytes, 1 media blocks.
x sim4.2003-09-21/psublast.h, 301 bytes, 1 media blocks.
x sim4.2003-09-21/seq.c, 4636 bytes, 10 media blocks.
x sim4.2003-09-21/seq.h, 2078 bytes, 5 media blocks.
x sim4.2003-09-21/seq_read.c, 4117 bytes, 9 media blocks.
x sim4.2003-09-21/types.h, 211 bytes, 1 media blocks.
prj11@690a /disk0/prj11>cd sim4.2003-09-21/
```

图 3-19　解压缩安装文件，进入安装目录

```
gunzip < sim4.tar.gz |tar -xvf -
```

（2）tar 文件被解压缩到一个命名为 Sim4. [some - date] 的目录，日期一般代表了软件的版本。进入该目录：

```
cd sim4. *
```

（3）编译（图 3-20），这个过程可能会看到一些警告信息，此信息不会引起任何问题。

```
make
```

好了，大功告成，可执行文件是 Sim4，你可以拷贝到其他目录，或者就放在这里。图 3-20 是一个具体的例子：

```
prj11@690a /disk0/prj11/sim4.2003-09-21>make
        cc -o sim4 -I. -O *.c -lm
Xtend1.c:
"sim4.h", line 122.13: 1506-334 (S) Identifier signal_t has already been defined on line 287 of "/usr/includ
e/sys/types.h".
align.c:
"sim4.h", line 122.13: 1506-334 (S) Identifier signal_t has already been defined on line 287 of "/usr/includ
e/sys/types.h".
args.c:
charvec.c:
discrim.c:
dna.c:
encoding.c:
misc.c:
poly.c:
"sim4.h", line 122.13: 1506-334 (S) Identifier signal_t has already been defined on line 287 of "/usr/includ
e/sys/types.h".
prnt.c:
seq.c:
seq_read.c:
sim4.init.c:
"sim4.h", line 122.13: 1506-334 (S) Identifier signal_t has already been defined on line 287 of "/usr/includ
e/sys/types.h".
sim4b1.c:
"sim4.h", line 122.13: 1506-334 (S) Identifier signal_t has already been defined on line 287 of "/usr/includ
e/sys/types.h".
splice.c:
"sim4.h", line 122.13: 1506-334 (S) Identifier signal_t has already been defined on line 287 of "/usr/includ
e/sys/types.h".
make: 1254-004 The error code from the last command is 1.


Stop.
prj11@690a /disk0/prj11/sim4.2003-09-21>ls
Makefile        seq_read.c      args.h          encoding.c      sim4.init.c     INSTALL
poly.h          types.h         charvec.c       encoding.h      sim4b1.c        README.psublast
prnt.c          Xtend1.c        charvec.h       libc.h          sim4b1.h        README.sim4
prnt.h          Xtend1.h        discrim.c       misc.c          splice.c        VERSION
psublast.h      align.c         discrim.h       misc.h          splice.h
seq.c           align.h         dna.c           poly.c          COPYING
seq.h           args.c          dna.h           sim4.h          COPYRIGHT
prj11@690a /disk0/prj11/sim4.2003-09-21>
```

图 3-20　编译

4. 使用

Sim4 用起来不复杂，最简单的用法就是输入两个文件：基因表达序列文件和基因组序列文件即可，如下：

```
sim4 <seqfile1> <seqfile2>
```

seqfile1 和 seqfile2 是两个 Fasta 格式输入文件，结果直接屏幕输出（图 3-21）。程序根据两个文件的第一条序列的长短，来判断谁是基因表达序列文件，谁是基因组序列文件。通常我们都是将基因表达序列文件放在前面，基因组序列文件放在后面。基因组表达序列文件只有第一条序列参与比对（所以这个文件通常只有一条序列），结果列这条序列和基因组文件中的每一条序列比对的结果。如果要将结果存到文件中，增加一个简单的命令即可。如下，outfile 就是指定的输出结果文件名。

```
sim4 <seqfile1> <seqfile2> > <outfile>
```

Sim4 还有更复杂一点的用法，来处理更多的情况和满足不同的需求。完整的命令行形式如下：

```
sim4 <seqfile1> <seqfile2> {[WXKCRDAPNB...]=value} > <outfile>
```

5. 输入

Sim4 输入文件是常见的 Fasta 格式，如下：

```
>AK063489 ORF 1047
ATGCAGGTACCGATCGAACACAATGGTGGCGAACAAACACTTCTTGTCCC
TTTCCGTGCTCATCGTCCTCCTCGGCCTCTCCTCCAACTTGGCAGCCGGG
CAAGTCCTGTTTCAGGGTTTCAACTGGGAGTCGTGGAAGGAGAATGGCGG
GTGGTACAACCTGCTTATGGGCAAGCTAGGTGGACGACATCGCCGCCGCC
GGCATCACCCACGTCTGGCTCCCTCCGCCGTCCCACTCTGTCGGCGAGCA
AACCACGACACCGGCAACCCATGCATCTTCTACGACCATTTCTTCGACTG
```

GGGTCTCAAGGATGAGATCGAGCGCCTCGTGTCAATCAGAAACCGGCAGG
GGATCCACCCGGCGCGGGGGCGCTGTTGCTGGCTCTTGCCGAGTTGA

6. 输出

默认输出结果如图 3-21 所示。每个结果给出参与比对的两个序列的名字和长度，每一个外显子在两个序列中的起止位置和相似度，箭头表示在基因组序列的正链还是反链。

```
prj11@690a /disk0/prj11/sim4-test>sim4 rice-cdna1.fasta rice-genome.fasta

seq1 = rice-cdna1.fasta, 1047 bp
seq2 = rice-genome.fasta (Chr01-fragment), 3393 bp

1-115  (1002-1116)   100% ->
116-252  (1218-1354)   100% ->
253-913  (1446-2106)   99% ->
914-927  (2172-2185)   100% ->
928-1047  (2274-2393)   99%

seq1 = rice-cdna1.fasta, 1047 bp
seq2 = rice-genome.fasta (Chr02-fragment), 3550 bp

16-115  (969-1065)   88% ->
116-252  (1166-1298)   91% ->
253-286  (1388-1421)   94% ->
287-388  (1453-1552)   93% ->
389-473  (1572-1656)   94% ->
474-913  (1675-2110)   97% ->
914-927  (2186-2199)   100% ->
928-1021  (2284-2377)   93%
prj11@690a /disk0/prj11/sim4-test>
```

图 3-21　sim4 简单命令行示例

7. 参数

Sim4 参数可以分成三类，我们分别进行详细介绍。

第一类，Blast 相关的内部比对算法参数：

1）*W*

在算法的第一步，搜索高分值比对区域时需要确定一个初始短串序列的长度，默认是 12，就是首先搜索完全比对的连续 12 碱基对的区域作为开始。如果要进行更严格的搜索可以提高这个值，反过来，如果要找到更弱的比对结果，就要降低这个值。

2）*X*

在算法第一步，从找到的 12 碱基初始短串序列进行延伸时，为终止延伸设定了一个限制。默认值是 12。

3）*K*

在算法第一步确定基本的外显子序列核心的最低分值。如果这个参数没有指定，程序将根据序列长度用统计方法计算出来。对于几百 kb 的基因组序列来讲，$K = 16$ 是一个比较恰当的值。为了避免错误的结果，对于更长的基因组序列，需要更大的参数值。

4）*C*

在算法第三步，对于外显子间的未匹配区域进行迭代处理时需要设定新的外显子序列核心的最低分值。默认时，程序会根据统计计算一个小于 12 的参数值。

第二类，Sim4 附加的算法参数：

D

在确定一个外显子中的共线性的高分值比对区域时，设定对角线距离的限制，默认是 10。

第三类，上下文参数：

1）R

$R=0$ 表示只对基因组序列的正链进行搜索，$R=1$ 表示只对基因组序列的反链进行搜索，默认是 $R=2$，对基因组序列的正反链都进行搜索，最后根据分值给出最好的结果。

2）A

指定输出格式。上面看到的输出格式是默认值 $A=0$ 时的情况。A 的取值可以是 0、1、2、3、4、5。

$A=0$ 给出每个外显子在两个序列上的起止位点；$A=1$ 给出详细的比对文本；$A=2$ 给出 lav-block 格式的比对信息的结果，一般用户不使用，有兴趣的用户可以自行深入了解；$A=3$ 和 $A=4$ 都会给出外显子起止位点和比对文本，相当于 $A=0$ 和 $A=1$ 输出结果的加和，$A=4$ 只是比 $A=3$ 增加了两个序列在输入文件中的标题行信息；$A=5$ 只列出了外显子在基因组序列上的起止位点。

如果序列是正链匹配的话，所有的位置都是指的是正链的位置；如果反向互补匹配的话，这时就要注意了。对于 $A=0$、1、2、3、5，长序列（通常是基因组序列）的位置依然是根据正链计算，短序列（通常是基因表达序列）的位置将根据反链计算。$A=4$ 时，将对第一个输入文件的序列位置按照正链计算，对第二个输入文件按照反链计算，无论哪个序列更长。我更喜欢这种处理方式，因为我们不喜欢使用基因表达序列的反链的位置信息。

具体格式实例如图 3-22 和图 3-23 所示。

3）P

确定是否给出含有 poly-A 尾巴的比对片段（如果存在的话）。默认是 $P=0$，如果存在就显示结果；P 如果指定为非零值时，就不显示。

4）H

用来重新设定外显子序列核心的权重，补偿大的内含子。默认 $H=500$，但是大于 100kb 的内含子要求更大的参数值，典型的要求在 1000 ~ 2500。这个参数需要慎重使用，以防丢掉外显子，人为制造大的内含子。对于 EST 序列不建议使用。

5）N

$N=1$ 时可以借助剪切识别信号对小的边缘外显子进行额外的搜索处理。如果要进行一个精确的比对时，这个设定会有帮助。默认值是 $N=0$，不进行这样的搜索。

6）B

控制输入文件中可识别的字母列表。默认值是 $B=1$，不明确的碱基符号（ABCDGH-KMNRSTVWXY）也允许出现。$B=0$ 时，就只允许出现 A、C、G、T、N 和 X。

7）S

通过这个选项允许用户来指定在基因表达序列里面编码区域的起止位置，格式是 $S=$ n1. . n2。但是这个选项只有在 $A=5$ 时允许用。

8. 实例

通过几个例子，读者自己来熟悉一下具体的应用。

（1）一般情况下，同物种的 EST 序列和基因组序列进行比对，直接用默认值就可以了。从光盘中可以发现下列文件，前一个文件是前面用到的一个水稻基因，后一个文件是

```
928-1021  (2284-2377)   93%
prj11@690a /disk0/prj11/sim4-test>sim4 rice-cdna1.fasta rice-genome.fasta A=1

seq1 = rice-cdna1.fasta, 1047 bp
seq2 = rice-genome.fasta (Chr01-fragment), 3393 bp



      0     .    :    .    :    .    :    .    :    .    :
      1 ATGCAGGTACCGATCGAACACAATGGTGGCGAACAAACACTTCTTGTCCC
        ||||||||||||||||||||||||||||||||||||||||||||||||||
   1002 ATGCAGGTACCGATCGAACACAATGGTGGCGAACAAACACTTCTTGTCCC

     50     .    :    .    :    .    :    .    :    .    :
     51 TTTCCGTGCTCATCGTCCTCCTCGGCCTCTCCTCCAACTTGGCAGCCGGG
        ||||||||||||||||||||||||||||||||||||||||||||||||||
   1052 TTTCCGTGCTCATCGTCCTCCTCGGCCTCTCCTCCAACTTGGCAGCCGGG

    100     .    :    .    :    .    :    .    :    .    :
    101 CAAGTCCTGTTTCAG         GGTTTCAACTGGGAGTCGTGGAAGGA
        |||||||||||||||>>>...>>>||||||||||||||||||||||||||
   1102 CAAGTCCTGTTTCAGGTA...CAGGGTTTCAACTGGGAGTCGTGGAAGGA

    150     .    :    .    :    .    :    .    :    .    :
    142 GAATGGCGGGTGGTACAACCTGCTTATGGGCAAGCTAGGTGGACGACATC
        ||||||||||||||||||||||||||||||||||||||||||||||||||
   1244 GAATGGCGGGTGGTACAACCTGCTTATGGGCAAGCTAGGTGGACGACATC

    200     .    :    .    :    .    :    .    :    .    :
    192 GCCGCCGCCGGCATCACCCACGTCTGGCTCCCTCCGCCGTCCCACTCTGT
        ||||||||||||||||||||||||||||||||||||||||||||||||||
   1294 GCCGCCGCCGGCATCACCCACGTCTGGCTCCCTCCGCCGTCCCACTCTGT

    250     .    :    .    :    .    :    .    :    .    :
    242 CGGCGAGCAAG         GCTACATGCTGGGGCGGCTGTACGATCTGG
        |||||||||||>>>...>>>||||||||| ||||||||||||||||||||
   1344 CGGCGAGCAAGGTC...CAGGCTACATGCCGGGGCGGCTGTACGATCTGG

    300     .    :    .    :    .    :    .    :    .    :
    283 ACGCGTCCAATCATCGAGGCGTTCCATGGCAAGGGCGTCCAGGTGATCGC
        ||||||||||||||||||||||||||||||||||||||||||||||||||
   1476 ACGCGTCCAATCATCGAGGCGTTCCATGGCAAGGGCGTCCAGGTGATCGC
```

图 3-22　$A=1$ 输出格式

```
prj11@690a /disk0/prj11/sim4-test>sim4 rice-cdna1.fasta rice-genome.fasta A=5

> 1002 2393 AK063489
1002 1116
1218 1354
1446 2106
2172 2185
2274 2393


> 969 2377 AK063489
969 1065
1166 1298
1388 1421
1453 1552
1572 1656
1675 2110
2186 2199
2284 2377

prj11@690a /disk0/prj11/sim4-test>
```

图 3-23　$A=5$ 时的输出格式

两个基因组片段：

光盘：\sim4\example1\rice-cdna1. fasta

光盘：\sim4\example1\rice-genome. fasta

读者可以通过下列命令行来进行比对：

sim4 rice-cdna1. fasta rice-genome. fasta > out1. sim4

下面是我们比对的结果，读者可以和自己地结果进行比较，看是否一致。

光盘：\sim4\example1\rice-out. sim4

从结果里面我们可以看出，这个水稻基因的准确的位置应该在一号染色体，而定位在二号染色体片段的结果显示这是该基因的一个拷贝。读者可以自行尝试一下其他的输出格式，或者参数。

（2）如果想做跨物种的比对，就需要用户对算法更了解一点，调整部分算法参数。而且物种的进化距离不能太远，否则效果也会比较差。我们在光盘中准备了小鼠 cDNA 和人的基因组的数据文件：

光盘：\sim4\example1\mouse-cdna. fasta

光盘：\sim4\example1\human-genome. fasta

通过下列参数，来进行比对：

sim4 mouse – cdna. fasta human – genome. fasta K = 15 C = 11 A = 3 W = 10 > out2. sim4

下面是我们比对的结果，读者可以和自己的结果进行比较，看是否一致。

光盘：\sim4\example1\mouse2human_out. sim4

练　　习

读者去水稻基因组数据库（http:// rise. genomics. org. cn）下载水稻 cDNA 序列和基因组序列，将 cDNA 定位到基因组上去，或者去 ncbi 下载自己感兴趣的基因组和 cDNA 或者 EST 数据进行比对。

读者在实践中会发现 Sim4 的一些局限性。如果你有很多 cDNA 序列需要定位到基因组，处理起来会很麻烦，因为 Sim4 每次只能处理一条序列。这就要通过自己编写 perl 程序来处理，或者用 Blat 处理。不过通常 Blat 的结果也还需要进一步处理。有时候，一个基因在基因组上又很多拷贝，用 Sim4 处理的话，每条基因组序列上就只能输出一条最好的结果。如果要找出更多的拷贝，Blat 会更合适，如果要找出分歧比较大的拷贝，就要通过蛋白质水平的搜索，FGF(http:// fgf. genomics. org. cn/)是个不错的选择。

主要参考文献

Altschul S F, Gish W, Miller W et al. 1990. Basic local alignment search tool. J Mol Biol, 215: 403 ~ 410

Altschul S F, Madden T L, Schaffer A A et al. 1997. Gapped BLAST and PSI-BLAST: A new generation of protein database search programs. Nucleic Acids Res, 25: 3389 ~ 3402

Birney E, Clamp M , Durbin R. 2004. GeneWise and Genomewise. Genome Res, 14 (5): 988 ~ 995

Guy St C Slater, Ewan Birney. 2005. Automated generation of heuristics for biological sequence comparison. BMC Bioinformatics, 31 (6): 1471 ~ 2105

Higgins D G, Bleasby A J, Fuchs R. 1992. CLUSTAL V: improved software for multiple sequence alignment. CABIOS, 8: 189 ~ 191

Higgins D G, Sharp P M. 1988. CLUSTAL: a package for performing multiple sequence alignment on a microcomputer. Gene, 73: 237 ~ 244

Higgins D G, Sharp P M. 1989. Fast and sensitive multiple sequence alignments on a microcomputer. CABIOS, 5: 151 ~ 153

Higgins D G, Thompson J D, Gibson T J. 1996. Using CLUSTAL for multiple sequence alignments. Methods Enzymol., 266: 383 ~ 402

Jeanmougin F, Thompson J D, Gouy M et al. 1998. Multiple sequence alignment with Clustal X. Trends Biochem Sci, 23: 403 ~ 405

Kent W J, Brumbaugh H. 2002. BLAT-the BLAST-like alignment tool. Genome Res, 12: 656 ~ 664

Liliana Florea, George Hartzell, Zheng Zhang et al. 1998. A computer program for aligning a cDNA sequence with a genomic DNA sequence. Genome Res, 8: 967 ~ 974

Pearson W R, Lipman D J. 1988. Improved tools for biological sequence analysis, PNAS, 85: 2444 ~ 2448

Pearson W R. 1996. Effective protein sequence comparison. In Meth. Enz., R. F. Doolittle, ed. (San Diego: Academic Press) 266: 227 ~ 258

Pearson W R. 1998. Empirical statistical estimates for sequence similarity searches. J Mol Biol, 276: 71 ~ 84

Pearson W R. 1999. Flexible sequence similarity searching with the FASTA3 program package. Methods in Molecular Biology

Ramu Chenna, Hideaki Sugawara, Tadashi Koike et al. 2003. Multiple sequence alignment with the Clustal series of programs. Nucleic Acids Research, 31: 3497 ~ 3500

Schwartz S, Kent W J, Smit A et al. 2003. Human-mouse alignments with BLASTZ. Genome Res, 13: 103 ~ 107

Thompson J D, Gibson T J, Plewniak F et al. 1997. The Clustal X windows interface: flexible strategies for multiple sequence alignment aided by quality analysis tools. Nucleic Acids Research, 24: 4876 ~ 4882

Thompson J D, Higgins D G, Gibson T J. 1994. CLUSTAL W: improving the sensitivity of progressive multiple sequence alignment through sequence weighting, positions-specific gap penalties and weight matrix choice. Nucleic Acids Research, 22: 4673 ~ 4680

Wang W, Zheng H et al. 2006. High rate of chimeric gene origination by retroposition in plant genomes. Plant Cell, 18 (8): 1791 ~ 1802

Zhang Z. et al. 2003. Millions of years of evolution preserved: a comprehensive catalog of the processed pseudogenes in the human genome. Genome Res, 13 (12): 2541 ~ 2558

第4章　基因组/基因的注释

4.1　重复序列分析

重复序列广泛存在于真核生物基因组中，这些重复序列或集中成簇，或分散在基因之间。根据分布把重复序列分为分散重复序列和串联重复序列。

分散重复序列分4种：LTR、LINE、SINE和DNA转座子。

LTR为长末端重复转座子（long terminal repeat），是由RNA反转录而成的元件，它们在两端有长达数百碱基对的LTR。

LINE为长散在重复序列（long interspersed nuclear element），意为散在分布的长细胞核因子，是散在分布在哺乳动物基因中的一类重复序列，这种重复序列较长。LINE是可以自主转座的一类反转录转座子，来源于RNA聚合酶Ⅱ的转录产物。

L1是LINE中的一种重复序列，长约6500bp，哺乳动物基因组中的拷贝数可多达10万份，主要集中在AT富集区。L1以及由L1编码的反转录酶作用于其他非自主反转录转座子以后所生成的DNA序列，加起来至少占人类基因组全长的四分之一。LINE不同成员之间的序列有较大差别，但是同一物种中的LINE的不同成员仍有较大的同源性。

SINE为短散在重复序列（short interspersed nuclear elements）。SINE是非自主转座的反转录转座子，来源于RNA聚合酶Ⅲ的转录物。

SINE的典型代表是Alu elements，也称Alu family，平均长度300bp，在人类基因组中约50万拷贝，广泛分布于基因组中，包含一些内含子中。

DNA转座子，占人类基因组的大约3%。

串联重复序列根据重复序列的重复单位的长度可分为卫星DNA（satellites DNA）、小卫星DNA（mimisatellites DNA）和微卫星DNA（microsatellites DNA）。微卫星DNA由1～6个核苷酸组成的基本单位重复多次构成的一段DNA，广泛分布于基因组的不同位置，长度一般在200bp以下。微卫星又称为短串联重复序列（short tandem repeat，STR），STR是存在于人类基因组DNA中的一类具有长度多态性的DNA序列，不同数目的核心序列呈串联重复排列，而呈现出长度多态性，通常多态性片段长度在100～300bp。一般认为，人类基因组DNA中平均每6～10kb就有一个STR位点，其多态性成为法医物证检验个人识别和亲子鉴定的丰富来源。不同人体基因组卫星DNA重复单位的数目是可变的，因此，形成了极其复杂的等位基因片段长度多态性。

根据重复多少又可分为高度重复序列、中度重复序列和低度重复序列。

4.1.1　RepeatMasker

1. 简介

RepeatMasker是一个屏蔽DNA序列中转座子重复序列和低复杂度序列的程序，由Arian Smit 和 Robert Hubley 开发，它将把输入序列中已知的重复序列都屏蔽为 N 或 X，并给出相应的重复序列统计列表。一般情况下，一条人的基因组数据的大约 50% 会被该程序屏蔽。RepeatMasker 可以选择 cross_match 或 wu-blast 作为比对的搜索引擎。

Repbase 由美国遗传信息研究所（Genetic Information Research Institute，GIRI）创建并维护，收录转座子及其他重复序列的序列和注释信息。截至 2005 年 10 月的重复序列统计如表 4-1（排除简单重复和 RNA）所示。

表 4-1　重复序列统计

Species	# of consensi	total bp
Mammalian-wide	339	472647
Primates *	401	686251
Rodents *	462	717119
Carnivores *	101	149290
Marsupials *	105	162839
Chicken	92	177063
Fugu (pufferfish)	95	175420
Danio (zebrafish)	214	459777
Ciona (two sea squirts)	127	304646
Strongylocentrotus	86	124328
Drosophila	214	611814
Anopheles	280	721533
Caenorhabditis (2 spec)	354	525523
Arabidopsis	457	1460558
Oryza (rice)	525	1154651
Wheats (Triticeae)	198	494718
Zea (maize)	65	206724
Thalassiosira diatom	40	96637
Chlamydomonas algae	65	137363

* Excluding mammalian-wide elements.

重复序列可以分以下四大类：

（1）Simple Repeats，简单重复序列 1～5 个碱基，如 A、CA、CGG 等。

（2）Tandem Repeats，典型发现于染色体的着丝粒和端粒，100～200 个碱基长度。

（3）Segmental Duplications，10～300 千碱基的大片段重复。

（4）Interspersed Repeats：

①Processed Pseudogenes，Retrotranscripts，SINES

②DNA Transposons

③Retrovirus Retrotransposons

④Non-Retrovirus Retrotransposons（LINES）

在 UCSC 数据库中每个基因组都有经过重复序列屏蔽后的结果，包括序列文件、重复序列种类、分布等信息。如：人类基因组的数据 5 号染色体 repeatmasker 的信息如文件 chr5_ r. msk. txt. gz（表 4-2）（http:// hgdownload. cse. ucsc. edu/ goldenPath/ hg18/ database/）。

表 4-2　UCSC repeatmasker 文件信息

585	294	185	0	0	chr5	66333	66385	-18079	-	MLT2B3	LTR	ERVL	-34	213	162	3
585	1032	171	53	11	chr5	66385	66574	-18079	-	THE1C	LTR	MaLR	0	375	179	4
585	624	144	0	0	chr5	66854	66951	-18079	+	AluY	SINE	Alu	85	181	-13	6

各列分别为：

染色体上的范围（可快速检索）
比上的 Smith-Waterman 分值
每千碱基不一致的碱基数
每千碱基缺失的碱基数
每千碱基插入的碱基数
基因组名字
基因组上起始位置
基因组上终止位置
基因组剩余未被屏蔽的长度
正负链信息
重复序列名称
重复序列分类
重复序列家族
重复序列上的起始位置
重复序列上的终止位置
重复序列余下的长度
重复序列 id 号

2. 下载

该软件包可以从 Washington 的网站上免费下载，下载网站链接：
http://www. repeatmasker. org/RMDownload. html

下载包：RepeatMasker-open-3-1-6. tar. gz

重复序列库需要单独申请下载，申请地址：
http://www. girinst. org/accountservices/register. php

下载包：repeatmaskerlibraries-20061006. tar. gz

3. 安装

（1）上传 repeatmasker 和 repeatlib 的压缩包到本地 Linux/ Unix 运算服务器。

（2）解压缩：

```
$ gzip -d RepeatMasker-open-3-1-6.tar.gz
$ tar -xvf RepeatMasker-open-3-1-6.tar
```

（3）安装配置：

进入 RepeatMasker 目录(cd RepeatMasker)
在命令行键入 perl ./configure

```
$ perl ./configure
RepeatMasker Configuration Program

This program assists with the configuration of the
RepeatMasker program. The next set of screens will ask
you to enter information pertaining to your system
configuration. At the end of the program your RepeatMasker
installation will be ready to use.

<PRESS ENTER TO CONTINUE>

** PERL INSTALLATION PATH**

This is the full path to the Perl interpreter.
e.g. /usr/local/bin/perl
Enter path [ perl ]:
#输入 perl 程序的路径

* REPEATMASKER INSTALLATION PATH**
  This is the path to the location where
  the RepeatMasker program has been installed.
Enter path [ /disk2/bgi/software/RepeatMasker ]:
#输入 RepeatMasker 的安装路径

Add a Search Engine:
    1. CrossMatch: [ Un-configured ]
    2. WUBlast: [ Un-configured ]
    3. DeCypher (TimeLogic): [ Un-configured ]
    4. Done
#RepeatMasker 的搜索引擎程序所在路径，需要事先已经安装好。可以全部选择，依次输入，但默认搜索引擎只能有一个。

Enter Selection:1
** CROSS_MATCH INSTALLATION PATH**

  This is the path to the location where
  the cross_match program has been installed.

Enter path [ ]: Enter path [ ]: /usr/local/genome/bin

Do you want CrossMatch to be your default
search engine for Repeatmasker? (Y/N) [ Y ]:
Add a Search Engine:
    1. CrossMatch: [ Configured, Default ]
    2. WUBlast: [ Un - configured ]
    3. DeCypher (TimeLogic): [ Un - configured ]
    4. Done
#以上为将 cross_match 做为默认搜索引擎

Enter Selection:
** WUBLAST BLASTP INSTALLATION PATH**

  This is the path to the location where
  the wublast blastp and setdb programs can be found.
```

```
Enter path [ ]: /usr/local/genome/Wu-blast
Do you want WUBlast to be your default
search engine for Repeatmasker? (Y/N) [ N ]:
Add a Search Engine:
   1. CrossMatch: [ Configured ]
   2. WUBlast: [ Configured, Default ]
   3. DeCypher (TimeLogic): [ Un-configured ]
   4. Done
#以上是将 WUBlast 做为搜索引擎之一

Enter Selection: 4
 -- Setting perl interpreter...

Congratulations! RepeatMasker is now ready to use.
Simply place /disk2/bgi/software/RepeatMasker in your user's path and review
the RepeatMasker documentation here: /disk2/bgi/software/RepeatMasker repeat-
masker.help
#完成相关程序配置
```

（4） lib 配置：

```
解压缩 repeatmaskerlibraries-20061006.tar.gz 即可
$ gzip -d repeatmaskerlibraries-20061006.tar.gz
$ tar -xvf repeatmaskerlibraries-20061006.tar
Libraries/
Libraries/README.html
Libraries/README
Libraries/RepeatMaskerLib.embl
```

（5） Repeatcache 目录需要更改，此目录配置在配置文件 RepeatMaskerConfig. pm 中：

```
@ LIBPATH = ( $ REPEATMASKER_LIB_DIR, $ ENV{'HOME'} . "/.RepeatMaskerCache" );
```

改成相应的目录，如改为运行目录：`@ LIBPATH = ( "./RepeatMaskerCache" );`

4. 使用

程序运行命令行：RepeatMasker <options> fasta 格式的序列文件

当不带任何参数时，缺省设置是屏蔽灵长类动物所有类型的重复序列。

直接键入 RepeatMasker 的屏幕提示：

```
bash-2.05b $ RepeatMasker
RepeatMasker version open-3.1.6
No query sequence file indicated

NAME
     RepeatMasker - Mask repetitive DNA

SYNOPSIS
       RepeatMasker [ -options] <seqfiles(s) in fasta format>

DESCRIPTION
     The options are:
     -h(elp)
          Detailed help
     Default settings are for masking all type of repeats in a primate
     sequence.
     -w(ublast)
          使用 WU-blast 做为搜索引擎。
     -de(cypher)
          使用 DeCypher 做为搜索引擎。
     -e(ngine) [crossmatch|wublast|decypher]
```

```
        选择一个默认的搜索引擎。
    -pa(rallel) [number]
        The number of processors to use in parallel (only works for batch
        files or sequences over 50 kb)
    -s  慢速搜索,敏感度提高 0-5%，速度慢 2-3 倍
    -q  快速搜索,敏感度降低 5-10%，速度快 2-5 倍
    -qq 急速搜索,敏感度降低 10%，,速度快 4-10 倍
    -nolow / -low
        不屏蔽低复杂度 DNA 或简单重复序列
    -noint / -int
        只屏蔽低复杂度 DNA 或简单重复序列(no interspersed repeats)
    -norna
        不屏蔽小 RNA 基因(假基因)
    -alu
        只屏蔽 Alus 序列(7SLRNA, SVA and LTR5)
    -div [number]
        Masks only those repeats < x percent diverged from consensus seq
    -lib [filename]
        使用自定义的重复序列库
    -cutoff [number]
        Sets cutoff score for masking repeats when using -lib (default 225)
    -species <query species>
        给出输入序列的物种名或进化分支,物种名必须是 NCBI 分类中的名字而且在 Repeat-
            Masker 库中,例如
             -species human
             -species mouse
             -species rattus
             -species "ciona savignyi"
             -species arabidopsis
        其他常用的物种有:
        mammal, carnivore, rodentia, rat, cow, pig, cat, dog, chicken, fugu,
        danio, "ciona intestinalis" drosophila, anopheles, elegans,
        diatoaea, artiodactyl, arabidopsis, rice, wheat, and maize
Contamination options 污染参数
    -is_only
        Only clips E coli insertion elements out of fasta and .qual files
    -is_clip
        Clips IS elements before analysis (default: IS only reported)
    -no_is
        Skips bacterial insertion element check
    -rodspec
        Only checks for rodent specific repeats (no repeatmasker run)
    -primspec
        Only checks for primate specific repeats (no repeatmasker run)
Running options 运行参数
    -gc [number]
        Use matrices calculated for 'number' percentage background GC level
    -gccalc
        RepeatMasker calculates the GC content even for batch files/small
        seqs
    -frag [number]
        Maximum sequence length masked without fragmenting (default 40000,
        300000 for DeCypher)
    -maxsize [nr]
        Maximum length for which IS- or repeat clipped sequences can be
        produced (default 4000000). Memory requirements go up with higher
        maxsize.
```

```
      -nocut
          Skips the steps in which repeats are excised
      -noisy
          Prints search engine progress report to screen (defaults to .stderr
          file)
      -nopost
          Do not postprocess the results of the run ( i.e. call ProcessRepeats
          ). NOTE: This options should only be used when ProcessRepeats will
          be run manually on the results.
output options 输出参数
      -dir [directory name]
          输出结果到特定目录(默认为输入文件所在目录)
      -a(lignments)
          输出比对情况到 .align 文件(使用 -wublast 参数时无效)
      -inv
          Alignments are presented in the orientation of the repeat
      -lcambig
          Outputs ambiguous DNA transposon fragments using a lower case name.
      -small
          Returns complete .masked sequence in lower case
      -xsmall
          Returns repetitive regions in lowercase (rest capitals) rather than
          masked
      -x 用 X 屏蔽重复序列而不是 N
      -poly
          Reports simple repeats that may be polymorphic (in file.poly)
      -ace
          Creates an additional output file in ACeDB format
      -gff
          Creates an additional Gene Feature Finding format output
      -u  Creates an additional annotation file not processed by ProcessRepeats
      -xm Creates an additional output file in cross_match format (for parsing)
      -fixed
          Creates an (old style) annotation file with fixed width columns
      -no_id
          Leaves out final column with unique ID for each element (was default)
      -e(xcln)
          Calculates repeat densities (in .tbl) excluding runs of >25 Ns in
          the query
SEE ALSO
          Crossmatch, Blast, MaskerAid
COPYRIGHT
      Copyright 2005 Arian Smit, Institute for Systems Biology
AUTHORS
      Arian Smit <asmit@ systemsbiology.org >
     Robert Hubley <rhubley@ systemsbiology.org >
```

5. 输入

Fasta 格式的核酸序列：

```
>Chr01
AATATCACCAGTGTCTTATAAGCAATTACACCAATTTTATTGGGGTGTTCCTCAATAGT
AACACGATTTTACAATGCCCCTTAACCAATTACATAAAATTTGAATATTCTATAACAAAT
TTTGCATTTTAGGGTTCCGTAGGTCTTCTAGATACACTAAAGCATCTGCGTAAGATGAGC
TCGACGATCATGATGTCATGTCACCGAGGAATGAAAACGGAGCAGATAATTCTCTAATAG
TTCAGATACGGATATGATTATGGATATTTGCTCTCGGATACGAATACAGGTATGATGTCA
TGGTTTCCACTGGATACGGATATCCGATGAGCAGTGCTGTTCGGATATCCGCTGCGAACA
……
AAGCCCAAGATACTTGAAAAGAACAGAAAAACAGAAG
```

6. 输出

输出多个文件：

```
-rw-r--r--   1 soft bgi    19262 Jan  4 05:54 seq.fa.masked
-rw-r--r--   1 soft bgi      786 Jan  4 05:54 seq.fa.out
-rw-r--r--   1 soft bgi      546 Jan  4 05:54 seq.fa.cat
-rw-r--r--   1 soft bgi      561 Jan  4 05:54 setdb.log
```

（1）重复序列被屏蔽后的序列文件，seq. fa. masked：

```
>mvnj_0109.y1 CHROMAT_FILE: mvnj_0109.y1 PHD_FILE: mvnj_0109.y1.phd.1 TIME: Apr 19
10:06:32 2002
CTCTTTTCTTGCCCCTTTTGGTGACTCTTGCAGTGGATGACAGCTAATTT
TGCAGGAAGTTTGACTGCCTCCAGGAGCCTGAGAATGAGCTCTTTGTGTT
TAATAGCAGAGCTTCGGGCACTGAGCATCCCTCTTTCTTTCCAAATTGCT
GCATGGGCATGCAGAATGAGGAAAGCATACTTAGAGTCCATACACACATT
AATCCNNNNNNNNNNNNNNNNNNNNNNNNNNNNNNNNNNNNNNNNNNNNN
NNNNNNNNNNNNNNNNNNNNNNNNNNNNNNNNNNNNNNNNNTTGCTTAGTT
TCTTCCAGGCTCGCTACAGCATATCCTGCTTTCCTCTCTCCCTTTGCTAC
AAAACTGCTGCCATCTGTGTGCCAGTTTTCCTCTGGGTCAGATAAAGGTG
TCTCTGATAGGTCCCGGCGAGAAGAGTATAACTCGTCTGTGATTTGTATG
CATTGGTGATCCAGAGGGGAGGTAGGGGGATCTGGCAGTAAGGT
```

（2）被比上重复序列的说明文件，seq. fa. out：

```
 1306 15.6  6.2 0.0 HSU08988 6563 6781 (22462) C MER7A     DNA/MER2_type     (0)  336  103
12204 10.0  2.4 1.8 HSU08988 6782 7714 (21529) C TIGGER1   DNA/MER2_type     (0) 2418 1493
  279  3.0  0.0 0.0 HSU08988 7719 7751 (21492) + (TTTTA)n  Simple_repeat       1   33  (0)
 1765 13.4  6.5 1.8 HSU08988 7752 8022 (21221) C AluSx     SINE/Alu           (23)  289    1
12204 10.0  2.4 1.8 HSU08988 8023 8694 (20549) C TIGGER1   DNA/MER2_type    (925) 1493  827
 1984 11.1  0.3 0.7 HSU08988 8695 9000 (20243) C AluSg     SINE/Alu            (5)  305    1
12204 10.0  2.4 1.8 HSU08988 9001 9695 (19548) C TIGGER1   DNA/MER2_type   (1591)  827    2
  711 21.2  1.4 0.0 HSU08988 9696 9816 (19427) C MER7A     DNA/MER2_type    (224)  122    2
```

以第一行为例，其代表的意义是：

1306　比上的 Smith-Waterman 分值。

15. 6　比上区间与共有序列相比的替代率

6. 2　在查询序列中碱基缺失的百分率（删除碱基）

0. 0　在 repeat 库序列中碱基缺失的百分率（插入碱基）

HSU08988　查询序列的名称

6563　比上区间在查询序列中的启始位置

7714　比上区间在查询序列中的终止位置

(22462)　在查询序列中超出比上区域的碱基数

C　比上库中重复序列的互补链

MER7A　比上重复序列的名称

DNA/ MER2_type　比上重复序列的类型，这里属于一个 DNA 转座子 MER2 类

(0)　重复序列在比对区间之前（是互补链的情况）的碱基数（所以“0”表示比上的区间已经到了重复序列的末端）

2418　比上区间在重复序列中的启始位置（using top-strand numbering）

1465　比上区间在重复序列中的终止位置

（3）重复序列的统计文件，seq. fa. tbl。此文件在使用自定义的重复序列库时不产生。

```
==================================================
file name: A-355G7.fasta
```

```
sequences:            1
total length:   139958 bp
GC level:        41.03 %
bases masked     91491 bp ( 65.37 % )
==================================================
                number of      length   percentage
                elements *   occupied of sequence
--------------------------------------------------
SINEs:            46          12182 bp        8.70 %
      ALUs        41          11603 bp        8.29 %
      MIRs         5            579 bp        0.41 %

LINEs:            42          52641 bp       37.61 %
      LINE1       38          52296 bp       37.37 %
      LINE2        4            345 bp        0.25 %

LTR elements:     20          13441 bp        9.60 %
      MaLRs       10           5618 bp        4.01 %
      Retrov.      4           5131 bp        3.67 %
      MER4_group   3           1439 bp        1.03 %

DNA elements:      8           1741 bp        1.24 %
      MER1_type    7           1114 bp        0.80 %
      MER2_type    1            627 bp        0.45 %
      Mariners     0              0 bp        0.00 %

Unclassified:      5           9215 bp        6.58 %
Total interspersed repeats:   89220 bp       63.75 %
Small RNA:         0              0 bp        0.00 %
Satellites:        0              0 bp        0.00 %
Simple repeats:   20           1647 bp        1.18 %
Low complexity:    9            437 bp        0.31 %
==================================================
* most repeats fragmented by insertions or deletions
  have been counted as one element
The sequence(s) were assumed to be of primate origin.
RepeatMasker version 11/06/98              default
ProcessRepeats version 06/16/98
```

（4）如果运行时加 - a 参数，则产生文件 *. align，此参数使用 wu -blast（-w or -wu-blast）作为搜索引擎时无效。

```
665  28.4  2.9  5.0  g5120  7350  7882  (1924)  C  MIR#SINE/MIR  (1)  261  28  3
  g5129s420          7350 ATCATAACAAACATTTAT--GGTGCCTCCTATGGAGCAGGATTTTGCTT 7397
                            v     v           i i  i v     viv    v i v v  v
C MIR#SINE/MIR        261 ATAATAACCAACATTTATTGAGCGCTTACTATGTGCCAGGCACTGTTCTA 212

  g5129s420          7398 AGGACTCTGAACTATAT---CTTACTT-GTCTTCATTAAAAACCTTATGA 7443
                            vi  i iv   i         i i   i  i    i  v    i
C MIR#SINE/MIR        211 AGCGCTTTACA-TGTATTAACTCATTTAATCCTCA-CAACAACCCTATGA 164

  g5129s420          7444 AAAAGGTACTATTATTAACTGGGGXTGGGTTGTTTAACAGATAAGAAAGC 7787
                          iiv               v i         iii   v      i  i  i
C MIR#SINE/MIR        163 GGTAGGTACTATTATTATCC---------CCATTTTACAGATGAGGAAAC 123

  g5129s420          7788 TTAAGAATTAGAGAGATAAATTATCTTGCTTAAGGTAACACAGTTAACAA 7837
                           v i v  i      i v  v  v     ii     v      i  ii
C MIR#SINE/MIR        122 TGAGGCA-CAGAGAGGTTAAGTAACTTGCCCAAGGTCACACAGCTAGTAA 74

  g5129s420          7838 GCATTAG-GTCAAAGTTTGAACTCGGGCAGTCTGACTACAGAGCCC 7882
```

```
                          iivi    i iiii  i    i i        i  v    i
C MIR#SINE/MIR        73 GTGGCAGAGCCGGGATTCGAACCCAGGCAGTCTGGCTCCAGAGTCC 28

Transitions / transversions = 1.96 (45 / 23)
Gap_init rate = 0.03 (8 / 234), avg. gap size = 2.38 (19 / 8)
```

其中各符号代表的意思分别为：

- \-　空区的插入
- i　碱基置换（G－A，C－T 间的取代）
- v　碱基颠换（G－C，A－T 间的取代）
- x　待分析的 Alu 序列

（5）文件 ＊.cat，此文件内容基本同 ＊.out：

```
1399 0.00 0.00 0.00 Chr03 1 150 (4500) fanw2 1 150 (0) 5
1396 0.00 0.00 0.00 Chr02 2651 2800 (0) fanw1 1 150 (0) 5
1407 0.00 0.00 0.00 Chr05 4151 4300 (0) fanw3 1 150 (0) 5
24 67.31 0.00 0.00 Chr01 1382 1433 (267) AT_rich#Low_complexity 118 169 (131) 5
237 6.45 0.00 0.00 Chr02 609 639 (2161) C (CAAAT)n#Simple_repeat (2) 178 148 0
374 0.00 0.00 11.63 Chr01 18 113 (1587) (CCCTAA)n#Simple_repeat 11 96 (84) 5
RepeatMasker version open-3.1.6, default mode
run with blastp version 2.0MP-WashU
RepBase Update 20061006, RM database version 20061006
```

详细的说明文档可以通过键入 RepeatMasker －help 查看。

7. 在线工具

网址：http://www.repeatmasker.org/cgi-bin/WEBRepeatMasker，如图 4-1 所示。

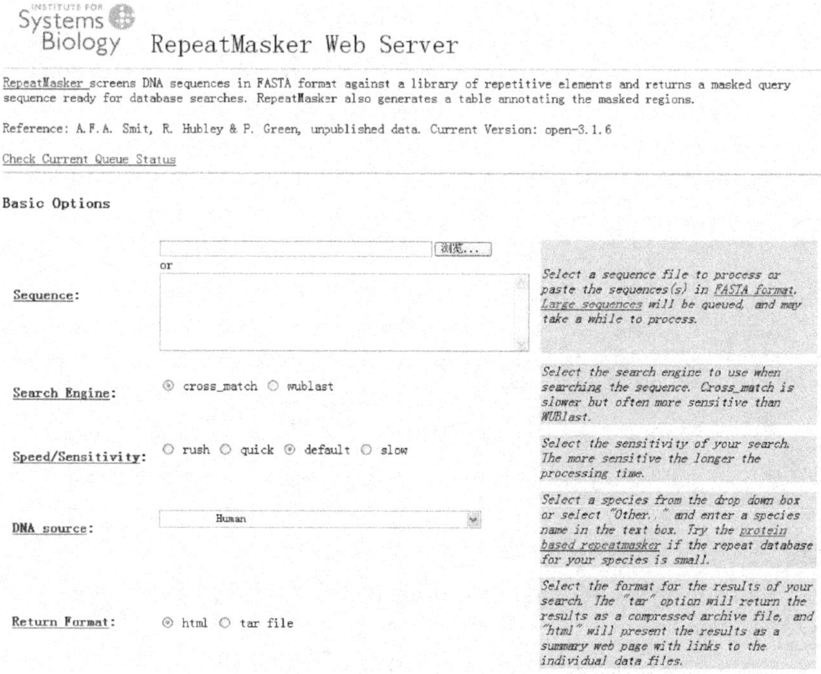

图 4-1　RepeatMasker 在线工具

可以从本机上传所要分析的数据，也可以将序列粘贴在 Sequence 框内，选择要使用的搜索引擎（涉及速度和灵敏度优先问题），选择查询序列的物种。点击 Submit Sequence 就可运行。对于参数和结果的说明可参见上面所述，部分结果示例如图 4-2 所示。

```
RepeatMasker started 25-Jan-2007 17: 33: 24 PST

RepeatMasker version open-3.1.6
Search engine:WUBlast

analyzing file/usr/local/rmserver/tmp/RM2sequpload_1169775194

Checking for E.coli insertion elements
identifying simple repeats in batch 1of 1
identifying matches to oryza sequences in batch 1of 1
idemifying more simple repeats in batch 1 of 1
idertifying low complexity regions in batch 1 of 1
processing output:
cccycle OA
cycle 1
cycle 2
cycle 3
cycle 4
masking
done
7.70user 1.31system 0:09.12elapsed 98% CPU(0avgtext +0avgdata 0maxresident)k
0inputs +0outputs(40major +13945minor)pagefaults 0swaps

Summary:

==================================================
file name:RM2sequpload_1169775194
sequences:            1
total length:       833 bp  (833 bp excl N/X-runs)
GC  level:        36.61%
bases  masked:      536 bp  (64.35% )
==================================================
                  number of   length      percentage
                  elements    occupied    of  sequence
--------------------------------------------------
Retroelements        1        62 bp      7.44 %
   SINEs:            1        62 bp      7.44 %

……

The query species was assumed to be "Oryza".
RepeatMasker version open-3.1.6,default mode
run with blastp version 2.OMP-WashU
RepBase Update 20061006,RM database version 20061006

Results

Right-click and select "Save As" to save results to your computer or click on the 1
Annotation File:RM2sequpload_1169775194.out
Masked File:    RM2sequpload_1169775194.masked
```

图 4-2　结果显示及下载

8. 实例

使用步骤：

（1）输入文件 1 见光盘\RepeatMasker\seq. fa，为 fasta 格式的序列文件。需要对这些序列进行重复序列分析。

（2）输入文件 2，见光盘\Repeatmasker\TE. lib，也为 fasta 格式的序列文件，是自定义的重复序列库文件。

（3）运行命令：$ RepeatMasker -w -lib TE. lib seq. fa

（4）输出文件，内容格式请查看以上使用说明。

```
seq.fa.out
seq.fas.masked
seq.fa.cat
```

练　　习

（1）查找水稻 9311 Scaffold002829 中重复序列（相关数据可到 http://rice.genomics.org.cn 水稻数据库进行搜索下载）。

（2）使用 repeatmasker 自带的重复序列库，对实例中的 seq.fa 进行重复序列的查找，选用搜索引擎为 cross_match.

4.1.2　Trf

1. 简介

Trf（Tandem Repeat Finder）用来搜寻 DNA 序列中的串联重复序列（即相邻的重复两次或多次特定核酸序列模式的重复序列）。重复单元可以从 1bp 到 500bp，DNA 查询序列大小可以超过 5M。此软件由 Mount Sinai 医学校生物数学科学部的 Gary Benson 开发。

2. 下载

http://tandem.bu.edu/trf/trf.download.html 可根据自己的系统下载相应的版本，Linux 版本无需编译安装，下载后可直接使用。

3. 使用

命令行：trf File Match Mismatch Delta PM PI Minscore MaxPeriod [options]

例如：trf seq.fa 2 7 7 80 10 50 500 -f -d -m

这里所有的参数都是正数，各参数解释如下：

File　Fasta 格式的 DNA 输入序列。

Match、Mismatch、Delta　匹配上、没匹配上、插入的权重值。低的权重值将允许更多的“没匹配上”、“插入”的情况。匹配上的权重值“2”已被证明对“没匹配上”、“插入”的罚分权重值在 3 ~7 范围内都是有效的。“没匹配上”、“插入”的罚分权重值将被自动解释为负值。“3”就比较宽松，“7”就比较严格。对 Match、Mismatch、Delta 的推荐缺省值分别为 2、7、7。

PM and PI：PM 是指比上的概率，PI 是插入的概率。可选择的 PM 数值为 80 和 75，可选择的 PI 数值为 10 和 20。最好效果的参数是 PM =80 和 PI =10。参数 PM =75 和 PI =20 给出的结果与“PM =80 和 PI =10”的结果相似，但运行时间几乎慢了 10 倍。

Minscore：被匹配上的串联重复序列的最小分值。比如，我们设定了 Match = 2，Minscore =50，那么就要求最少有 25bp 被完全比上（比如，5bp 的重复单元，重复 5 次）。

Maxperiod：最大的重复单元 bp 数。

-m：该参数将产生一个将串联重复序列屏蔽为 N 的序列文件。

-f：该参数将输出每一串联重复序列两侧 200bp 的侧翼序列，输出到比对文件中。

-d：该参数将产生一个屏蔽文件，记录了与列表文件一样的信息及比对信息，可用于后续程序的处理。

4. 输入

输入文件应为 FASTA 格式。如下：

```
>HC2667A cosmid clone from human chromosome 5q22
GGATCCCAGCCTTTCCCCAGCCCGTAGCCCCGGGACCTCCGCGGTGGGCGGCGCCGCGCT
GCCGGCGCAGGGAGGGCCTCTGGTGCACCGGCACCGCTGAGTCGGGTTCTCTCGCCGGCC
TGTTCCCGGGAGAGCCCGGGGCCCTGCTCGGAGATGCCGCCCCGGGCCCCCAGACACCGG
……
```

5. 输出

*. dat "-d" 参数产生的屏蔽的串联重复序列信息文件

*. mask "-m" 参数产生的串联重复序列被屏蔽为 N 的序列文件

*. html 记录串联重复序列信息的文件

*. txt. html 记录相关串联重复序列比对信息的文件

(1) *. dat 文件如下：

```
Tandem Repeats Finder Program writen by:
Gary Benson
Department of Biomathematical Sciences
Mount Sinai School of Medicine
Version 3.21
Sequence: pND6 -1.seq
Parameters: 2 7 7 80 10 50 500
42821 42918 38 2.6 38 85 8 128 21 29 22 26 1.99
GTGGTGCTCCGAGCACCACTCATATTCTCAATTCATAA
GTGGTGCTCCGAGCACCACTCATATTCTCAAGTTATAAGTGGTGCTCCGAGCACCACCATTTTCTGAATTCGCTGAG
TGGTGCTCCGAGCACCACTCA
45036 45142 21 5.0 21 78 8 110 24 26 24 25 2.00 CTATGCGACTACAGATTCCGG
CTATCGACTACAAATTACGGCATTGCGACTACAGATTCCGGCTTTGCGACTATGGATTACGGCTGATGCGACTACAG
ATTCCGGCTGTGACGACTACAGATTCCGGC
45040 45142 22 4.8 21 83 5 118 24 26 25 24 2.00 CGACTACAGATTCCGGCTGTG
CGACTACAAATTACGGCATTGCGACTACAGATTCCGGCTTTGCGACTATGGATTACGGCTGATGCGACTACAGATTC
CGGCTGTGACGACTACAGATTCCGGC
79814 79848 13 2.7 13 95 0 61 17 2 54 25 1.57 AAGGGGTGTCGTG
AAGGGGTGTCGTGAAGGGGTGTTGTGAAGGGGTGT
79946 79977 13 2.5 13 94 0 55 15 6 53 25 1.65 GGGTGTCGTGAAG
GGGTGTCGTGAAGGGGTGTCGTGAAGAGGTGT
```

(2) *. mask 文件如下：

```
>pND6 -1.seq
CCGAGCATGAGATTTACTCCCTCTCAATCCTGGCTGCTTACTCCAGCCCGCAAATTTGCG
TTCGCGACACAGGTTCAGGAAAACCACCCTCACACCACCTCGCTTGCTTATGGGAGTCTG
ACGGTTCACCTCACATAGAGAGAAAATCGCATTGGGGCTAGTTTCATGCGCGCCGCTCTG
AAAGGCCCGCGCAACGGGGCGTGTAGCGATATCCACGTCAGATGGTTGCCGTGAAGGGGT
GTCGTCATCGCCANNNNNNNNNNNNNNNNNNNNNNNNNNNNNNNNNNNNNTGCTGGACTGAA
ACGCCCGCCCGCTAAGGCGTCGCGGCTATTCAGCCGGGTCAGTTTGCAGCAAACGGTACT
GTGAAGAGGTGTCGTCATCGTCGAANNNNNNNNNNNNNNNNNNNNNNNNNNNNNNNNNNTGT
AGGTCGGAGCCCTTGATTTTGTTGGGCTCCACCATTTTTCGGCACAGTTCCCAGGCGACT
CGCTTAGTCGGACGTTGCGGGGTAGTCGAGGCGTGGACGCAAGCTCTGGATCGTTGCAAC
CTGGATGGGTTTTCGGTAGTCCGTGCAGGGATGGTCTGACTGAATTGCACCGGCGACCAA
```

(3) *. html 文件如下：

```
Sequence: pND6 -1.seq
Parameters: 2 7 7 80 10 50 500
Length: 101858
Tables: 1
This is table 1 of 1 ( 5 repeats found )
```

Click on indices to view alignment
Table 1 Explanation

Tables 1

Indices	Period Size	Copy Number	Consen-sus Size	Percent Matches	Percent Indels	Score	A	C	G	T	Entropy (0 -2)
42821 --42918	38	2.6	38	85	8	128	21	29	22	26	1.99
45036 --45142	21	5.0	21	78	8	110	24	26	24	25	2.00
45040 --45142	22	4.8	21	83	5	118	24	26	25	24	2.00
79814 --79848	13	2.7	13	95	0	61	17	2	54	25	1.57
79946 --79977	13	2.5	13	94	0	55	15	6	53	25	1.65

The End!

（4） *.txt.html 文件如下：

```
Tandem Repeats Finder Program written by:
           Gary Benson
Department of Biomathematical Sciences
Mount Sinai School of Medicine

Version 3.21

Sequence: pND6 -1.seq

Parameters: 2 7 7 80 10 50 500

Pmatch =0.80,Pindel =0.10
tuple sizes 0, 4, 5, 7
tuple distances 0, 29, 159, MAXDISTANCE

Length: 101858
ACGTcount: A:0.21, C:0.29, G:0.28, T:0.22
Found at i:42872 original size:38 final size:38
Alignment explanation

      Indices: 42821 --42918 Score: 128
Period size: 38 Copynumber: 2.6 Consensus size: 38

         42811  AAACCTAGTG

         42821  GTGGTGCTCCGAGCACCACTCATATTCTCAAGTT-ATAA
             1  GTGGTGCTCCGAGCACCACTCATATTCTCAA-TTCATAA
                                             *     *       * *
         42859  GTGGTGCTCCGAGCACCAC-CATTTTCTGAATTCGCTGA
             1  GTGGTGCTCCGAGCACCACTCATATTCTCAATTC-ATAA

         42897  GTGGTGCTCCGAGCACCACTCA
             1  GTGGTGCTCCGAGCACCACTCA

         42919  AATCTAACGG
Statistics
Matches : 53, Mismatches : 4, Indels : 5
          0.85              0.06          0.08
Matches are distributed among these distances:
```

```
  36    2  0.04
  37    9  0.17
  38   40  0.75
  39    2  0.04
ACGTcount: A:0.21, C:0.30, G:0.22, T:0.27
Consensus pattern (38 bp):
GTGGTGCTCCGAGCACCACTCATATTCTCAATTCATAA

Left flanking sequence: Indices 42321  -- 42820
CTTCGCCATTGCATCCGTAACGGAGCGAACATAGGCGGTGACGGTTTCTCTGCCCAGCAGCTTGTGAGCACGCCAAC
GACGCTCGCCGCCGATCAGCTCATACGCTCCTTCCCCTATAGGACGAACCGTCAACGGCTTTACCAGCCCAACAGAG
GCGATTGAGTTCGCCAGATCCTCAATAGCAGCCTCGCTGAAGGTCAGGCGAGGCTGAAAGGGAGATACCCGAATCGA
CTCGACCTTTACTTCAGCGAGGACGCCGCTGTCACTTGCGGCAAGAGATTCATCGTTATGGCCTGGCGTTGGAGCTG
CAACCGGGGTTGGAACTGGAGCGCTGTCCTCCTGTTCCGCCCGTTGCGCTGCGAGCATGTCTGCAACGGAAACCCTG
AGATTCGGCTCAGCAATTTCCGCTGGCGGGCGAACCCCGGTGACCCAAAGAGGGGGGGTCTTTTTTTGACCTGGGTA
ATCCTCCGACTTGGCCATACTTCCTCCGAAACCTAGTG

Right flanking sequence: Indices 42919  -- 43418
AATCTAACGGCTCTGGTGCTCCGAGCACCACCTCAAATCACTGAGCGGCCAGATCGCGTATTCGTTTCAACGCCTCA
CCGAAAACACTGCGCATCGAGTCAATAGTCTTGGAAGAGGCACCTTTCCAGACCAGCAGGGGAACGCCTTGATCAAG
CGCTTTACCGTAATCCTCGGAGTAATAGAGTTTTTCTTCAGATACCCGACCAGGGAAAAGATCGTTCAGGACGACCA
GGTTGTTGAGGATGCGTTTGCGGTTGCGGATGAACATCGTAGGGATAGCGAGCACTCCTGGAGAGCGGCGATATGCT
TTCGCAAATCGAACCATCCAGTCGTTTAGCCGCATCAGCGCCCTGAATGAAAACTTATCCATCCGTACAGGGCAGAG
CACAAAGTCGCTGGCAACAATGGAGTTCTTGGTGAGCCTGGAGGCGGTAGGCGCATTGTCGAACAGAATCACATCAT
AAGAGGAGATATCGACACCTGGGATTTCTCCGCTACGC
```

6. 在线工具

http://tandem. bu. edu/trf/trf. submit. options. html

3 种可选运行方式：

Basic：默认参数（适合初级用户）

Intermediate：设置部分参数

Advanced：设置所有参数

以第三种为例：http://tandem. bu. edu/trf/trf. advanced. submit. html，界面如下：

7. 实例

输入光盘数据 trf\ seq. fa 进行重复序列搜索，命令行如图 4-3：

```
trf seq.fa 2 7 7 80 10 50 500  -f  -d  -m
```

生成结果如下：

```
seq.fa.2.7.7.80.10.50.1000.dat
seq.fa.2.7.7.80.10.50.1000.mask
seq.fa.2.7.7.80.10.50.1000.summary.html
seq.fa.s1.2.7.7.80.10.50.1000.1.html
seq.fa.s1.2.7.7.80.10.50.1000.1.txt.html
```

各文件结果及其说明请参考上文。

练　　习

使用上一节 RepeatMasker 中的输入序列，比较二者分析结果。

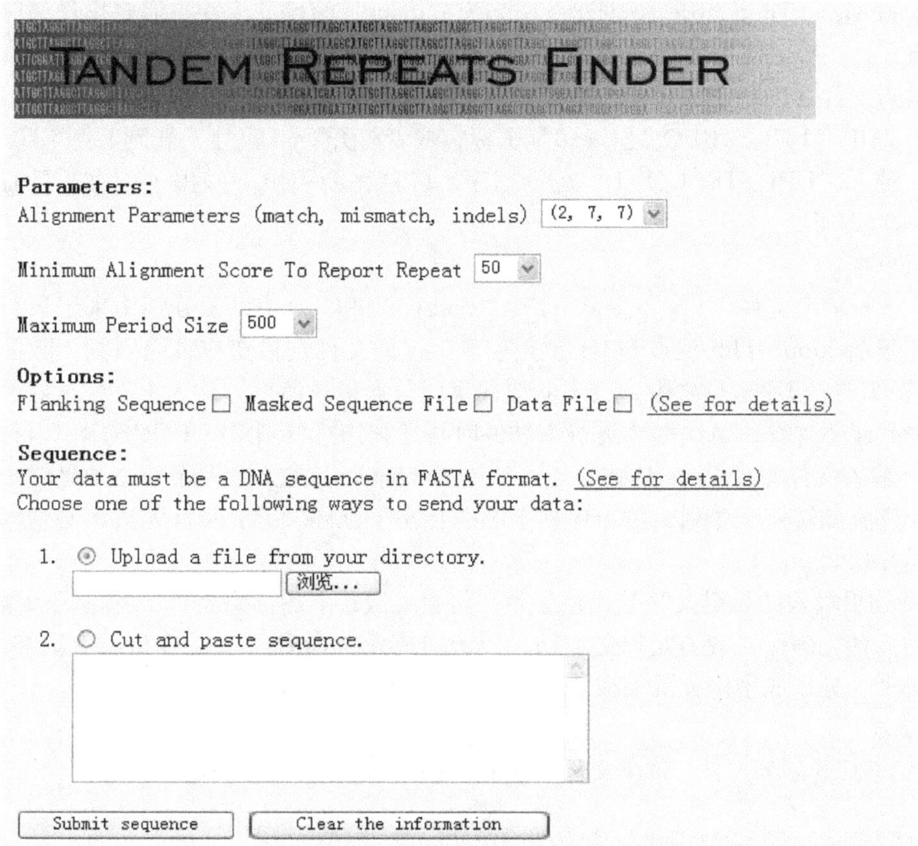

图4-3　trf在线使用页面

4.1.3　LTR_STRUC

1. 简介

LTR_STRUC是由美国佐治亚大学的Eugene和John于2002年开发的LTR-反转座子预测软件。它不同于其他基于序列同源比对的方法，而是根据转座子的结构特征，如复制时必需的PBS和PPT位点，以及LTR末端的TG和CA位点，从DNA序列上预测转座子的位置和结构。

2. 下载

该软件是免费软件，目前只有Windows版，运行时至少需要512M内存。当前版本为version 1.1，可以从以下网址下载：

http://www.genetics.uga.edu/retrolab/data/LTR_Struc.html

3. 使用

该软件的使用可分为以下几步：

（1）在C盘根目录下创建一个名为“LTR_STRUC”的目录；

（2）将下载的程序文件“LTR_STRUC_1_1.exe”，以及辅助文件“five_p_end.txt”、“pbs.txt”、“rt.txt”和“flist.txt”放置于该目录下；

（3）在 C:\ LTR_STRUC 下创建一个名为“input”的目录，并将需要操作的序列文件（Fasta 格式，一个或多个文件，每个文件可含有一个或多个序列）拷贝到该目录，最后将所有的输入文件名以每个一行的方式记录在 C:\ flist. txt 文件中。

（4）双击“LTR_STRUC_1_1. exe”图标，或者打开 cmd 窗口，转到 C:\ LTR_STRUC 目录下，键入“LTR_STRUC_1_1”运行程序，屏幕将会跳出一些提示信息，只需要键入“Y”（yes）即可。

注意事项：

（1）3 个辅助文件“five_p_end. txt”、“pbs. txt”和“rt. txt”，分别用来记录新发现类型的转座子前 20bp、PBS 位点和 RT 位点信息。这些文件在最初应该是空的，除了首行的一段 X 序列。在程序运行之中，会不断地往里面写入记录信息。这 3 个文件最好放到另一个独立的目录下保存，每次需要运行该软件时再把它们拷贝到 C:\ LTR_STRUC 目录下。

（2）输入文件除了 Fasta 格式，还可接受 Genbank 格式。输入序列必须足够长，能够容纳一个完整的转座子序列，位于序列末端的转座子预测较差，并且无法预测结构不完整的转座子片段。

（3）如果输入的是很大的基因组序列，将会生成很多的结果文件，并占用大量的磁盘空间。因而请先确保 C 盘有足够的空间，以免造成系统崩溃。如果 C 盘没有足够的空间，可以把整个任务划成小份分批完成。

4. 输入

Fasta 格式的序列文件，每个文件可含有一条或多条序列，格式如下：

```
>Chr03_2249
ACATGATCGTGCAAATGAATATCCAACAGGAGGTTTGTCTTTAGCTTCTC
AAGATGCTCCAAACATGATCCATAGCGACTGGTTCAACGATTTCACGGTT
AGCAGATATAACACACATCAGTTAAAAAATGTAAACTGCAATCCATCAGA
……
```

5. 输出

LTR_STRUC 的输出结果保存在 C:\LTR_STRUC 目录下，对于每一个预测到的转座子将会产生 4 个类型的结果文件，文件名分别含有为“fsta”、“orfs”、“rprt”和“trns”，转座子信息主要存放在“rprt”文件中（详细介绍请参看下载软件包中的“READ_ME. txt”文件）。

转座子的类型也反映在结果文件的命名中，其基本格式为：

```
[name of input file]_[score]_[RT type]_[PBS type]_[LTR type]_[hit number]_[type of output file].txt
```

比如名为“GP10_8000_RT3_B5_L7_621_rprt. txt”的结果文件，意思是：

① "GP10"，输入文件名（不包括“. txt”）

② "8000"，分值 0. 8000，最大值为 2. 000

③ "RT3"，具有第三种类型的 RT 位点

④ "B5"，具有第五种类型的 PBS 位点

⑤ "L7"，具有第七种类型的 LTR

⑥ "621"，当前扫描中发现的第 621 个

⑦ "rprt","report"缩写，意为报告文件

该结果文件格式如下：

```
SOURCE: Chr03_2249
CUT-OFF SCORE:                                   1.00
LENGTH OF CONTIG:                               41307
TRANSPOSON IS IN POSITIVE ORIENTATION
NO PUTATIVE ACTIVE SITES DETECTED.
OVERALL LENGTH OF TRANSPOSON:                 3611 bp
LENGTH OF LONGEST ORF: 229
LENGTH OF PUTATIVE 5' LTR:                     533 bp
LENGTH OF PUTATIVE 3' LTR:                     528 bp
LTR PAIR HOMOLOGY:                             94.1%
DINUCLEOTIDES: TG/CA
DIRECT REPEATS: GAAGT/GAAGT
5' FLANK: CCAGTCAGAGAAACTTTTGTAGAAGT
3' FLANK: GAAGTCTTAGGCAGAGTCCTGGCTTA
POLYPURINE TRACT: TAACTCACCCTTGCCCATGAGGGGCT
PBS: GCTGGCGCCGAGCCTGGGGACCTCCG
ID SEQUENCE (LAPS 5' END OF ELEMENT):
CCAGTCAGAGAAACTTTTGTAGAAGTTGTTGGCGGTATGTCACGAGACCCTTC
ID SEQUENCE (LAPS 3' END OF ELEMENT):
AACGTACGTAGTTGTCGCTTCGACAACAGAAGTCTTAGGCAGAGTCCTGGCTT
LTRS:
TGTTGGCGGTATGTCACGAGACCCTTCGACCAGACCTACCGAAACCATGCAACCAGCGAG
GATTCAGGCCCAAGACGCTAAGATCATCTAGGCGAAGCCCCATGGCGAAGACTATAAAGC
......
TGTTGGCGGTATGTCACGAGACCCTTCGAACAGACTTACTGAAACCATGCAACCAGCGAG
GATTCAGGCCCAAGACGCTAAGATCATCTAGGCGAAGCCCCATGGCGAAGACTATAAAGC
......
COMPLETE SEQUENCE OF PUTATIVE TRANSPOSON:
TGTTGGCGGTATGTCACGAGACCCTTCGACCAGACCTACCGAAACCATGCAACCAGCGAG
GATTCAGGCCCAAGACGCTAAGATCATCTAGGCGAAGCCCCATGGCGAAGACTATAAAGC
......
ALIGNED LTRS:
____________________________________________________________
ACATGGTTTGCACGGT    CTCGGCTGAAGCTCCT   AAC     TCACCCTTGCCCA
  |||||      |||    |||.        ||||   ||.     |||||||   |||
  ATGGT      GGTTGTA CTCA       TCCTTGCTTAATCTT TCACCCT  CCA
......
```

从头到尾依次显示了：来源序列名，过滤阈值，序列长度，正负链位置，转座子长度，最大的 ORF 长度，5′LTR 和 3′LTR 的长度及其同源度，二核苷酸序列，顺式重复序列，5′周围序列和 3′周围序列，PPT 位点和 PBS 位点，两端 LTR 序列，完整地转座子序列，以及两端 LTR 的比对信息。

练　习

预测一条水稻序列上的 LTR－反转座子。将序列文件放到 C:\LTR_STRUC\input 目录下，并将序列文件名写入到 C:\LTR_STRUC\flist.txt。双击可执行文件图标运行程序，最后在" rprt" 类型文件中查看结果。

4.2　RNA 分析

DNA、RNA 和蛋白质是三种重要的生物大分子，传统的观念认为 DNA 携带着遗传信息，蛋白质是体现生物功能的分子，而 RNA 在这二者间起传递遗传信息的桥梁作用。通常我把 RNA 按照是否编码蛋白质分为两大类：①编码 RNA，也就是我们经常说的 mRNA。②非编码 RNA，如核糖体 RNA、转运 RNA、核仁 RNA、小 RNA 等。基因组 DNA 中的基因通过转录为 mRNA 并进一步翻译为蛋白质，很多种类的蛋白质在最终发挥功能时又经历磷酸化、糖基化、酶原激活等翻译后修饰。DNA 的遗传信息决定生命的主要性状，而 mRNA 在信息传递中起很重要的作用。其他两大类 RNA：rRNA 和 tRNA，同样在蛋白质的生物合成中发挥不可替代的重要功能。因此 mRNA、rRNA、tRNA 在遗传信息由 DNA 传递到表现生命性状的蛋白质的过程中举足轻重。

但 RNA 在生命活动中的重要作用远不止如此。20 世纪 80 年代初，T. Cech 发现 RNA 也可成为生物催化剂，他称其为核酶（ribozyme），这打破了多年来“酶的化学本质就是蛋白质”的传统观念。在 RNA 领域这一发现对传统观念的冲击更大，它使人们认识到，RNA 的生物功能远非“传递遗传信息”那么简单。近年来，RNA 干扰技术（RNAi）正成为基因功能研究和基因治疗研究的热点，RNAi 也是一种典型的转录后基因表达调控方式，被美国 *Science* 和 *Nature* 评为 2002 年度最重要的科技成果之一。人们正在将更多的研究热情投入到 RNA 的世界中。

很多种类的病毒直接以 RNA 为遗传信息携带者，如 SARS 和 AIDS 等；而很多其他种类的不编码蛋白质的 RNA 分子在生命活动中起其他重要作用，如大分子生物加工和基因表达调控等。表 4-3 简要列举一些重要的 RNA 分子及其生物学意义：

表 4-3　几种重要的 RNA 分子及其生物学意义

RNA	功能
核糖体 RNA（rRNA）	与多种蛋白质结合成核糖体，作为蛋白质生物合成的“装配机”
转运 RNA（tRNA）	携带氨基酸到核糖体上进行蛋白质的合成
microRNA/ miRNA	调控基因表达
核仁小 RNA（snoRNA）	参与 rRNA 成熟加工
核内小分子 RNA（snRNA）	参与 mRNA 剪接
导引 RNA（gRNA）	参与 RNA 编辑
信号识别颗粒 SRP-RNA	参与蛋白质的分泌
双链 RNA（dsRNA）	基因沉默（gene silence）

RNA 的种类可能还远不止这些，每种 RNA 的功能也远不止上面提到的那么简单。随着研究的深入，更多种类的 RNA 和 RNA 的功能在被诠释。因此，生命科学中的一个新的学科 RNA 组学（RNomics）正在兴起。

4.2.1　tRNAScan

1. 简介

tRNA 基因识别比编码蛋白质的基因识别简单，目前基本已经解决了用理论方法预测 tRNA 基因的问题。tRNAscan-SE 工具中综合了多个识别和分析程式，通过分析启动子元件的保守序列模式、tRNA 二级结构的分析、转录控制元件分析和除去绝大多数假阳性的筛选过程，据称能识别 99% 的真 tRNA 基因，其搜索速度可达 30kb/s。该程序适用于大规模人类基因组序列的分析，同时也可以用于其他 DNA 序列。可以在 Web 上使用这个工具，也可以下载这个程序。

2. 下载

该软件包可以从网站上免费下载，目前最新版本的软件下载链接如下：

ftp://ftp.genetics.wustl.edu/pub/eddy/software/tRNAscan-SE.tar.Z

3. 安装

（1）上传压缩包到本地 Linux/ Unix 运算服务器；

（2）解压缩：

```
$ uncompress tRNAscan-SE-1.23.tar.Z
$ tar -xvf tRNAscan-SE-1.23.tar
```

（3）编译源程序：

进入程序目录 cd tRNAscan-SE-1.23

① 修改配置文件（Makefile）。

你可以修改 Makefile 文件里下面的内容，来改变程序的安装位置和配置文件位置：

```
BINDIR  = $ (HOME) / bin
LIBDIR  = $ (HOME) / lib/ tRNAscan-SE
MANDIR  = $ (HOME) / man
```

安装程序默认将 tRNAscan 安装在你所用用户的 HOME 目录下，以一般 Linux 系统为例，程序会安装在/ home/ user/ bin/ 下面，你可以修改上面路径。

② make 编译程序。

编译成功的提示信息：(下面是个例子)

```
The file "setup.tRNAscan-SE" has been created.
If you type "source setup.tRNAscan-SE; rehash", the paths in your environment will
be updated for this session.

To update your environment upon every login, you should add the line:

source /home/zhaoj/software/tRNAscan-SE-1.23/setup.tRNAscan-SE to your "
.cshrc" file.
If you prefer to manually update your environment variables, be sure to make the fol-
lowing changes:

1) Add /home/zhaoj/bin to your PATH variable
2) Add /home/zhaoj/man to your MANPATH variable
```

③ make install 安装编译程序。

④ make testrun 测试安装是否成功。

如果程序安装成功，屏幕最后会显示“tRNAscan-SE up and running correctly!”，表明程序安装成功。

⑤ make clean 清理安装过程文件。

4. 使用

程序运行命令行：

```
tRNAscan-SE [-options] <FASTA file(s)>
```

键入 tRNAscan-SE 运行后屏幕会提示软件的用法：

```
tRNAscan-SE 1.23 (April 2002)
FATAL: No sequence file(s) specified.
Usage: tRNAscan-SE [-options] <FASTA file(s)>
  Scan a sequence file for tRNAs using tRNAscan, EufindtRNA &
  tRNA covariance models
        -- defaults to use with eukaryotic sequences
           (use -B, -A, -O or -G to scan other types of sequences)
Basic Options
  -B or -P  : search for bacterial tRNAs (use bacterial tRNA model)
  -A        : search for archaeal tRNAs (use archaeal tRNA model)
  -O        : search for organellar (mitochondrial/chloroplast) tRNAs
  -G        : use general tRNA model (cytoplasmic tRNAs from all 3 domains included)
  -C        : search using Cove analysis only (max sensitivity, very slow)
  -o <file> : save final results in <file>
  -f <file> : save tRNA secondary structures to <file>
  -a        : output results in ACeDB output format instead of default
              tabular format
  -m <file> : save statistics summary for run in <file>
              (speed, # tRNAs found in each part of search, etc)
  -H        : show both primary and secondary structure components to
                covariance model bit scores
  -q        : quiet mode (credits & run option selections suppressed)
  -h        : print full list (long) of available options
```

重要参数解释：

-B/ -P　搜索细菌类的 tRNA

-A　搜索古菌类的 tRNA

-O　搜索细胞器的 tRNA，如线粒体和叶绿体

-G　一般真核细胞的 tRNA

-o　最终的结果文件

-f　生成的 tRNA 二级结构文件

-m　生成的统计结果文件

-a　生成 ACeDB 格式的结果

5. 输入

Fasta 格式的核酸序列：

下面是一条细菌的序列，命名为 Halorhodospira. fasta，中间略去部分序列：

```
>gi|121996810|ref|NC_008789.1|Halorhodospira halophila SL1, complete genome
ACTCTCCTGCGTTTCGGCCCCCGGCCACGCGGGGTTAGAGATGGACGGCTGCGCGGCAGGCGACGAGGCAGGCCCGC
CCCTGACCCGCGATGGCCGGCAGTTCGTGAACGTCCAGCGCCTCGACGAGCGCCTCCGGGAGCTCCGCCAGCTCCTC
TTGGATCCGCTCGCCCTTCAACGCCAGCAGGGCCCCGTCGGGGGCGAGGAGCCCGCGGGTCCCCGGGATCAGTGTGG
CCAACGGGGCCACGGCGCGCGCGGTGACCACAGCGAAGTCACCGTCATCCAGGGCCTCCATACGCGCCTGGCGCACC
TGAACGCGGTGC·········
GGTAGCGATTGAGATAGTTGTTGAAACGGAAGGCGCGGTCGTGATCGCCGGTCTCCCAGTAACGGGGGGCGCTGACG
CCGTTGATCAGGGCACGGTGATGTAACACCGGGATGTCAAAGCCGTTGCCGTTCCAGGAGACCAGGTTCGGGATGTA
GCGATCGAGTCCCTCGAAGAAACGCTCGAGAAGGGCTGACTCGCCGTCCTCGGGATCCCCCAGGGACCAGACGCGGA
AGCGCCCCTCGACCAGCCCGGCCAGGGAGATGGCCACCACGCGGTGCAGGTGGAGCCGCGGGAACTCGCTGCCGGTC
TCCTGGCGGCGGCGCGCCGCCATGGCCCGGGA
```

6. 命令行

$ tRNAscan-SE-B-o Halorhodospira. tRNA. out-f Halorhodospira. tRNA. Secondary Halorhodospira. fasta

注意：因为输入序列为细菌，所以要用 -B 参数，运行此程序时，请选择正确的输入序列的物种信息。

7. 输出

1）tRNA 预测结果

下面是预测的结果：Halorhodospira. tRNA. out

```
tRNAscan-SE v.1.23 (April 2002) - scan sequences for transfer RNAs

  Please cite:
        Lowe, T.M. & Eddy, S.R. (1997) "tRNAscan-SE: A program for
        improved detection of transfer RNA genes in genomic sequence"
        Nucl. Acids Res. 25: 955-964.

  This program uses a modified, optimized version of tRNAscan v1.3
  (Fichant & Burks, J. Mol. Biol. 1991, 220: 659-671),
  a new implementation of a multistep weight matrix algorithm
  for identification of eukaryotic tRNA promoter regions
  (Pavesi et al., Nucl. Acids Res. 1994, 22: 1247-1256),
  as well as the RNA covariance analysis package Cove v.2.4.2
  (Eddy & Durbin, Nucl. Acids Res. 1994, 22: 2079-2088).

------------------------------------------------------------
Sequence file(s) to search:  rna.fa
Search Mode:                 Eukaryotic
Results written to:          Standard output
Output format:               Tabular
Searching with:              tRNAscan + EufindtRNA -> Cove
Covariance model:            TRNA2-euk.cm
tRNAscan parameters:         Strict
EufindtRNA parameters:       Relaxed (Int Cutoff= -32.1)
------------------------------------------------------------

Sequence                         tRNA    Bounds  tRNA  Anti   Intron  Bounds  Cove
Name                     tRNA #  Begin   End     Type  Codon  Begin   End     Score
--------                 ------  -----   ------  ----  -----  -----   ----    -----

gi|121996810|ref|NC_008789.1|  1  22358  22428  Cys   GCA    0       0      61.43
gi|121996810|ref|NC_008789.1|  2  22494  22575  Leu   TAA    0       0      63.59
```

输出的结果包括两部分，前半部分为参数列表，结果的后面是预测的 tRNA 的信息，有 tRNA 的位置信息（tRNA Begin 和 Bounds End）、转运氨基酸的类型及密码子（tRNA Type 和 Anti Codon）、Intron 的位置信息（Intron Begin 和 Bounds End）以及预测的分值（Cove Score）。

可以用教材附带的软件包里的 tRNA_extractor. pl 提取 tRNA 序列，其用法为：perl tRNA_extractor. pl Halorhodospira. tRNA. out Halorhodospira. tRNA. fasta

注意事项：

（1）位于最后一项的 Cove Score 是搜寻到的 tRNA 的得分，该分值随所选用的数据库的不同而有变化（默认情况下是 Eukaryotic 数据库；-B 或 -P 搜索细菌类的 tRNAs；-A 搜索古菌类的 tRNAs；-O 搜索细胞器的 tRNAs；-G 一般的 tRNA 模式）。

（2）如果有 tRNA 符合假基因的标准，那么将在“tRNA Type”栏处标注“Pseudo”，如果要忽视假基因可以选参数 -D。

2）二级结构预测结果

tRNA 的二级结构都呈“三叶草”形状，在结构上具有某些共同之处，一般可将其分为五臂四环：包括氨基酸接受区、反密码区、二氢尿嘧啶区、TΨC 区和可变区。除了氨基酸接受区外，其余每个区均含有一个突环和一个臂。图 4-4 为 tRNA 的二级结构图。

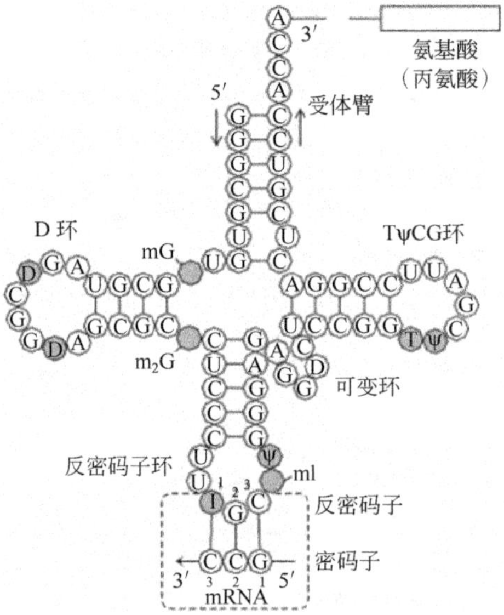

图 4-4　tRNA 二级结构

在上面的程序运行命令里，我们设定了 -f 参数，来形成 tRNA 的二级结构，其结果文件为 Halorhodospira. tRNA. Secondary，下面是文件的内容：

```
gi|121996810|ref|NC_008789.1|.trna1 (22358-22431)       Length: 74 bp
Type: Cys       Anticodon: GCA at 33-35 (22390-22392)   Score: 71.53
         *    |    *    |    *    |    *    |    *    |    *    |    *    |
Seq: GGCTAGGTGGCAGAGTGGTGATGCAGCGGCCTGCAAAGCCGTGTACGTGGGTTCGATTCCCGCCCTAGCCTCCA
Str: >>>>>>>..>>>.........<<<.>>>>>.......<<<<<....>>>>>.......<<<<<<<<<<<<....

gi|121996810|ref|NC_008789.1|.trna2 (22494-22578)       Length: 85 bp
Type: Leu       Anticodon: TAA at 35-37 (22528-22530)   Score: 80.85
         *    |    *    |    *    |    *    |    *    |    *    |    *    |    *    |
Seq: GCCCAGGTGGCGGAACTGGTaGACGCAGACGACTTAAAATCGTCAGGCTTCGGCCGTGCCGGTTCGAGTCCGGCCCTGGGCACCA
Str: >>>>>>>..>>>...........<<<.>>>>>.......<<<<<.>>>>..<<<<..>>>>>.......<<<<<<<<<<<<....
```

图 4-5 是对上面结果的注解，以 gi|121996810|ref|NC_008789.1|.trna1 为例：

练　习

请练习用 tRNAScan 搜索猪链球菌基因组（Streptococcus mutans UA159）上的 tRNA 基因。基因组的数据可以到 NCBI 下载：

http://www.ncbi.nlm.nih.gov/entrez/viewer.fcgi?? db = nucleotide&val = NC_004350。

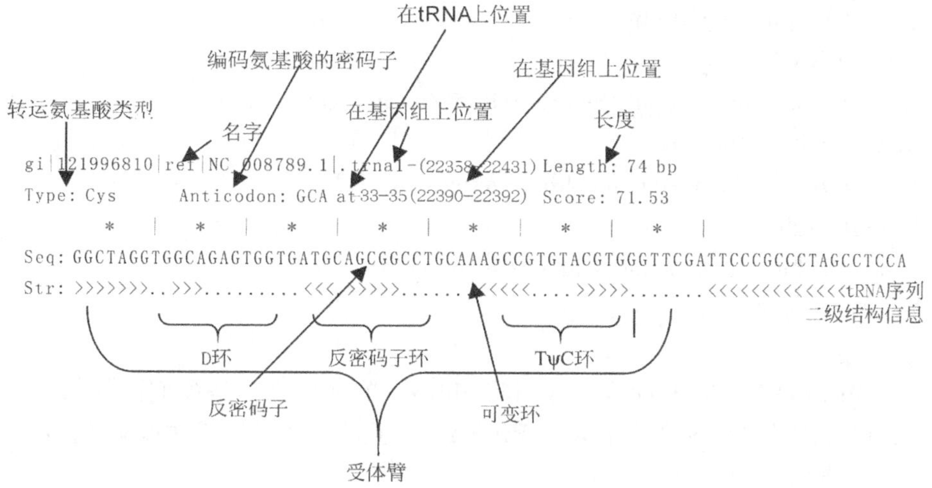

图 4-5　结果注解

4.2.2　MicroRNA

1. 简介

MicroRNA 也可以写作 miRNA，是一种 21 ~ 25nt 长的单链小分子 RNA。它广泛存在于真核生物中，是一组不编码蛋白质的短序列 RNA，其本身不具有开放阅读框（ORF）。成熟的 miRNA，5′端有一个磷酸基团，3′端为羟基。编码 miRNAs 的基因最初产生一个长的 pri-RNA 分子，这种初期分子还必须被剪切成约 70 ~ 90 个碱基大小、具发夹结构单链 RNA 前体（pre-miRNA）并经过 Dicer 酶加工后生成。成熟的 miRNA 5′端的磷酸基团和 3′端羟基则是它与相同长度的功能 RNA 降解片段的区分标志。

miRNA 的研究起始于时序调控小 RNA（stRNAs）。1993 年，Lee 等在秀丽新小杆线虫（*Caenorhabditis elegan*）中发现了第一个定时调控胚胎后期发育的基因 lin-4，2002 年，Reinhart 等又在线虫 *C. elegan* 中发现第二个异时性开关基因 let-7，2001 年 10 月 *Science* 报道了 3 个实验室从线虫、果蝇和人体克隆的几十个类似 *C. elegan* 的 lin-4 的小 RNA 基因，称为 microRNA。随后多个研究小组在包括人类、果蝇、植物等多种生物物种中鉴别出数百个 miRNAs，并且发现它与多种重要的生命过程有关。

miRNA 基因是一类高度保守的基因家族，按其作用模式不同可分为三种：第一种以线虫 lin-4 为代表，作用时与靶标基因不完全互补结合，进而抑制翻译而不影响 mRNA 的稳定性（不改变 mRNA 丰度），这种 miRNA 是目前发现最多的种类；第二种以拟南芥 miR-171 为代表，作用时与靶标基因完全互补结合，作用方式和功能与 siRNA 非常类似，最后切割靶 mRNA；第三种以 let-7 为代表，它具有以上两种作用模式：当与靶标基因完全互补结合时，直接靶向切割 mRNA，如果蝇和 Hela 细胞中 let-7 直接介导 RISC 分裂切割靶 mRNA；当与靶标基因不完全互补结合时，起调节基因表达的作用，如线虫中的 let-7 与靶 mRNA3′端非翻译区不完全配对结合后，抑制调节基因的翻译。

2. 常用的 MicroRNA 数据库

- The miRNA Registry
  http://www. sanger. ac. uk/Software/Rfam/mirna/search. shtml
- Ambion miRNA resource
  http://www. ambion. com/techlib/resources/miRNA/
- MicroRNAdb
  http://bioinfo. au. tsinghua. edu. cn/micrornadb/

3. MicroRNA 的识别

1）实验方法

随着对 MicroRNA 研究的深入，如何将 MiRNA 鉴别出来，是我们面临的一个巨大问题。目前，已经成功鉴别出 227 个人的 MiRNA，实验的方法已经成功地从各个组织中鉴别出 MiRNA，目前常用的实验方法有：

- MicroRNA and siRNA Cloning Method
  http://bi. snu. ac. kr/ProMiR/miRNAcloning. pdf
- MicroRNA（miRNA）Northern Blot
  http://bi. snu. ac. kr/ProMiR/microRNA_Northerns. pdf
- MicroRNA cloning protocol
  http://bi. snu. ac. kr/ProMiR/Ambros_microRNAcloning. pdf

2）计算方法

对于那些具有组织特异性和低表达的 MicroRNA，用实验的方法将它们鉴别出来有时会很困难，计算的方法将它们鉴别出来将成为一种很好的方法。目前，几个计算的方法已经被开发出来，鉴别同源的相关 MicroRNA。

1）MiRscan

怀海德研究所的 David P. Bartel 与麻省理工学院的 Christopher Burge 所领导的研究小组用计算机程序预测基因组中的 miRNA 的数目与位置。他们首先利用 miRNA 在结构上的特性，寻找在线虫 *C. elegans* 基因组中所有会形成发夹构造的序列。并且利用 miRNA 在演化上保守特性，即比较另外一个相近的线虫种 *C. briggsae* 的基因组是否有相同的序列。之后，再将这些疑似 miRNA 的序列进一步与目前已知的 miRNA 序列进行比较，以找出在结构上与已知 miRNA 更为相似者，进行分子实验以确认是否真的为 miRNA。经由程序辅助与分子实验之后，他们在 *C. elegans* 的基因组中找到了 88 个 miRNA，分属于 48 个 gene family。而在此之中，约有三分之一的 miRNA 在线虫发育的不同时期表达的量会有所不同。

网址：http://genes. mit. edu/mirscan/

运行方式：网络提交

输入格式：(name)(~100mer)(~100mer)

下面是一个 huam/fugu mir-34 例子：

```
mir-34
GGCCAGCTGTGAGTGTTTCTTTGGCAGTGTCTTAGCTGGTTGTTGTGAGCAATAGTAAGGAAGCAATCAGCAAGTATA
CTGCCCTAGAAGTGCTGCACGTTGTGGGGCCC
CGGCTCCTGTGGGTGTTTCTCTGGCAGTGTCTTAGCTGGTTGTTGTGAGGAGTGAGAACGAAGCAATCAGCAAGTATA
CTGCCGCAGAAATTCTTCGCAATAAGAGGCCC
```

输出格式：（以上面例子为例，它的输出结果为）

```
name: mir-34
total score: 18.58
basepairing score: 8.545696
loop distance score:-0.1414246
bulge symmetry score: 1.316269
pentamer score: 4.3
5' conservation score: 2.233843
3' conservation score: 1.876146
extension of basepairing score: 0.453105
candidate microRNA: TGGCAGTGTCTTAGCTGGTTG
```

2）其他的 MicroRNA 预测网站

（1）ERPIN-a profile-based search algorithm。

网址：http://tagc. univ-mrs. fr/erpin/

（2）eShadow-phylogenetic shadowing。

网址：http://eshadow. dcode. org/

（3）ProMiR。

网址：http://bi. snu. ac. kr/ProMiR

4. MicroRNA 靶点的识别

最近研究表明，在昆虫中 microRNA 参与了脂肪代谢中细胞的繁殖与死亡，在植物中 microRNA 参与了叶子和花的发育，尽管物种不同，也没有明确的证据证明，但是种种迹象表明 microRNA 可能有多种功能。

植物中的 microRNA 靶点已经在基因组的范围内被鉴别出来，因为在植物体内 microRNA与靶点结合互补的很好，而在动物体内 microRNA 与靶点是部分结合的，这样一般的同源性搜索的效果并不好，最近 Lewis 等提出了一个新的算法并应用于果蝇和哺乳动物内的 microRNA 的预测，算法依赖于 microRNA 与靶点结合的自由能最低的假设，目前预测的假阳性还比较高，需要进一步改进算法，提高预测的准确性。

常用的靶点预测的数据库有：

1）miRanda——人和果蝇的 miRNA 靶点预测数据库

网址：http://www. microrna. org/

软件：miranda

软件下载：http://www. microrna. org/miranda_new. html

选择合适的版本，下面我们以 miRanda-1. 9-i686-linux-gnu 版本为例进行讲解。

软件安装：

（1）上传压缩包到 miRanda-1. 9-i686-linux-gnu. tar 本地 Linux/Unix 运算服务器；

（2）解压缩：

gunzip －c miRanda-1. 9-i686-linux-gnu. tar | tar -xvf -

（3）测试程序：

进入程序目录 cd miRanda-1. 9-i686-linux-gnu

运行 ./bin/miranda，如果屏幕出现下面提示，证明你现在的版本适合的计算机，可以使用，如果屏幕出现“./bin/miranda: cannot execute binary file”，请重新下载适合你计算机系统的版本。

```
=-=-=-=-=-=-=-=-=-=-=-=-=-=-=-=-=-=-=-=-=-=-=-=-=-=-=-=-=-=-=-=-=-=-=-=-=-=-=-=-=-=-=-=
miRanda v1.9  microRNA Target Scanning Algorithm
=-=-=-=-=-=-=-=-=-=-=-=-=-=-=-=-=-=-=-=-=-=-=-=-=-=-=-=-=-=-=-=-=-=-=-=-=-=-=-=-=-=-=-=
(c)2003 Memorial Sloan-Kettering Cancer Center, New York

Authors: Anton Enright, Bino John, Chris Sander and Debora Marks
(mirnatargets@cbio.mskcc.org-reaches all authors)

Software written by: Anton Enright Distributed for anyone to use under the GNU Pub-
lic License (GPL), See the files 'COPYING'and 'LICENSE'for details

If you use this software please cite:
Enright AJ, John B, Gaul U, Tuschl T, Sander C and Marks DS; (2003)Genome Biology; 5(1):R1.

   miRanda comes with ABSOLUTELY NO WARRANTY;
   This is free software, and you are welcome to redistribute it
   under certain conditions; type 'miranda—license'for details.

miRanda is an miRNA target scanner which aims to predict mRNA
targets for microRNAs using dynamic-programming alignment and thermodynamics.

Usage: miranda query.fasta reference.fasta

Where:
      'query' is a FASTA file with a microRNA query
      'reference' is a FASTA file containing the sequence(s)to be scanned.
```

（4）程序用法：

命令行：miranda query. fasta reference. fasta

键入 ./bin/miranda-help 运行后屏幕会提示软件的用法：

```
=-=-=-=-=-=-=-=-=-=-=-=-=-=-=-=-=-=-=-=-=-=-=-=-=-=-=-=-=-=-=-=-=-=-=-=-=-=-=-=-=-=-=-=
miRanda v1.9  microRNA Target Scanning Algorithm
=-=-=-=-=-=-=-=-=-=-=-=-=-=-=-=-=-=-=-=-=-=-=-=-=-=-=-=-=-=-=-=-=-=-=-=-=-=-=-=-=-=-=-=
(c)2003 Memorial Sloan -Kettering Cancer Center, New York

Authors: Anton Enright, Bino John, Chris Sander and Debora Marks
(mirnatargets@cbio.mskcc.org-reaches all authors)

Software written by: Anton Enright
Distributed for anyone to use under the GNU Public License (GPL),
See the files 'COPYING'and 'LICENSE'for details

If you use this software please cite:
Enright AJ, John B, Gaul U, Tuschl T, Sander C and Marks DS;(2003)Genome Biology; 5(1):R1.

   miRanda comes with ABSOLUTELY NO WARRANTY;
   This is free software, and you are welcome to redistribute it
   under certain conditions; type 'miranda—license'for details.

miRanda is an miRNA target scanner which aims to predict mRNA
targets for microRNAs using dynamic-programming alignment and
thermodynamics.

Usage: miranda query.fasta reference.fasta

Where:
        'query'is a FASTA file with a microRNA query
```

```
    'reference'is a FASTA file containing the sequence(s)
    to be scanned.

OPTIONS

—help -h        Display this message
—version -v     Display version information
—license        Display license information

Core algorithm parameters:
 -sc   S          Set score threshold to S                 [DEFAULT: 50.0]
 -en   -E         Set energy threshold to -E kcal/mol      [DEFAULT: -20.0]
 -scale  Z        Set scaling parameter to Z               [DEFAULT: 4.0]
 -loose           Remove strict duplex heuristics          [DEFAULT: off]

Alignment parameters:
 -go -X           Set gap-open penalty to -X               [DEFAULT: -2.0]
 -ge -X           Set gap-extend penalty to -X             [DEFAULT: -8.0]

General Options:
 -out             Output results to file                   [DEFAULT: off]
 -quiet           Do not output alignments                 [DEFAULT: off]
 -trim T          Trim reference sequences to T nt         [DEFAULT: off]
 -noenergy        Do not perform thermodynamics            [DEFAULT: off]

Generating statistics from sequence shuffling:
-shuffle          Generate statistics using seq shuffling  [DEFAULT: off]
                  Note: This is much slower than a normal scan
 -s               Total number of shuffles to perform      [DEFAULT: 100]
 -w               Shuffle window size                      [DEFAULT: 10]
 -uniform         Uniform shuffle instead of windowed      [DEFAULT: off]
 -z Z             Z-Score threshold                        [DEFAULT: 5.0]

This software will be further developed under the open source model,
coordinated by Anton Enright and Chris Sander (miranda@ cbio.mskcc.org).

Please send bug reports to: miranda@ cbio.mskcc.org.
```

(5) 运行实例:

输入:

光盘 MicroRNA\examples 下 bantam_stRNA. fasta

>embl|AJ550546|DME550546 Drosophila melanogaster microRNA miR-bantam

gtgagatcattttgaaagctg

光盘 MicroRNA\examples 下 hid_UTR. fasta

```
>embl|U31226|DM31226  Drosophila melanogaster  head involution defective protein(hid)
mRNA, complete cds.
xxxxxxxxxxgaaagcgcaggagacgtgtaatcgaatgatctatagtgaaatcagctagc
ccttaagatatatgccgatctaaacatagttgtagttaaaccgtacataagtgcaacgaa
tttattgaactgcaggagcgaaagcagaaagtcattaattcgtaaacggattgttagata
cacaaacagccaacatacacgaagagtgtgcctaagattaagaaggttgacgggacacaa
gaacaatatattctatctgtctatggtaactgcatttgtatttctaaaacgaaacgaaag
ataacaatcttaactgctcaaagtaatgaaaactcttagactggcaagagactcaaatca
cacttattttttgctgatccatattttgtacaaccttttgagcgatatttacaaatta
tactagtacaaaaaaaagagagagagagataagcaaaagaaaactgccacttttgagata
cttttgataatctttgatttgcatttaatcatttccacacttgcatttttataaacaac
aaacaaaattacttccattgtagaacaaagtaaactgcaatttcaatgtcttcgcatttg
```

```
taattccgaattgcaagaaaaacaaaaatatttaaatatgtttaactagtagaatttt
taaacgtaagtccacaaaaacaagcacatctagctttaattgttgaaacaaaagcagaaa
aaacgcaacaaaaaaatgaatgaaaatcattaaattaatttgtatatagtttttatgcc
atttttgtgatgttttgtgtctacggtttatgtcatgttattttagttaaatttcttatg
atttatgtttatttgtaatatttttttgtcattgtttgttcatcatcatattcaaattggt
ctcacaatataatagttttaagctccacgcccgggagattgatggcaaaacgattgaaat
ttggccagaagagagatagtttccccattcgtacacagtctttttttggaatgcacatta
atgatctctcacaatggaaattaatgaaaattgatctccgcagctagccaaagttaaaaa
agaaatgaagaggaaaacatattctataggcaattttcactatatgctagaatttcccgg
gcgtttcaatgctaatcgaatacagtgacatgaaagcaaacatagcgaaaatattaagaa
aatcaatcaaaaagaaagaaaaaccaattcccaaaaatcgcattgatctcatggatttat
acaatacaattacatcaaccgtttttttacaatgagaaatgttataaaaagcagaaagtg
aaacacagaaacataaacaaaaattaacgaaaagcttagatataagttcgccaagcgttt
tagttctattttctagaatgtctaagtcggtttagtgagtttattaagctgtcttcggac
acaagtttatttgtatataagcaatattatttgtgtagcctaagtgacagtcccaatcaa
atccaatccaatatcacccagtcccggacatttcccagcaaaacaatagactattctcgc
gttcacatgtatcaatcttaatttgaattaccacaaaatgaaatgaaatactaaaaccat
acacaaatgaaaaattattttgtaaattgtttgcatcaagtgagcaaggggattagatt
aaggaatcatccttgctttatcccctgcttattgctaattagttttcacaatgatctcgg
taaagttttgtggccttgcgcccaaaagtcgtacagattttttggtttgccataaatactc
gaacaaaaagttaatgaaaaacgaagcaaatggaaaaaaaatcagaatgaaacacaagaa
atttatatttttgacccaatgctacttaatccgtttttgtaatttaagtatctttactcg
accttgtatatagcgcagttcgaatcacagaatcaaatgccatttttgtatagaatttta
tttggtgccaaaacagtgacagataattaaatgtctatgaacccgtgtatttcgcatatt
atacatttatacatatatcgtaacttcaatgataagtttgattctgaaattttgtcaact
caatttaagaaacatttctgttgtagtttagtgattgctagcagaaagcactttgtttaa
ttgtacatttatattatgctgtaatattttaatatacataaatatcattattgatctca
tgaatatgttcataagacaacaaaaattatatatatgaatacatctatgtgtatgtgtaa
ag
```

命令行：./bin/miranda examples/bantam_stRNA. fasta examples/hid_UTR. fasta-sc 80-en-14-scale 2. 0-out examples/hid_UTR. fasta. target-s 100

输出：光盘 MicroRNA \ examples/hid_ UTR. fasta. target 为预测的结果。

```
=-=-=-=-=-=-=-=-=-=-=-=-=-=-=-=-=-=-=-=-=-=-=-=-=-=-=-=-=-=-=-=-=-=-=-=-=-=-=-=
miRanda v1.9 microRNA Target Scanning Algorithm
=-=-=-=-=-=-=-=-=-=-=-=-=-=-=-=-=-=-=-=-=-=-=-=-=-=-=-=-=-=-=-=-=-=-=-=-=-=-=-=
(c)2003 Memorial Sloan-Kettering Cancer Center, New York

Authors: Anton Enright, Bino John, Chris Sander and Debora Marks
(mirnatargets@ cbio.mskcc.org-reaches all authors)

Software written by: Anton Enright
Distributed for anyone to use under the GNU Public License (GPL),
See the files´COPYING´and´LICENSE´for details

If you use this software please cite:
Enright AJ, John B, Gaul U, Tuschl T, Sander C and Marks DS;
(2003)Genome Biology; 5(1):R1.

   miRanda comes with ABSOLUTELY NO WARRANTY;
   This is free software, and you are welcome to redistribute it
   under certain conditions; type `miranda—license´for details.

Current Settings:
=-=-=-=-=-=-=-=-=-=-=-=-=-=-=-=-=-=-=-=-=-=-=-=-=-=-=-=-=-=-=-=-=-=-=-=-=-=-=-=
Query Filename:        examples/bantam_stRNA.fasta
```

```
Reference Filename:    examples/hid_UTR.fasta
Gap Open Penalty:      -8.000000
Gap Extend:            -2.000000
Score Threshold        80.000000
Energy Threshold       -14.000000 kcal/mol
Scaling Parameter:     4.000000
=-=-=-=-=-=-=-=-=-=-=-=-=-=-=-=-=-=-=-=-=-=-=-=-=-=-=-=-=-=-=-=-=-=-=-=-=
Read Sequence:embl|AJ550546|DME550546 Drosophila melanogaster microRNA miR-bantam(21 nt)
Read Sequence:embl|U31226|DM31226 Drosophila melanogaster head involution defective
protein (hid)mRNA, complete cds. (2282
nt)
=-=-=-=-=-=-=-=-=-=-=-=-=-=-=-=-=-=-=-=-=-=-=-=-=-=-=-=-=-=-=-=-=-=-=-=-=
Performing Scan: embl|AJ550546|DME550546 vs embl|U31226|DM31226
=-=-=-=-=-=-=-=-=-=-=-=-=-=-=-=-=-=-=-=-=-=-=-=-=-=-=-=-=-=-=-=-=-=-=-=-=

  Forward:  Score: 161.000000 Q:2 to 20 R:1720 to 1740 Align Len (18)(88.89% )(94.44% )

  Query:  3' gTCGAAAGTTTTACTAGAGtg 5'
              ||: ||||| |||||||||
  Ref:    5' tAGTTTTCACAATGATCTCgg 3'

  Energy:  -24.540001 kCal/Mol

Scores for this hit:
>embl|AJ550546|DME550546     embl|U31226|DM31226    161.00   -24.54   0.00   2 20
 1720 1740  18      88.89%   94.44%

  Forward:  Score: 154.000000  Q:1 to 22  R:883 to 905 Align Len (23)(78.26% )(82.61% )

  Query:  3' GTCG-A-AAGTTTTACTAGAGTG 5'
             ||  | | |||||| ||:||||||
  Ref:    5' CATCATATTCAAATTGGTCTCAC 3'

Energy: -20.030001 kCal/Mol

Scores for this hit:
>embl|AJ550546|DME550546  embl|U31226|DM31226  154.00 -20.03 0.00  1 22  883 905
23  78.26% 82.61%

  Forward:  Score: 148.000000  Q:7 to 21  R:1232 to 1252 Align Len (14)(78.57% )(85.71% )

  Query:  3' gtcgaaAGTTTTACTAGAGTg 5'
                   ||: | ||||||||
  Ref:    5' caaaaaTCGCATTGATCTCAt 3'

  Energy:  -14.570000 kCal/Mol

Scores for this hit:
>embl|AJ550546|DME550546  embl|U31226|DM31226  148.00  -14.57  0.00  7 21  1232
1252  14    78.57% 85.71%

  Forward:  Score: 145.000000   Q:5 to 21   R:2200 to 2221 Align Len (17)(76.47% )
(76.47% )

  Query:  3' gtcgAAAGT-TTTACTAGAGTg 5'
                 | |||   | ||||||||
  Ref:    5' taaaTATCATTATTGATCTCAt 3'

  Energy:  -14.180000 kCal/Mol
```

```
Scores for this hit:
>embl|AJ550546|DME550546  embl|U31226|DM31226  145.00  -14.18  0.00  5 21  2200
2221  17  76.47% 76.47%

Score for this Scan:
Seq1,Seq2,Tot Score,Tot Energy,Max Score,Max Energy,Strand,Len1,Len2,Positions
>>embl|AJ550546|DME550546    embl|U31226|DM31226    608.00  -73.32  161.00
-24.54  1  21    2282    1719 882 1231 2199
Complete

Run Complete
```

2）其他的常用靶点数据库

（1）Targetscan-Mammalian miRNA targets。

网址：http://genes.mit.edu/targetscan/

（2）DIANA MicroT。

网址：http://diana.pcbi.upenn.edu/cgi-bin/micro_t.cgi

练　习

请找出可能参与人 GNAI2 基因调控的 miRNA。

（1）GNAI2 基因，http://www.ncbi.nlm.nih.gov/entrez/viewer.fcgi? db=nucleotide&val=49574535

（2）人的 miRNA 数据，http://microrna.sanger.ac.uk/sequences/ftp/mature.fa.gz

4.2.3 snoRNA

1. 简介

snoRNA（Small nuclear RNAs）是近来生物学研究的热点，它可以独自转录，也可以由内含子编码。已证明有多种功能，反义 snoRNA 指导 rRNA 核糖甲基化。snoRNA 与其他 RNA 的处理和修饰有关，如核糖体和剪接体核小 RNA、gRNA 等。snoRNA 是一个与特性化的非编码 RNA 相关的大家族。Snoscan 通过搜索 snoRNA 中的 C/D box 结构来预测 snoRNA。

2. 下载

Snoscan 软件包可以从网站上免费下载，目前最新版本的软件下载链接如下：

http://lowelab.ucsc.edu/software/snoscan.tar.gz

3. 安装

（1）上传压缩包到本地 Linux/Unix 运算服务器；

（2）解压缩：

```
uncompress snoscan-0.9b.tar.Z
tar-xvf snoscan-0.9b.tar
```

（3）编译库文件：在编译主程序前要编译一下库文件。

```
cd snoscan-0.9b
cd squid-1.5j
make
```

编译后会在 squid-1.5j 下生成“libsquid.a”的库文件。

（4）编译源程序：

cd ..

make

这样编译了一个二进制程序 Snoscan。

4. 使用

程序运行命令行：

```
snoscan [-options] <rRNA sequence file> <query sequence file>
```

键入 Snoscan 运行后屏幕会提示软件的用法：

```
Usage: snoscan [-options] <rRNA sequence file> <query sequence file>
Find snoRNA genes containing rRNA complementarity
and C & D boxes

Available options:
-h      : help-print version and usage info
-m <meth file>  : specify methylation sites
-o <outfile>  : save candidates in <outfile>
-s      : save snoRNA sequences with hit info
-l <length>   : set minimim length for snoRNA-rRNA pairing (def=9bp)
-C <Score>: set C Box score cutoff to <Score>
-D <Score>: set D prime Box score cutoff to <Score>
-X <Score>: set final score cutoff to <Score>
-c <score>: set min score for complementary region match
-d <dist>  : set max distance between C & D boxes
-p <dist>  : set min distance between rRNA match & D box when D prime box is present (def=10bp)
-O      : use original C-D distance scoring
-M <integer> : set max distance to known meth site (Def=0)
-V      : verbose output
```

重要参数解释：

<rRNA sequence file> 物种 rRNA 的数据

<query sequence file> 要搜索 snoRNA 的核酸序列

- m　rRNA 甲基化位点文件

- l　snoRNA 与 rRNA 结合的最小长度

- C　预测 C Box 分值的限制

- D　预测 D Box 分值的限制

- X　预测的全部分值的限制

- c　互补区域的匹配的最小分值

- d　C 和 D boxes 间的最小距离

5. 输入

下面我们以酵母菌的 snoRNA 预测为例进行讲解

1）<rRNA sequence file>

下面只列举了一条酵母的 rRNA 序列，我们应该收集的尽可能多的关于物种的 rRNA 数据。

```
>ySc-18S YSCRGEA Yeast (S.cerevisiae)18S ribosomal RNA gene.
tatctggttgatcctgccagtagtcatatgcttgtctcaaagattaagcc
atgcatgtctaagtataagcaatttatacagtgaaactgcgaatggctca
ttaaatcagttatcgtttatttgatagttcctttactacatggtataacc
```

```
gtggtaattctagagctaatacatgcttaaaatctcgaccctttggaaga
gatgtatttattagataaaaatcaatgtcttcggactctttgatgattc
ataataacttttcgaatcgcatggccttgtgctggcgatggttcattcaa
atttctgccctatcaactttcgatggtaggatagtggcctaccatggttt
caacgggtaacggggaataagggttcgattccggagagggagcctgagaa
acggctaccacatccaaggaaggcagcaggcgcgcaaattacccaatcct
aattcagggaggtagtgacaataaataacgatacagggcccattcgggtc
ttgtaattggaatgagtacaatgtaaataccttaacgaggaacaattgga
gggcaagtctggtgccagcagccgcggtaattccagctccaatagcgtat
attaaagttgttgcagttaaaaagctcgtagttgaactttgggcccggtt
ggccggtccgatttttttcgtgtactggatttccaacggggcctttccttc
tggctaaccttgagtccttgtggctcttggcgaaccaggacttttacttt
gaaaaaattagagtgttcaaagcaggcgtattgctcgaatatattagcat
ggaataatagaataggacgtttggttctattttgttggtttctaggacca
tcgtaatgattaatagggacggtcgggggcatcggtattcaattgtcgag
gtgaaattcttggatttattgaagactaactactgcgaaagcatttgcca
aggacgttttcattaatcaagaacgaaagttaggggatcgaagatgatct
ggtaccgtcgtagtcttaaccataaactatgccgactagatcgggtggtg
tttttttaatgacccactcggtaccttacgagaaatcaaagtctttgggt
tctgggggggagtatggtcgcaaggctgaaacttaaaggaattgacggaag
ggcaccaccaggagtggagcctgcggcttaatttgactcaacacggggaaa
ctcaccaggtccagacacaataaggattgacagattgagagctctttctt
gattttgtgggtggtggtgcatggccgtttctcagttggtggagtgattt
gtctgcttaattgcgataacgaacgagaccttaacctactaaatagtggt
gctagcatttgctggttatccacttcttagagggactatcggtttcaagc
cgatggaagtttgaggcaataacaggtctgtgatgcccttagaacgttct
gggccgcacgcgcgctacactgacggagccagcgagtctaaccttggccg
agaggtcttggtaatcttgtgaaactccgtcgtgctggggatagagcatt
gtaattattgctcttcaacgaggaattcctagtaagcgcaagtcatcagc
ttgcgttgattacgtccctgccctttgtacacaccgcccgtcgctagtac
cgattgaatggcttagtgaggcctcaggatctgcttagagaaggggggcaa
ctccatctcagagcggagaatttggacaaacttggtcatttagaggaact
aaaagtcgtaacaaggtttccgtaggtgaacctgcggaaggatcatta
```

2) <query sequence file>

```
>snR41 ySc_chr16 (719252-719128) 125 bp
TGTGTGACTCCCCTATGATTAAAAATTATTAATCATATACCAATTGTTCCGACTGAATAG
TGGTTTAACTACATGTCGACAACCCTTTTTCGTTAAGTTTCAGCCTTGTATGAGGGGTGC
CACGG
```

3) 甲基化位点文件

如果有 rRNA 甲基化位点文件，可以输入给程序。

```
>ySc-18S S.cerev rRNA methylation sites 17 known, 1 predicted
A 28     snR74/Z4
A 100    snR51
C 414    U14
A 420    snR52
A 436    Undet
A 541    snR41
U 578    snR77/Z7
A 619    snR47
A 796    snR53
A 973    snR54
C 1006   snR79/Z9
G 1123   snR41
U 1265   snR55
G 1267   snR40
G 1425   snR56
G 1570   snR57
```

```
C 1637  snR70
```

6. 命令行

```
./snoscan -m ySc-18S-meth.sites -o snR41.snoscan.out ySc-18S.fasta snR41.fa
```

7. 输出

预测结果 snR41. snoscan. out

下面是预测的结果的一部分：

```
Snoscan (v.0.9b) search results:
=================================
Cutoffs (bits)
C Box: 4.33      D'Box:-14.43    Compl score: 8.0     Final score: 14.0
Min Match: 9 bp                  Max mismatch: 2 bp
Max C-D Box Dist: 178 bp         Min D box-Match Dist w/D'   Box present: 10 bp
--------------------------------------------------------------------------------

>> snR41 28.11 (11-115) Cmpl: ySc-18S-Am541 (snR41) 11/1 bp Gs-DpBox: 40 (30) Len: 105 TS

C Box:   AUGAUUA  Sc: 7.81   (15-21)       C-D box dist: 88 bp
D Box:   AUGA     Sc: 3.77
D'Box:   CUGA     Sc: 7.34    D'box Guide Transit Sc:-0.67

Meth site found: 541 (snR41)   Guide Seq Sc: 9.48   (18.96-1.12-7.36-1.00)

                                     *
Db seq: 5'-                         AGGAACAAUUGG-3'  ySc-18S     (538-551)
                                    |||||||||||
Qry seq: 3'-                 AGUCAGCCUUGUUAACC-5'     snR41     (51-40)

C Box-> Guide Seq Gap Sc:-1.76 (18 bp)     Guide Seq-> D Box Gap Sc:-2.44 (53 bp)

Strong terminal stem:        +-[C Box]-N-CCCCUCAG-5'      Stem Sc: 5.68 (6 bp)
                             |            |||| | |
                             +--[D Box]-GGGGUGCC-3'       Stem Transit Sc:-1.11

>Summary      [ C Box  ]—        —[ Cmpl/Mism ] X [D'Bx]—        —[D Bx] Length
>Meth Am 541  [AUGAUUA]— 18 bp —[  11 /1     ] 1 [CUGA]— 53 bp—[AUGA] 105 bp
>Sc   28.11   [ 7.81   ]— -1.76 —[ 18.96 bits ]   [7.34]  -2.44   [3.77]

================================================================================
```

结果以“>>”开始，这一行是对预测总体的描述，包括的内容有

```
 (1)  (2)     (3)     (4)      (5)  (6)  (7)    (8)     (9) (10)     (11) (12)
>> snR41 28.11 (11-115) Cmpl: ySc-18S-Am541 (snR41) 11/1 bp Gs-DpBox: 40 (30) Len: 105 TS
```

标注的解释：

（1）Query 序列的名字。

（2）Snoscan 预测总的分值（in bits）。

（3）预测的 snoRNA 的位置。

（4）Target 序列名字。

（5）Target 甲基化碱基的类型和位置（Target 序列 541 位 A 碱基）。

（6）如果预测的甲基化位点在提供的甲基化位点文件里，这里的 snR41 是关于甲基化位点的注释，如果没有提供甲基化位点文件或预测甲基化位点不在甲基化位点文件里面，这里将显示“-”。

(7) 11 是匹配的区域，1 是匹配区域里错误的匹配个数。

(8) 如果引导区域靠近 D' box 会相对于整个 Query 的位置。

(9) 引导区域的位置，RNA 的位置。

(10) 引导区域的位置，相对于 sno 显示" Gs - DpBox"，靠近 D box 会显示“Gs - D box”。

(11) snoRNA 的长度。

(12) 如果检测到 terminal stem 会显示“TS”，否则显示空白。

下面是结果的中间部分，其中，“Db seq”为 query sequence，“Sc”为预测分值，“Meth site found”表明这个预测的甲基化位点在提供的甲基化位点文件里面，并且“(snR41)”是甲基化位点文件里对这个位点的注释，在下面的比对显示上面用“*”标注出来了。

```
Meth site found: 541 (snR41)  Guide Seq Sc: 9.48  (18.96-1.12-7.36-1.00)

                                   *
Db seq:  5'-                 AGGAACAAUUGG-3'  ySc-18S    (538-551)
                             |||||||||||
Qry seq: 3'-             AGUCAGCCUUGUUAACC-5'    snR41    (51-40)

C Box-> Guide Seq Gap Sc:-1.76 (18 bp)    Guide Seq-> D Box Gap Sc:-2.44 (53 bp)

Strong terminal stem:     +-[C Box]-N-CCCCUCAG-5'     Stem Sc: 5.68 (6 bp)
                          |           |||| | |
                          +--[D Box]-GGGGUGCC-3'      Stem Transit Sc:-1.11
```

最后一部分是对上面信息的一个汇总，第一行是标注行；第二行给出了甲基化位点碱基和位置，每一个 BOX 的序列，BOX 间的距离；第三行给出了各种预测的分值。

```
>Summary      [  C Box  ]--         --[ Cmpl/Mism ] X [D'Bx]--        --[D Bx]  Length
>Meth Am 541  [AUGAUUA ]-- 18 bp --[   11 /1     ] 1 [CUGA]-- 53 bp --[AUGA]  105 bp
>Sc  28.11    [  7.81   ]-- -1.76 --[ 18.96 bits ]   [7.34]  -2.44    [3.77]
```

练　　习

请找出参与拟南芥 18S 核糖体 RNA 修饰调控的 snoRNAs。

(1) 拟南芥 18S rRNA 序列：

http://www.ncbi.nlm.nih.gov/entrez/viewer.fcgi? db = nucleotide&val = 16506

(2) 拟南芥 snoRNAs 数据：

http://lowelab.ucsc.edu/snoRNAdb/Arabidopsis/Brown-arab-snos-fasta.html

4.2.4 rRNA (rfam)

1. 简介

rRNA 是细胞中含量最多的 RNA，约占 RNA 总量的 82%。rRNA 单独存在时不执行其功能，它与多种蛋白质结合成核糖体，作为蛋白质生物合成的“装配机”。rRNA 的分子质量较大，结构相当复杂，目前虽已测出不少 rRNA 分子的一级结构，但对其二级、三级结构及其功能的研究还需进一步的深入。原核生物的 rRNA 分三类：5SrRNA、16SrRNA 和 23SrRNA。真核生物的 rRNA 分 4 类：5SrRNA、5.8SrRNA、18SrRNA 和 28SrRNA。S 为大分子物质在超速离心沉降中的一个物理学单位，可间接反应分子质量的大小。原核生物和真核生物的核糖体均由大、小两种亚基组成。过去认为，大亚基的蛋白质具有酶的活性，促使肽键形成，故称为转肽酶。20世纪90年代初，Noller等证明大肠杆菌的23SrRNA能够催化肽键的形成，才证明核糖体是一种核酶，从而根本改变了传统的观点。核糖体催化肽键合成的是rRNA，蛋白质只是维持rRNA构象，起辅助的作用。

RFAM是一个综合的非编码RNA（NCRNA）家族数据库，由多重序列比对及图谱随机上下文语法所表示。它旨在促进已知序列家族的鉴定和分类，以及对超过200个完整的基因组序列的NCRNA的注释。这些数据可以在广泛的分类范围内了解多样的NCRNA家族。一些少量的大的家族在三类生物体中都是基本的，并且有大量的小家族在某一类别中所特有。文中提到对于数据库的改进及未来所面临的挑战。RFAM可通过http://www.sanger.ac.uk/Software/Rfam/和http://rfam.wustl.edu/来访问。

2. 下载

下面我们介绍的关于rRNA的预测需要下面的软件和数据库支持：

1）INFERNAL

ftp://selab.janelia.org/pub/software/infernal/infernal-0.72.tar.gz

2）数据库

请到ftp://ftp.sanger.ac.uk/pub/databases/Rfam/下面下载Rfam.tar.gz、Rfam.thr.gz、Rfam.fasta.gz3个文件。

3）rfam_scan.pl

http://www.sanger.ac.uk/Software/Rfam/help/scripts/search/rfam_scan.pl

4）blastall（详见本书中blastall章节，并在安装下面软件前安装blastall）。

3. 安装

在Linux/Unix运算服务器合适位置创建rRNAScan目录，把上面下载的软件和数据库放到目录下，并在rRNAScan下创建rfam目录，把Rfam.tar.gz、Rfam.thr.gz、Rfam.fasta.gz放到rfam下。

1）INFERNAL的安装

（1）解压缩：

```
$ gunzip infernal-0.72.tar.gz
$ tar- xvf infernal-0.72.tar
```

（2）编译源程序：

进入程序目录 $ cd infernal-0.72

软件配置： $ ./configure

软件编译： $ make

这时程序已经编译到src目录下，如果你是root用户，你可以进行make install。这样程序将被安装到/usr/local/bin下，如果你不是root账号，可以修改你宿主目录下的.profile和.bashrc文件里面，把配置文件的路径付给INFERNAL_BIN_DIR，例如添加下面信息：

```
INFERNAL_BIN_DIR=/home/sunhb/Software/rfam/infernal-0.7/src/
```

```
export INFERNAL_BIN_DIR
```

注意路径要根据不同用户安装目录的不同做相应的修改，不能照抄这个例子。

2）RFAM 数据库的安装

进入 rfam 程序目录 cd rfam

解压文件：$ gzip-d *. gz

$ tar-xvf Rfam. tar

建立数据库文件：$ formatdb -i Rfam. fasta -p F

3）rfam_scan. pl 的安装

（1）首先确保的你的系统已经安装了 PERL 的解析器，如果没有安装请到地址下载适合你系统的 PERL 解析器：http://www. perl. com/download. csp。

（2）rfam_scan. pl 需要 Bioperl 的支持，如没有安装请下载

http://search. cpan. org/CPAN/authors/id/S/SE/SENDU/bioperl-1. 5. 2_101. tar. gz 并安装到你的系统。

4. 使用

程序运行命令行：

```
rfam_scan.pl <options> fasta_file
```

在 rRNAScan 目录下键入 `perl rfam_scan.pl` 运行后屏幕会提示软件的用法：

```
rfam_scan.pl: search a DNA fasta file against Rfam
Usage: rfam_scan.pl <options> fasta_file
    Options
        -h              : show this help
        -d <dir>        : specify directory location of Rfam database
        -o <file>       : write the output to <file>
        -f <format>     : output format-currently one of
                            tab       simple tab delimited (default)
                            gff       GFF version 2
    Expert options
        -t <bits>       : specify cutoff in bits
        --bt <bits>     : specify blast evalue cutoff
        --local         : perform local mode search  (default is Rfam mode)
        --global        : perform global mode search (          --"--        )
        --acc <acc>     : search against only a single family
        --nobig         : skip the large ribosomal RNAs
        --bin <path>    : add <path> onto your executable path (can specify >1)
        --fadb <file>   : use alternative fasta db

    Defualt tab delimited output format is:
        <seq id> <seq start> <seq end> <rfam acc> <model start> <model end> <bit
score> <rfam id>

    This search can be very slow for large RNA gene-rich sequences.
    You should probably try different size chunks to find reasonable
    search times. As a guide, finding 12 tRNAs in a 2kb chunk of
    sequence seems to take 2-3 mins.
```

重要参数解释：

-d RFAM 数据的文件夹位置

-o 指定生成的结果文件

-f 生成的结果文件的格式，默认是 tab 格式，可以指定生成 gff 各式的文件

-t 设定分值的标准

- -bt 设定 blast 比对的 e 值标准，默认是 10，我们可以设定 1e-5

- -local 进行局部模式搜索，默认是 Rfam 模式

- -global 进行全局模式搜索

- -acc 可以指定单一的 RFAM 家族进行搜索

- -nobig 跳过大的 ribosomal RNAs

- -bin 可以设定 INFERNAL 软件的路径

- -fadb 可以重新指定 rRNA 数据的位置

5. 输入

Fasta 格式的核酸序列：

下面是一条细菌基因组的一部分，包含它的一条 16S RNA：

```
>16s
ATAAAACGGAAAGCTAGCAATAGCTTGAGTTTGAATCAAAACTTTTTATG
AGAGTTTGATCCTGGCTCAGGACGAACGCTGGCGGCGTGCCTAATACATG
CAAGTAGAACGCTGAAGTCTGGTGCTTGCACTAGACGGATGAGTTGCGAA
CGGGTGAGTAACGCGTAGGTAACCTGCCTCATAGCGGGGGATAACTATTG
GAAACGATAGCTAATACCGCATAACAGTATTTACCGCATGGTAGATATTT
GAAAGGAGCAATTGCTTCACTATGAGATGGACCTGCGTTGTATTAGCTAG
TTGGTGAGGTAACGGCTCACCAAGGCTTCGATACATAGCCGACCTGAGAG
GGTGATCGGCCACACTGGGACTGAGACACGGCCCAGACTCCTACGGGAGG
CAGCAGTAGGGAATCTTCGGCAATGGGGGCAACCCTGACCGAGCAACGCC
GCGTGAGTGAAGAAGGTTTTCGGATCGTAAAGCTCTGTTGTAAGAGAAGA
ACTGTGAGAAGAGTGGAAAGTTTCTCACTTGACGGTATCTTACCAGAAAG
GGACGGCTAACTACGTGCCAGCAGCCGCGGTAATACGTAGGTCCCGAGCG
TTGTCCGGATTTATTGGGCGTAAAGCGAGCGCAGGCGGTTTGATAAGTCT
GAAGTAAAAGGCTGTGGCTTAACCATAGTACGCTTTGGAAACTGTCAAAC
TTGAGTGCAGAAGGGGAGAGTGGAATTCCATGTGTAGCGGTGAAATGCGT
AGATATATGGAGGAACACCGGTGGCGAAAGCGGCTCTCTGGTCTGTAACT
GACGCTGAGGCTCGAAAGCGTGGGGAGCGAACAGGATTAGATACCCTGGT
AGTCCACGCCGTAAACGATGAGTGCTAGGTGTTGGGTCCTTTCCGGGACT
CAGTGCCGCAGCTAACGCATTAAGCACTCCGCCTGGGGAGTACGACCGCA
AGGTTGAAACTCAAAGGAATTGACGGGGGCCCGCACAAGCGGTGGAGCAT
GTGGTTTAATTCGAAGCAACGCGAAGAACCTTACCAGGTCTTGACATCCC
GATGACCGCCCTAGAGATAGGGTTTCTCTTCGGAGCATCGGTGACAGGTG
GTGCATGGTTGTCGTCAGCTCGTGTCGTGAGATGTTGGGTTAAGTCCCGC
AACGAGCGCAACCCCTATTGTTAGTTGCCATCATTCAGTTGGGCACTCTA
GCGAGACTGCCGGTAATAAACCGGAGGAAGGTGGGGATGACGTCAAATCA
TCATGCCCCTTATGACCTGGGCTACACACGTGCTACAATGGCTGGTACAA
CGAGTCGCAAGTCGGTGACGGCAAGCTAATCTCTTAAAGCCAGTCTCAGT
TCGGATTGTAGGCTGCAACTCGCCTACATGAAGTCGGAATCGCTAGTAAT
CGCGGATCAGCACGCCGCGGTGAATACGTTCCCGGGCCTTGTACACACCG
CCCGTCACACCACGAGAGTTTGTAACACCCGAAGTCGGTGAGGTAACCTT
TTAGGAGCCAGCCGCCTAAGGTGGGATAGATGATTGGGGTGAAGTCGTAA
CAAGGTAGCCGTATCGGAAGGTGCGGCTGGATCACCTCCTTTCTAAGGAA
ATGGAAACCTGTACGTCAGTCTTCTTTAATTTTGAGAG
```

6. 命令行

```
perl rfam_scan.pl -o 16S.fasta.scan.out -d rfam --bt 1e-5 16S.fasta
```

7. 输出

rRNA 预测结果：

下面是预测的结果：16S. fasta. scan. out

16s　69　607　RF00177　1　51　471. 58 SSU_rRNA_5

其中：

16s 是你输入序列的 ID

69 是预测 rRNA 的起始，607 是终止

RF00177 是 rfam 数据库的索引号

1 是模式的开始，51 是模式的结束位置

471. 58 是预测分值

SSU_rRNA_5 是数据库中的序列名字

可以用我们提供的 abstarct_rrna. pl 程序来处理上面的结果，提取预测的 rRNA 的序列和位置信息。用法如下：

```
perl abstarct_rrna.pl 16S.fasta.scan.out 16S.fasta.scan.rRNA.fasta
```

练　　习

请预测猪链球菌基因组上的 rRNA。基因组的数据可以到 NCBI 下载：

http://www. ncbi. nlm. nih. gov/entrez/viewer. fcgi?? db = nucleotide&val = NC_004350

4.3　基 因 预 测

基因预测简介

1）基础概念

（1）随机过程：一族无穷多个、相互有关联的随机变量。记为：$\{X(t), t \in T\}$，由于参数 t 经常代表时间，故称为随机过程。T 常为自然数，整数或区间。当参数取值为整数时，也称为随机序列。

（2）马尔可夫过程：取值为整数的随机过程，若 $t = i$ 时刻的取值只与时刻 $i - 1$ 取值有关，则称为马尔可夫过程，也称为一阶马尔可夫链。

（3）隐马尔可夫模型：存在一个隐序列 H，它是不可观测的，且由以下参数生成：$\{\pi_\alpha, T_{\alpha\beta}, \{\sigma\}\}$，其中，$\pi_\alpha$ 为初始状态出现概率；$T_{\alpha\beta}$为转移概率，即 $t_{\alpha\beta} = P(h_i = \beta \mid h_i - 1 = \alpha)$；$\alpha$、$\beta$ 属于 $\{\sigma\}$；$\{\sigma\}$ 为字符集，即隐序列由哪些字符组成。观测的结果称为明序列 0，它由隐序列按照生成概率 $e\,\alpha_a$ 生成。其中，$e\alpha_a = P(a \mid \alpha)$；$\{a\}$ 为明序列字符集。

2）隐马氏模型的三种典型问题

（1）可能性问题：给定模型参数，当观察到一个明序列时，这一明序列确实由给定模型生成的概率有多大?

（2）解码问题：给定模型参数，当观察到一个明序列时，这一明序列所对应的最可能的隐序列是什么?

（3）学习问题：观察到足够多明序列时，如何估计转移概率和生成概率?

基因组编码区的隐马模型：属于解码问题，假设基因组由两种功能区域组成，即编码区和非编码区，分别由字母 c，n 代表。转移矩阵为同种字母延伸或变为另一种字母的概

率。初始状态概率为第一个字母出现 c 或 n 的概率。明序列由 A、C、G、T 4 个字母组成，生成概率分别为编码区和非编码区 4 个字母出现的概率。

半隐马模型：隐序列的每一个状态持续时间（持续长度）是一个取值为正整数的随机变量，它由另外的概率分布来描述。因为在隐马模型中，状态持续长度为几何分布，这与生物序列的实际情况不符，因而基因预测实际上采用基于编码区长度分度的半隐马模型。

马尔可夫阶次：在马尔可夫链中，若 $t=i$ 时刻的取值只与其相邻前 N 个时刻的取值有关，则称为 N 阶马尔可夫链。GENSCAN 采用的是二阶半隐马尔可夫模型，即基因编码区某碱基的出现概率与其前两个碱基有关。BGF 采用的是五阶半隐马尔可夫模型，加上其自身正好是两个密码子。

基因，在本文仅指蛋白编码基因，暂不包括非编码 RNA 基因。

3）发展背景

隐马尔可夫模型（Hidden Markov Model，HMM），是目前非常流行的数学方法，最初在语音识别领域得到成功的应用。HMM 是一个双重随机过程，其中，一个过程不能被观察到（即是隐藏的），但是这个随机过程却控制（或影响）另一个随机过程，而后者是可以被观察到的。在基因预测中，这个隐藏的过程对应着基因的真实结构（如外显子、内含子、间接受体和供体位点、起始密码子、终止密码子、启动子等，见图 4-6），而可观察到的过程对应着基因组序列（A，G，C，T）。

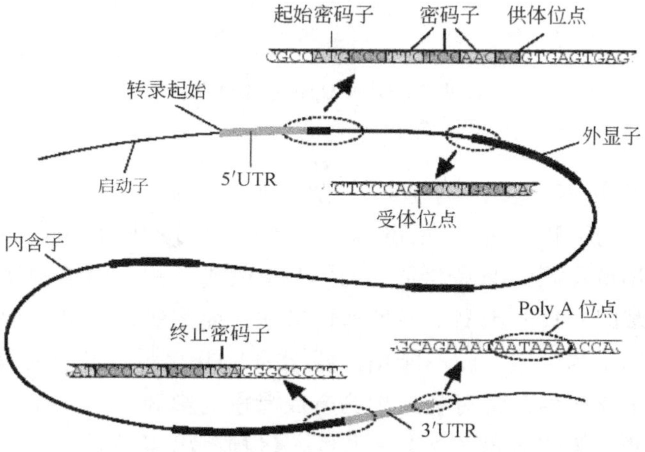

图 4-6　真核生物基因结构

基因预测属于 HMM 的 3 个基本问题中的第二个，即给定模型和观察序列，如何确定在某种意义上为最优的对应的状态序列，解决这个问题的算法叫 Viterbi 算法，实际上这就是动态规划算法，动态规划的出发点是 Bellman 提出的最优化原理。由于 HMM 只考虑相邻两个状态之间的联系，而不能考虑远程相关，因而在基因预测中实际采用的是改进了的 HSMM（Hidden Semi-Markov Models）。

GENSCAN 是从未注释的基因组序列中寻找基因的经典软件，是基因识别领域的第四代软件，它所用的数学方法是构造基因的 HSMM 概率模型。目标是确定编码外显子的位置，预测序列中的基因个数，既能处理完整的基因，也能处理不完整的基因，而且能够包含在正负两条链上的基因（图 4-7）。基因模型中包含的基因特征有：剪接信号模型，外显子长度分布，启动子（promoter）和 poly-A 信号，考虑到不同的 C + G 组分区域在基因密度和结构（例如内含子长度）方面的差别。GENSCAN 还能够对自己的预测的可靠性给出有用的估计。还考虑了亚最优外显子，它们对应于基因的异常剪接。继 GENSCAN 之后发展起来的基因预测软件有 Fgenesh、BGF、GlimmerM 等。

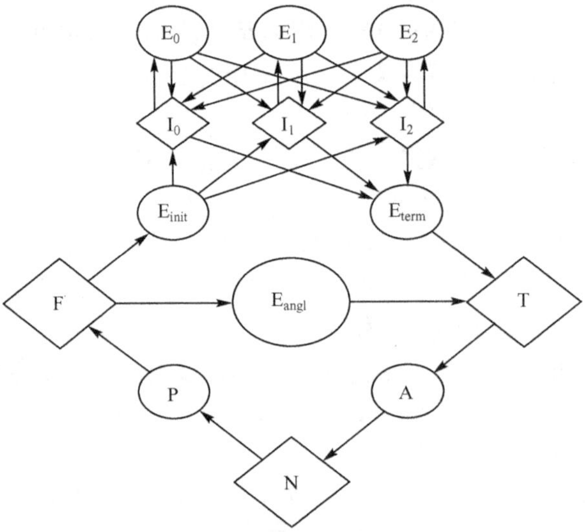

图 4-7　GENSCAN 状态转移图

4）尚存问题

当前的基因预测并不完美，主要存在假阳性（False Positive，FP）、假阴性（False Negative，FN）、过界预测（Over Prediction，OP）、片段化（Fragmentation）和融合化（fusion）等问题。评价预测的准确性是用 cDNA 定位或已知基因结构作为基准的。值得注意的是：对于一个基因，只能预测出一种剪接形式，而无法识别可变剪接；只能预测从起始密码子到终止密码子的区域，而不能预测两端的 UTR 区域；对于高等生物，基因组中存在着大量的转座子重复序列，将对基因预测造成严重的影响。

假阳性：多预测了假的编码区，即在非编码区预测出编码区。

假阴性：漏掉了真实的编码区。即将编码区预测为非编码区。

过界预测：由于基因的边界很难准确定位，预测经常会超出实际的边界。

片段化：内含子过大的基因，在预测时容易断裂成两个或多个基因。

融合化：距离过近的两个或多个基因，在预测时容易被融合成一个很大的基因。

5）综合注释

基因预测为大规模和自动化基因组注释开辟了一条途径，但是目前的准确度还远远不能让人满意，因此，在实际的基因组注释过程中，还要综合 cDNA/EST、相邻物种 homolog 以及芯片和 SAGE 等数据。这些信息的综合一般是由人来完成的，故称为人工校正。人工校正需要很多的人力，并且易受经验和偏见的影响，因而很难规模化实行。模拟人工校正的综合注释软件已经出现，如 GLEAN、JISAW、GENOMIX 等。

4.3.1　Glimmer

1. 简介

Glimmer 预测系统先用 build- icm 程序对该物种已知的基因序列生成一个马尔可夫模型参数集合，Glimmer 再应用这个参数集对 DNA 序列进行基因预测。此软件适合对原核生物进行预测。

2. 下载

http://www.cbcb.umd.edu/software/glimmer/glimmer302.tar.gz

3. 安装

（1）解压缩：zcat -d glimmer301.tar.gz | tar xvf -，解压完毕后产生目录 glimmer3.02。

（2）进入 glimmer3.02/src 目录，输入命令 make 进行编译，编译成功后可执行文件全部放到 glimmer3.02/bin 目录下。

```
$ ls-l bin/
total 4428
-rwxr-xr-x    1 soft  bgi      234216 Mar  9 16:05 anomaly
-rwxr-xr-x    1 soft  bgi      444115 Mar  9 16:04 build-fixed
-rwxr-xr-x    1 soft  bgi      437645 Mar  9 16:04 build-icm
-rwxr-xr-x    1 soft  bgi      211024 Mar  9 16:05 entropy-profile
-rwxr-xr-x    1 soft  bgi      216242 Mar  9 16:05 entropy-score
-rwxr-xr-x    1 soft  bgi      211044 Mar  9 16:05 extract
-rwxr-xr-x    1 soft  bgi      951514 Mar  9 16:05 glimmer3
-rwxr-xr-x    1 soft  bgi      513378 Mar  9 16:05 long-orfs
-rwxr-xr-x    1 soft  bgi      266163 Mar  9 16:05 multi-extract
-rwxr-xr-x    1 soft  bgi      392616 Mar  9 16:05 score-fixed
-rwxr-xr-x    1 soft  bgi      261938 Mar  9 16:05 start-codon-distrib
-rwxr-xr-x    1 soft  bgi       54002 Mar  9 16:05 test
-rwxr-xr-x    1 soft  bgi      149715 Mar  9 16:05 uncovered
-rwxr-xr-x    1 soft  bgi      108408 Mar  9 16:05 window-acgt
```

4. 使用

本软件使用分两步，第一步为编码序列的可能模型的建立，通过 build-icm 来实现，此训练数据集来源有以下三种：①某基因组的已知基因；②通过 long-orfs 产生的长的无重叠的 orfs；③高度相似的物种的基因。

命令行：build-icm [options] train.model < input_file

build-icm 程序参数

```
-d <num>Set  depth of model to <num>,默认为7
-F          Ignore input strings with in-frame stop codons
-h          Print this message
-p <num>    Set period of model to <num>,默认为3
-r          Use the reverse of input strings to build the model
-t          Output model as text (for debugging only)
-v <num>    Set verbose level; higher is more diagnostic printouts
-w <num>    Set length of model window to <num>,默认为12
```

输入文件 train.model，文件为 Fasta 格式的序列文件，输出文件 train.model 作为下一步运行 glimmer 的输入，为马尔可夫模型参数集合文件（train.model，缺省为二进制格式文件）。

第二步：运行 glimmer3，

命令行：glimmer3 [options] my. seq train. model result

glimmer3 参数

```
-A <codon-list>
--start_codons <codon-list>
    Use comma-separated list of codons as start codons
    Sample format: -A atg,gtg
    Use-P option to specify relative proportions of use.
    If-P not used, then proportions will be equal
-b <filename>
--rbs_pwm <filename>
    Read a position weight matrix (PWM)from <filename> to identify
    the ribosome binding site to help choose start sites
-C <p>
--gc_percent <p>
    Use <p> as GC percentage of independent model
    Note: <p> should be a percentage, e.g.,-C 45.2
-E <filename>
--entropy <filename>
    Read entropy profiles from <filename>. Format is one header
    line, then 20 lines of 3 columns each.    Columns are amino acid,
    positive entropy, negative entropy. Rows must be in order
    by amino acid code letter
-f
--first_codon
    Use first codon in orf as start codon
-g <n>
--gene_len <n>
    Set minimum gene length to <n>
-h
--help
    Print this message
-i <filename>
--ignore <filename>
     <filename> specifies regions of bases that are off
    limits, so that no bases within that area will be examined
-l
--linear
    Assume linear rather than circular genome, i.e., no wraparound
-L <filename>
--orf_coords <filename>
    Use <filename> to specify a list of orfs that should
    be scored separately, with no overlap rules
-M
--separate_genes
     <sequence-file> is a multifasta file of separate genes to
    be scored separately, with no overlap rules
-o <n>
--max_olap <n>
    Set maximum overlap length to <n>. Overlaps this short or shorter
    are ignored.
-P <number-list>
--start_probs <number-list>
    Specify probability of different start codons (same number & order
    as in-A option). If no-A option, then 3 values for atg, gtg and ttg
    in that order. Sample format:-P 0.6,0.35,0.05
    If-A is specified without-P, then starts are equally likely.
```

```
-q <n>
--ignore_score_len <n>
   Do not use the initial score filter on any gene <n> or more
   base long
-r
--no_indep
   Don't use independent probability score column
-t <n>
--threshold <n>
   Set threshold score for calling as gene to n. If the in-frame
   score >= <n>, then the region is given a number and considered
   a potential gene.
-X
--extend
   Allow orfs extending off ends of sequence to be scored
-z <n>
--trans_table <n>
   Use Genbank translation table number <n> for stop codons
-Z <codon-list>
--stop_codons <codon-list>
   Use comma-separated list of codons as stop codons
   Sample format: -Z tag,tga,taa
```

5. 输入

输入文件 tpall. fna 就是普通的 Fasta 格式文件，如下（详见光盘 glimmer\tpall. fna）：

```
>gi|15638995|ref|NC_000919.1| Treponema pallidum subsp. pallidum str. Nichols,
complete genome
TAGATGGACGCAGTAGGGTATGAAGTATTCTGGAACGAGACACTCAGCCAGATACGGAGTGAATCGACCG
AAGCAGAATTTAACATGTGGTTTGCTCATTTGTTCTTTATCGCATCTTTTGAAAACGCTATCGAAATAGC
AGTACCTTCAGACTTTTTCCGAATACAGTTTAGCCAAAAATATCAAGAAAAGCTTGAGCGCAAGTTCCTC
GAACTTTCTGGACACCCCATTAAACTTTTGTTTGCCGTTAAAAAAGGCACCCCTCATGGAAATACTGCTC
GGGCTAGATTAGCACCACATACATCGCTCA....
```

6. 输出

glimmer3 输出两个文件，一个是包含运行命令、参数及预测信息等的 *. detail 文件，另一个为预测结果文件 *. predict：

（1） *. detail 文件，此文件内容包含三部分，第一行为程序命令行，第二部分为详细参数信息，第三部分为每个输入序列的预测信息。

```
$ more out.detail
Command: ../../bin/glimmer3 tpall.fna train.model out

Sequence file = tpall.fna
Number of sequences = 1
ICM model file = train.model
Excluded regions file = none
List of orfs file = none
Input is NOT separate orfs
Independent (non-coding)scores are used
Circular genome = true
Truncated orfs = false
Minimum gene length = 100 bp
Maximum overlap bases = 30
Threshold score = 30
Use first start codon = false
Start codons = atg,gtg,ttg
Start probs = 0.600,0.300,0.100
```

```
Stop codons = taa,tag,tga
GC percentage = 52.8%
Ignore score on orfs longer than 799

>gi|15638995|ref|NC_000919.1|Treponema pallidum subsp. pallidum str. Nichols,
complete genome
Sequence length = 1138011
```

		-----Start-----			---Length----		-------------Scores------------								
ID	Frame	of Orf	of Gene	Stop	of Orf	of Gene	Raw	InFrm	F1	F2	F3	R1	R2	R3	NC
	+2	17	20	139	120	117	-46.69	0	0	0	-	0	-	-	99
	+2	140	242	361	219	117	-2.16	7	0	7	-	0	-	-	92
	-1	435	267	148	285	117	-13.78	0	86	0	-	0	-	-	13
	+2	362	386	493	129	105	-9.96	0	0	0	-	-	-	-	99
	+2	668	683	790	120	105	-48.57	0	98	0	0	-	-	-	1
	-3	899	839	717	180	120	-60.60	0	0	-	-	-	-	0	99
0001	+1	4	4	1398	1392	1392	-65.38	0	0	-	-	-	-	-	99
	-2	1750	1720	1457	291	261	-109.26	0	-	-	-	-	0	-	99
	-2	1957	1858	1751	204	105	-4.32	0	46	-	0	-	0	0	52
	-3	2078	2063	1908	168	153	-27.88	0	-	-	0	-	-	0	99
0002	-2	2125	2107	2000	123	105	-0.38	40	-	-	0	-	40	-	59
	+1	2056	2071	2181	123	108	-25.58	0	0	-	0	-	-	-	99

……

对于第三部分预测信息各列解释如下：

ID　预测基因的编号。

Frame　Orf 的阅读框，"+"代表正链，"-"代表反链，由终止密码子最左侧碱基所在位置决定。

Start of Orf　Orf 的第一个碱基位置。

Start of Gene　Gene 起始密码子的第一个碱基位置。

Stop　终止密码子最后一个碱基位置。

Length of Orf　Orf 的碱基数。

Length of Gene　基因的碱基数（不包含终止密码子）。

Scores　各个预测分析所得分值，详细如下：

Raw Score: This is 100 times the per-base log-odds ratio of the in-frame coding ICM score to the independent (i.e., non-coding) model score. It gives a rough quantification to how well an orf scores that can be compared between any two orfs.

InFrm Score: The normalized (to the range 0 . . . 99) score of the gene in its reading frame. This is just the appropriate-frame value among the next six scores.

Frame Scores: The normalized (to the range 0 . . . 99) score of the gene in each reading frame. A "-" indicates the presence of a stop codon in that reading frame. The normalization compares only scores without stop codons and the independent (non-coding) NC score. If the orf is sufficiently long, i.e., longer than the value stated in "Ignore score on orfs longer than...", the

```
        score is not used.
    NC Score: The normalized independent (i.e., non - coding or intergenic) model
        score. This model is adjusted for the fact that the orf, by definition, has
        no inframe stop codons.
    EDR Score: An additional column of scores is produced if the - E option is speci-
        fied. This is the entropy - distance ratio, i.e., the ratio of the distance
        of the amino - acid distribution from a positive model to the distance from
        a negative model. Scores below 1.0 are more likely to be genes; scores
        above 1.0 less likely to be genes. It is not currently used in the scoring
        process.
```

（2） *. predict 文件，此文件内容为最后的基因预测结果，每条序列的结果以 fasta 头开始，然后接着每行代表一个基因。

```
$ more out.predict
>gi|15638995|ref|NC_000919.1| Treponema pallidum subsp. pallidum str. Nichols,
complete genome
orf00001        4     1398   +1    2.96
orf00003     1641     2756   +3    2.89
orf00004     2776     3834   +1    2.89
orf00009     4391     6832   +2    2.98
orf00010     9446     8340   -3    2.95
orf00011     9449     9553   +2    2.04
orf00012    10396    12378   +1    2.97
orf00013    13029    13133   +3    0.97
orf00014    13966    15780   +1    2.97
orf00016    15758    18316   +2    2.98
```

基因的各列信息分别为：

Column 1 预测基因编号，此编号和 *. detail 文件里编号一致。

Column 2 基因的开始位置。

Column 3 基因的结束位置。为终止密码子的最后一个碱基位置，也就是说包含终止密码子。

Column 4 阅读框。

Column 5 基因的“raw”分值。

练　　习

预测 *E. coli* 的基因，与已经注释好的做比对。

4.3.2 GlimmerM

1. 简介

GlimmerM 是 TIGR 最早开发用于预测 Plasmodium falciparum 的一个软件，适用于基因密度在 20% 左右的小的真核生物基因预测的软件。现在此软件已经训练应用于 *Arabidopsis thaliana*、*Oryza sativa* 和 *Aspergillus fumigatus* 等几个物种的基因预测。GlimmerM 应用动态规划算法，基因预测基于以下几个假设：

（1）每个基因的编码区开始于起始密码子 ATG；

（2）除了最后一个密码子外基因没有阅读框内的终止密码子；

（3）每个 exon 都和前一个 exon 在一致的阅读框内。

此软件不能判断移码。

2. 下载

该软件包可以从以下网站免费下载，下载地址链接：

ftp://ftp.cbcb.umd.edu/pub/software/glimmerm/GlimmerM-2.5.1.tar.gz

3. 安装

（1）上传 GlimmerM 的压缩包到本地 Linux/Unix 运算服务器。

（2）解压缩：

gzip -d GlimmerM-2.5.1.tar.gz

tar -xvf GlimmerM-2.5.1.tar

（3）查看解压缩后的文件：

```
$  ls  -l
total  32
drwxr-x---   2  soft  bgi   4096  Jul  24   2003 sources/
drwxr-x---   3  soft  bgi   4096  Jun   3   2003 train/
drwxr-x---   2  soft  bgi     67  May  15   2003 bin/
-rw-r-----   1  soft  bgi   5428  May  15   2003 modifyStartStop.txt
drwxr-x---   4  soft  bgi     42  May  15   2003 trained_dir/
-rw-r-----   1  soft  bgi   1311  May  15   2003 README.first
drwxr-x---   5  soft  bgi     72  May  15   2003 Malaria/
-rwxr-x---   1  soft  bgi    114  May  15   2003 COPYRIGHT*
-rwxr-x---   1  soft  bgi   5207  May  15   2003 LICENSE*
```

（4）编译源程序：

①进入 sources 目录（cd sources）。

在命令行键入 make，编译完成后，可将执行文件拷贝到 bin 目录下面。

②进入 train 目录（cd train），键入 make 完成编译。如果 perl 不在/usr/local/bin 下，需将 trainGlimmerM 程序首行的 perl 的位置，改为相应的位置。

4. 使用

此软件分两步运行：

第一步为训练数据集，程序命令行：

```
train/trainGlimmerM <mfasta_file> <exon_file> [optional_parameters]
```

GlimmerM 已经训练好几个数据集，近源物种不必再进行训练，下载请到以下网址：

http://www.cbcb.umd.edu/research/genefinding.shtml#genedata

第二步基于训练结果进行基因预测，程序命令行：

```
glimmerm <genome-file>-d <trained-dir>
```

5. 输入

（1）需要预测的基因组序列，为 Fasta 格式的核酸序列：

```
>AK058311_Chr03_11499998_11507414
AATATCACCAGTGTCTTATAAGCAATTACACCAATTTTATTGGGGGTGTTCCTCAATAGT
AACACGATTTTACAATGCCCCTTAACCAATTACATAAAATTTGAATATTCTATAACAAAT
TTTGCATTTTAGGGTTCCGTAGGTCTTCTAGATACACTAAAGCATCTGCGTAAGATGAGC
```

```
TCGACGATCATGATGTCATGTCACCGAGGAATGAAAACGGAGCAGATAATTCTCTAATAG
TTCAGATACGGATATGATTATGGATATTTGCTCTCGGATACGAATACAGGTATGATGTCA
TGGTTTCCACTGGATACGGATATCCGATGAGCAGTGCTGTTCGGATATCCGCTGCGAACA
TGAGACATACTCCAATTCTTTATAACTCTACCACCTTCAATATACCTTTTAGATTTTATA
ATGAGTAAATATCAGAAAACTGTAACTTTAGTAACAAAACTATCAGTTAGCTGCAACATT
......
AAGCCCAAGATACTTGAAAAGAACAGAAAAACAGAAG
```

（2）训练数据时使用的基因信息文件，格式为：

序列 1 exon1 起始位置 exon1 终止位置
序列 1 exon2 起始位置 exon2 终止位置

序列 1 exon1 起始位置 exon1 终止位置
序列 1 exon2 起始位置 exon2 终止位置
序列 2 exon1 起始位置 exon1 终止位置
序列 2 exon2 起始位置 exon2 终止位置
....

一条序列有多个基因，基因间用空行分隔，不完整基因用 <， > 表示，如：

```
seq1 5 15
seq1 20 34

seq1 50 48
seq1 45 36

seq2 <100 >234

seq3 <1 100
seq3 102 >105
```

6. 输出

glimmerM 运行结果屏幕标准输出，可重定向到文件，格式如下：

```
GlimmerM (Version 3.0)
Sequence name: CNS06C8G
Sequence length: 209982 bp

Predicted genes/exons

Gene  Exon  Strand  Exon          Exon Range        Exon
  #     #           Type                            Length

  1     1    +   Single      16803      16952      150
  2     1    -   Single      17031      17186      156
  3     1    -   Single      17534      18529      996
  4     1    -   Single      19724      20017      294
  5     2    -   Terminal    20136      20168       33
  5     1    -   Initial     20291      22108     1818
  6     1    -   Single      22512      22697      186
  7     1    -   Single      22867      24645     1779
  8     1    -   Single      25107      25706      600
  9     1    -   Single      25843      26943     1101
 10     1    -   Single      26998      27102      105
 11     1    -   Single      27540      27671      132
 12     1    -   Single      28134      28418      285
 13     1    +   Single      29593      29745      153
```

```
 14     1  -  Single    29861     32437    2577
 15     1  -  Single    35752     35820      69
 16     1  -  Single    38988     39599     612
 17     1  -  Single    39692     40708    1017
 18     1  -  Single    41047     41178     132
```

7. 参数

详细的参数列表可以通过直接输入命令查看：

```
$ trainGlimmerM
 Train GlimmerM module.
 Usage:
   trainGlimmerM <mfasta_file> <exon_file> [optional_parameters]

    <mfasta_file> is a multifasta file containing the sequences for training
                  with the usual format:

                   >seq1
                  AGTCGTCGCTAGCTAGCTAGCATCGAGTCTTTTCGATCGAGGACTAGACTT
                  CTAGCTAGCTAGCATAGCATACGAGCATATCGGTCATGAGACTGATTGGGC
                   >seq2
                  TTTAGCTAGCTAGCATAGCATACGAGCATATCGGTAGACTGATTGGGTTTA
                  TGCGTTA

    <exon_file> is a file with the exon coordinates relative to the sequences
                contained in the <mfasta_file>; different genes are separated
                by a blank line; I am assuming a format like below:

                seq1 5 15
                seq1 20 34

                seq1 50 48
                seq1 45 36

                seq2 17 20

                In this example seq1 has two genes: one on the direct strand
                and another one on the complementary strand

                The partial genes can be specified as in the following example:

                seq2  <100  >234

                seq3  <1 100
                seq3 102  >105

    [optional_parameters]

     -a filter_value
                specifies the window length for filtering locally maximal acceptor
sites (default =60)
     -d filter_value
                specifies the window length for filtering locally maximal donor
sites (default =60)
```

以上各参数解释如下：

mfasta_file 为包含了相关基因的基因组序列，Fasta 格式。

exon_file 为基因信息文件，格式为：序列名（同 mfasta_file 中的名字）exon 起始位置 exon 终止位置，基因内部没有空行，不同基因间以空行分隔，如果基因是负链上的，则起

始位置 > 终止位置。如果基因不完整，可以用“ < ”表示不知道开始位置和“ > ”表示不知道终止位置。

-a 设定 acceptor 位点的窗口宽度。

-d 设定 donor 位点的窗口宽度。

运行完 trainGlimmerM，在运行目录会产生一个目录 trainGlimmM [data] [time]，[data] 和 [time] 为目录建立的日期和时间，此目录包含运行 GlimmerM 所需要的训练数据集，同时产生一个目录同名的参数文件。另外，名为 config_file 的文件也包含在此目录里，此文件包含如下参数：

```
minimum intron length  最小内元长度
maximum length intron  最大内元长度
minimum exon length    最小外元长度
maximum exon length    最大外元长度
maximum gene length    最大基因长度
a flag indicating if the MDD procedure was used for the acceptor sites  #不要改变
a flag indicating if the MDD procedure was used for the donoor sites    #不要改变
the acceptor site threshold
the donor site threshold
the length of the filter window for the acceptor sites
the length of the filter window for the donor sites
the acceptor site threshold when filtering is used
the donor site threshold when filtering is used
a flag indicating if start codon modeling was used    #不要改变
the start codon length
```

上述参数，如非在其他地方特别声明，可手工改动。剪切位点和起始位点的改变将影响假阳性/假阴性的比率。可在如下文件中看到：

```
false.nofilter.acc
false.nofilter.don
false.filter.acc
false.filter.don
false.atg
$ glimmerm
```

命令行参数：

```
-d dir 训练数据集所在路径
-g n   设置最小基因长度
-o n   Set minimum overlap length to n. Overlaps shorter than this are ignored.
-p n   Set minimum overlap percentage to n% . Overlaps shorter than this percentage
       of both strings are ignored.
-t n   Set the threshold score above which a DNA region is called a gene to n. If the
       in-frame score is greater or equal to n (an integer between 0 and 100), then
       the region is given a number and considered a potential gene.
-r  Don't use independent probability score column.
+r  Use independent probability score column.
-f  Don't use maximal local filtering of the splice sites.
+f  Use maximal local filtering of the splice sites.
-s  Don't use the start site model.
+s  Use the start site model.
-5  Use threshold for the acceptor sites.
-3  Use threshold for the donor sites.
```

GlimmerM 一次只能对一条序列进行预测，如果基因组含多条序列，需拆分成多个文件，每个文件只含有一条 Fasta 序列。

8. 实例

以恶性疟原虫的数据为例：

首先训练数据集，输入基因组数据（见光盘 GlimmerM\malaria. fasta）和基因信息数据（光盘：GlimmerM\malaria. exon）。

运行命令：`GlimmerM/train/trainGlimmerM malaria.fasta malaria.exon`

运行完毕，生成以日期时间建立的训练集目录：TrainGlimmM2007-04-12D13:13:16

第二步，进行基因预测，输入基因组数据 malaria_＊. fasta（一般为近源基因组，这里我们用同一个基因组做测试练习，见光盘 GlimmerM\genome_fasta 目录下各文件，每个文件一条 FASTA 序列）。

运行命令：

```
$ GlimmerM/bin/glimmerm_linux malaria_1.fasta -d TrainGlimmM2007-04-12D13:13:16 > 1.gene.lis
$ GlimmerM/bin/glimmerm_linux malaria_2.fasta -d TrainGlimmM2007-04-12D13:13:16 > 2.gene.lis
$ GlimmerM/bin/glimmerm_linux malaria_3.fasta -d TrainGlimmM2007-04-12D13:13:16 > 3.gene.lis
……
```

练 习

应用拟南芥的训练数据集

（ftp://ftp. cbcb. umd. edu/pub/data/Gf_training_sets/Arabidopsis. thaliana. tar. gz），对水稻 9311 的一条染色体进行基因预测，并比较已经注释好的信息（水稻相关数据网站：http://rise. genomics. org. cn/rice/link/download. jsp）。

4.3.3 Genscan

1. 简介

Genscan 是由美国麻省理工大学的 Burge 和 Karlin 于 1997 年开发的，基于广义隐马尔可夫模型的人类及脊椎动物基因预测软件。它不依赖于已有的蛋白质库，是一种“从头预测”的软件。目前还开发了适用于果蝇、拟南芥和玉米的专用版本，对于其他物种可以先采用相近的物种版本来预测。总体来说，对中间外显子预测的准确性高于起始外显子和末端外显子，外显子的准确性高于 polyA 或启动子。

2. 下载

该软件的可执行版本可以从 Burge 实验室的网站上免费下载，下载网站链接：http：//genes. mit. edu/GENSCAN. html。

首先在该网页的底部点击下载链接，然后按表格要求填写通讯地址，最后选择适合不同平台的版本，目前的版本有 Intel/Linux、Sun/Solaris、Intel/Solaris、SGI/Irix、DEC/Tru64 和 IBM/AIX。

当前版本号：1.0。

3. 安装

将压缩包解压后放在任何用户希望的目录下即可。

4. 使用

直接运行命令：./genscan-1.0/genscan，会提示如下使用帮助信息：

```
usage: ./genscan-1.0/genscan parfname seqfname [-v] [-cds] [-subopt cutoff] [-ps
psfname scale]
       parfname : full pathname of parameter file
                  (for appropriate organism)
       seqfname : full pathname of sequence file
                  (FastA or minimal GenBank format)
       -v       : verbose output - extra explanatory information (optional)
       -cds     : print predicted coding sequences (nucleic acid)
       -subopt  : display suboptimal exons with P > cutoff (optional)
       cutoff   : suboptimal exon probability cutoff (minimum: 0.01)
       -ps      : create Postscript output (optional)
       psfname  : filename for PostScript output
       scale    : scale for PostScript output (bp per line)
```

在程序名之后跟两个输入文件，前一个是物种参数文件，后一个是基因组序列文件。常用的参数有："-v"，查看输出格式说明信息；"-cds"，同时输出CDS序列。需要注意的是，对于超过1Mb的大序列，运行速度会变显著变慢，而且极耗内存，因而建议将大序列切割成等于或小于1Mb的小段序列进行预测，之后再还原坐标。

5. 输入

软件自带物种参数文件，用户的DNA序列文件一般采用Fasta格式，但是每个文件只能含有一条序列，比如：

```
>nscaf1071
TTTTCAAACACATGGAGGTCTGAGTAGGCGATTGCATGCAGCAGAGATGC
GAATCTTACGATAGATGTGTGAAGTAACGAGAATGGATAGAATACGAAAT
GAATATGCTAGAGGAAGTCTGAAAGTGACACCTGTGACAGACTAGTTAAG
.....
```

6. 输出

默认情况下运行结果将输出到屏幕，可以用文件重定向的方法将运行结果和提示信息分别导入到两个文件中：

```
$ genscan-1.0/genscan parfname seqfname > seqfname.gs 2 > seqfname.log
```

结果文件内容格式如下：

```
GENSCAN 1.0 Date run: 29-Dec-106 Time: 13:58:51
Sequence nscaf1071 : 499999 bp : 38.68% C+G : Isochore 1 ( 0 - 43 C+G% )
Parameter matrix: Silkworm.genscan.smat
Predicted genes/exons:

 Gn.Ex Type S .Begin  ...End  .Len  Fr Ph I/Ac Do/T CodRg P....  Tscr..
 ----- ---- - ------ ------ ----  -- -- ---- ---- ----- -----  ------

  1.01 Sngl +    181     375   195  0  0   43   43   309 0.767  18.37

  1.02 PlyA +   1230    1235     6                                1.05

  2.04 PlyA -   2672    2667     6                                1.05

  2.03 Term -   3128    2826   303  2  0   11   44   362 0.539  19.01

  2.02 Intr -   8413    8298   116  2  2    9  -14   208 0.122   1.01

  2.01 Init -  13034   12971    64  2  1  102   68    38 0.922   3.92

  2.00 Prom -  13974   13935    40                               -5.55
```

```
Predicted peptide sequence(s):
>nscaf1071 |GENSCAN_predicted_peptide_1 |64_aa
MRRNDDKVVKKDLAMNVEGFRGRGKPKEKWMDCVKDDMCKRGMSEEIIDDGGVWKEKTYC
TEPR
>nscaf1071 |GENSCAN_predicted_peptide_2 |160_aa
MPLGGTPQPTLRYKVENCMAYSKSVGEDPGISKERRTVSTMSTVPYPTVTEQCKAAIALN
VRTWVVERQEVLVGLTPTCPARHSQWRKSDDFLLTQKKAVTEWNESRHKWVAKLSELTTR
LDKAITKRLVSNEDNDIGIYLLVKLIIKADKTKVSSSTEL
```

头部依次显示 GenScan 的版本、运行日期和时间，序列名字、长度、GC 含量以及 Isochore信息，所采用的物种参数文件。末尾部分是翻译 CDS 得到的蛋白序列。中间主体部分显示每个基因的详细位置信息，每一列的含义如下：

Gn. Ex： 基因的 ID，外显子的 ID（仅供参考）

Type： 元件类型，包括起始外显子 Init，中间外显子 Intr，终止外显子 Term，单外显子 Sngl（所在基因仅有一个外显子），启动子 Prom，和 polyA 位点

S： DNA 链（ + 为输入链； - 为互补链 ）

Begin： 在输入序列上的起始位置

End： 在输入序列上的终止位置

Len： 区域的长度（单位 bp）

Fr： 读码框（a codon ending at x is in frame f = x mod 3）

Ph： 外显子相位（length mod 3）

I/Ac： 起始位点或受体剪接位点分值（x 10）

Do/T： 供体剪接位点或终止信号分值（x 10）

CodRg： 编码区分值（x 10）

P： 外显子概率（sum over all parses containing exon）

Tscr： 外显子分值（depends on length，I/Ac，Do/T and CodRg scores）

7. 实例

预测家蚕的一条 scaffold 序列上的基因，命令行：

```
../bin/genscan ../bin/Silkworm.genscan.smat silkworm_sequence.fa
> silkworm_sequence.fa.genscan 2 > silkworm_sequence.fa.genscan.log &
```

读者在光盘中会见到全部的输入和结果文件。

练　　习

读者请到 NCBI 或其他地方找一条或几条自己感兴趣的序列，按照上面的步骤和说明预测其中的基因。

4.3.4 TwinScan

1. 简介

TwinScan 是由华盛顿大学开发的用于真核生物的基因结构预测的软件，它通过基因组序列的比较来预测基因，它比 GENESCAN 要准确，在目前各个预测软件中是比较准确的。具体来说，TwinScan 是一个基因预测系统，用于预测基因结构及进化上的保守

性。特征分值如剪切位点或编码区，通过目标基因组与关系密切的基因组之间的比较进行修改。目前，可用于 TwinScan 的有以下种类：哺乳动物、拟南芥、线虫、酵母菌（JEC21 和 H99）。

2. 下载

下载网站链接：http://mblab.wustl.edu/software/twinscan/

http://mblab.wustl.edu/software/download/Twinscan_3.5_src.tar.gz

3. 安装

（1）上传压缩包到本地 Linux/Unix 运算服务器；

（2）解压缩：

tar -zxvf Twinscan_3.5_src.tar.gz

（3）编译源程序：

进入 Twinscan_3.5_src 目录(cd Twinscan_3.5_src)

在命令行键入 make linux

编译完成后，主程序文件放在了 bin 目录下面 runTwinscan2.pl。

（4）编译测试：

编译后，运行 ./test-executable，如果程序编译成功，屏幕最后显示 SUCCESSFUL TEST OF TWINSCAN。

（5）程序目录介绍：

```
./Twinscan_3.5_src/
  |-bin          = Twinscan 的程序目录
  |-lib          = Twinscan 所需要库文件目录
  |-parameters   = Twinscan 参数文件目录
  |-src          = Twinscan 程序源文件目录
```

4. 使用

程序运行命令行：

```
runTwinscan2.pl [options] <target> <informant> [<ESTdb>]
```

键入 bin/runTwinscan2.pl 运行后屏幕会提示软件的用法：

```
runTwinscan2.pl - An example script for the Twinscan 2.03 process

usage: bin/runTwinscan2.pl [options] <target> <informant> [<ESTdb>]
Target Options:
  -r <file>                Twinscan zoe HMM Parameter file
  -B <file>                BLAST parameter file
  -b <blat>                BLAT parameter file
REPEATMASK OPTION:
 -RM RepeatBlaster's option, please place in double quotes, such as "-ar"
     for Arabidopsis, "-mus" for mouse, (default human)
     If RepeatBlaster is not available, will switch automatically
     to RepeatMasker
Informant Options:
  -x  format informant with xdformat [default assumes blast db in path]
Output Options:
  -d  Specify Directory for output file [default is current directory]
EST Options:
<ESTdb> is a list of EST files in FASTA format.
Mandatory Files (will be created if they don't exist):
<target>.{masked, blast, conseq, twinscan, gff}
```

重要参数解释：

<target>是要预测基因的基因组序列文件

<informant>是要参考的近缘的物种基因组数据

<ESTdb>如果有物种的 EST 数据，可将 EST 数据输入给程序。

-r <file> Twinscan zoe HMM 参数文件，现在的参数文件有（parameters 下面）：

worm_iscan_est-3889 - genes-11-3-2004. zhmm：适用于线虫的数据

crypto_iscan-1208 - genes-09-15-2003. zhmm：适用于酵母数据

arabidopsis_iscan-7815 - genes-10-04-2004. zhmm：适用于拟南芥数据

human_iscan-9993 - genes-09-13-2004. zhmm：适用于人的数据，以小鼠数据作为参考。

-B <file> Blast 的参数文件（parameters 下上面配置文件的 blast 参数文件）。

-RM 去除重复序列的参数

-x 用 xdformat 的格式去处理参考的序列。

-d 结果的输出目录

5. 运行实例及注解

下面我们选取人基因组上一段序列作为例子，来预测一下，这段序列上可能存在的基因结构。

1）程序输入

首先建立一个 work 的工作目录（$ mkdir work），然后进入 work 目录（$ cd work），进行操作。

（1）target 序列：

```
>ref |NC_000009.10 |NC_000009:c35722128 - 35687334 Homo sapiens chromosome 9
CCCGAGAAGCGGCGGGGCGGCGGGCCGGCGGGCGGGGCGCAGAGCCAGGCAGCGCAGGTAGGCCAGACCGGGCCGGGCG
GGGGCCTTAGGGTGGGGCCGCGGGGCCTGGCCCCGGGGCGGGCGGGCCCTGCCTCTCTTGCGTGTCCGGTTCGGGTCCT
ATTAGTTGGAGAGGTCAGCGTCCAGCGCATCTCGGCTTGAGCTCGGCGTGAAGTAGGCCGTCTTGGGGAAGGTGGGGTC
CGTTTAGGAATCAAGGGTCGCTATAGGAGTT...........CCTCGATCTGAATCTGCCGGGGCCCCAGCCCACTCCAC
CCTGCCAGCAGCTTCCGGCCAGTCCCCACAGCCTCATCAGCTCTCTTCACCGTTTTTTGATACTATCTTCCCCCACCCC
CAGCTACCCATAGGGGCTGCAGAGTTATAAGCCCCAAACAGGTCATGCTCCAATAAAAATGATTCTACCTACAA
```

（2）informant 序列：

```
>ref |NC_000070.4 |NC_000070:c43584355 -43551618 Mus musculus chromosome 4
TAGCCCAGTGAGCTCTCTCCTCCCCCACAACTTATCATTTCACACTCACCTAGATCTATGGAGACGTGCTCCTGTGGA
AGGGAGTAGTTGTGATCATGGAGAATGGAAGAGCTGGAAGAGCCGAGAACATCCCGCGATACTGAGGGACTGAGGCTC
CTGGGCTGCGCC............CTCTGCTCAAAGCATGACAGTCCTCTTGTGTTAGCGAGTGTTTTTATGTGGTTT
TTTTTTAGCCAATCCTGCTGCCCAGTGTATTTCAGTATTTCTCTTACCAAGTAGAAAACAGTGCTCATTTGCTGCCCC
TCTGAGTACCTATCACCATC
```

2）命令行

```
$ ../bin/runTwinscan2.pl
-r ../parameters/human_nscan -10 -03 -2005.zhmm Human_Tln1.GC_1000 Mouse_Tln1.GC.1000
-d ./ >Human_Tln1.GC_1000.masked.TwinScan
```

注意：预测的结果输出到 Human_Tln1. GC_1000. masked. TwinScan。

3）结果介绍

预测结果：

下面是预测的结果：Human_Tln1. GC_1000. masked. TwinScan

```
#../bin/iscan ../parameters/human_nscan -10 -03 -2005.zhmm Human_Tln1.GC_1000.masked
```

```
# Date: Tue Mar 21 01:32:38 2006
# Twinscan version 3.5 build 20060720RZ
# Genome Parameters: ../parameters/human_nscan-10-03-2005.zhmm
# Target Sequence: >ref |NC_000009.10 |NC_000009:c35723128-35686334 Homo sapiens
  chromosome 9, reference assembly, complete seq
  uence
# Target Sequence Read... 36795bp C+G = 52.0959%
# Completed in 14.59 CPU seconds
# Score: 8651.9
#
Human_Tln1.GC_1000.masked      iscan     5UTR     530      927      225        +        0
gene_id "Human_Tln1.GC_1000.masked.00
1"; transcript_id "Human_Tln1.GC_1000.masked.001.1";
Human_Tln1.GC_1000.masked      iscan     CDS      8173     8302     394        +        0
gene_id           "Human_Tln1.GC_1000.masked.001";           transcript_id
"Human_Tln1.GC_1000.masked.001.1";
..............
Human_Tln1.GC_1000.masked      iscan     CDS      34960    35088    327        +        0
gene_id "Human_Tln1.GC_1000.masked.00
1"; transcript_id "Human_Tln1.GC_1000.masked.001.1";
Human_Tln1.GC_1000.masked      iscan     stop_codon        35339    35341    .        +
0        gene_id "Human_Tln1.GC_1000.m
asked.001"; transcript_id "Human_Tln1.GC_1000.masked.001.1";
```

输出的结果包括两部分，前半部分为参数列表，结果的后面是预测的基因的信息，包括基因的位置信息。

4.3.5　BGF

1. 简介

BGF（Beijng Gene Finder）是由北京基因组研究所的刘劲松和徐昭等开发的，基于广义隐马尔可夫模型和动态规划算法的基因预测软件。它采用了 GenScan 的基本构架，并在此基础上作了许多改进，在预测准确性、内存使用以及运行速度方面都获得了显著提高。曾被成功应用于水稻、家蚕、家鸡等物种的基因组注释。

2. 下载

该软件版权属于北京基因组研究所，可与北京基因组研究所（bgf@genomics.org.cn）直接联系获得可执行版本，也可以将序列提交到 BGF 的服务网站进行预测，网址：http://bgf.genomics.org.cn。

当前版本：2.1.2。

3. 安装

将程序和参数文件放在任何用户希望的目录下即可。

4. 用法

直接运行命令：./bgf --help，会得到如下使用帮助信息：

```
Usage: bgf [Arguments...]
Mandatory Arguments:
ParameterFile file            : PathName to the Parameter File
Optional Arguments:
  FASTA_File(s) file          : FASTA files, each can contain one or more seq
  -e [--exon]                 : print all possible exons
```

```
General Options:
  -h [ --help ]              : produce help message
  -v [ --version ]           : print version
Example:
  bgf rice.smat dna1.fasta dna2.fasta > result.txt
  bgf rice.smat < dna.fasta > result.txt
```

在程序名之后跟两个输入文件，前一个是物种参数文件，后一个是基因组序列文件。基因组序列文件可以是一个，也可以多个，还可以是从管道传来的标准输入。BGF 可以接受任意长度的 DNA 序列，运行速度很快，并且内存消耗较小。

5. 输入

软件自带物种参数文件，用户的 DNA 序列文件采用 Fasta 格式，每个文件可以含有一条或多条序列，如下：

```
>nscaf1071
TTTTCAAACACATGGAGGTCTGAGTAGGCGATTGCATGCAGCAGAGATGC
GAATCTTACGATAGATGTGTGAAGTAACGAGAATGGATAGAATACGAAAT
GAATATGCTAGAGGAAGTCTGAAAGTGACACCTGTGACAGACTAGTTAAG
......
```

6. 输出

默认情况下运行结果向屏幕输出，可以用重定向的方法将结果输出到文件中：

```
$ ./bgf-2.1.2/bin/bgf Para_File Seq_File > Result_File
```

结果文件格式如下：

```
Program       : BGF
Version       : 2.1.2
Time          : Fri Dec 29 13:58:54 2006
Parameter     : Silkworm
Sequence      : nscaf1071
Length        : 499999
GC%           : 38.68
Total Genes   :   49 ( 24 in + strand & 25 in - strand)
Total Exons   :  157 ( 80 in + strand & 77 in - strand)

Gene # S Exon # Type  Start        End    ORF_S      ORF_E    Score    Len
===== = ===== ==== ======= = ======= ======= = ======= ======= ======

   1  +     1 Sngl     181  -     375      181  -     375    3.83     195
   1  +       PolA    1230  -                                 0.83

   2  -       PolA  155550  -                                 0.83
   2  -     1 Term  155667  -  155672   155667  -  155672 -14.54       6
   2  -     2 Intr  156445  -  157512   156445  -  157512   8.02    1068
   2  -     3 Init  157849  -  158031   157849  -  158031   6.61     183
   2  -       Prom  158216  -                                -5.34

Predicted protein(s):
>BGF: Gene:1 Exon(s):1 AA:64 Chain + H+T+
MRRNDDKVVKKDLAMNVEGFRGRGKPKEKWMDCVKDDMCKRGMSEEIIDDGGVWKEKTYC
TEPR
>BGF: Gene:2 Exon(s):3 AA:418 Chain - H+T+
MAQLAAARCHAPLTAPRNAPQNAPPVAVAYFIGCLPFVFAAHACRASRRTAIRTALGCGQ
```

```
GVRGGVALAVSLDIANAFNTLPWSVIAGALEYHGVPAYLRRLVGSYLEDRSVVCTGHGGT
VLRFPVERGVPQGSVLGPLLWNISYDWVLRGALSAPLPGLSVVCYADDTLVVARGKDLRE
SARLSCAGVAFVVGRIRRLGLEVALDKSQALLFHGARRAPPQGAHLVIGGVRVEIEATGL
RYLGLVLDGRWSFRAHFERLGPRLMAAAGSLSRLLPNVGGPDAVVRRLYTGVVRSMALYG
APVWCHALTRDNVAALRRPQRAIAVRAVRGYRTVSFEAACVLAGTPPWDLEAEALAADYA
WRCDLRSRGEPRPGAAEVRARKLQSRRAVLEAWSRRLADPAYGRRTVEAIRPVLSDWI
```

头部记录了程序名、版本号、运行时间、序列名、序列长度、GC 含量、预测基因个数和外显子个数等统计信息，中间部分是基因各部分结构在基因组序列上的定位信息，末尾部分是翻译 CDS 得到的蛋白质序列。中间主体部分显示每个基因的详细位置信息，每一列的含义如下：

Gene#　基因的 ID(仅供参考)

S　DNA 链（ + 为输入链； - 为互补链 ）

Exon#　外显子的 ID

Type　元件类型,包括起始外显子 Init、中间外显子 Intr、终止外显子 Term、单外显子 Sngl(所在基因仅有一个外显子)、启动子 Prom 和 polyA 位点

Start　起始位置

End　终止位置

ORF_S　开放读码框的开始位置

ORF_E　开放读码框的终止位置

Score　准确性分值

Len　区域的长度

7. 实例

预测家蚕的一条 scaffold 序列上的基因，命令行：

```
$ ../bgf-2.1.2/bin/bgf silkworm.bgf.smat silkworm_sequence.fa
> silkworm_sequence.fa.bgf
```

读者在光盘中会见到全部的输入和结果文件。

练　　习

读者请到 NCBI 或其他地方找一条或几条自己感兴趣的序列，按照上面的步骤和说明预测其中的基因。

4.3.6　Fgenesh

1. 简介

Fgenesh 是由英国 Sanger 中心的 Asaf 和 Victor 于 2000 年开发的，基于广义隐马尔可夫模型的真核生物基因预测软件，目前已测序的物种基本上都能支持。它在预测准确性和运行速度上比以往的预测软件（如 GenScan）有了很大提升，尤其是在植物基因预测方面应用非常广泛。该软件系列的成员还有 Fgenesh +、Fgenes、Fgenes-M、Fgenesh-M 和 Fgenesh_GC。其中，Fgenesh + 是 Fgenesh 集成了蛋白质比对和 cDNA 定位功能；Fgenes 是 Fgenesh 的前身，它主要采用线性判别式分析的方法来预测基因结构；Fgenes-M、Fgenesh-M 分别在 Fgenes 和 Fgenesh 的基础上集成了预测可变剪接的功能；Fgenesh_GC 则能够兼容

非经典的 GC 剪接供体（在人类约占全部的 0.6%）。

2. 下载

该软件是商业软件，由 Softberry 公司负责维护和发布，用户需按年支付一定的费用才可以使用。用户可以先利用其提供的免费网络服务进行小量测试，网址：

http://sun1.softberry.com/berry.phtml? topic = fgenesh&group = programs&subgroup = gfind

如决定购买可与商家直接联系：softberry@softberry.com。

3. 使用

在命令行下键入程序名：./fgenesh，会得到如下使用帮助信息：

```
FGENESH/FGENSH + programm.
 Usage:
 Programm Par_file Seq_File  <Gml_Seq, Gml_Thr>
     Par_File - Parameters for GeneFinder.
     Seq_File - Nucleotide sequences for for scan.
     Gml_Seq  - Potential Amino Acid homolog. (For FGENSH + only)
     Gml_Thr  - Minimal Homology threshould. (For FGENSH + only)
If both Gml_Seq and Gml_Thr parameters are not present in command
line for FGENSH + programm, programm will work exactly as FGENESH.
```

这一版本是 Fgenesh 和 Fgenesh + 整合版。对于 Fgenesh，只需要前两个输入文件，分别为物种参数文件和基因组序列文件。如果同时提供蛋白质比对文件和同源基因最低标准，那就是在运行 Fgenesh + 了。Fgenesh 可以接受任意长度的序列，不存在将大序列切割成小片段的问题。

4. 输入

软件自带物种参数文件，用户的 DNA 序列文件采用 Fasta 格式，每个文件只能含有一条序列，如下：

```
>nscaf1071
TTTTCAAACACATGGAGGTCTGAGTAGGCGATTGCATGCAGCAGAGATGC
GAATCTTACGATAGATGTGTGAAGTAACGAGAATGGATAGAATACGAAAT
GAATATGCTAGAGGAAGTCTGAAAGTGACACCTGTGACAGACTAGTTAAG
......
```

5. 输出

默认情况下运行结果向屏幕输出，可以用重定向的方法将结果输出到文件中：

```
$ ./fgenesh Para_File Seq_File > Result_File
```

结果文件格式如下：

```
FGENESH 1.1 Prediction of potential genes in Monocot genomic DNA
 Time     : Fri Feb 2 15:42:03 2007
 Seq name: nscaf1071
 Length of sequence: 499999
 Number of predicted genes 40 in +chain 20 in -chain 20
 Number of predicted exons 163 in +chain 84 in -chain 79
 Positions of predicted genes and exons:
   G Str   Feature    Start        End     Score         ORF              Len
   1 +       TSS      25090                  -5.38
   1 +     1 CDSf     25174 -     25294   11.25     25174 -      25293     120
   1 +     2 CDSi     25591 -     25617    7.08     25593 -      25616      24
   1 +     3 CDSi     26187 -     26334   12.03     26189 -      26332     144
   1 +     4 CDSl     26695 -     26758   -0.51     26696 -      26758      63
   1 +       PolA     27366                 -1.06
   2 +       TSS     162785                 -5.48
```

```
   2 +     1 CDSo     162875 -     163213   12.08     162875 -      163213      339
   2 +       PolA     164254                   0.44
Predicted protein(s):
>FGENESH: 1    4 exon  (s)  25174   -  26758  119 aa, chain +
MGSLPRVAVVTGPRAAVPTAPLTHHLGPLAKSDRTALIYKGRRAYSPPDDEISSVQVSHA
ELAARTNVLARAISERARTVGPNRDGDYVIAVCMQPTHKMSYELAHVDAITLPIFAVKQ
>FGENESH: 2    1 exon  (s) 162875   - 163213    112 aa, chain +
MERAMLGVSLKDKIRNEIIRQITKVIDIAQRVSKLKWQWAGHICRRTDDRWSRRVLEWRQ
RSGRRNVGRPLARWCDDLRTVAGKRWMRRAADRAQWCGLGKAYVQQWTTVGC
```

头部依次显示 Fgenesh 的版本、序列类型信息，运行日期和时间，序列名字，序列长度，正反两条链上预测基因的个数以及预测的外显子的个数。末尾部分是翻译 CDS 得到的蛋白质序列。中间主体部分显示每个基因的详细位置信息，每一列的含义如下：

G　基因的 ID（仅供参考）

Str　DNA 链（ + 为输入链； - 为互补链 ）

Feature　元件类型，包括起始外显子 CDSf、中间外显子 CDSi、终止外显子 CDSl、单外显子 CDSo（所在基因仅有一个外显子）、转录起始位点 TSS 和 polyA 位点

Start　在输入序列上的起始位置

End　在输入序列上的终止位置

Score　可靠性分值

ORF　每个外显子上读码框的起始和终止位置

Len　读码框长度

6. 实例

预测水稻的一条 scaffold 序列上的基因，命令行：

```
$ ../bin/fgenesh ../bin/Monocot rice_sequence.fa >rice_sequence.fa.fgenesh
```

读者在光盘中会见到全部的输入和结果文件。

练　　习

读者请到 NCBI 或其他地方找一条或几条自己感兴趣的序列，按照上面的步骤和说明预测其中的基因。并将结果和其他软件相比较，看看哪一个预测的更准确些。

4.4　基因功能注释

4.4.1　InterproScan

1. 简介

InterProScan 是 EBI 开发的一个集成了蛋白质结构域和功能位点的数据库，其中，把 SWISS-PROT、TrEMBL、PROTSITE、PRINTS、PFAM、ProDom 等数据库提供的蛋白质序列中的各种局域模式，如结构域、motif 等信息统一起来，提供了一个较为全面的分析工具。

2. 下载

请分别从 EBI 的网站相应文件夹下下载如下文件：

ftp://ftp. ebi. ac. uk/pub/databases/interpro/iprscan。

（1） RELEASE/latest/iprscan_v4. x. tar. gz （InterProScan 自身的构建程序）。

（2） BIN/4. x/iprscan_bin4. x_[PLATFORM]. tar. gz（各个平台编译的二进制程序）。

（3） DATA/iprscan_DATA_[LATESTDATAVERSION]. tar. gz （interpro 的数据库文件，除了 panther 的数据库）。

（4） DATA/iprscan_PTHR_DATA_[LATESTDATAVERSION]. tar. gz （panther 的数据库）。

3. 安装

（1） 上传压缩包到本地 Linux/Unix 运算服务器。

（2） 解压缩：

将你上面下载的 InterProScan 4 个软件部分放到你想安装的文件夹下，然后依次执行下面的解压缩命令：

```
gunzip -c iprscan_DATA_[LATEST_VERSION].tar.gz | tar -xvf -
gunzip -c iprscan_PTHR_DATA_[LATESTDATAVERSION].tar.gz | tar -xvf -
gunzip -c iprscan_bin4.x_[PLATFORM].tar.gz | tar -xvf -
gunzip -c iprscan_v4.x.tar.gz | tar -xvf -
```

解压缩完毕后，你会看到在目录下有一个 iprscan 的目录，其结构如下：

```
./iprscan /
          |-bin      = InterProScan 的 perl 程序和二进制编译程序
          |-binaries  = 二进制编译程序
          |-conf     = InterProScan 的配置文件
          |-data     = 数据库文件夹
          |-docs     = 文档文件夹
          |-image = 图形输出的图片文件夹
          |-lib      = InterProScan 所需的其他模块文件夹
          |-tmp      = InterProScan 运行中临时创建结果的文件夹
```

（3） 编译源程序：

进入程序目录 cd iprscan，perl Config. pl 运行安装程序，接下来程序会在屏幕上给出一些安装提示，如果你不太清楚，就按默认的设置，按回车键就可以。

4. 使用

1） 网络版运行

登录 http：//www. ebi. ac. uk/InterProScan/，EBI 提供了 InterproScan 的网络运行服务，你可以登录上面网站，输入你要作分析的序列，但每次只能提交一条序列，不适合大规模的序列分析。

2）本地化运行（下面以 4. 3 版本的 interproscan 为例）

（1） 软件用法：

运行 bin/iprscan -cli -h 就可以看到程序运行的提示

```
bin/iprscan [ -i input_file] [ -iprlookup [ -goterms]] [ -trtable num] [ -trlen
            num] [ -nocrc]
            [ -appl application to run (default all)] [ -email @ ] [ -seqtype n |p]
            [ -format raw |xml |html |txt (default xml)] [ -verbose] [ -h] [ -cli]
```

（2） 参数解释：

-cli　　设定程序在 unix 命令行下运行，如果不设此参数，程序会被当做 CGI 程序运行。

- I	输入文件，Interproscan 支持输入蛋白质序列和核酸序列，如输入核酸序列，程序会将其翻译成蛋白质序列，你可以指定翻译用到的密码表，用下面的 - trtable 参数（见表 4-4），序列格式可以是 raw，Fasta 或者 EMBL。
- o	结果输出文件，如不选则此参数，结果将在标准输出上显示，输出的结果格式可以用下面的 - format 参数进行设定。
- iprlookup	结果里显示相应的 interpro 注释信息。
- goterms	结果里显示相应的 GO 注释信息，但前面要加上 - iprlookup 参数。
- trtable num	选择核酸翻译蛋白质的密码表，下面有软件设定的密码表，同时可以设定 - trlen 参数来控制核酸翻译的长度。
- nocrc	不对输入蛋白质序列进行 crc64 处理。
- email	设定一个 Email 地址，程序运行完毕向信箱发送邮件通知分析完毕。
- format	输出结果的格式，有 raw、xml、txt、html 几种格式，默认是 xml 个格式，我们一般选用 txt 格式输出。
- seqtype	输入的序列类型，蛋白质序列（ - seqtype p）或者核酸序列（ - seqtype n）
- verbose	程序运行过程中显示运行的状态。
- help	显示帮助信息

表 4-4　密码子对应表

代号	代表物种或细胞器
0	Standard
1	Standard with alternative initiation codons
2	Vertebrate Mitochondrial
3	Yeast Mitochondrial
4	Mold, Protozoan, Coelenterate Mitochondrial and Mycoplasma/Spiroplasma
5	Invertebrate Mitochondrial
6	Ciliate Macronuclear and Dasycladacean
9	Echinoderm Mitochondrial
10	Euplotid Nuclear
11	Bacterial
12	Alternative Yeast Nuclear
13	Ascidian Mitochondrial
14	Flatworm Mitochondrial
15	Blepharisma Macronuclear
16	Chlorophycean Mitochondrial
21	Trematode Mitochondrial
22	Scenedesmus obliquus
23	Thraustochytrium Mitochondrial

5. 运行实例及注解

1）程序输入

Fasta 格式的氨基酸序列 test. seq

```
>Q9RHD9
XPKLEEGVEGLVHVSEMDWTNKNIHPSKVVQVGDEVEVQVLDIDEERRRISLGIKQCKSN
PWEDFSSQFNKGDRISGSIKSITDFGIFIGLDGGIDGLVHLSDISWNEVGEEAVRRFKKG
DELETVILSVDPERERISLGIKQLEDDPFSNYASLHEKGSIVRGTVKEVDAKGAVISLGD
DIEGILKASEISRDRVEDARNVLKEGEEVEAKIISIDRKSRVISLSVKSKDVDDEKDAMK
ELRKQEVESAGPTTIGDLIRAQMENQG
```

2）命令行

```
./iprscan -cli -i test.seq -iprlookup -goterms -format txt -o test.seq.merged.txt
```

注意说明：

（1）程序运行后，在屏幕上会出现类似“SUBMITTED iprscan-20070115-14275424”的提示信息，它表明了程序运行中产生的中间结果所在的目录，以上面信息为例，结果在 iprscan/tmp/20070115/iprscan-20070115-14275424 下，如果输入序列和很多，程序会将输入序列分解成许多份，iprscan-20070115-14275424 下会生成许多 cnk 的目录。运行完毕会在目录 iprscan/tmp/20070115/iprscan-20070115-14275424/下会生成 merged. txt 文件。

（2）如果输入的是核酸序列，程序会将其按照 6 个开放阅读框翻译成蛋白质序列。

3）结果介绍

以上面运行实例的序列 Q9RHD9 为例，其运行的结果为 test. seq. merged. txt

```
Sequence "Q9RHD9" crc64 checksum: D44DAE8C544CB7C1 length: 267 aa.

InterPro        IPR000110       Ribosomal protein S1
Molecular Function: RNA binding (GO:0003723), Molecular Function: structural
constituent of ribosome (GO:0003735), Cellular Co
mponent: ribosome (GO:0005840), Biological Process: protein biosynthesis
(GO:0006412)
method          AccNumber       shortName                                   location
FPrintScan      PR00681         RIBOSOMALS1                                 T[6-27]
4.6E-18 T[85-104] 4.6E-18 T[125-143] 4.6E-18

InterPro        IPR003029       RNA binding S1
Molecular Function: RNA binding (GO:0003723)
method          AccNumber       shortName                                   location
HMMPfam         PF00575         S1                                          T[1-55]
38.7 T[68-142] 81.6 T[155-228] 82.8
HMMSmart        SM00316         S1                                          T[3-55]
38.0 T[70-142] 81.0 T[157-228] 86.8
ProfileScan     PS50126         S1                                          T[1-55]
14.869 T[72-142] 20.809 T[159-228] 22.541

InterPro        IPR008994       Nucleic acid-binding, OB-fold
Molecular Function: nucleic acid binding (GO:0003676)
method          AccNumber       shortName                                   location
superfamily     SSF50249        Nucleic_acid_OB                             T[3-60]
1.4E-7 T[61-205] 6.3999999999999995E-24

InterPro        IPR012340       Nucleic acid-binding, OB-fold, subgroup
method          AccNumber       shortName                                   location
Gene3D          G3DSA:2.40.50.140NA-bind_OB_sub                             T[3-71]
1.5E-15 T[72-154] 4.6E-22 T[159-249] 2.8E-22
```

结果的注释：

```
Sequence "Q9RHD9" crc64 checksum: D44DAE8C544CB7C1 length: 267 aa.
```

//序列的基本信息，包括序列文件名“Q9RHD9”和长度信息。

```
InterPro      IPR000110      Ribosomal protein S1
```

//interpro 的注释信息，有 intepro 号和对其的描述。

```
Molecular Function: RNA binding (GO:0003723), Molecular Function: structural constituent of ribosome (GO:0003735), Cellular Component: ribosome (GO:0005840), Biological Process: protein biosynthesis (GO:0006412)
```

//GO 的注释信息，与上面的 Interpro 号对应（简单的说 Interpro 与 GO 之间建立了一一对应关系），GO 的语言从 3 个方面对基因进行注释，即分子功能（molecular function）、细胞的组分（cellular component）、生物途径（biological process）3 个方面。

method　　AccNumber　　shortName　　location

//下面列出了分析用到的方法，以及所用方法计算得到的信息（InterproScan 是个整合的软件，它集中了多种方法和数据库对基因进行注释）。

FPrintScan　　PR00681　　RIBOSOMALS1　　T [6-27] 4.6E-18 T [85-104] 4.6E-18 T [125-143] 4.6E-18

//“FPrintScan”是用到的方法，“PR00681”是这种方法得到的索引，“RIBOSOMALS1”是注释信息，“T [6-27]”是蛋白质的 domain 区域，“4.6E-18”是预测这个 domain 的数学期望值。

4）结果的应用

通过运行 InterproScan，我们可以得到基因的 Interpro 注释，以及 GO 的注释和分类信息，从而为认识和了解基因的功能提供了参考，我们可以通过下面程序，提取上面 merged. txt 里的 Interpro 和 GO 的信息（程序见光盘 \ Interpro \ Interpro_ extract. pl）。

（1）用法举例：perl Interpro_ extract. pl merged. txt WTEA

其中，merged. txt 为 InterproSacan 运行的结果；WTEA 是结果的标识符号，你也可以用其他与项目相关的关键词代替。

程序运行完毕，会在当前目录下生成一系列以 WTEA 开始的文件，表 4-5 是对各个文件的解释：

表 4-5　生成文件介绍

WTEA. gene. interpro. txt	基因的 intepro 注释信息
WTEA. go. Biological. Process	基因 Biological Process 方面 GO 注释的信息
WTEA. go. Cellular. Component	基因 Cellular Component 方面 GO 注释的信息
WTEA. go. Molecular. Function	基因 Molecular Function 方面 GO 注释的信息
WTEA. go. svg	GO 的功能分类图
WTEA. go. txt	基因的 GO 注释信息
WTEA. go. txt_ gene_ list. txt	每一类 GO 分类对应的基因
WTEA. interpro. classify. txt	基因 interpro 注释信息的统计
WTEA. ipr. go	基因的 intepro 以及 GO 注释信息
WTEA_ GO_ Anno. txt	基因的 GO 注释信息
merged. txt	Interproscan 结果

(2) GO 的功能分类。

如果你想得到更加详细的功能分类图，你可以登录 WEGO 网站：

(http://wego. genomics. org. cn/cgi-bin/wego/index. pl)，提交 merged. txt，或上面的 WTEA. go. txt，就可以画出详细的 GO 功能分类图，如图 4-8 所示。关于 WEGO 的应用详见下节内容。

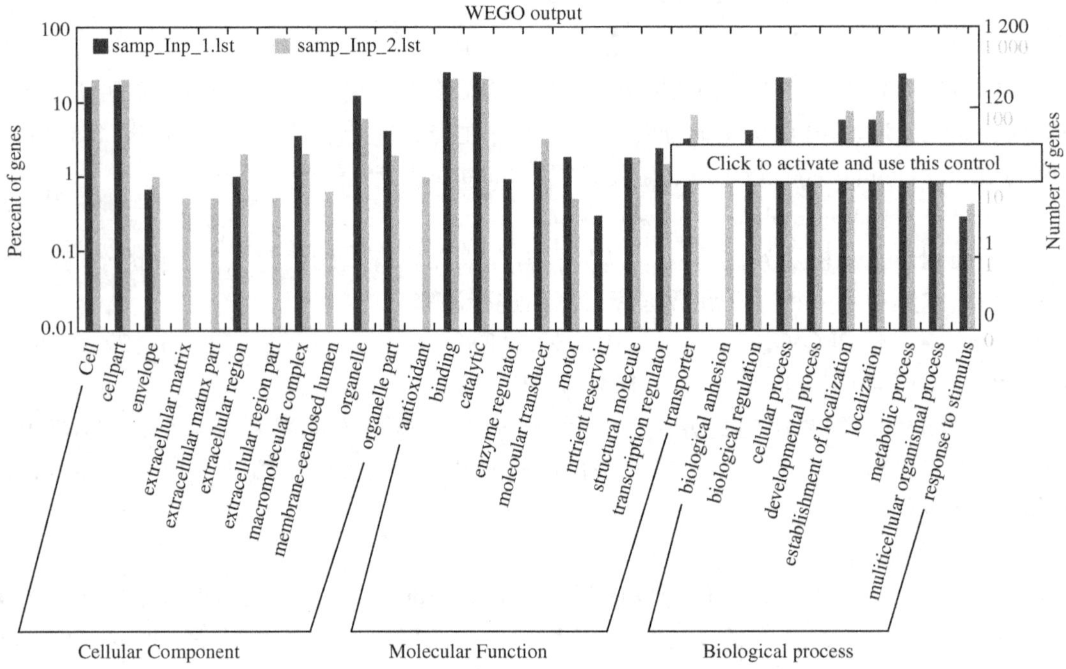

图 4-8　GO 的功能分类图

练　　习

请用 interproscan 注释 100 条猪链球菌基因，并做一下 GO 的功能分类。数据见光盘：\ Interpro \ SwineStreptococcosis100gene. fasta。

4.4.2 WEGO

1. 简介

WEGO (Web Gene Ontology Annotation Plot) 是由 BGI 方林、叶葭等开发的用于图形显示 GOTree 注释的 Web 工具。应用于许多重要的基因组计划中，如水稻基因组计划 (Yu et al. 2002)、家蚕基因组计划 (Xia et al. 2004)，现已成为基因注释分析下游的一个日常工具，尤其是在做比较基因组分析的时候。另外，还提供额外两个工具：External to GO Query 和 GO Archive Query。问题及意见可发送至：wego@ genomics. org. cn。

WEGO 网址：http://wego. genomics. org. cn/cgi - bin/wego/index. pl

使用请引用 WEGO：Ye J, Fang L et al. 2006. Nucleic. Acids Res, 34 (Web service issue):293 ~ 297

2. 使用

第一步：上传注释结果或输入以前曾运行过的 JobID（三天内有效）。输入文件格式可以是 WEGO 的原始格式或 InterproScan 的三种输出格式：txt、raw、xml。对于各种格式的说明如图 4-9 所示。

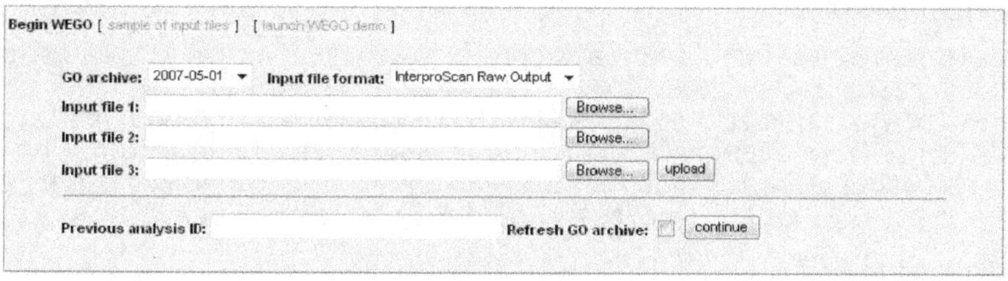

图 4-9　WEGO 第一步，上传文件

（1）WEGO 原始格式为简单的文本格式，一个基因一行，各列用 tab 分隔。第一列为基因名称，其余各列为 GO 号，格式为：GO：GOID，如 GO：0000015。如果基因没有对应的 GO 号，可以为空。输入文件例子如图 4-10 所示。

Sample002815				
Sample003749	GO:0009168	GO:0003876		
Sample008447	GO:0005975	GO:0004563		
Sample006173	GO:0007165	GO:0004629	GO:0007242	
Sample020335	GO:0005840	GO:0005622	GO:0003735	GO:0006412
Sample022810	GO:0006468	GO:0005524	GO:0004672	
Sample009365	GO:0016020	GO:0004970	GO:0005234	
Sample007874				
Sample001860	GO:0003676			
Sample004534	GO:0006118	GO:0004497		
Sample003313	GO:0005634	GO:0006355	GO:0003700	
Sample007753				
Sample012259				
Sample013545				
Sample004109				
Sample016356	GO:0008152	GO:0016787		
Sample013049	GO:0004674	GO:0006468	GO:0005524	

图 4-10　WEGO 原始格式

（2）Interpro txt 格式：

```
Sequence "XM_2305 09" crc64 checksum: 3B5F0AE0A36D5F77 length: 351 aa.

InterPro          IPR005016     TMS membrane protein/tumour differentially
expressed protein
Cellular Component: membrane (GO:0016020)
method            AccNumber     shortName                               location
HMMPfam           PF03348       TMS_TDE                                 T[41 -245]
8.7e -73

InterPro          NULL          NULL
method            AccNumber     shortName                               location
Seg               seg           seg                                     ? [89 -
97]? [191 -206]? [261 -274]? [311 -333]

Sequence "XM_230513" crc64 checksum: A413A0EB63AE3C75 length: 942 aa.

InterPro          IPR000299     Band 4.1
Cellular Component: cytoskeleton (GO:0005856)
method            AccNumber     shortName                               location
```

```
HMMPfam          PF00373      Band_41                                    T[41 - 68]
8.8e - 06 T[261 - 385] 6.4e - 47
HMMSmart         SM00295      B41                                        T[17 - 385]
6.5e - 44
ProfileScan      PS50057      FERM_3                                     T[159 - 525]
35.530
```

（3） Interpro raw 格式：

```
XM_230604   B63D329C4984FFF3   198   BlastProDomPD004952 sp_O84611_CHLTR_O84611; 49
  186  2e-14  T  25-Apr-2005IPR002637    Ham1-like protein
XM_230665   A04D4B0D313BAE9C   665   BlastProDomPD000003  sp_Q9H117_HUMAN_Q9H117; 392
  415  4e-05  T  25-Apr-2005IPR007087    Zn - finger, C2H2 type
XM_230665   A04D4B0D313BAE9C   665   BlastProDomPD000003  sp_Q9H6W6_HUMAN_Q9H6W6; 506
  527  6e-05  T  25-Apr-2005IPR007087    Zn - finger, C2H2 type
```

（4） Interpro xml 格式：

```
 <? xml version = "1.0" encoding = "ISO - 8859 - 1" ? >
= < interpro_matches >
 = < protein id = "XM_230509" length = "351" crc64 = "3B5F0AE0A36D5F77" >
  = < interpro id = "IPR005016" name = "TMS membrane protein/tumour differentially
  expressed protein" type = "Family" >
   = < classification id = "GO:0016020" class_type = "GO" >
       < category > Cellular Component < /category >
           < description > membrane < /description >
        </classification >
      = < match id = "PF03348" name = "TMS_TDE" dbname = "PFAM" >
         < location start = "41"end = "245"score = "8.7e - 73"status = "T"evidence = "HMMPfam"/>
        </match >
    </interpro >
   = < match id = "seg" name = "seg" dbname = "SEG" >
       < location start = "89" end = "97" status = "?" evidence = "Seg" />
       < location start = "191" end = "206" status = "?" evidence = "Seg" />
       < location start = "261" end = "274" status = "?" evidence = "Seg" />
       < location start = "311" end = "333" status = "?" evidence = "Seg" />
    </match >
</protein >
```

第二步：上传文件后，页面转至 GO Tree 的注释页面。这里可以选择你所感兴趣的具体的 GO 条目，在输出中单独显示（默认选择到第二层次）。在 GO 注释条目中没有对应到的 GO ID 将会在“view error”页面中显示。GO 注释中，每行代表 GoTree 的一个条目，从左到右依次为：这条 GO 注释对应的基因数、基因的百分比、两套输入数据卡方检验的 *P* 值（Pearson Chi-Square 检验）、GO 号及其注释。如果只有一套输入数据，此项被省略，如果三套输入数据，三列 *P* 值表示每两对数据间的卡方检验 *P* 值，依次为 1 - 2，1 - 3，2 - 3。对于卡方检验 *P* 值部分，期望值小于 5 时用“Ml”代表 meaningless，“Na”代表 not available，红色箭头表示有显著关联（显著水平低于 0. 05）。“arrowed”按钮可以用来选择所有显著关联项。选择完毕，点击“plot”按钮进入图形修改页面，如图 4-11 所示。

第三步：图形设置，如标题、颜色、图例描述等，如图 4-12 所示。目前，WEGO 图形输出支持 SVG、PNG、PostScript、EPS 和 GIF 几种格式。可以选择下载压缩包或邮件传送的方式得到结果。GO 注释项目中 unknown/unknowing/obsolete 默认为不输出，用户可以通过去掉过滤器避免。用户也可以选择是否用对数值作为 *y* 轴坐标。

第四步：作图完毕，选择结果的格式及下载方式如图 4-13 所示。

External to GO Query 用来对应 GO 和其他数据库，建立于 GO 的 external2go 如图 4-14。

请注意这些对应并不完整和精确。用户可以选择特定外部数据库进行搜索，默认为对全部外部数据库进行搜索，需要的时间也会加长。

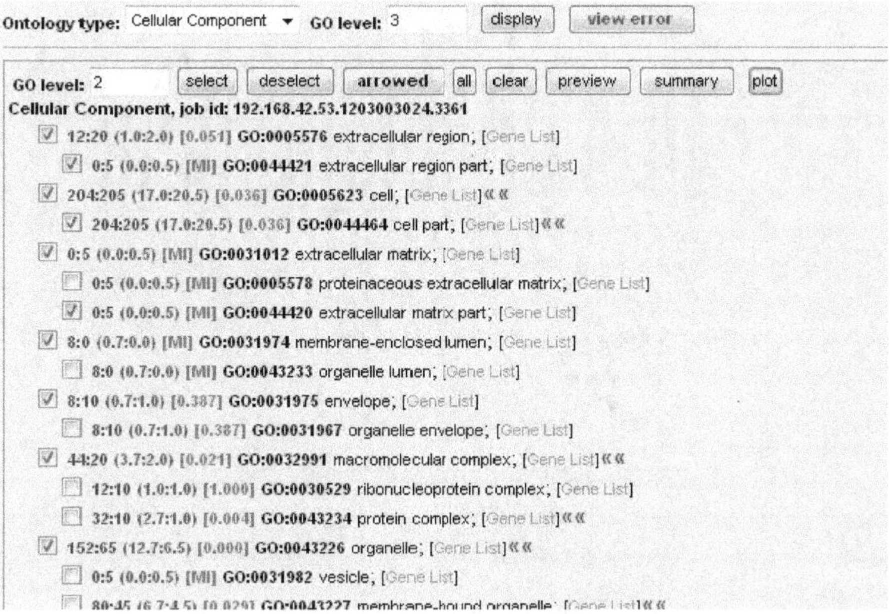

图 4-11　WEGO 第二步，GOTree 选项编辑页面

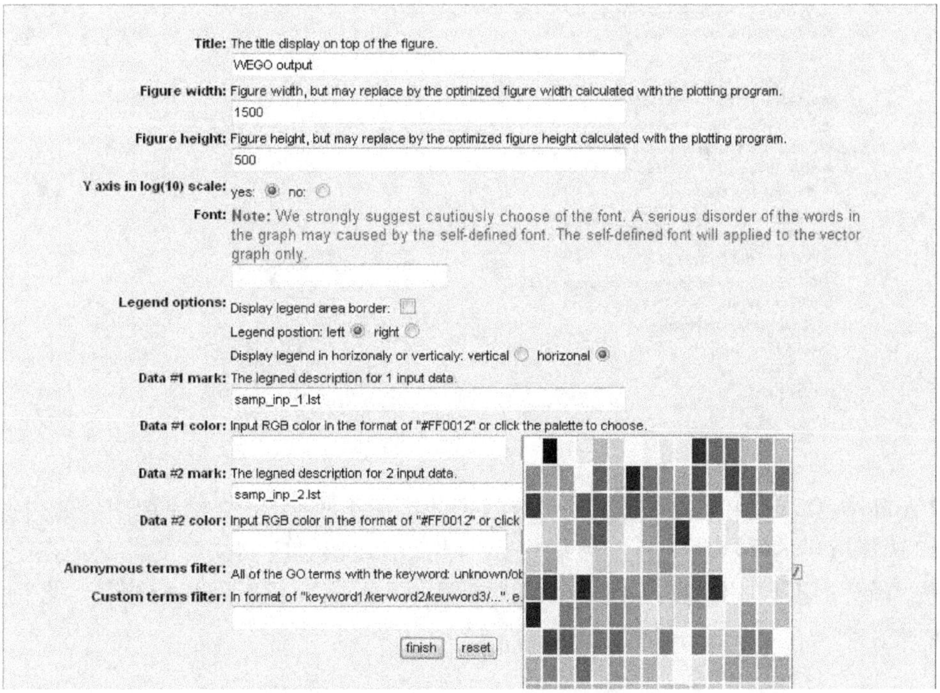

图 4-12　WEGO 第三步，图形输出设置

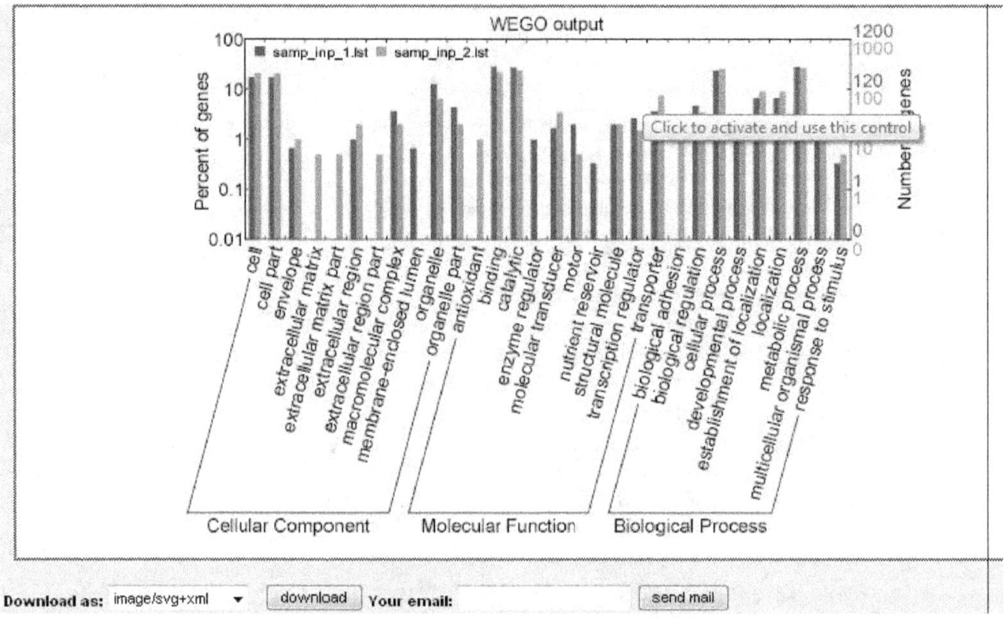

图 4-13　WEGO 第四步，输出格式转换及下载结果

#00001: InterPro > GO:0000015
InterPro: IPR000941: Enolase
GO:0000015: phosphopyruvate hydratase complex
#00002: PRINTS > GO:0000015
PRINTS: PR00148: ENOLASE
GO:0000015: phosphopyruvate hydratase complex
#00003: PROSITE > GO:0000015
PROSITE: PS00164: ENOLASE
GO:0000015: phosphopyruvate hydratase complex
#00004: Pfam > GO:0000015
Pfam: PF00113: Enolase_C
GO:0000015: phosphopyruvate hydratase complex
#00005: Pfam > GO:0000015
Pfam: PF03952: Enolase_N
GO:0000015: phosphopyruvate hydratase complex
#00006: ProDom > GO:0000015
ProDom: PD000902: Enolase
GO:0000015: phosphopyruvate hydratase complex
----
total: 6 hit(s)

图 4-14　External to GO Query

GO Archive Query 用来提供查询特殊的 Go 号存在于哪个版本的注释中。通过此功能，用户可以选择适当的注释版本，避免某些 GO 号找不到相对应的注释的情况。在上面提到的“view error”选项中出现的 GO 号就是由于版本不对应而找不到相应注释。查询结果如图 4-15 所示。

图4-15　GO Archive Query

练　　习

（1）输入 WEGO 原始格式文件（光盘\ WEGO \ ABC. go. txt），提交到 WEGO 网站进行 GO Tree 注释。

（2）输入 interproscan txt 格式文件（光盘\ WEGO \ 1. fasta. merged. txt），提交到 WEGO 网站进行 GO Tree 注释。

（3）将以上两个文件同时提交，比较两个 GO Tree 注释的区别。

主要参考文献

Asaf A S, Victor V S. 2000. Ab initio Gene Finding in *Drosophila* Genomic DNA. Genome Research, 10: 516 ~ 522

Benson G. Tandem repeats finder: a program to analyze DNA sequences. Nucleic Acid Research, 1999, 27 (2): 573 ~ 580

Burge C, Karlin S. 1997. Prediction of complete gene structures in human genomic DNA. J Mol Biol, 268: 78 ~ 94

Delcher A L, Bratke K A, Powers E C et al. 2007. Identifying bacterial genes and endosymbiont DNA with Glimmer. Bioinformatics (Advance online version)

Delcher A L, Harmon D, Kasif S et al. 1999. Improved microbial gene identification with GLIMMER. Nucleic Acids Research, 27 (23): 4636 ~ 4641

Eugene M M, John F M. 2002. LTR STRUC: a novel search and identification program for LTR retrotransposons. Bioinformatics, 19 (3): 362 ~ 367

Gardner M J, Tettelin H, Carucci D J et al. 1998. Chromosome 2 sequence of the human malaria parasite Plasmodium falciparum. Science, 282 (5391): 1126 ~ 1132

Heng Li, Jin-Song Liu, Zhao Xu et al. 2005. Test Data Sets and Evaluation of Gene Prediction Programs on the Rice Genome. J Compute Sci & Technol, 20 (4): 446 ~ 453

Korf I, Flicek P, Duan D et al. 2001. Integrating genomic homology into gene structure prediction. Bioinformatics, 17: S140 ~ S148

Lander E S et al. 2001. Initial sequencing and analysis of the human genome. Nature, 409 (6822): 860 ~ 921

Lim L P, Lau N C, Weinstein E G et al. 2003. The microRNAs of Caenorhabditis elegans. Genes & Dev, 17: 991

Lowe T M, Eddy S E. 1999. A computational screen for methylation guide snoRNAs in yeast. Science, 283: 1168 ~ 1171

Lowe T M, Eddy S R. 1997. tRNAscan-SE: A program for improved detection of transfer RNA genes in genomic sequence. Nucl Acids Res, 25: 955 ~ 964

Pertea M, Salzberg S L, Gardner M J. 2000. Finding genes in Plasmodium falciparum. Nature, 404 (6773): 34

Pertea M, Salzberg S L. 2000. Computational gene finding in plants. Plant Mol Biol, 48 (1 ~ 2): 39 ~ 48

Salzberg S, Delcher A, Fasman K et al. 1998a. A decision tree system for finding genes in DNA. J Computat Biol, 5 (4): 667 ~ 680

Salzberg S, Delcher A, Kasif S et al. 1998b. Microbial gene identification using interpolated Markov models (73K, PDF format). Nucleic Acids Research, 26 (2): 544 ~ 548. Reproduced with permission from NAR Online at http: //www. oup. co. uk/nar

Salzberg S, Delcher A, Kasif S et al. 1998. Microbial gene identification using interpolated Markov models. Nucleic Acids Research, 26 (2): 544 ~ 548

Salzberg S L, Pertea M, Delcher A L et al. 1999. Interpolated Markov models for eukaryotic gene finding. Genomics, 59 (1): 24 ~ 31

Sam Griffiths-Jones, Alex Bateman, Mhairi Marshall et al. 2003. Rfam: an RNA family database. Nucleic Acids Research, 31, 1, 439 ~ 441

Smit A F A. 1999. Interspersed repeats and other mementos of transposable elements in mammalian genomes. Curr Opin Genet Devel, 9 (6): 657 ~ 663

Waterston et al. 2002. Initial sequencing and comparative analysis of the mouse genome. Nature, 420 (6915): 520 ~ 562

Xia Q et al. 2004. A draft sequence for the genome of the domesticated silkworm (*Bombyx mori*). Science, 306: 1937 ~ 1940

Yuan Q, Quackenbush J, Sultana R et al. 2001. Rice bioinformatics analysis of rice sequence data and leveraging the data to other plant species. Plant Physiol, 125 (3): 1166 ~ 1174

Yu J et al. 2002. A draft sequence of the rice genome (Oryza sativa L. ssp. indica). Science, 296: 79 ~ 92

Yu J et al. 2005. The Genomes of Oryza sativa: A History of Duplications. PLoS Biol, 3: e38

Zdobnov E M, Apweiler R. 2001. InterProScan-an integration platform for the signature-recognition methods in InterPro. Bioinformatics, 17 (9): 847 ~ 848

第 5 章　SNP 分 析

SNP 简 介

SNP（single nucleotide polymorphysm）即单核苷酸多态性，是指等位基因发生了突变，致使不同等位型的出现（这里以二等位基因为例）。SNP 的位点及其丰富，几乎遍及整个基因组。据估计基因组中大约平均每 1000bp 就会出现一个 SNP，这样 SNP 在整个人类基因组的分布就会达到 300 万个。

SNP 可以分为两种：纯合 SNP（homozygous SNP）和杂合 SNP（heterozygous SNP），纯合 SNP 是指两个等位基因都发生了突变（如图 5-1 中第三个图中的 G），杂合 SNP 是指两个等位基因中的一个发生了突变（如图 5-1 中第一个图中的 g）。

虽然目前有很多寻找 SNP 的方法，DNA 测序法是高通量 SNP 筛选最有效的方法。现在有很多基于 DNA 测序法检测二倍体物种中的 SNP 的软件。纯合 SNP 可以很容易的通过序列比对检测出来，重点和难点是杂合 SNP 的检测。目前有许多检测杂合 SNP 的软件（例如，Polyphred 和 SNPdetector 等），它们检测杂合 SNP 基本原理都是：在峰图中杂合基因型位点出现两个峰，每一个峰的峰高大约是相应纯合基因型峰高的一半。

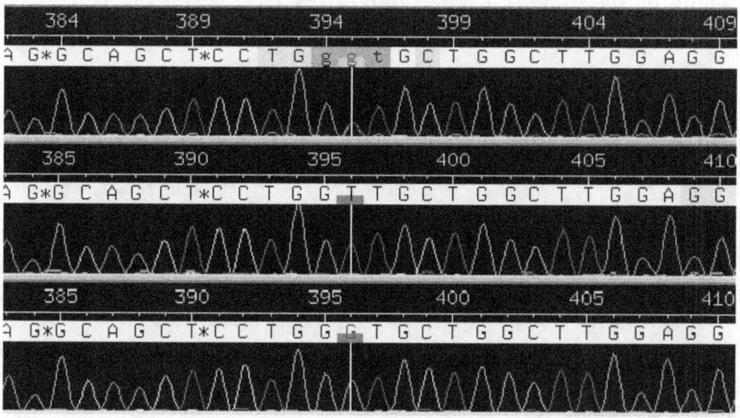

图 5-1　SNP 示例

由于测序质量不高的原因，在实际中会遇到很多困难，在多数情况下主峰的降低不会刚好是一半，再加上杂峰的影响，软件检测的结果会有假阳性的存在，同时也可能漏掉一些 SNP 位点（即假阴性）。大部分检测软件会给每一个 SNP 位点的真实性打一个分值（不同软件的打分标准不同），用户可以根据需要制定合适的阈值，对于大于阈值的位点我们认为是真正的 SNP 位点（有时还需人工校正）。

5.1 Polyphred

1. 简介

Polyphred 是 Washington 大学 Nickerson Group 开发的基于测序峰图预测 SNP 的一套软件，此软件基于 Phred、Phrap 等软件，根据其结果进行预测，相比于 cross_match 等软件，能够考虑到双峰的情况，对杂合子的预测有一定的优越性。Polyphred 预测的准确性和测序质量相关，测序质量高，则预测的准确性也相应提高。

2. 下载

该软件包可以从 Washington 大学 Nickerson Group 的网站上申请免费下载，申请链接：http://droog.mbt.washington.edu/PolyPhred.html，拿到下载密码后，根据自己的机器系统选择相应的下载版本。下载包：polyphred.tar.gz。

目前 polyphred 支持的系统有：

Linux	SGI – IRIX
Mac-OSX	DEC – Alpha（Compaq Tru64）
Cygwin	HP – UX
Sun – Solaris	AIX 5

3. 安装

（1）上传 polyphred 的压缩包到本地 Linux/Unix 运算服务器；

（2）解压缩：

$ gzip – d polyphred.tar.gz

$ tar – xvf polyphred.tar

（3）查看解压缩后的文件：

```
$ ls -l
total 3804
-rwxr-x---    1 bgi soft      21263 Feb 27  2006 phredPhrap*
-rwxr-x---    1 bgi soft    1197500 Feb 27  2006 polygen*
-rwxr-x---    1 bgi soft    1502304 Feb 27  2006 polyphred*
-rwxr-x---    1 bgi soft      54619 Feb 27  2006 polyphred.html*
-rwxr-x---    1 bgi soft    1108104 Feb 27  2006 sudophred*
```

（4）此软件为事先编译好的，无需安装。

（5）设置环境变量。

为保证程序正常运行，需更改 PhredPhrap 程序中相关的环境变量。将相应的路径修改即可。

```
defined( $szConsedHome = $ENV{'CONSED_HOME'} ) ||
    ( $szConsedHome = "/usr/local/genome" );
if ( ! -r $szConsedHome ){
   die "Could not find $szConsedHome for the root of the consed programs. Is the
environment variable CONSED_HOME set correctly?";
}
```

#以上为 consed 软件包的存放地址配置。

#以下为各调用软件存放地址。

```
$ cross_matchExe = $ szConsedHome . "/bin/cross_match";
$ phredExe = $ szConsedHome . "/bin/phred";
$ phrapExe = $ szConsedHome . "/bin/phrap";
$ phd2fasta = $ szConsedHome . "/bin/phd2fasta";
$ transferConsensusTags = $ szConsedHome . "/bin/transferConsensusTags.perl";
$ tagRepeats = $ szConsedHome . "/bin/tagRepeats.perl";
$ determineReadTypes = $ szConsedHome . "/bin/determineReadTypes.perl";
```

#以下为载体文件位置。

```
# change this to reflect wherever you put you fasta file of vector sequences
$ szDefaultVectorFile = $ szConsedHome . "/lib/screenLibs/vector.seq";

# if you have a specific vector file for the project, then use that:
# (Thanks to Steve Kenton, Oklahoma University)
if ( -e "../vector.seq"){
    $ szDefaultVectorFile = "../vector.seq";
}
```

另外，因软件调用 Phred，需要正确配置 PHRED_PARAMETER_FILE 环境变量，请参考 Phred 章节中相关部分。

4. 使用

此软件需要特定的目录结构，首先建一个项目目录如 pc，项目目录下建立4个同级目录，分别为：chromat_dir、phd_dir、poly_dir、edit_dir。将所有测序得到的峰图文件放到目录 chromat_dir 中。

```
$ ls -l pc
total 16
drwxr-xr-x    2 soft  bgi    4096 Mar  2 10:52 edit_dir/
drwxr-xr-x    2 soft  bgi    4096 Nov  9 02:40 phd_dir/
drwxr-xr-x    2 soft  bgi    4096 Nov  7 07:01 poly_dir/
drwxr-xr-x    2 soft  bgi    4096 Nov  7 07:01 chromat_dir/
```

程序按如下顺序运行：

（1）sudophred：如果有参考序列，首先运行软件包中的 sudophred 产生虚拟的峰图文件和 phd 文件，一般在 edit_dir 目录下运行。

命令：sudophred <reference>

详细参数可输入 sudophred -h 查看：

```
$ sudophred -h
sudophred [文件名] [参数]
[文件名] FASTA 格式序列文件
[参数] 可以是下列参数的一个或多个：
        -q [数字]    设置 phd 文件的质量
        -r [字符串]    给出参考文件，[字符串] 可选
        -abi   给出 ABI 格式的峰
sudophred -h（或 -help）给出帮助信息
```

```
$ more edit_dir/A8-9
>A8-9
GATGAAGATGGGAAGAAGTTGTCCGATGAGGACATAAGAGCAGAAGCTGACACCTTTATG
TTTGAGGGTGAGGGCCCCAGTGTGGGGCTAGAGTGGGGACTTGGATATCTCCATTCCAGG
AACAGGGTGGGTGGACCCCTCGCACTTCCCATCCCCCTTCCCCCATCCTCCCTGAGGTCC
```

```
TCAATGCAAGGTTGCTGTACACCCTCGGGTGCTGAAGCAGCCCAGAGACCCAAGCCTGCC
TTGCTGCCCCCCAGGCCATGACACCACAGCCAGTGGTCTCTCCTGGGTCCTGTACCACCT
TGCAAAGCACCCGGAATACCAGGAGCGCTGTCGGCAGGAGGTGCAAGAGCTTCTGAAGGA
CCGTGAGCCTAAAGAGATTGAATG

$ cd edit_dir
$ sudophred A8-9
    Writing chromat file ../chromat_dir/A8-9.scf
    Writing ../phd_dir/A8-9.phd.1
    Writing A8-9.poly
```

(2) PhredPhrap：一个整合了 Phred、cross_ match、repeatmasker 和 Phrap 的软件，避免分步运行各软件的麻烦。需在 edit_ dir 目录下运行，直接键入 PhredPhrap 即可，参数可参见 Phrap 相关参数。

```
$ phredPhrap
```

(3) Polyphred：根据 Phred 及 Phrap 结果，找出相应的 SNP 位点，给出相关信息，并可修改 ACE 文件，便于 Consed 查看。输入 polyphred -h 可查看相关参数帮助。

运行命令：polyphred [options] > polyphred. out，结果输出为屏幕输出，可重定向到文件。

```
$ polyphred -h
POLYPHRED   Version 5.04
-----------------------------------------------------------------
flag                 function                  arguments        default
----------------     ------------------------  ---------------  -------
-ace          (-a)   set ace file              ace file
-blocks              set/remove output blocks  +/- block name
-clear               remove PolyPhred tags
-dir          (-d)   set data directory        directory
-flanking     (-f)   set site flanking length  0-50             10
-group        (-g)   select reads              regular exp.
-help         (-h)   print this information
-indel        (-i)   mark indels               * on/off         off
-ms                  mark microsatellites      * on/off         off
-nav          (-n)   set navigation file       * file/on/off    polyphred.nav
-output       (-o)   set output file           * file/on/off    polyphred.out
-quality      (-q)   set quality limit         0-50             25
-rank         (-r)   set rank limit            * 1-6            0
-ref                 show reference positions  * ref ID/on/off  .REF
-refcomp             compare with reference    * ref ID/on/off  .REF
-source       (-s)   set source ID positions   posn1 posn2
-score               set score limit           0-99             70
-snp                 mark SNPs                 * het/hom/on/off on
-tag          (-t)   set tag type              g/p/r            genotype
-update              update ace and phd files  * on/off         on
-verbosity    (-v)   set verbosity             0/1/2            0
-version             print PolyPhred version
-window       (-w)   set window length         5-50             20
-xml                 print output in XML       * on/off         off

* The argument is optional.
-----------------------------------------------------------------
$ polyphred-ref A8-9.scf-ace >polyphred.out
```

(4) consed：查看结果（需在 edit_dir 目录下运行），此软件可看每个碱基的峰图情况，如图 5-2 所示。

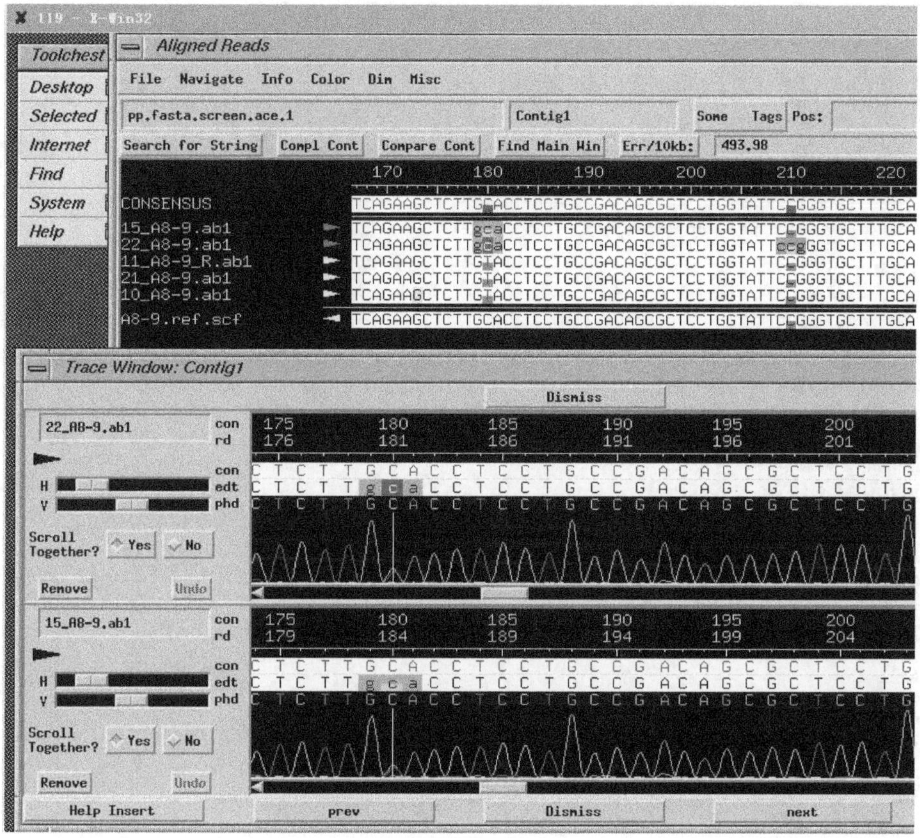

图 5-2　consed 查看 polyphred 结果

$ consed &

5. 输入

测序产生的峰图文件，放在 chromat_dir 下面（光盘\ polyphred \ chromat_dir）。如有参考序列，则参考序列为 fasta 格式的文件，放在 edit_dir 目录下（光盘\ polyphred \ edit_dir \ A8-9）。

```
$ more A8-9
>A8-9.ref
GATGAAGATGGGAAGAAGTTGTCCGATGAGGACATAAGAGCAGAAGCTGACACCTTTATG
TTTGAGGGTGAGGGCCCCAGGAACAGGGTGGGTGGACCCCTCGCACTTCCCATCCCCCTT
CCCCCATCCTCCCTGAGGTCCTCAATGCAAGGTTGCTGTACCTTGCTGCCCCCCAGGCCA
TGACACCACAGCCAGTGGTCTCTCCTGGGTCCTGTACCACCTTGCAAAGCACCCGGAATA
GGACCGTGAGCCTAAAGAGATTGAATG
```

6. 输出

Polyphred 默认为屏幕输出，可重定向到文件，example：pp. out 结果信息：

```
$ more pp.out
BEGIN_MESSAGE

BEGIN_HEADER
 ----------------------------------------------------------
POLYPHRED      Version 5.04        Build 2006.02.07
```

```
------------------------------------------------------------
POLYPHRED_THUMBPRINT  1167464639
TIME                  30/12/06 07:43:59
CURRENT_DIRECTORY     /disk2/software/edit_dir/
END_HEADER

BEGIN_COMMAND_LINE
 -dir        /disk2/software/edit_dir/
 -ace        pp.fasta.screen.ace.1
 -score      70
 -quality    25
 -window     20
 -tag        genotype
 -ref        A8-9.ref
END_COMMAND_LINE

BEGIN_CONTIG
Contig1
REFERENCE A8-9.ref.scf

BEGIN_POLY
180    343     GAAGCTCTTG  C  T  ACCTCCTGCC  99
210    313     CCTGGTATTC  C  T  GGGTGCTTTG  99
324    199     CCCGAGGGTG  G  T  ACAGCAACCT  99
END_POLY

BEGIN_GENOTYPE
180    343    177       10_A8-9.ab1       T  T  99
180    343    179       11_A8-9_R.ab1     T  T  99
180    343    184       15_A8-9.ab1       C  T  99
180    343    177       21_A8-9.ab1       T  T  99
180    343    181       22_A8-9.ab1       C  T  99
210    313    207       10_A8-9.ab1       C  C  99
210    313    209       11_A8-9_R.ab1     C  C  99
210    313    214       15_A8-9.ab1       C  C  99
210    313    207       21_A8-9.ab1       C  C  99
210    313    211       22_A8-9.ab1       C  T  99
324    199    321       10_A8-9.ab1       T  T  99
324    199    323       11_A8-9_R.ab1     T  T  99
324    199    328       15_A8-9.ab1       T  T  99
324    199    321       21_A8-9.ab1       T  T  99
324    199    325       22_A8-9.ab1       G  T  99
END_GENOTYPE

BEGIN_COLUMNGENOTYPE
END_COLUMNGENOTYPE

BEGIN_POLYINDEL
END_POLYINDEL

BEGIN_COLUMNINDEL
END_COLUMNINDEL

BEGIN_MANUALGENOTYPE
END_MANUALGENOTYPE

BEGIN_VERIFIED
END_VERIFIED
```

```
BEGIN_SAMPLE
10_A8 -9.ab1    41      655      50
11_A8 -9_R.ab1  72      654      51
15_A8 -9.ab1    65      663      46
21_A8 -9.ab1    11      651      51
22_A8 -9.ab1    36      655      50
23_A8 -9.ab1    33      129      31
END_SAMPLE

BEGIN_COVERAGE
384       10       5
11        383      6
END_COVERAGE
END_CONTIG
END_MESSAGE
```

结果文件中每个区域以“BEGIN_区域”开始、“END_区域”结束。几个主要的区域介绍如下：

HEADER 区域，记录 Polyphred 版本，输出的唯一编号，输出的日期和时间，运行目录。

COMMAND_LINE 部分，运行参数。

POLY 区域，polyphred 检查到的可能突变位点，在 consensus 序列上的位置，突变位点 5′方向的序列，突变位点上的最常出现的两个等位碱基，突变位点 3′方向的序列及分值。

GENOTYPE 区域，记录了查找的突变信息，各列分别为：第一列为突变位点在 consensus 序列上的位置，第二列为突变位点在参考序列上的位置（如果没有参考序列，此列空缺），第三列为突变位点在样本上的位置，第四列为样本的名字，第五、六两列为突变位点上的碱基，第七列为次位点的分值。分值和检测准确性关系如表 5-1 所示。

表 5-1　Polyphred 分值和检测准确性关系对照

分值	级别	标签颜色	真阳性比率
99	1	红色	97%
95 ~ 98	2	橘色	75%
90 ~ 94	3	绿色	62%
70 ~ 89	4	深蓝色	35%
50 ~ 69	5	洋红色	11%
0 ~ 49	6	紫色	1%

INDEL 区域，如果 -indel 设置为 on，可能的 indel 位点会在这里列出。

SAMPLE 区域，序列名字、查找的范围以及这段区域碱基的平均质量。

练　　习

检测癌症相关基因中不同患者的突变情况。

5.2　SNPdetector

1. 简介

SNPdetector 是美国国立癌症研究所人类遗传学实验室的 Jinghui Zhang 和他的同事们开

发的基于 PCR 重测序检测 SNP 的软件包。该软件可以检测多种序列突变，尤其是对于杂合子的检测。检测流程是一个自动化的过程，不需要人工参与，准确性也比较好。目前支持的系统有：Unix/Linux、Solaris。

由于 SNPdetector 基于 PCR 重测序而设计，它一次只处理一对 PCR 引物扩增测序的结果，检测对应的目标区域的 SNP。图 5-3 显示了该软件的工作流程，涉及的主要软件包括两类：

（1）SNPdetector 自带程序：引物定位程序、序列质量过滤程序、SNPdetector。

（2）外部程序：SIM、Phred、ptrfinder。

SNP 检测的工作过程可以概括为以下 4 个步骤：

（1）通过 Phred 处理输入的测序峰图文件，得到序列文件、碱基质量文件和主、次峰信息文件。

（2）通过 SIM（基于 Smith-Waterman 算法）做序列比对，将测序序列定位到参考序列。

（3）利用 NQS（neighborhood quality standard，即它要求突变位点和 flanking window 中每个碱基的质量值超过用户定义的质量值）标准，检测高质量的序列突变。

（4）通过 SNPdetector 检测杂合基因型以及对每一个 SNP 的可信度进行评估，给出检测结果。

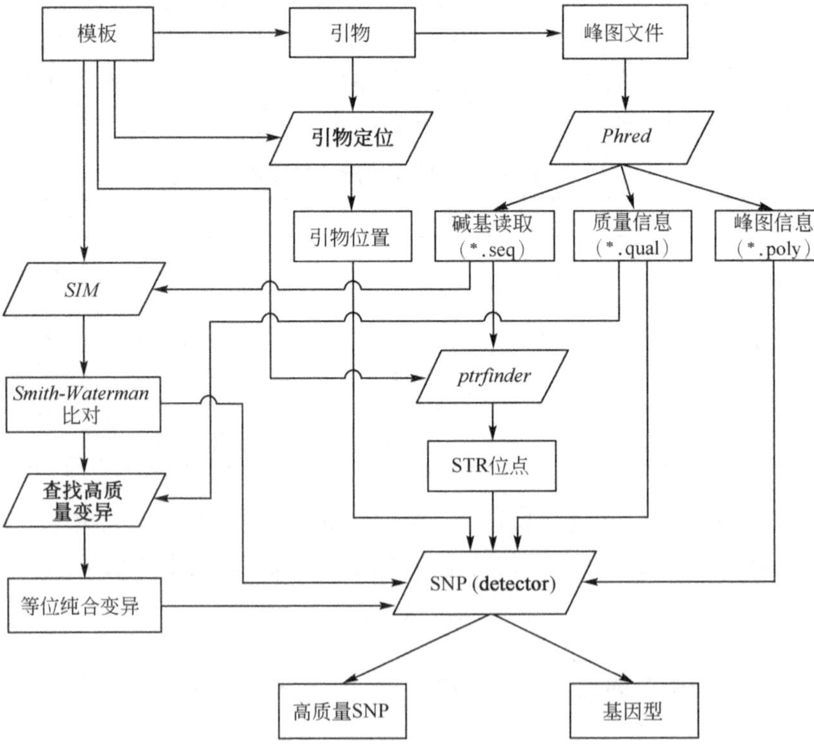

图 5-3　SNPdetector 检测 SNP 的流程图

斜框代表分析模块（通常是 c 程序），矩形代表输入和输出数据。

外部程序用斜体字表示，SNPdetector 自带的程序用粗体字表示

整个过程被集成在一个脚本中，用户只要通过一个命令行即可完成全部工作。

另外，如果需要查看通过峰图文件人工校对 SNPdetector 的检测结果，需要用到 Phrap 和 consed 软件。工作过程如下：

（1）通过 Phrap 对测序结果进行组装；

（2）通过 SIM 将组装结果、contigs 序列定位到参考序列，得到定位关系；

（3）修改 Phrap 结果文件 ACE 文件和 phd_ dir 目录下的 phd 文件，加上通过 SNPdetector 软件发现的 snp 位点信息的标签；

（4）最后用 Consed 查看结果。

前面3个步骤也被集成在一个脚本里面，命名为 viewSNP。

2. 下载

该软件包可以从美国国立癌症研究所的网站上免费下载，目前最新版本的软件下载链接如下：ftp://ftp1. nci. nih. gov/pub/SNPdetector/。

除此之外，还需要下载安装其他一些外部程序：

```
ptrfinder: http://ncisgi.ncifcrf.gov/~collinsj/Tandem_Repeats/downloads/
Phred: http://www.phrap.org/consed/consed.html#howToGet
```

Phrap 和 Consed 的下载和使用请参考相关章节。

3. 安装

（1）上传 SNPdetector 的压缩包到本地 Linux/Unix 运算服务器。注意：使用 binary（二进制）传输，否则解压缩会出问题。

（2）解压缩：

tar - zxvf SNPdetector_2_linux. tar. gz

注意：如果在同级目录下有 SNPdetector 的目录，请在解 tar 包之前移走，或者删除。

（3）上传 ptrfinder 的压缩包和 Phred 至 SNPdetector 的子目录 bin 下，并修改权限（chmod ugo + x ＊）。

4. 使用

SNPdetector 的使用很方便。如图 5-2 所示，输入文件包括 Template、Primers、Trace files，输出文件 goodSNPgenotype. txt，整个过程自动进行。

软件的目录结构如下所示：

```
                  ┌──bin(程序目录)
SNPdetector_ 2────┼──scripts(脚本目录)
                  └──examples(实例目录)
```

具体操作的命令行格式如下：

```
scripts/SNPdetector <primer name> <label> <0 or 1> <directory for all trace files>
<primer sequence file> <template sequence file> <directory for the output files>
```

命令行中包括了7个参数：

a. 引物的名字，即引物文件中的引物的名字

b. 这是一个对样本归类的标签，注意不要设为“bad_align”

c. 这个参数可以设置成0或者1，0代表保留所有序列，1代表过滤掉低质量的序列。

d. 峰图文件所在目录的绝对路径

e. 引物序列文件的绝对路径

f. 模板序列文件的绝对路径

g. 输出文件的目录的路径。可以是绝对路径，也可以是相对路径

输出结果的目录结构如下所示：

```
         ┌──chromat_dir
         ├──edit_dir
引物名称─┤
         ├──phd_dir
         └──poly_dir
```

如果要通过 Consed 查看 SNPdetector 的结果，操作如下：

（1）进入 edit_dir 目录，运行 xxx/viewSNP，xxx 代表 viewSNP 的路径，一般在 scripts 目录下。

（2）运行 Consed。

在实际使用 SNPdetector 处理自己的数据之前，还需要做两件事情：一是修改环境变量 PHRED_ PARAMETER_ FILE，二是修改 shell 脚本 phredPhrap、find_ STRPs、SNPdetector、viewSNP 和 get_ new2old_ mapping。下面详细介绍：

（1）设置环境变量 PHRED_ PARAMETER_ FILE。

这个环境变量是运行 Phred 所需的，你可以键入以下命令看环境变量是否已设置：

echo $ PHRED_ PARAMETER_ FILE

如果出现的是空白，说明环境变量没有设置，按如下方法设置环境变量：

如果是 csh shell（Solaris）

setenv PHRED_ PARAMETER_ FILE //xxxpathxxx/phredpar. dat/phred_ dir/phredpar. dat

如果是 bash shell（Linux）

export PHRED_ PARAMETER_ FILE = /xxxpathxxx/phredpar. dat

例如：export PHRED_ PARAMETER_ FILE = /home/xuxy/phredpar. dat

xxxpathxxx 是指 phredpar. dat 所在目录的路径。

提示：要把 phredpar. dat 文件中

" # " _ _ no_ matching_ string_ _ "   primer   rhodamine   ABI_ 373_ 377" 行前的" #" 去掉。

（2）修改 shell 脚本 PhredPhrap 的设置（如果没有设置的话）：

在最后一行中加入参数：process_ nomatch，即最后一行改为：

```
system( " $ niceExe $ phredExe - process_nomatch - if $ szPHDFOF - q - s - pd $ phd-
DirPath - dd .. /poly_dir");
```

（3）脚本 get_ new2old_ mapping 用于对应新名称和旧名称。如果命名规则和默认的设置不同，

需要修改以下两行：

```
SAMPLE = `echo $ SeqName |cut - f ${SAMPLE_INDEX} - d"_" `
a = èecho $ i |cut - f ${PRIMER_INDEX4DOT} - d"." `
```

另外还需要修改以下设置：

```
FORWARD_LABEL = 21f1
REVERSE_LABEL = 48r1
```

```
FORWARD_LABEL2 =21f2
REVERSE_LABEL2 = 48r2

SAMPLE_INDEX =5## index in the trace name that indicate the sample ID
PRIMER_INDEX4DOT = 2 ## index in the trace name that indicate the forward/reverse
read information
```

例如如下名称：

```
Mouse_het_090903_C01_C58J_pHETERO1.21f1.005_05.ab1
```

按默认设置，以“_ ”为分界符的第五项，即C58J为sample名字（SAMPLE_ INDEX =5），以“. ”为分界符的第二项，即21f1 代表这是一个正链（FORWARD_ LABEL = 21f1）。

这些参数都是可以修改的，例如，名称D10. Q1_ exon3. 2f. ab1，如果2f代表正链，D10. Q1代表sample名称，可以做如下修改：

```
FORWARD_LABEL = 2f
SAMPLE_INDEX =1
```

（4）如果想在不同目录下使用软件，需要修改以下shell脚本：

a. scripts/phredPhrap

将行 $ phredExe =" ../../../bin/phred" 改为phred的绝对路径

b. scripts/find_ STRPs

将行 BIN_ DIR =../../../bin 改为SNPdetector_ 2/bin的完整路径

c. scripts/SNPdetector

将行 SNP_ DETECTOR_ DIR =" pwd" 改为SNPdetector_ 2的完整路径

d. scripts/viewSNP

将行 SNP_ DETECTOR_ DIR =" cut -f1 bin_ dir. lst" 改为SNPdetector的绝对路径

e. 如果scripts文件不在SNPdetector的目录下，还需要修改shell脚本SNPdetector中的如下设置：SCRIPT_ DIR = $ {SNP_ DETECTOR_ DIR} /scripts改为scripts的目录。

（5）在consed下看SNPdetector的结果。

因为consed和其他一些软件的安装目录不同，所以用户需要修改shell脚本viewSNP（位于SNPdetector_ 2/scripts目录下）的如下设置：

```
SUDO_PHRED = /h1/zhangji/polyphred5/sudophred
PHRAP = /h1/zhangji/POLYPHRED/bin/phrap
CONSED = /h1/zhangji/bin/consed
PHD2FASTA = /h1/zhangji/POLYPHRED/bin/phd2fasta
```

5. 输入

（1）引物序列文件。它是一个文本文件，包括primer名称、正链引物序列、反链引物序列（下面示例中第一列代表primer名称、第二列代表正链引物序列、第三列代表反链引物序列），各列之间以制表符作为分隔符。格式如下所示：

```
primer_id  f_primer                   r_primer
1535167    TCTTTGGTACATAATAGCTGATGTC   ATTTTCTTGGATGTGCCTCA
1535168    TGGAAAATATTTTGAGGCACA      TTTCAGAAAGAAATGCCTTT
1535169    TTTGAGGGATGAAAAGTTGG       AAAAATTCACATAGCTTTTTGTTT
1535170    TGTTGGTAAAGTCAGCCTCC       GCACTTTGAAGAATAGCATGC
HETERO1    AAACACGGATCTGAGGCTCT       ATTGATCTTTCAATGCCCAA
HETERO2    AGCATCCATTTCAACAGCTC       CAATGAGCTGCTCTTCAGGT
```

（2） Fasta 格式的模板序列。大于号后面是引物的名称，名称下面是模板的序列。格式如下：

```
>HETERO1
GGGCATTGGAGTCAATGAGAGGGAAATGTCTACAATGACCTGAAGAGCAG
CTCATTGGAATCCCAGTGAAGACTTGTAGTCTGTTAAAAAAAAAAAAGCC
GTGTTGGAGACAAACACGGATCTGAGGCTCTGCCGGTGTTTGAAACGGTA
AAATTCGGGCTCGGTTCGGCTCGGTCCGTTAATGGGTTTGCACTTGAGAG
CCAGATTTAATCCTCTTATTTTTTCCTATTCCCTCATTTGGTATGACGT
AAAGGCGCGTGTACCAGTTTGACTTGGGCATTGAAAGATCAATCTTGTGC
TTGTTTAATGTTGGTAGAAAATGAATTGATAAGAATCTGAGCAGTTACCC
CGGTAACATCTGCAGTGATTTTTAGCCATTCTGGAATCTCACCTTGTAGA
```

（3） 峰图文件的命名：

将原始文件名改为 SNPdetector 的格式：在 SNPdetector 中，每个峰图文件需按以下格式命名：SampleID_PrimerID_Strand（以 . ab1 结尾），PrimerID 和 SNPdetector 的第一个参数相同，SampleID 对每条序列来说应该是唯一的（可以修改脚本 get_new2old_mapping 用于对应新名称和旧名称）。

6. 输出

（1） 如果有 SNP 的话，在 edit_ dir 目录下会生成一个名为 goodSNPgenotype. txt 的文件，它有 16 列组成，可以转换成 excel 格式。

列	名称		描述
A	SNP name	int	一个用来描述每个 SNPs 的数字
B	SNPposition	int	SNP 在模板上的位置(第一个碱基的位置是 1),如果是有效的 SNP,那么在位置后会跟一个 *
C	Donor	char	sample 名字,从 sample. info 文件中得到
D	Genotype	char	sample 在该位点的两个等位基因, * 代表基因型是可信的
E	Conflict	char	正链和反链的基因型是否一致,一致就是(-),不一致就是(+)
F	Coverage	char	Both = 正链 & 反链序列; Forward = 只有正链序列; Reverse = 只有反链序列
G	Forward	char	正链序列的名字
H	Pos	int	SNP 在正链上的位置,坐标以 1 开始 .
I	Genotype	char	正链序列的基因型
J	Quality	char	代表这个位点是 SNP 的可信度,包括:high, med, low1, low2, low3, reject。如果是 reject 说明这条序列在该位点是不可信的
K	reviewer	char	校正者的名字(可以空着)
L - P			反链序列的结果,与 F - K 相同

如下所示：

```
2     344 *     C58J     ! @  * A > A  -     Both     C58J_HETERO2_F   241     A > A
      med                C58J_HETERO2_R    289      A > A     low3

2     344 *     CAST1    @  * G > G    -     Both     CAST1_HETERO2_F 241      G > G
      low1               CAST1_HETERO2_R   289      G > G     low3

2     344 *     CAST2    @  * G > G    -     Both     CAST2_HETERO2_F 241      G > G
      low1               CAST2_HETERO2_R   289      G > G     low3

3     458 *     C58J     $ @  * G > G  -     Both     C58J_HETERO2_F   355     G > G
      low2               C58J_HETERO2_R    175      G > G     low2

3     458 *     CAST1    $ @  * A > A  -     Both     CAST1_HETERO2_F 355      A > A
      reject             CAST1_HETERO2_R   175      A > A     low1
```

```
3      458 *      CAST2      $@ *A>A -      Both      CAST2_HETERO2_F 355      A>A
       low2                  CAST2_HETERO2_R  175      A>A    low1
```

（2）另外还会生成4个结果文件：contig. out、genotype. out、good. lst 和 indel. out。

contig. out 文件列出所有突变的位置（包括不可信的 SNP）和他两边的序列

genotype. out 文件包括所有突变的基因型（包括不可信的 SNP），它的格式和 good-SNPgenotype. txt 相同

good. lst 列出可信的 SNP 在参考序列上的位置

indel. out 列出 indel 的位置（如果没有的话，此文件为空文件）

7. 参数

详细的参数列表可以通过键入 xxx/bin/report_ SNP -（xxx 代表 bin 所在目录的路径）查看，在 SNPdetector_ 2/scripts/SNPdetector 文件中，如下几项可以修改：

1）低质量高分歧序列的定义

```
${BIN_DIR}/find_bad_seqalign -i ${INPUT_PRIMER}.ent -o bad_align.out -q all.qual
```

-l "${ALIGN_ TAG}" -w30 -v30 -m70

-w xxx 定义窗口的大小，默认的设置是30bp

-v xxx 定义最小的质量值，默认的设置是30

-p xxx 定义窗口中至少需要百分之多少的碱基质量值应该在定义的最小的质量值（默认的是30）以上，默认的是90%

-m xxx 定义对于通过质量筛选的区域最小的与参考序列的相似性，默认的是70（即70%与参考序列一致）。

2）定义纯合 NQS 的质量值

```
${BIN_DIR}/filter_bad_snp -i ${INPUT_PRIMER}.ent -o ${INPUT_PRIMER}.ent -gF -q2
```

-m 15 -c T -f all. qual -y " ${ALIGN_ TAG}" -bT

-m xxx 定义一个纯合子的 NQS 的最小的质量值，默认的是15。

3）SNP 评估标准

```
${BIN_DIR}/report_SNP -i contig.lst -c T -o contig.out -t sample.info -a T -g
genotype.out -q all.qual -P ../poly_dir/ -y "${ALIGN_TAG}" -s strp.lst -v F -h
F -H T -A 30 -L 30 -W F -p T -C F -T T
```

-v T 代表如果一个次等位基因和参考序列中的相同，就把它当作一个有效的等位基因。如果设置为 -v F，那么参考序列就不被用来检测 SNP。

-A 30 代表一个杂合子位点的次峰面积必须大于或等于主峰面积的30%。

-L 30 代表一个杂合子位点的次峰高度必须大于或等于主峰面积的30%。

8. 实例

软件根据默认设置提供了1个例子，以此来说明 SNPdetector 的用法：

进入 SNPdetector 的目录，

（1）运行如下命令：

```
scripts/SNPdetector HETERO1 Mouse_strace 0 `pwd`/examples/trace_dir
`pwd`/examples/primer_lib.txt `pwd`/examples/template_lib.txt examples
```

（2）进入 edit_dir 所在目录（cd examples/HETERO1/edit_dir），运行如下命令：

```
../../../scripts/viewSNP
```

提示：如果只想知道结果，不需要在 Consed 下查看结果的话，就不需要第二步。

练　习

这两个题目大家可以作为课外练习题思考一下：

（1）把 examples 文件转移到其他目录下，再用 SNPdetector 处理。

（2）如果峰图文件名为 Mouse_090903_A02_CAST1_pHETERO2. f1. 002_02. ab1，sample 名字为 CAST1，f1 代表正链，该怎么做？

提示：可以修改文件名，也可以修改脚本 get_new2old_mapping 中的设置。

5.3　cross_match

cross_match 的介绍和用法参考本书 2.4，应用 cross_match 做 SNP 分析，只能处理 Fasta 格式的序列文件，不能对原始峰图处理，因此，也就不能分析杂合现象，也无法根据峰图进行人工校正。使用 -alignments 和 -discrep_ lists 两个参数，将比对结果及碱基不一致信息列出，从而进行 SNP 分析，命令行如下：

```
$ cross_match <seq1> -alignments -discrep_lists > out
```

1. 输入

Fasta 格式的序列文件(光盘\crossmatch\2\B11 -2. fasta)：

```
$ more B11-2.fasta

>10_B11-2_F.ab1 CHROMAT_FILE: 10_B11 -2_F.ab1 PHD_FILE: 10_B11 -2_F.ab1.phd.1 CHEM: unknown  DYE: unknown TIME: Tue Nov  7 07:03:15  2006
aacaacgggaaaataattgggaataacaatagtgtgtaatcaataagcac
atcacgcctatttgtctgccaagaaaagaagctgaatcctttatgaggac
agatgacattggaactgcatctggatggggattaacccaaaggggttttc
ttgctagaaatctaatgtatgtcgacataccgattgttgaccatcaaaaa
tgtactgctgcatatgaaaagccaccctatccaaggggaagtgtaactgc
taacatgctttgtgctggcttagaaagtgggggcaaggacagctgcagag
gtgacagcggaggggcactggtgtttctagatagtgaaacagagaggtgg
tttgtgggaggaatagtgtcctggggttccatgaattgtggggaagcagg
tcagtatggagtctacacaaaagttattaactatattccctggatcgaga
acaaanaa
>10_B11-2_R.ab1 CHROMAT_FILE: 10_B11 -2_R.ab1 PHD_FILE: 10_B11 -2_R.ab1.phd.1 CHEM: unknown  DYE: unknown TIME: Tue Nov  7 07:03:15  2006
atttttggtggaaatcctactgacctgcttccccacaattcatggaacc
ccaggacactattcctcccctaaccacctctctgtttcactatctagaaa
caccagtgcctctccgctgtcacctctgcagctgtccttgcccccacttt
ctaagccagcacaaagcatgttagcagttacacttccccttggatagggt
ggcttttcatatgcagcagtacattttgatggtcaacaatcggtatgtc
gacatacattagatttctagcaagaaaacccctttgggttaatccccatc
cagatgcagttccaatgtcatctgtcctcataaaggattcagcttctttt
cttggcagacaaataggcgtgatgttgctattgattacaactttgttatt
caatttaatcagtgctatgtcattgtcaaagccagcatcataaaan
……
```

2. 使用

```
$ cross_match B11 -2  -alignments  -discrep_lists > snp. out
```

3. 输出

为屏幕输出，可通过“>”重定向到文件，如光盘\crossmatch\2\snp. out：

```
$ more snp.out

cross_match B11-2.fasta -alignments -discrep_lists
cross_match version 0.990329

Run date:time 070312:133011
Query file(s): B11-2.fasta
Presumed sequence type: DNA

Pairwise comparison algorithm: banded Smith-Waterman

Score matrix (set by value of penalty: -2)
    A    C    G    T    N    X
A   1   -2   -2   -2    0   -3
C  -2    1   -2   -2    0   -3
G  -2   -2    1   -2    0   -3
T  -2   -2   -2    1    0   -3
N   0    0    0    0    0    0
X  -3   -3   -3   -3    0   -3

Gap penalties: gap_init: -4, gap_ext: -3, ins_gap_ext: -3, del_gap_ext: -3,
Using complexity-adjusted scores. Assumed background frequencies:
A: 0.250  C: 0.250  G: 0.250  T: 0.250  N: 0.000  X: 0.000

minmatch: 14, maxmatch: 14, max_group_size: 20, minscore: 30, bandwidth: 14, index-
wordsize: 10
vector_bound: 0
word_raw: 0
masklevel: 80

Sequence file: B11-2.fasta    58 entries
Residue counts:
  A       318
  C       232
  G       262
  T       314
  a      7880
  c      6025
  g      5998
  n        86
  t      7660
Total   28775

Quality file: B11-2.fasta.qual

Input quality (quality, n_residues, %, cum, cum %, cum expected errs):
59      1126     3.9    1126    3.9    0.00
56      8970    31.2   10096   35.1    0.02
51      2029     7.1   12125   42.1    0.04
50      1508     5.2   13633   47.4    0.06
48       154     0.5   13787   47.9    0.06
47       346     1.2   14133   49.1    0.06
46       533     1.9   14666   51.0    0.08
45       224     0.8   14890   51.7    0.08
44      1359     4.7   16249   56.5    0.14
43       520     1.8   16769   58.3    0.17
```

```
42      1979      6.9  18748   65.2    0.29
41        71      0.2  18819   65.4    0.30
40      1208      4.2  20027   69.6    0.42
39       170      0.6  20197   70.2    0.44
38        49      0.2  20246   70.4    0.45
37       657      2.3  20903   72.6    0.58
36       120      0.4  21023   73.1    0.61
35       539      1.9  21562   74.9    0.78
34       203      0.7  21765   75.6    0.86
33       315      1.1  22080   76.7    1.02
32       165      0.6  22245   77.3    1.12
31       108      0.4  22353   77.7    1.21
30       117      0.4  22470   78.1    1.32
29       314      1.1  22784   79.2    1.72
28        43      0.1  22827   79.3    1.79
27       119      0.4  22946   79.7    2.02
26        80      0.3  23026   80.0    2.22
25        79      0.3  23105   80.3    2.47
24       112      0.4  23217   80.7    2.92
23        70      0.2  23287   80.9    3.27
22        70      0.2  23357   81.2    3.71
21        88      0.3  23445   81.5    4.41
20        58      0.2  23503   81.7    4.99
19       126      0.4  23629   82.1    6.58
18        50      0.2  23679   82.3    7.37
17        94      0.3  23773   82.6    9.25
16       120      0.4  23893   83.0   12.26
15       140      0.5  24033   83.5   16.69
14       113      0.4  24146   83.9   21.19
13       244      0.8  24390   84.8   33.42
12       180      0.6  24570   85.4   44.77
11       302      1.0  24872   86.4   68.76
10       438      1.5  25310   88.0  112.56
 9       860      3.0  26170   90.9  220.83
 8       821      2.9  26991   93.8  350.95
 7       404      1.4  27395   95.2  431.56
 6      1029      3.6  28424   98.8  690.03
 4       265      0.9  28689   99.7  795.53
 0        54      0.2  28743   99.9  849.53
-1        32      0.1  28775  100.0  881.53    (quality -1 = terminal quality 0)

Avg. full length: 496.1, trimmed(qual > -1): 495.6
Avg. quality: 41.1 per base

Exact duplicate reads:
B11.scf              B11              (perfect)
D19_B11-2_R.ab1      D17_B11-2_R.ab1(perfect)

2d read in each pair excluded from assembly.
Maximal single base matches (low complexity regions):

409  0.92  0.00  0.23  10_B11-2_F.ab1     23    455(3)    D5_B11-2_F.ab1
14    445(0)

  10_B11-2_F.ab1      23 ATAACAATAGTGTGTAATCAATAAGCACATCACGCCTATTTGTCTGCCAA 72
                                     i    -          ivv
  D5_B11-2_F.ab1      14 ATAACAACAGT-TGTAATCAATAGCAACATCACGCCTATTTGTCTGCCAA 62

  10_B11-2_F.ab1      73 GAAAAGAAGCTGAATCCTTTATGAGGACAGATGACATTGGAACTGCATCT 122
```

```
D5_B11-2_F.ab1      63 GAAAAGAAGCTGAATCCTTTATGAGGACAGATGACATTGGAACTGCATCT 112

10_B11-2_F.ab1     123 GGATGGGGATTAACCCAAAGGGGTTTTCTTGCTAGAAATCTAATGTATGT 172

D5_B11-2_F.ab1     113 GGATGGGGATTAACCCAAAGGGGTTTTCTTGCTAGAAATCTAATGTATGT 162

10_B11-2_F.ab1     173 CGACATACCGATTGTTGACCATCAAAAATGTACTGCTGCATATGAAAAGC 222

D5_B11-2_F.ab1     163 CGACATACCGATTGTTGACCATCAAAAATGTACTGCTGCATATGAAAAGC 212

10_B11-2_F.ab1     223 CACCCTATCCAAGGGGAAGTGTAACTGCTAACATGCTTTGTGCTGGCTTA 272

D5_B11-2_F.ab1     213 CACCCTATCCAAGGGGAAGTGTAACTGCTAACATGCTTTGTGCTGGCTTA 262

10_B11-2_F.ab1     273 GAAAGTGGGGGCAAGGACAGCTGCAGAGGTGACAGCGGAGGGGCACTGGT 322

D5_B11-2_F.ab1     263 GAAAGTGGGGGCAAGGACAGCTGCAGAGGTGACAGCGGAGGGGCACTGGT 312

10_B11-2_F.ab1     323 GTTTCTAGATAGTGAAACAGAGAGGTGGTTTGTGGGAGGAATAGTGTCCT 372

D5_B11-2_F.ab1     313 GTTTCTAGATAGTGAAACAGAGAGGTGGTTTGTGGGAGGAATAGTGTCCT 362

10_B11-2_F.ab1     373 GGGGTTCCATGAATTGTGGGGAAGCAGGTCAGTATGGAGTCTACACAAAA 422

D5_B11-2_F.ab1     363 GGGGTTCCATGAATTGTGGGGAAGCAGGTCAGTATGGAGTCTACACAAAA 412

10_B11-2_F.ab1     423 GTTATTAACTATATTCCCTGGATCGAGAACAAA 455

D5_B11-2_F.ab1     413 GTTATTAACTATATTCCCTGGATCGAGAACAAA 445

Transitions / transversions = 1.00 (2 /2)
Gap_init rate = 0.00 (1 /432), avg. gap size = 1.00 (1 /1)

 S       30 T(6)        21 taacaaTagtgtg
 I       34 G(6)        24 aatagtGtgtaat
 S       46 A(14)        36 tcaataAgcacat
 S       47 G(16)        37 caataaGcacatc
 S       48 C(19)        38 aataagCacatca
……
```

cross_match 对序列两两比对，给出比对信息，如果碱基一致则不显示，差异的显示，分别为：

- 表示有插入或删除

v 表示碱基颠换（嘌呤和嘧啶间的改变）

i 表示碱基转换（嘌呤和嘌呤或嘧啶和嘧啶间的改变）

? 表示一条序列上此位置碱基为 N

4. SNP 小结

SNP 的用途前景极广，例如：作为遗传图谱用于致病基因的搜寻；应用于进化和种群多样性的研究；利用 SNP 标记研究癌细胞的染色体缺失以及基因的杂合缺失；疾病关联分析等。总之，SNP 作为一种新的遗传学战略和研究工具不但可以大大加快人类基因组的研究，而且对于整个生物学研究和生物产业也将带来巨大的变化。

随着 SNP 检测软件的涌现，SNP 检测的效率大大的提高，假阳性率（false positive rate）和假阴性率（false negative rate）也相对降低了很多。相信大规模重测序计划和癌症基因组计划的开展，SNP 的检测将会显得更加重要，SNP 检测软件的性能也将不断提高。

主要参考文献

Ewing B, Green P. 1998. Basecalling of automated sequencer traces using phred. II. Error probabilities. Genome Research, 8: 186 ~ 194

Ewing B, Hillier L, Wendl M et al. 1998. Basecalling of automated sequencer traces using phred. I. Accuracy assesment. Genome Research, 8: 175 ~ 185

Gordon D, Abajian C, Green P. 1998. Consed: A grapical tool for sequence finishing. Genome Research, 8: 195 ~ 202

Green P. 1994. Phrap, unpublished. http: //www. phrap. org

Kwok P Y, Carlson C, Yager T D et al. 1994. Comparative analysis of human DNA variations by fluorescence-based sequencing of PCR products. Genomics, 25: 615 ~ 622

Nickerson D A, Tobe V O, Taylor S L. 1997. Polyphred: automating the detection and genotyping of single nucleotide substitutions using fluorescence-based resequencing. Nucleic Acids Research, 25: 2745 ~ 2751

Stephens et al. 2006. Automating sequence-based detection and genotyping of single nucleotide polymorphisms (SNPs) from diploid samples. Nat Genet, 38 (3): 375 ~ 381

Zhang J, Wheeler D A, Yakub I et al. SNPdetector: a software tool for sensitive and accurate SNP detection. PLoS Comput Biol, 2005, 1: e53

第6章　进化分析专题

简介

20世纪以来，分子生物学在探索生命的奥秘中发挥了关键作用，它不仅揭示了基因的结构和功能，而且阐明了生命过程的基本机制——如发育、生理和繁殖。在包括从细菌到人类的所有生物体中，尽管很多过程的细节还有待明了，但这些基本机制在本质上都是相同的。然而，生物学中还有许多重大奥秘有待探索，如生命的起源、脑功能以及由原始生物向高等生物的进化。这些奥秘都与进化研究有关，因而大家寄希望于进化生物学的发展，尤其是分子进化生物学对揭开这些奥秘可能具有重要的意义（Masatoshi et al. 2004）。

分子进化指的是DNA与蛋白质序列由突变产生的进化。其中，基因编码的进化方式尤为引人关注。在这章中，我们将用实例来向大家介绍Ka/Ks的计算方法。Ka（dN）为非同义位点的非同义替换率，Ka（dS）为同义位点的同义替换率。图6-1说明了同义/非同义位点与同义/非同义突变的区分方法。若Ka/Ks显著大于1说明基因发生了趋异的适应性进化，即在正选择压力下氨基酸趋于高速进化；若Ka/Ks显著小于1那么说明基因进化地非常保守，也就是氨基酸在纯化选择（负选择）压力下非常保守的突变；若Ka/Ks近似于1，那么基因出于中性进化状态，一般来说假基因会处于中性进化。

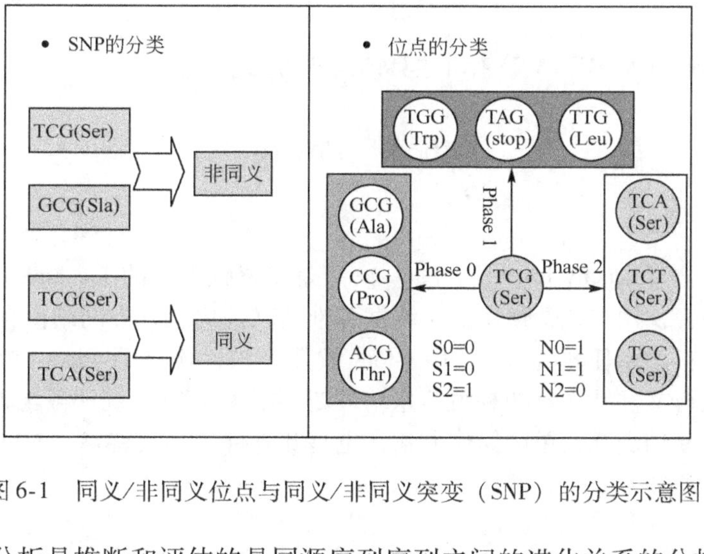

图6-1　同义/非同义位点与同义/非同义突变（SNP）的分类示意图

系统发育学分析是推断和评估的是同源序列序列之间的进化关系的分析。

系统发育树通过有根树或是无根树两种拓扑结构来展现结构，如图6-2所示，有根树有个从根到叶（ABCDE）的方向轴，但无根树没有。

按照构建历史和对象的表转可将系统发育树分为物种树和基因树，物种树反映的是物种的分歧进化关系，枝长可表示物种分歧的时间，即两个物种发生生殖隔离的时间。基因树则表示基因进化关系，枝长一般表示分化距离，一般以每个位点的平均替代次数作为单位。

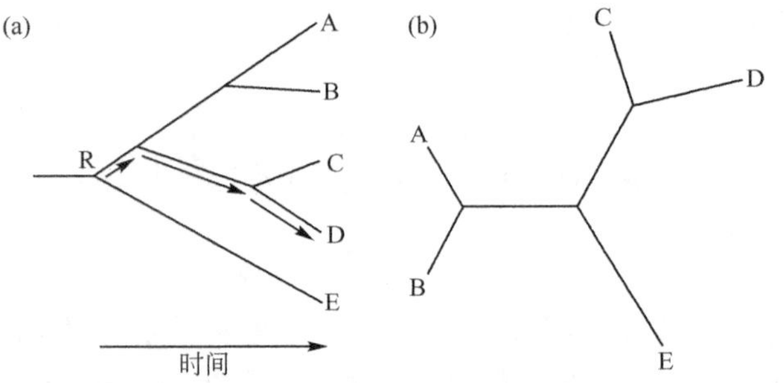

图 6-2　系统发育树的两种基本拓扑结构
（a）有根树；（b）无根树

在系统发育理论中，让用非常长（理论上无限长）的序列进行模拟，这样构建出来的树可以被称为期望树，反过来，在观测到的现实序列中推断出来的树称为重建树，建立在实际替代数基础之上的树称为现实树。现实树与期望树的差异主要由随机替换误差导致的，当我们用来构建系统发育树的序列长度增加时，现实树将趋近于期望树。

常见的推断方法有距离法、最大简约法、最大似然法。一般来说，最大简约性法适用于符合以下条件的多序列：①所要比较的序列的碱基差别小；②对于序列上的每一个碱基有近似相等的变异率；③没有过多的颠换/转换的倾向；④所检验的序列的碱基数目较多（大于几千个碱基）。邻位相连法是一个经常被使用的算法，它构建的进化树相对准确，而且计算快捷。其缺点是序列上的所有位点都被同等对待，而且，所分析的序列的进化距离不能太大。

本章将由 Phylip 及 MEGA 等来讲述具体建树方法。

6.1　Phylip

1. 简介

Phylip（the PHYLogeny Inference Package）是华盛顿大学的 Joe Felsenstein 教授和他的同事们开发的一套供用户免费使用的系统发育推断软件包。官方网站由在华盛顿大学的生物学系及基因组科学系任教的 Joe Felsenstein 教授维护，含有 Phylip 的相关信息及传播程序源代码，可执行文件及文档的相关信息，最新版本为 3.66（统计截至 2007 年 1 月）。该软件包内的程序使用交互菜单的操作方式，也是此软件的一大特点，对初学者这种界面友好、直观。

2. 下载

该软件包可以从 Phylip 的网站上免费下载，下载网站链接：

http://evolution.gs.washington.edu/phylip/download/phylip-3.66.tar.gz

3. 安装

（1）上传 Phylip 的压缩包到本地 Linux/Unix 运算服务器；

（2）解压缩：

```
$ gzip -d phylip-3.66.tar.gz
```

$ tar -xvf phylip-3.66.tar

（3）查看解压缩后的文件：

```
$ ls -1
total 20
drwxr-xr-x 2 lijun adm 4096 2006-08-03 13:26 doc
drwxr-xr-x 2 lijun adm 4096 2006-08-03 06:13 exe
-rw-r--r-- 1 lijun adm 7591 2006-08-03 06:00 phylip.html
drwxr-xr-x 5 lijun adm 4096 2006-08-03 14:12 src
```

（4）编译源程序：

进入 src 目录（cd src）

在命令行键入 make all

编译完成后，键入 make install 将可执行文件放在 exe 目录下面。

默认是用 cc 编译源代码，如果编译报错的话，很可能是 CC 编译器有问题，可以试一下用 gcc 编译，命令如下：make CC = gcc all

（5）设置环境变量：环境变量无需设置。

4. 使用

此软件包里含有多个子程序，常用的几个子程序功能如表 6-1 所示。

表 6-1　Phylip 主要程序说明

子程序名称	子程序功能
protpars	简约法蛋白序列建树
dnapars	简约法核酸序列建树
dnapenny	分支和边界法搜索最大简约系统发育树
dnaml	最大似然法核酸序列建树
dnamlk	最大似然法核酸序列建树，同时考虑分子钟
proml	最大似然法蛋白序列建树
promlk	最大似然法蛋白序列建树，同时考虑分子钟
dnadist	距离法核酸序列计算距离矩阵
protdist	距离法蛋白序列计算距离矩阵
restdist	距离法从限制性内切酶位点和片段计算距离矩阵
restml	最大似然法从限制性内切酶位点和片段推导系统发育树
seqboot	bootstrapping/Jackknifing 重复抽样检验
fitch	利用 Fitch-Margoliash 距离矩阵计算序列之间的距离
kitsch	利用考虑分子钟的 Fitch-Margoliash 距离矩阵计算序列之间的距离
neighbor	邻近法和 UPGMA 法对已计算的距离矩阵建树
drawgram	绘制有根树
drawtree	绘制无根树
consense	构建严格一致树
retree	对进化树进行不基于数据的交互式操作

下面以蛋白质序列建树来说明程序运行流程，核酸序列建树方法与此类似。

首先以最大似然法建树，然后以距离法建树。

5. 实例

以下无特殊说明，要求工作目录为 Phylip3.66/exe/下，输入文件为标准的 Phylip 格式，默认文件名为 infile，特别注意这个 infile 最好有个备份，因为 Phylip 的程序默认都是读取名为 infile 的文件，不同程序运行需要将 infile 重置（Phylip 各程序可在其他目录运行，输入文件也可以为其他名字，此处只是为了举例方便）。infile 为 ASCII 码或纯文本的文件，下面为一个范例：

```
    10 100
    HUMAN26353 VQWCAVSQPE ATKCFQWQRN MRKVRRMSGP PVSCIKRDSP IQCIQAIAEN
RADAVTLDGG FIYEAGLAPY KLRPVAAEVY GTERQPRTHY YAVAVVKKGG
    MOUSE24351 VQWCAVSNSE EEKCLRWQNE MRKVG---GP PLSCVKKSST RQCIQAIVTN
RADAMTLDGG TLFDAGKPPY KLRPVAAEVY GTKEQPRTHY YAVAVVKNSS
    HORSE23349 VRWCTVSNHE VSKCASFRDS MKSIVPA-PP LVACVKRTSY LECIKAIADN
EADAVTLDAG LVFEAGLSPY NLKPVVAEFY GSKTEPQTHY YAVAVVKKNS
    HUMAN25347 VRWCAVSEHE ATKCQSFRDH MKSVIPSDGP SVACVKKASY LDCIRAIAAN
EADAVTLDAG LVYDAYLAPN NLKPVVAEFY GSKEDPQTFY YAVAVVKKDS
    FEPIG6332 VRWCTISNQE ANKCSSFREN MSKAVKN-GP LVSCVKKSSY LDCIKAIRDK
EADAVTLDAG LVFEAGLAPY NLKPVVAEFY GQKDNPQTHY YAVAVVKKGS
    BOVIN25352 VRWCTISQPE WFKCRRWQWR MKKLG---AP SITCVRRAFA LECIRAIAEK
KADAVTLDGG MVFEAGRDPY KLRPVAAEIY GTKESPQTHY YAVAVVKKGS
    CHICK26352 IRWCTISSPE EKKCNNLRDL TQQER----I SLTCVQKATY LDCIKAIANN
EADAISLDGG QAFEAGLAPY KLKPIAAEVY EHTEGSTTSY YAVAVVKKGT
    SALSA25329 VKWCVKSEQE LRKCHDLAAK VA--------EFSCVRKDGS FECIQAIKGG
EADAITLDGG DIYTAGLTNY GLQPIIAEDY G--EDSDTCY YAVAVAKKGT
    XENLA26341 VRWCVKSNSE LKKCKDLVDT CKNKE----I KLSCVEKSNT DECSTAIQED
HADAICVDGG DVYKGSLQPY NLKPIMAENY GSHTETDTCY YAVAVVKKSS
    HUMAN23357 VRWCATSDPE QHKCGNMSEA FREAG--IQP SLLCVRGTSA DHCVQLIAAQ
EADAITLDGG AIYEAG-KEH GLKPVVGEVY D--QEVGTSY YAVAVVRRSS
```

这个文件的第一行的两个数字依次表示序列的总数和序列的长度（包括插入）。接下来每一行的第一部分（以空格分隔）都为序列名，剩下的部分为序列。

进入 exe 目录，输入文件要求在此目录下，如果不在此目录下，运行 proml 后会提示输入文件路径。

```
$ ./proml
```

屏幕提示如下：

```
Amino acid sequence Maximum Likelihood method,  version 3.66

Settings for this run:
  U                 Search for best tree?  Yes
  P    JTT, PMB or PAM probability model?  Jones-Taylor-Thornton
  C              One category of sites?  Yes
  R          Rate variation among sites?  constant rate of change
  W                     Sites weighted?  No
  S        Speedier but rougher analysis?  Yes
  G              Global rearrangements?  No
  J   Randomize input order of sequences?  No. Use input order
  O                      Outgroup root?  No, use as outgroup species  1
  M          Analyze multiple data sets?  No
  I         Input sequences interleaved?  Yes
  0  Terminal type (IBM PC, ANSI, none)?  ANSI
  1     Print out the data at start of run  No
  2   Print indications of progress of run  Yes
  3                         Print out tree  Yes
  4        Write out trees onto tree file?  Yes
```

```
5  Reconstruct hypothetical sequences?  No
Y to accept these or type the letter for one to change
```

输入 Y 来接受默认参数，如果想更改参数，只需输入最前面的字母或是数字来轮换参数，比如输入一次 P，氨基酸的替换模型将从 Jones – Taylor – Thornton 变为 Henikoff/Tillier PMB，再输入一次 P，氨基酸的替换模型将从 Henikoff/Tillier PMB 变为 Dayhoff PAM。其他参数采用同样的方法来修改。如果想退出，运行 Ctrl + c

屏幕将出现如下提示：

```
Adding species:
   1. HUMAN26353
   2. MOUSE24351
   3. HORSE23349
   4. HUMAN25347
   5. FEPIG6332
   6. BOVIN25352
   7. CHICK26352
   8. SALSA25329
   9. XENLA26341
  10. HUMAN23357
Output written to file "outfile"
Tree also written onto file "outtree"
Done.
```

输出为两个文件，第一个为 outfile，为树的详细信息，如下

```
Amino acid sequence Maximum Likelihood method, version 3.66
Jones-Taylor-Thornton model of amino acid change
  +------MOUSE24351
  |
  |   +-------BOVIN25352
  |   |
  |   |                +---------------HUMAN23357
  |   |          +-----8
  1---4          |     |      +------------XENLA26341
  |   |     +----6     +------7
  |   |     |    |            +----------SALSA25329
  |   |     |    |
  |   +----5    +---------CHICK26352
  |         |
  |         |   +---FEPIG6332
  |         +---3
  |             |  +-----HUMAN25347
  |             +--2
  |                +---HORSE23349
  |
  +-----HUMAN26353

remember: this is an unrooted tree!
Ln Likelihood = -1577.63374
Between        And            Length      Approx. Confidence Limits
 -------       ---            ------      ------- ---------- ------
    1          HUMAN26353       0.17629     (  0.06605,      0.28653) **
    1          MOUSE24351       0.24084     (  0.11873,      0.36294) **
```

```
1           4              0.14101     (  0.03351,      0.24851) **
4       BOVIN25352         0.24624     (  0.11758,      0.37490) **
4           5              0.16215     (  0.04755,      0.27675) **
6           5            0.07881
5       CHICK26352       0.31138
5           3            0.07123
3           1            0.15741
1       SALSA25329       0.31427
1       XENLA26341       0.42080
3       HUMAN23357       0.49298
6           8            0.09037
8           7            0.03916
7       HORSE23349       0.11976
7       HUMAN25347       0.17807
8       FEPIG6332        0.15163
2       HUMAN26353       0.19772
```

以上面标红的行为例说明每项的含义，第一列的 1 表示第一个序列是祖先节点 1，它的位置可在上面的树的图中查看到，HUMAN26353 是第二个序列的名字，也就是说，这一行表示的是祖先节点 1 和 HUMAN26353 之间的进化距离，就是我们一般看到的系统发育树的树枝上标度的数值，大小为第三列的 0.17629，这个数字表示的是每个位点的平均的替换数的大小，接下来两个数字是这个距离的置信区间，可作参考。

输出为两个文件，第二个为 outtree，我们一般使用这个文件，如下：

```
(MOUSE24351:0.24084,(BOVIN25352:0.24624,(((HUMAN23357:0.53282,
(XENLA26341:0.41999,SALSA25329:0.35952):0.22389):0.17453,
CHICK26352:0.30644):0.15404,(FEPIG6332:0.13028,
(HUMAN25347:0.17692,HORSE23349:0.13011):0.07571):0.10549):0.16215):0.14101,
HUMAN26353:0.17629);
```

输出的树的文件为标准的 Newick 格式，可以导入 treeview 软件来进行更为方便的图形化查看(http://taxonomy.zoology.gla.ac.uk/rod/treeview.html)。

最大似然方法虽然有更好的统计学基础，但是在实现过程中会受到具体执行算法效率的影响，在序列多至几十个以上的时候，往往需要很长的运算时间（几分至几小时，视具体情况而定），这样，我们需要一个效率高，而且相对准确地算法，那就是距离法，下面以距离法建树，输入文件同上。

首先运行 protdist

```
$ ./protdist
   Protein distance algorithm, version 3.66

   Settings for this run:
     P   Use JTT, PMB, PAM, Kimura, categories model?  Jones - Taylor - Thornton
matrix
     G  Gamma distribution of rates among positions?  No
     C            One category of substitution rates?  Yes
     W                     Use weights for positions?  No
     M                   Analyze multiple data sets?  No
     I                  Input sequences interleaved?  Yes
     0                 Terminal type (IBM PC, ANSI)?  ANSI
     1               Print out the data at start of run  No
     2             Print indications of progress of run  Yes
   Are these settings correct? (type Y or the letter for one to change)
```

输入 y，回车接受默认参数，屏幕提示如下

```
y
Computing distances:
  HUMAN26353
  MOUSE24351   .
  HORSE23349   ..
  HUMAN25347   ...
  FEPIG6332    ....
  BOVIN25352   .....
  CHICK26352   ......
  SALSA25329   .......
  XENLA26341   ........
  HUMAN23357   .........
Output written to file "outfile"
```

输入文件 outfile 如下：

```
   10
HUMAN26353  0.000000  0.396650  0.656781  0.669724  0.612313  0.519117
  0.845975  0.908585  1.186721  0.959114
MOUSE24351  0.396650  0.000000  0.680122  0.709939  0.652842  0.553899
  0.809897  1.044242  1.016118  0.882309
HORSE23349  0.656781  0.680122  0.000000  0.297833  0.300209  0.543149
  0.672166  0.965565  0.854195  0.908028
HUMAN25347  0.669724  0.709939  0.297833  0.000000  0.379216  0.625610
  0.668003  0.888466  1.017376  0.966542
XENLA26341  1.186721  1.016118  0.854195  1.017376  0.993827  1.165991
  0.931259  0.735068  0.000000  1.082940
HUMAN23357  0.959114  0.882309  0.908028  0.966542  0.941720  0.937626
  0.899071  0.952917  1.082940  0.000000
```

这个矩阵中的数字都表示的是序列两两之间的距离。在得到距离矩阵之后，下面用邻接法（neighbor-joining）来推断系统发育树，将上面程序的生成文件 outfile 按照下面方式命名为 infile。

$ mv outfile infile

下面调用邻接法程序，neighbor

```
$ mv outfile infileNeighbor-Joining/UPGMA method version 3.66
Settings for this run:
  N       Neighbor-joining or UPGMA tree?  Neighbor-joining
  O                        Outgroup root?  No, use as outgroup species 1
  L          Lower-triangular data matrix?  No
  R          Upper-triangular data matrix?  No
  S                        Subreplicates?  No
  J      Randomize input order of species?  No. Use input order
  M            Analyze multiple data sets?  No
  0     Terminal type (IBM PC, ANSI, none)?  ANSI
  1        Print out the data at start of run  No
  2      Print indications of progress of run  Yes
  3                            Print out tree  Yes
  4           Write out trees onto tree file?  Yes
Cycle   7: species 8 (   0.31427) joins species 9 (   0.42080)
Cycle   6: species 1 (   0.19772) joins species 2 (   0.19893)
Cycle   5: node 8 (   0.15741) joins species 10 (   0.49298)
Cycle   4: node 1 (   0.10756) joins species 6 (   0.23062)
Cycle   3: species 7 (   0.31138) joins node 8 (   0.07123)
Cycle   2: node 1 (   0.08422) joins node 7 (   0.07881)
```

```
Cycle   1: species 3 (  0.11976) joins species 4 (  0.17807)
last cycle:
 node 1  (  0.09037) joins node 3  (  0.03916) joins species 5  (  0.15163)
Output written on file "outfile"
Tree written on file "outtree"
Done.
```

至此，系统发育树生成，类似于最大似然法，第一个为 outfile，内容为：

```
  10 Populations
Neighbor-Joining/UPGMA method version 3.66
  Neighbor-joining method
  Negative branch lengths allowed

    +-----------MOUSE24351
    !
    !     +-------------BOVIN25352
    !     !
    !     !         +------------------CHICK26352
    !     !         !
    2-----4     +---5             +-------------------SALSA25329
    !     !     !   !    +--------1
    !     !     !   +----3        +-------------------------XENLA26341
    !     !     !        !
    !     +-----6        +-----------------------------HUMAN23357
    !           !
    !           !      +------HORSE23349
    !           !    +-7
    !           +----8 +----------HUMAN25347
    !                !
    !                +--------FEPIG6332
    !
    +-----------HUMAN26353

 remember: this is an unrooted tree!
```

Between	And	Length
2	MOUSE24351	0.19893
2	4	0.10756
4	BOVIN25352	0.23062
4	6	0.08422
6	5	0.07881
5	CHICK26352	0.31138
5	3	0.07123
3	1	0.15741
1	SALSA25329	0.31427
1	XENLA26341	0.42080
3	HUMAN23357	0.49298
6	8	0.09037
8	7	0.03916
7	HORSE23349	0.11976
7	HUMAN25347	0.17807
8	FEPIG6332	0.15163
2	HUMAN26353	0.19772

另外一个输出文件 outtree 为树文件：

```
(MOUSE24351:0.19893,(BOVIN25352:0.23062,((CHICK26352:0.31138,((SALSA25329:0.31427,
XENLA26341:0.42080):0.15741,HUMAN23357:0.49298):0.07123):0.07881,((HORSE23349:
0.11976,HUMAN25347:0.17807):0.03916,FEPIG6332:0.15163):0.09037):0.08422):0.10756,
HUMAN26353:0.19772);
```

练　习

（1）找到一个感兴趣的基因家族，做好蛋白质的多序列比对，然后用最大似然法和距离法分别建树，比较树的结构和支长的差异。

（2）仿照蛋白质建树的方法用第一题中的基因家族的核酸比对来建树。

6.2　Paml

1. 简介

Paml（Phylogenetic Analysis by Maximum Likelihood）是伦敦大学的杨子恒（Yang Ziheng）教授开发的一套基于最大似然估计来对蛋白质和核酸序列进行系统发育分析的软件，对学术使用是免费的。杨子恒教授维护和发布 Paml 在 Unix/Linux/MAC OS X 平台下的 ANSI C 的源程序和 MS Windows 下的可执行文件。

Paml 可实现系统发育树的构建、祖先序列估计、进化模拟和 KaKs 计算等功能。其中，分支及位点 KaKs 的计算是本软件包的特色功能。

2. 下载

该软件包可以从杨子恒教授实验室的网站上免费下载，下载链接：

http://abacus. gene. ucl. ac. uk/software/paml3. 15. tar. gz

3. 安装

（1）上传 paml3. 15. tar. gz 到本地 Linux/Unix 运算服务器。

（2）解压缩：

$ gzip －d paml3. 15. tar. gz

$ tar －xvf paml3. 15. tar

（3）编译源程序：

进入 src 目录（cd src）

在命令行依次键入

```
$ make all
$ cp baseml basemlg codeml evolver pamp yn00 mcmctree chi2 ..
$ rm *.o
$ cd ..
```

编译完成后，可执行文件放在了上一级目录下面。

（4）设置环境变量：

环境变量无需设置，但须注意程序使用到的配置文件要放在当前目录下，配置文件的内容下面将提到。

4. 使用

下面将对软件包中最为常用的几个程序作举例说明，主要是针对输入文件与配置文件的写法和结果文件的内容读取作说明。

5. 实例

1）YN00

程序运行命令行（yn00 及 yn00. ctl 要求放在当前目录下，无特殊说明，所有的 paml 包里的程序都此原则来存放）：

$ ./yn00

程序将读取当前目录下的 yn00. ctl 的配置文件来决定输入文件及运行参数

配置文件格式如下：

```
    seqfile = abglobin.nuc   * sequence data filename
    outfile = abglobin.nuc.yn00          * main result file name
    verbose = 2   * 0: concise; 1: detailed, 2: too much
  weighting = 0   * weighting pathways between codons (0/1)?
 commonf3x4 = 0   * use one set of codon freqs for all pairs (0/1)?
*      ndata = 1
```

其中，abglobin. nuc 为输入文件，abglobin. nuc. yn00 为输出文件，输入文件格式如下：

```
human                 GTG CTG TCT CCT GCC GAC AAG ACC AAC GTC AAG GCC GCC TGG GGC
AAG GTT GGC GCG CAC GCT GGC GAG TAT GGT GCG GAG GCC CTG GAG AGG ATG TTC CTG TCC
TTC CCC ACC ACC AAG ACC TAC TTC CCG CAC TTC GAC CTG AGC CAC GGC TCT GCC CAG GTT
AAG GGC CAC GGC AAG AAG GTG GCC GAC GCG CTG ACC AAC GCC GTG GCG CAC GTG GAC GAC
ATG CCC AAC GCG CTG TCC GCC CTG AGC GAC CTG CAC GCG CAC AAG CTT CGG GTG GCT GTT
ATG GGC AAC CCT AAG GTG AAG GCT CAT GGC AAG AAA GTG CTC GGT GCC TTT TGT GTG CTG
GCC CAT CAC TTT GGC AAA GAA TTC ACC CCA CCA GTG CAG GCT GCC TAT CAG AAA GTG GTG
GCT GGT GTG GCT AAT GCC CTG GCC CAC AAG TAT CAC
goat-cow              GTG CTG TCT GCC GCC GAC AAG TCC AAT GTC AAG GCC GCC TGG GGC
AAG GTT GGC GGC AAC GCT GGA GCT TAT GGC GCA GAG GCT CTG GAG AGG ATG TTC CTG AGC
TTC CCC ACC ACC AAG ACC TAC TTC CCC CAC TTC GAC CTG AGC CAC GGC TCG GCC AGT AAT
GGC ATG AAG CAT CTC GAT GAC CTC AAG GGC ACC TTT GCT GCG CTG AGT GAG CTG CAC TGT
GAT AAG CTG CAT GTG GAT CCT GAG AAC TTC AAG CTC CTG GGC AAC GTG CTA GTG GTT GTG
CTG GCT CGC AAT TTT GGC AAG GAA TTC ACC CCG GTG CTG CAG GCT GAC TTT CAG AAG GTG
GTG GCT GGT GTG GCC AAT GCC CTG GCC CAC AGA TAT CAT
rabbit                GTG CTG TCT CCC GCT GAC AAG ACC AAC ATC AAG ACT GCC TGG GAA
AAG ATC GGC AGC CAC GGT GGC GAG TAT GGC GCC GAG GCC GTG GAG AGG ATG TTC TTG GGC
TTC CCC ACC ACC AAG ACC TAC TTC CCC CAC TTC GAC TTC ACC CAC GGC TCT GAG GCT GTT
ATG AAC AAT CCT AAG GTG AAG GCT CAT GGC AAG AAG GTG CTG GCT GCC TTC AGT GAG GGT
CTG AGT CAC CTG GAC AAC CTC AAA GGC ACC TTT GCT AAG CTG AGT GAA CTG CAC TGT GAC
AAG CTG CAC GTG GAT CCT GAG AAC TTC AGG CTC CTG GGC AAC GTG CTG GTT ATT GTG CTG
TCT CAT CAT TTT GGC AAA GAA TTC ACT CCT CAG GTG CAG GCT GCC TAT CAG AAG GTG GTG
GCT GGT GTG GCC AAT GCC CTG GCT CAC AAA TAC CAC
rat                   GTG CTC TCT GCA GAT GAC AAA ACC AAC ATC AAG AAC TGC TGG GGG
AAG ATT GGT GGC CAT GGT GGT GAA TAT GGC GAG GAG GCC CTA CAG AGG ATG TTC GCT GCC
TTC CCC ACC ACC AAG ACC TAC TTC TCT CAC ATT GAT GTA AGC CCC GGC TCT GCC CAG GTC
AAG GCT CAC GGC AAG AAG GTT GCT GAT GCC TTG GCC AAA GCT GCA GAC CAC GTC GAA GAC
CTG CCT GGT GCC CTG TCC ACT CTG AGC GAC CTG CAT GCC CAC AAA CTG CGT GTG CAC TGT
GAC AAG CTG CAT GTG GAT CCT GAG AAC TTC AGG CTC CTG GGC AAT ATG ATT GTG ATT GTG
TTG GGC CAC CAC CTG GGC AAG GAA TTC ACC CCC TGT GCA CAG GCT GCC TTC CAG AAG GTG
GTG GCT GGA GTG GCC AGT GCC CTG GCT CAC AAG TAC CAC
marsupial             GTG CTC TCG GAT GCT GAC AAG ACT CAC GTG AAA GCC ATC TGG GGT
AAG GTG GGA GGC CAC GCC GGT GCC TAC GCA GCT GAA GCT CTT GCC AGA ACC TTC CTC TCC
TTC CCC ACT ACC AAA ACT TAC TTC CCC CAC TTC GAC CTG TCC CCC GGC TCC GCC CAG ATC
CAG GGT CAT GGT AAG AAG GTA GCC GAT GCC CTT TCC CAG GCT GTT GCC CAC CTG GAC GAC
CTG CCC GGA ACC ATG TCC AAA CTA AGC GAC CTG CAC GCC CAC AAG CTG AGA GTG CAC TGT
GAC AAG CTG CAT GTG GAC CCT GAG AAC TTC AAG ATG CTG GGG AAT ATC ATT GTG ATC TGC
CTG GCT GAG CAC TTT GGC AAG GAT TTT ACT CCT GAA TGT CAG GTT GCT TGG CAG AAG CTC
GTG GCT GGA GTT GCC CAT GCC CTG GCC CAC AAG TAC CAC
```

键入

```
$ ./yn00
```

屏幕提示：

```
YN00 in paml 3.14beta, July 2003
Reading options from yn00.ctl..
ns = 5          ls = 855
Reading sequences, interlaved format..
Estimation by the method of Nei & Gojobori (1986):
   1    2    3    4    5
Estimation by the method of Yang & Nielsen (2000):
kappa = 1.58
   1    2    3    4    5
```

输出结果形式为(下面的 .... 代表省略的内容)：

```
........
........
Nei & Gojobori 1986. dN/dS (dN, dS)
human
goat - cow          0.251(0.0863 0.3443)
rabbit              0.263(0.0867 0.3301)  0.294(0.1054 0.3581)
rat                 0.204(0.1261 0.6164)  0.246(0.1493 0.6065)  0.218(0.1348 0.6187)
marsupial           0.190(0.1931 1.0148)  0.189(0.1910 1.0099)  0.218(0.2111 0.9668)
0.272(0.2404 0.8852)

Estimation by the method of Yang & Nielsen (2000):
(equal weighting of pathways)

seq. seq.      S        N         t      kappa    omega      dN +- SE        dS +- SE
   2    1   183.7    671.3    0.5169   1.5804   0.1625 0.0818 +- 0.0115   0.5031 +- 0.0930
   3    1   177.5    677.5    0.5033   1.5804   0.1642 0.0815 +- 0.0114   0.4967 +- 0.0927
   3    2   180.1    674.9    0.5627   1.5804   0.1929 0.0997 +- 0.0128   0.5169 +- 0.0925
   4    1   191.3    663.7    0.9075   1.5804   0.1308 0.1216 +- 0.0144   0.9301 +- 0.1987
   4    2   192.4    662.6    0.9642   1.5804   0.1557 0.1447 +- 0.0159   0.9297 +- 0.2091
   4    3   187.0    668.0    0.9790   1.5804   0.1262 0.1298 +- 0.0149   1.0286 +- 0.2614
   5    1   189.3    665.7    2.1638   1.5804   0.0711 0.1853 +- 0.0184   2.6055 +- 3.9344
   5    2   190.4    664.6    1.2984   1.5804   0.1416 0.1842 +- 0.0184   1.3008 +- 0.1995
   5    3   185.2    669.8    1.3214   1.5804   0.1554 0.2023 +- 0.0194   1.3020 +- 0.2026
   5    4   194.5    660.5    1.5554   1.5804   0.1591 0.2354 +- 0.0215   1.4797 +- 0.5173
```

浅色数字部分是我们最为感兴趣的 Ka/Ks（omega）、Ka（dN）和 Ks（dS），最前面两列为序列的次序，这个结果给出了 5 个序列之间两两的 KaKs 信息。

2）codeml

程序运行命令行

$ ./codeml

程序将读取当前目录下的 codeml. ctl 的配置文件来决定输入文件及运行参数，codeml. ctl 的内容如下：

```
seqfile = multiple.nuc * sequence data filename
treefile = tree2          * tree structure file name
outfile = for _zhangy.pfam1.0425.result          * main result file name

noisy = 9   * 0, 1, 2, 3, 9: how much rubbish on the screen
verbose = 2   * 0: concise; 1: detailed, 2: too much
runmode = 0   * 0: user tree; 1: semi - automatic; 2: automatic
              * 3: StepwiseAddition; (4,5):PerturbationNNI; -2: pairwise

seqtype = 1   * 1:codons; 2:AAs; 3:codons - - >AAs
CodonFreq = 2   * 0:1/61 each, 1:F1X4, 2:F3X4, 3:codon table
aaDist = 0  * 0:equal, +:geometric; -:linear, 1 - 6:G1974,Miyata,c,p,v,a
```

```
      aaRatefile = wag.dat * only used for aa seqs with model = empirical(_F)
                     * dayhoff.dat, jones.dat, wag.dat, mtmam.dat, or your own

      model = 1
                     * models for codons:
                     * 0:one, 1:b, 2:2 or more dN/dS ratios for branches
                     * models for AAs or codon - translated AAs:
                         * 0:poisson, 1:proportional, 2:Empirical, 3:Empirical + F
                         * 6:FromCodon, 7:AAClasses, 8:REVaa_0, 9:REVaa(nr = 189)

      NSsites = 0  * 0:one w;1:neutral;2:selection; 3:discrete;4:freqs;
                     * 5:gamma;6:2gamma;7:beta;8:beta&w;9:beta&gamma;
                     * 10:beta&gamma + 1; 11:beta&normal > 1; 12:0&2normal > 1;
                     * 13:3normal > 0

      icode = 0  * 0:universal code; 1:mammalian mt; 2 - 10:see below
      Mgene = 0  * 0:rates, 1:separate;

      fix_kappa = 0  * 1: kappa fixed, 0: kappa to be estimated
        kappa = 2  * initial or fixed kappa
      fix_omega = 0  * 1: omega or omega_1 fixed, 0: estimate
      omega = 1  * initial or fixed omega, for codons or codon - based AAs

      fix_alpha = 1  * 0: estimate gamma shape parameter; 1: fix it at alpha
      alpha = 0. * initial or fixed alpha, 0:infinity (constant rate)
      Malpha = 0  * different alphas for genes
      ncatG = 8  * # of categories in dG of NSsites models


      clock = 0   * 0:no clock, 1:clock; 2:local clock; 3:CombinedAnalysis
      getSE = 0  * 0: donť want them, 1: want S.E.s of estimates

      RateAncestor = 1  * (0,1,2): rates (alpha > 0) or ancestral states (1 or 2)


      Small_Diff = .5e - 6
*     cleandata = 0  * remove sites with ambiguity data (1:yes, 0:no)?
*     ndata = 10
*     fix_blength = -1  * 0: ignore, -1: random, 1: initial, 2: fixed
        method = 0   * 0: simultaneous; 1: one branch at a time

* Genetic codes: 0:universal, 1:mammalian mt., 2:yeast mt., 3:mold mt.,
* 4: invertebrate mt., 5: ciliate nuclear, 6: echinoderm mt.,
* 7: euplotid mt., 8: alternative yeast nu. 9: ascidian mt.,
* 10: blepharisma nu.
* These codes correspond to transl_table 1 to 11 of GENEBANK.
```

Codeml 的一个特色就是分支（进而可以扩展到位点的 KaKs 计算），这里以分支的 Ka/Ks 为例来说明用法。

上面的配置文件对 multiple. nuc 这个核酸序列比对文件进行分析，同时需要作为 tree2 第二个输入文件，包含给入序列的系统发育树，也就是说，这些序列的进化关系由 tree2 给定。这样，runmode = 0，也就表示用户给定树而不是用 codeml 估计树这种模式。model = 1 表示我们要进行分支 KaKs 的计算。其他参数保持默认。

其中，tree2 的文件内容如下：

```
(((Q9IAU9_ALLMI:0.0488495,OTC_CHICK:0.0659005):0.0326228,(OTC_HUMAN:0.01638793000
0000002,(OTC_RAT:0.00694725,OTC_MOUSE:0.00482275):0.0198394):0.0429801):0.00
```

```
626476,(Q9IAV2_XENLA:0.0165927,Q6DJ41_XENTR:0.0157673):0.0740786):0.0272648;
```

multiple. nuc 的格式如下，其中第一行的两个数字分别为序列数和序列长度（此处显示为文件截取的部分序列，详见光盘 \ paml \ example2 \ multiple. nuc）：

```
7  1260
OTC_CHICK  -------------------------------------------------------------------
CGTGGGCCACCAAATCAAATGAATGTTTGTCTGAAAGGTCGTGACCTCCTTACTCTACAGAACTACACAGCAGATGAACTG
CTATGGGTGGCCTCAGATTTGAAACAAAGGATAAAGGACAAAGGAGAGTAT---------------GATTTGCTCTCC
Q9IAU9_ALLMI  ----------------------------------------------------------------
CCTGGAAAACCAACTCAAACTAATGTGCATCTGAAAGGTCGTGACCTTCTAACTCTGCAAAATTACACAGCAGAAGAAATA
AAGTAT
TCCTTGGAGGACATCCTTGTTTTCTTACAACACAAGAT------
Q6DJ41_XENTR  ----------------------------------------------------------------
GTACCTGTGCTGCAGGGAAAATCTCTTGCCATGATATTTGAAAAAAGAAGTACGAGAACAAGACTCTCCACTGAAACTGGG
TTTGCTT
Q9IAV2_XENLA  ----------------------------------------------------------------
GTGCCGCTGCTGCAGGGAAAATCTCTTGCCATGATATTTGAAAAAAGAAGTACAAGAACAAGACTCTCCAATGAAACTGGG
TTTGCTT
OTC_RAT  ---------------------------------------------------------------------
GGAGGACATCCTTCTTTTCTTACCACACAAGAC------
CAACCATCCCAATTGTCAAC---
OTC_HUMAN  -------------------------------------------------------------------
TTGCCTTTATTGCAAGGGAAGTCCTTAGGCATGATTTTTGAGAAAAGAAGTACTCGAACAAGATTGTCTACAGAAACAGGC
TTTGCACTTC
TGGGAGGACATCCTTGTTTTCTTACCACACAAGAT------
OTC_MOUSE  -------------------------------------------------------------------
TTACCTTTATTGCAAGGGAAATCCTTAGGAATGATTTTTGAGAAAAGAAGTACTCGAACAAGACTGTCCACAGAAACAGGC
TTTGCTCTGC
```

输出结果形式为（下面的……代表省略的内容）：

```
........
........
Codon position x base (3x4) table, overall

position  1:    T:0.18545    C:0.21535    A:0.31354    G:0.28566
position  2:    T:0.29859    C:0.23515    A:0.32000    G:0.14626
position  3:    T:0.29131    C:0.17131    A:0.30384    G:0.23354

Nei & Gojobori 1986. dN/dS (dN, dS)
(Pairwise deletion)
(Note: This matrix is not used in later m.l. analysis.
Use runmode = -2 for ML pairwise comparison.)

OTC_CHICK
Q9IAU9_ALLMI         0.1738 (0.1095 0.6300)
Q6DJ41_XENTR         0.0820 (0.1972 2.4042) 0.1259 (0.1670 1.3265)
Q9IAV2_XENLA         0.0801 (0.1905 2.3765) 0.1330 (0.1676 1.2597) 0.1331 (0.0319
0.2398)
OTC_RAT              0.1378 (0.1716 1.2455) 0.1193 (0.1434 1.2019)-1.0000 (0.1607
-1.0000)-1.0000 (0.1719 -1.0000)
OTC_HUMAN            0.1357 (0.1570 1.1569) 0.1426 (0.1354 0.9491) 0.0635 (0.1635
2.5748) 0.0736 (0.1674 2.2743) 0.0874 (0.0406 0.4640)
OTC_MOUSE            0.1405 (0.1722 1.2250) 0.1227 (0.1425 1.1615)-1.0000 (0.1665
-1.0000)-1.0000 (0.1701 -1.0000) 0.0868 (0.0112 0.1291) 0.0773 (0.0366 0.47
36)
NOTE: -1 means that NG86 is inapplicable.

TREE #  1:  (((2, 1), (6, (5, 7))), (4, 3));   MP score: -1
This is a rooted tree.  Please check!
lnL(ntime: 12  np: 25):  -4344.498682    +0.000000
   8..9     9..10    10..2     10..1     9..11    11..6    11..12    12..5    12..7
8..13    13..4    13..3
```

```
  0.00000  0.13878  0.22658  0.48604  0.54121  0.12921  0.23268  0.06016  0.05936
1.12174  0.06868  0.18512  1.84447  0.09939  0.48698  0.32309  0.15223  0.
10851  0.09596  0.08987  0.15322  0.04927  0.06013  0.42555  0.06808
Note: Branch length is defined as number of nucleotide substitutions per codon
(not per neucleotide site).

tree length =   3.24957

(((2 #0.3231 : 0.226584, 1 #0.1522 : 0.486036) #0.4870 : 0.138784, (6 #0.0960 :
0.129208, (5 #0.1532 : 0.060164, 7 #0.0493 : 0.059365) #0.0899 : 0.232676) #0
.1085 : 0.541209) #0.0994 : 0.000004, (4 #0.4256 : 0.068680, 3 #0.0681 : 0.185123)
#0.0601 : 1.121735): 0.027265;

(((Q9IAU9_ALLMI #0.3231 : 0.226584, OTC_CHICK #0.1522 : 0.486036) #0.4870 :
0.138784, (OTC_HUMAN #0.0960 : 0.129208, (OTC_RAT #0.1532 : 0.060164, OTC_MOUSE #
0.0493 : 0.059365) #0.0899 : 0.232676) #0.1085 : 0.541209) #0.0994 : 0.000004,
(Q9IAV2_XENLA #0.4256 : 0.068680, Q6DJ41_XENTR #0.0681 : 0.185123) #0.0601 : 1
.121735): 0.027265;

Detailed output identifying parameters

kappa (ts/tv) =  1.84447

dN & dS for each branch

 branch          t        S        N     dN/dS       dN        dS    S*dS    N*dN

   8..9      0.000    320.7    939.3    0.0994   0.0000   0.0000     0.0     0.0
   9..10     0.139    320.7    939.3    0.4870   0.0365   0.0749    24.0    34.3
  10..2      0.227    320.7    939.3    0.3231   0.0493   0.1525    48.9    46.3
  10..1      0.486    320.7    939.3    0.1522   0.0670   0.4403   141.2    63.0
   9..11     0.541    320.7    939.3    0.1085   0.0584   0.5379   172.5    54.8
   8..13     1.122    320.7    939.3    0.0601   0.0751   1.2492   400.6    70.6
  13..4      0.069    320.7    939.3    0.4256   0.0170   0.0400    12.8    16.0
  13..3      0.185    320.7    939.3    0.0681   0.0138   0.2021    64.8    12.9

dS tree:
(((Q9IAU9_ALLMI #0.3231 : 0.152470, OTC_CHICK #0.1522 : 0.440257) #0.4870 :
0.074912, (OTC_HUMAN #0.0960 : 0.132098, (OTC_RAT #0.1532 : 0.054389, OTC_MOUSE #
0.0493 : 0.067946) #0.0899 : 0.241238) #0.1085 : 0.537874) #0.0994 : 0.000004,
(Q9IAV2_XENLA #0.4256 : 0.040041, Q6DJ41_XENTR #0.0681 : 0.202148) #0.0601 : 1
.249151): 0.027265;
dN tree:
(((Q9IAU9_ALLMI #0.3231 : 0.049261, OTC_CHICK #0.1522 : 0.067022) #0.4870 :
0.036480, (OTC_HUMAN #0.0960 : 0.012676, (OTC_RAT #0.1532 : 0.008333, OTC_MOUSE #
0.0493 : 0.003348) #0.0899 : 0.021680) #0.1085 : 0.058366) #0.0994 : 0.000000,
(Q9IAV2_XENLA #0.4256 : 0.017039, Q6DJ41_XENTR #0.0681 : 0.013762) #0.0601 : 0
.075113): 0.027265;
```

第二部分的红字是最后的结果，和 yn00 的结果形式类似，不同的是给出的是祖先节点到末端分支的 KaKs 和祖先节点之间的 KaKs，祖先节点的命名方式由第一部分的红字来决定。比如说，结果第三四行里的 10 节点是 1 和 2 的祖先节点，即下面的拓扑结构：

```
  +------1
10
  +------2
```

Paml 这个软件包功能及其丰富，这里不能一一详述，大家感兴趣可以参考官方的说明文档 http://abacus.gene.ucl.ac.uk/software/pamlDOC.pdf

练　　习

（1）找到 human - mouse 之间受到正选择（Ka/Ks > >1）的5个基因。

（2）对上面 yn00 用到的数据文件进行分支 KaKs 的分析，看 abglobin 基因在各个进化分支中的适应性进化状况。

6.3　KaKs_Calculator

1. 简介

KaKs_Calculator 是一套用于计算非同义替换率（nonsynonymous substitution rate 或 nonsynonymous substitutions per nonsynonymous site；通常用 Ka 表示）和同义替换率（synonymous substitution rate 或 synonymous substitutions per synonymous site；通常用 Ks 表示）的软件程序包，它采用模型选择（model selection）和模型平均（model averaging）策略，同时也集成了现有的其他几个用于计算 Ka 和 Ks 的算法。此软件由章张等开发。

KaKs_Calculator 软件包，包括程序源代码、编译后的可执行文件以及相关的软件文档，都可免费下载使用，下载的网站链接为：http://evolution. genomics. org. cn/software. htm。

2. 安装

KaKs_Calculator 软件包的核心代码采用标准 C + + 编写，以此提高程序的执行效率以及跨平台使用。其中，KaKs_Calculator 的 Windows 版本采用 Visual C + + 6.0 来设计其图形用户界面（Graphics User Interface）。您可以从下述链接中下载到最新的版本：http://evolution. genomics. org. cn/software. htm。

通常的命名格式为 KaKs_CalculatorXXX. tar. gz（XXX 代表版本号）。

1）Linux/Unix

KaKs_Calculator 软件包已在 AIX、IRIX 以及 Solaris 上做过测试。

- 使用下述命令对 KaKs_CalculatorXXX. tar. gz 文件进行解压。

```
$ gzip - d KaKs_CalculatorXXX. tar. gz
$ tar - xf KaKs_CalculatorXXX. tar
```

- 当您使用 Linux/Unix 操作系统时，您可使用 g + +/gcc 编译器按下述命令自己进行编译。

```
$ cd KaKs_CalculatorXXX/src
$ make
```

2）Windows

KaKs_Calculator 软件包的 Windows 版可以运行任何于 IBM 的兼容机，测试的操作系统为 Windows 2000/XP。

- 在 Windows 平台下解压 KaKs_CalculatorXXX. tar. gz 文件 .
- 在文件夹“KaKs_CalculatorXXX/bin/Windows”中双击“setup. exe”进行安装（图 6-3）。

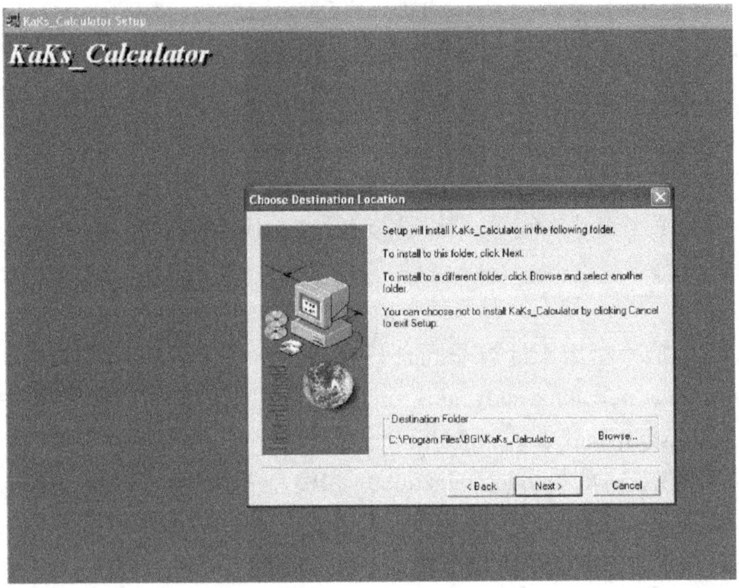

图 6-3　KaKs_Calculator windows 下安装

3. 使用

计算 Ka 和 Ks 的算法

计算 Ka、Ks 通常需要 3 个步骤。假设一对 DNA 序列的长度为 n，其中，它们之间不同的核酸位点数为 m。为计算 Ka 和 Ks，第一，计算出同义位点数 S 和非同义位点数 N，并且满足 $S+N=n$。第二，计算同义替换数 S_d 和非同义替换数 N_d，并且满足 $S_d+N_d=m$。第三，由于序列间观测到的替换数往往小于真实发生的数目，所以要对 N_d/N 和 S_d/S 分别进行校正，校正后的值就是 Ka 和 Ks。

计算 Ka 和 Ks 的算法往往采用不同的替换模型，尽管这些模型之间可能存在着微小的差别，但对计算出的结果却能产生很大的影响。通常情况下，计算 Ka、Ks 的算法分为两类：近似法（approximate methods）和最大似然法（maximum-likelihood methods）。不同于近似法，最大似然法将上述 3 个步骤运用概率论方法一步完成。

1）近似法

KaKs_Calculator 软件包将现有常用的几个近似法集成实现，算法的名称缩写以及相关的参考文献如下所示：

NG：Nei M，Gojobori T. 1986. Simple methods for estimating the numbers of synonymous and nonsynonyraous nucleotide substitutions. Mol Biol Evol，3：418 ~ 426

LWL：Li W H，Wu C I，Luo C C. 1985. A new method for estimating synonymous and non-synonymous rates of nucleotide substitution considering the relative likelihood of nucleotide and co-don changes. Mol Biol Evol，2（2）：150 ~ 174

LPB：Li W H. 1993. Unbiased estimation of the Rates of synonymous and nonsynonymous substitution. J Mol Evol，36：96 ~ 99

MLWL，MLPB：Tzeng Y H，Pan R，Li W H. 2004. Comparison of three methods for estimating rates of synonymous and nonsynonymou nucleotide substitutions. Mol Bid Evol，21 (12)：2290 ~ 2298

YN：Yang Z，Nielsen R. 2000. Estimating Synonymous and Nonsynonymous Substitution Rates Under Realistic Evolutionary Models. Mol Biol Evol，17 (1)：32 ~ 43

MYN：Zhang Z. et al. 2006. Computing Ka and Ks with a consideration of unequal transitional substitutions. BMC Evolutionary Biology，6：44

2）最大似然法

Goldman 和 Yang（1994）所提出的最大似然法，将 HKY 核酸替换模型中的转换/颠换比率、核酸频率等序列进化特征，集成实现于一个基于密码子替换的模型之中。基于上述的策略，我们将该方法扩展到一组候选模型之中，并且使用 AICc 来进行模型选择（model selection）和模型平均（model averaging）。

GY：Goldman N，Yang Z. 1994. A codon-based model of nucleotide substitution for protein-coding DNA sequences. Mol Biol Evol，11（5）：725 ~ 736。基于一组候选模型，该候选模型由 Posada（2003）定义，如表 6-2 所示。

表 6-2　MS 模型定义

模型	替换率	核酸频率
JC	$r_{TC}=r_{AG}=r_{TA}=r_{CG}=r_{TG}=r_{CA}$	相等
F81		不相等
K2P	$r_{TC}=r_{AG}\neq r_{TA}=r_{CG}=r_{TG}=r_{CA}$	相等
HKY		不相等
TrNEF	$r_{TC}\neq r_{AG}\neq r_{TA}=r_{CG}=r_{TG}=r_{CA}$	相等
TrN		不相等
K3P	$r_{TC}=r_{AG}\neq r_{TA}=r_{CG}\neq r_{TG}=r_{CA}$	相等
K3PUF		不相等
TIMEF	$r_{TC}\neq r_{AG}\neq r_{TA}=r_{CG}\neq r_{TG}=r_{CA}$	相等
TIM		不相等
TVMEF	$r_{TC}=r_{AG}\neq r_{TA}\neq r_{CG}\neq r_{TG}\neq r_{CA}$	相等
TVM		不相等
SYM	$r_{TC}\neq r_{AG}\neq r_{TA}\neq r_{CG}\neq r_{TG}\neq r_{CA}$	相等
GTR		不相等

注：r_{ij}为核酸 i 和 j 之间的替换率，其中 $i\neq j$，并且 $i, j\in\{A, C, G, T\}$

4. 输入

KaKs_Calculator 软件包采用准 AXT 序列格式。在计算之前，程序会过滤掉序列间的 gap 和 stop codons。输入的序列格式如下所示，或者您可具体查看“KaKs_CalculatorXXX/examples/”文件夹内的“example. axt”文件。

例：

```
NP_000026
ATGCTCCTGTG-CCACTGGCC
ATCCCC-TGCGCTCACTGGAC

NP_000053
ACAGaTtCTACCc-GCCcACTA--GgtGtt
---ggTTCTCCtACCcA-G-CACTACTggg
```

在 AXT 文件中，每对序列由三行组成，第一行为该对序列的名称，剩余的两行分别是两行序列。每对序列间用一空行进行分隔。

序列名称

NP_000026

一对序列

ATGCTCCTGTG - CCACTGGCC

ATCCCC - TGCGCTCACTGGAC

5. 参数

1）Linux/Unix

KaKs_Calculator 软件包适合于大规模数据集的批量计算。从输入文件中读入一对序列，然后进行计算，释放内存资源，再读入下一对序列进行计算，因此，采用上述的方式，KaKs_Calculator 软件包所需的内存与输入文件中最长的序列相关。同时，KaKs_Calculator 允许在一次运行过程中选择多个算法进行计算。下述为 Linux 版的参数设置。

- -i　AXT 序列格式的输入文件名
- -o　结果输出的文件名称
- -c　遗传密码子表（默认 = 1 - Standard Code）。详细信息可查看 NCBI 链接 http://www.ncbi.nlm.nih.gov/Taxonomy/Utils/wprintgc.cgi? mode = c
- -m　计算 Ka 和 Ks 的算法（默认 = MA）：NG，LWL，LPB，MLWL，MLPB，YN，MYN，GY，MS，MA，ALL（包含上述所有算法）
- -d　当采用 MS 或 MA 算法时，输出模型选择详细信息的文件名
- -h　显示帮助信息

例：

使用 MA 算法和标准密码子表（图 6-3）：

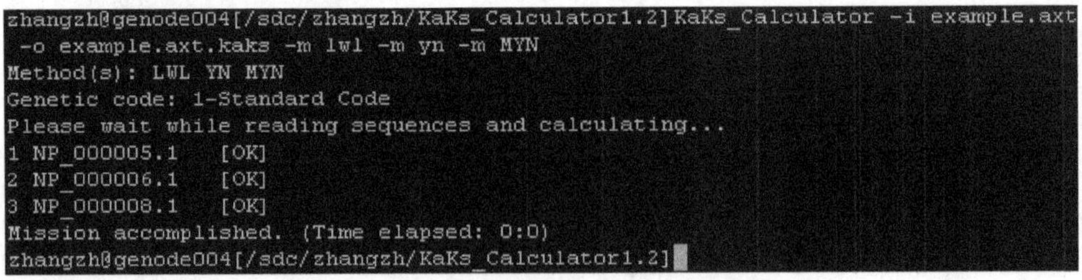

图 6-3　KaKs_Calculator 运行界面

$ KaKs_Calculator -i example.axt -o example.axt.kaks4

使用 MA 算法和 vertebrate mitochondrial 密码子表：

$ KaKs_Calculator -i example. axt -o example. axt. kaks -c 2

使用 MA 算法和标准密码子表，并且将模型选择的详细信息输出到指定文件中：

$ KaKs_Calculator -i example. axt -o example. axt. kaks -d example. axt. details

使用 LWL、YN 和 MYN 3 个算法和标准密码子表：

$ KaKs_Calculator -i example. axt -o example. axt. kaks -m LWL -m YN -m MYN

2）Windows

KaKs_Calculator 软件包的 Windows 版本提供友好的用户界面，可以方便地进行选择输入的文件、遗传密码子以及计算 Ka 和 Ks 的算法。在运行过程中，您可以将程序最小化至系统托盘（图 6-5），在运行结束后，用户可将结果导入到指定的文件或剪贴板。

启动界面（图 6-4）：

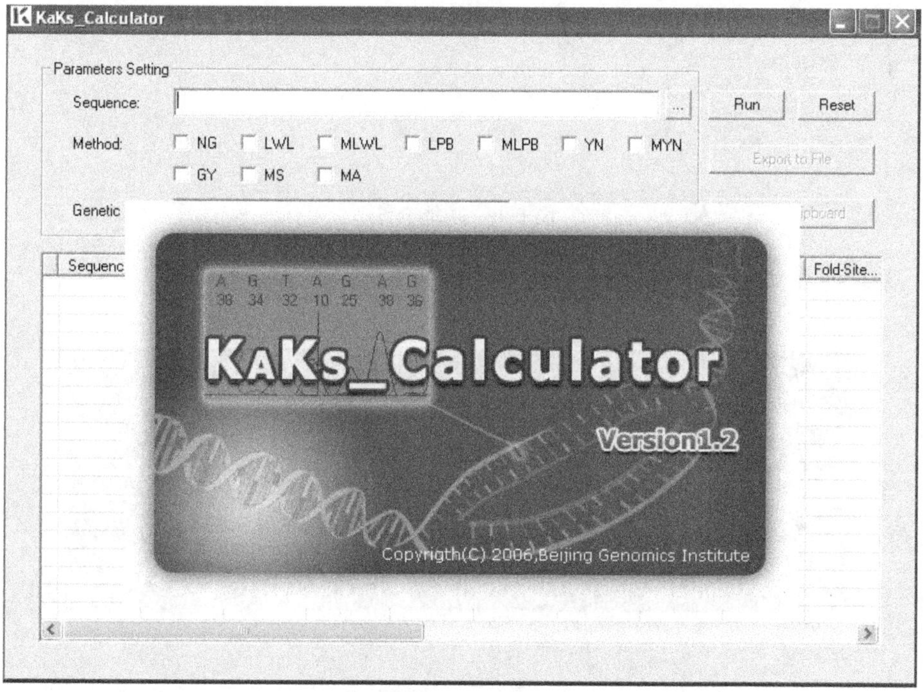

图 6-4　启动界面

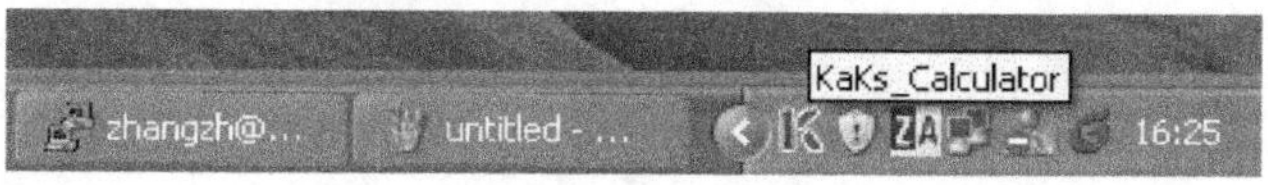

图 6-5　最小化至系统托盘

功能介绍（图 6-6）：

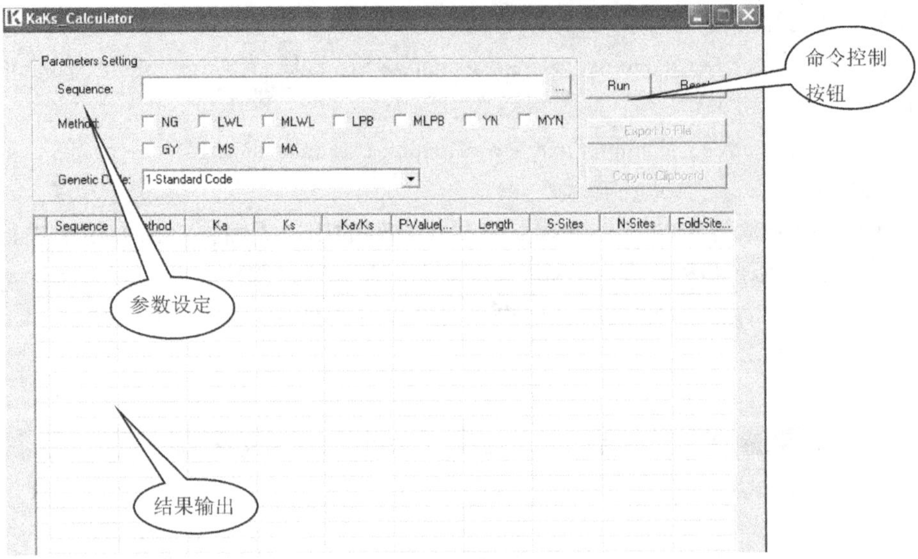

图 6-6　功能介绍

系统托盘菜单（单击鼠标右键）（图 6-7）：

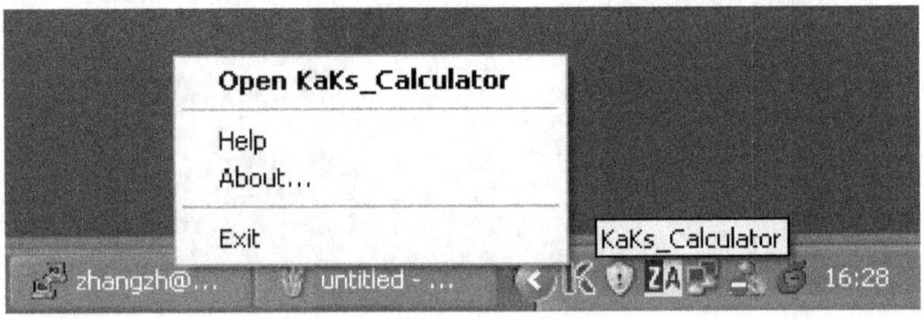

图 6-7　系统托盘菜单

具体实例（图 6-8）：

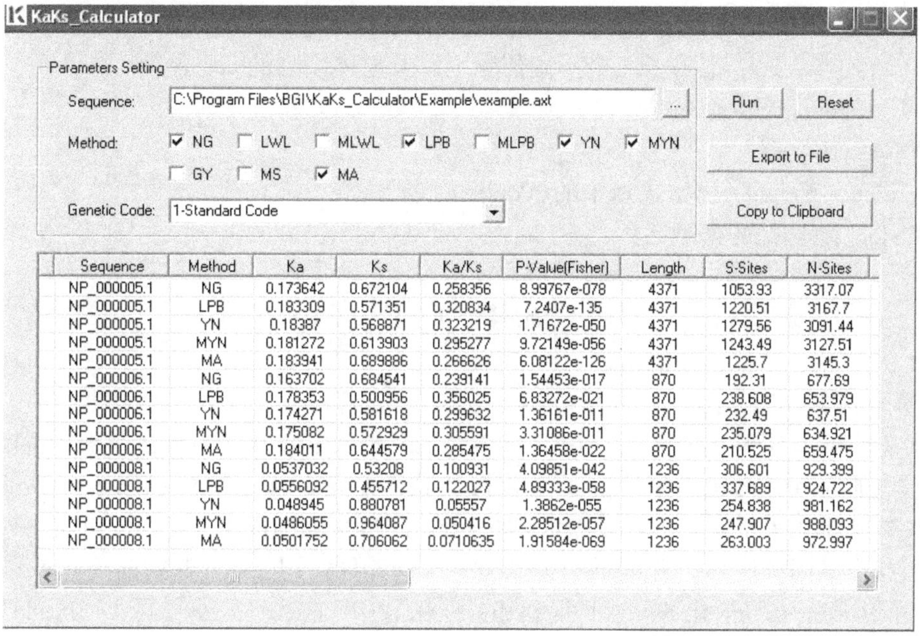

Sequence	Method	Ka	Ks	Ka/Ks	P-Value(Fisher)	Length	S-Sites	N-Sites
NP_000005.1	NG	0.173642	0.672104	0.258356	8.99767e-078	4371	1053.93	3317.07
NP_000005.1	LPB	0.183309	0.571351	0.320834	7.2407e-135	4371	1220.51	3167.7
NP_000005.1	YN	0.18387	0.568871	0.323219	1.71672e-050	4371	1279.56	3091.44
NP_000005.1	MYN	0.181272	0.613903	0.295277	9.72149e-056	4371	1243.49	3127.51
NP_000005.1	MA	0.183941	0.689886	0.266626	6.08122e-126	4371	1225.7	3145.3
NP_000006.1	NG	0.163702	0.684541	0.239141	1.54453e-017	870	192.31	677.69
NP_000006.1	LPB	0.178353	0.500956	0.356025	6.83272e-021	870	238.608	653.979
NP_000006.1	YN	0.174271	0.581618	0.299632	1.36161e-011	870	232.49	637.51
NP_000006.1	MYN	0.175082	0.572929	0.305591	3.31086e-011	870	235.079	634.921
NP_000006.1	MA	0.184011	0.644579	0.285475	1.36458e-022	870	210.525	659.475
NP_000008.1	NG	0.0537032	0.53208	0.100931	4.09851e-042	1236	306.601	929.399
NP_000008.1	LPB	0.0556092	0.455712	0.122027	4.89333e-058	1236	337.689	924.722
NP_000008.1	YN	0.048945	0.880781	0.05557	1.3862e-055	1236	254.838	981.162
NP_000008.1	MYN	0.0486055	0.964087	0.050416	2.28512e-057	1236	247.907	988.093
NP_000008.1	MA	0.0501752	0.706062	0.0710635	1.91584e-069	1236	263.003	972.997

图 6-8　具体实例

6. 输出

KaKs_Calculator 所提供的参数结果中除了非同义替换率 Ka、同义替换率 Ks 以及它们之间的比率 Ka/Ks 外，还包括同义位点数、非同义位点数、同义替换数、非同义替换数、GC 含量、最大似然值、AICC 值。同时，也提供由 Fisher 精确检验所计算出的 *P* 值。

- Sequence：序列名称
- Method：计算 Ka、Ks 的算法名称
- Ka：非同义替换率
- Ks：同义替换率
- Ka/Ks：选择压力
- P－Value（Fisher）：Fisher 精确检验
- Length：序列长度（过滤掉 gap 和 stop codon）
- S－Sites：同义位点数
- N－Sites：非同义位点数
- Fold－Sites（0：2：4）：0、2、4 重简并位点数
- Substitutions：替换数
- S－Substitutions：同义替换数
- N－Substitutions：非同义替换数
- Fold－S－Substitutions（0：2：4）：0、2、4 重简并同义替换数
- Fold－N－Substitutions（0：2：4）：0、2、4 重简并非同义替换数
- Divergence－Time：分化时间

- Substitution - Rate - Ratio（rTC：rAG：rTA：rCG：rTG：rCA/rCA）：替换率与 rCA 之间的比率
- GC（1：2：3）：密码子三个不同位置上以及整体序列的 GC 含量
- ML - Score：最大似然值
- AICc：AICc 值
- Akaike - Weight：模型选择中的 Akaike 权重
- Model：所选择的模型名称

6.4 FGF

1. 简介

FGF（Fishing Gene Family）是由北京华大基因研究中心开发的一套用来在特定基因组里查询蛋白质家族并构建该家族分子进化树的软件系统，该系统可以用来分析基因的结构、拷贝数和进化关系等。本系统最大的特点在于能够根据用户提交的蛋白质序列在指定的基因组找出其同源序列，并能够反映出每一个基因拷贝是否出现提前终止或移码等现象，最后形成一个进化树。目前提供了在 FGF 在线服务，可以访问 http://fgf. genomics. org. cn 获取该服务。

2. 下载

如需下载安装到本地，可联系 fgf@ genomics. org. cn 协商具体事宜。

3. 安装

1）释放自解压文件

获得 FGF 程序包后先进行解压和解包，命令如下：

```
gzip - d FGF_bin.tar.gz
tar - xvf FGF_bin.tar
```

查看解包后的内容显示如下：

```
drwxr-xr-x    8 bgifgf  bgifgf     4096 Nov 20 16: 08 bin
-rw-r--r--    1 bgifgf  bgifgf     2122 Nov 17 09: 33 BLOSUM62
-rwxr-xr-x    1 bgifgf  bgifgf   106360 Dec 11 15: 18 fgenef
-rw-r--r--    1 bgifgf  bgifgf      688 Nov 17 09: 33 README
```

其中 fgenef 是 FGF 的主程序，bin 目录里存放了 fgenef 调用的其他模块和子程序。

2）编译 Fasta 软件包

要使 FGF 能够在本地正常运行并且使用其全部功能，要求系统上必须已经安装有 blastall 或 wu - blast、genewise、njtree、solar、KaKs_Calculator 等，FGF 本身不需要编译，但是 FGF 调用的这些程序可能需要进行编译。其中，blastall、wu - blast、genewise 需要自行下载安装，其他由 FGF 程序包提供。

3）设置环境变量

FGF 要正常使用必须设置好环境变量，否则将不能正常运行。主要的环境变量有 PIPELINE 和 WISECONFIGDIR。

```
export PIPELINE =/disk2/prj0341b/fangxd/bin/FGF_bin
export WISECONFIGDIR =/disk2/prj0341b/fangxd/bin/wise2. 2. 0/wisecfg
```

为了以后使用方便，可将 FGF_bin 所在路径放在 PATH 变量里。export PATH = $ PATH：/disk2/prj0341b/fangxd/bin/FGF_bin/

如将以上的变量设置写入到/etc/profile 或 ~/. bashrc 文件里面，可免去每次登录都设置一次的麻烦。

4. 使用

FGF 主要是基于 Unix/Linux 命令行的程序，同时也提供了在线服务，具体可以访问以下网址 http：//fgf. genomics. org. cn。

5. 输入

输入所要分析的 Fasta 格式的蛋白质序列文件和 Fasta 格式的基因组数据文件，其中，蛋白质序列以一个文件的形式存在，对于基因组数据，可以将所有的染色体合并成一个文件，将该文件传给 fgenef 程序，或将该基因组的所有染色体文件存放于一目录里，并将该目录路径传给 fgenef 程序。

如　fgenef - input your_protein. fa - db all_chromosome_in_a_file. fa 或

fgenef - input your_protein. fa - db directory_contain_every_chromosome

注意：当染色体数据尚未被格式化时，务必保证当前登陆用户对存放染色体文件的目录有写权限，否则将不能进行染色体文件的格式化从而导致 blast 程序无法正常进行（具体请参考本书 3. 2 局部比对章节）。

6. 输出

在当前运行 fgenef 的目录里输出所查询蛋白质序列在基因组中的拷贝数及基于此的基因家族的进化树等一系列信息。具体可参照以下的例子。

7. 参数

当在命令行直接输入 fgenef 命令后屏幕出现的简要使用说明，可从此输出获知 FGF 的大致选项：

```
fgenef - Fishing Gene Family in a DNA database - fgenef V.6.6.4 2006-12-11 10:10
Usage:
        fgenef <-input=input_protein_file> <-db=database_file> [other options]
Options:
        [Process control]
        -mode              Mode of the process control, [pbs,fork]. Default: pbs
        -step              Step set for FGF processes, [1,2,3,4]. Default: 1
                           1 for start from the very beginning
                           2 for start from a tblastn result
                           3 for start from a mapping position result
                           4 for start form a genewise result
        -inblast           Input BLAST file for step 2, Must be given for this step
        -inposi            Input mapping position file for step 3, Must be given for
this step
        -ingenewise        Input genewise file for step 4, Must be given for this
step
        -numtblastn        Max process num to run tblastn. Default: 4
        -numgenewise       Max process num to run genewise. Default: 10
        -seqnum            Sequence num in every query file. Default: 100
        [Search engin]
        -engin Search engin to do the blast search, [blastall,wublast]. Default:
wublast
        [Homolog veracity control]
```

```
        -mask            Mask Query sequense. [T/F] Default: T
        -expect          Expect value for Blast search. Default: 1e-5
        -W               Word size for Blast search. Default: 8
        -gap             Max Gap length between Blast blocks. Default: 100000
        -overlap         Overlap threshold for redundant homologs check. Default:
70%
        -cutoff          Cutoff threshold to filter homologs. Default: 50%
        -identity        Identity threshold to filter homologs. Default: 0
        -score           Score threshold for GeneWise alignment. Default: 35
        -trim_intron     Trim big introns over than 500 bp. [Y/N] Default: N
        [Redundant Homolog control]
        -highest         Highest num of the clustered genes. Default:3
        -redundant       Remove Redundant Homologs. [Y/N] Default: N
        [Evolutionary options]
        -build           Build Phylogenetic tree method. [nj/ml] Default: nj
        -bmodel          Substitution Model for tree building. [dn/ds] for nj,
                         [JC69,K2P,F81,HKY,F84,TN93,GTR] for ml. Default: dn
        -kmodel          Ka/Ks ratio model.
       [NG86,LWL85,MLWL85,LPB93,MLPB93,GY94,YN00].
                         Default: YN00
        [Net options]
        -net             Net transfer tag, [Y/N] Default: N
        [Help options]
        -version         version message
        -log             Log file
        -help            help message
Example:
        fgenef -input=prot.fa -db=db.fa -seqnum=50 -numtblastn=10 -numgenewise=10
        fgenef -input prot.fa -db db.fa -step 4 -ingenewise genewise.out
More details is available at http://fgf.genomics.org.cn.
```

具体参数说明如下：

1）-mode

选择多进程的派生方式，一般可用 fork，但在装有 PBS 程序调度系统的机器上推荐使用 pbs 模式，由 pbs 系统来决定任务的调度，默认是 pbs，如果机器未安装 PBS 系统，一定要用选项 -mode fork，否则将不能正常运行；

2）-step

用来控制 FGF 的分段结果，当 FGF 被意外终止而又获得中间结果时，不必从原始数据开始重新跑 FGF，可以在以下数据的基础上跑 FGF：

（1）for start from the very beginning。

这是默认的起点，即从头开始，要求至少输入蛋白质序列和 DNA 序列；输入格式为 fgenef - input your_protein - db your_database；

（2） for start from a tblastn result。

如果已经获得了 tblastn 的结果，即可将该结果作为输入文件，FGF 将运行剩下的步骤，输入格式为 -step 2 -inblast your_tblastn_result；

（3） for start from a mapping position result。

如果已经获得了要从染色体上截取相应序列的位置信息，则可以以此作为输入文件；输入格式为 -step 3 -inposi your_cut_position；

（4） for start form a genewise result。

如果已经获得了 Genewise 的结果，则可以将此作为输入文件，当蛋白质序列很多或其拷贝数很多时，Genewise 往往是 FGF 的限速步骤之一，所以当获得 Genewise 结果时，推荐从此步运行 FGF。但是此步需要将此前 FGF 产生的 cutpos 文件，所以在保存 FGF 运算结果时一般要同时保存 tblastn 结果、cutpos 结果和 Genewise 结果，以备后来之需，输入格式为 -step 4 -ingenewise your_genewise_result - inposi your_cutpos；

3） -numtblastn

在 fork 模式下控制运行 tblastn 时最大的进程数，默认为 4 个进程，需要根据具体机器的配置和当前机器的运作负荷来设定，如 CPU 和内存的使用情况等，如 -numtblastn 8，将允许同时有 8 个进程在运行；

4） -numgenewise

在 fork 模式下控制运行 Genewise 时最大的进程数，默认为 10 个进程，需要根据具体机器的配置和当前机器的运作负荷来设定，用法同上；

5） -seqnum

如果输入的蛋白质序列过多，FGF 会将蛋白质序列分割成多个文件，该参数用来控制分割后单个文件所包含的蛋白质序列条数，默认情况下每个文件包含 100 条蛋白质序列，可以用选项 -seqnum 进行调整；

6） -engin

用来选择比对的程序，默认是 wu-blast，可以根据机器已经安装的程序和具体的需要进行选择，wu-blast 相对 blastall 有一定的速度优势；

7） -mask

用来决定在比对时是否屏蔽 DNA 序列的低复杂度区域，T 为屏蔽，可以加快运行速度，F 为不屏蔽；

8） -expect

比对时的 e 值，即 e-value，该值越小最后得到的结果越少，默认为 1e-5；

9） -W

用来设置比对时的一个字长，该值越小可能获得更多的匹配，但需要更多的运行时间，默认为 8；

10） -gap

在处理比对结果时来判断两个匹配区域能否合并成一个的基因拷贝的长度标准，默认为 100K；

11） -overlap

任意两条蛋白质如在同一染色体的匹配位置的重叠区域大于 70% 的话，则只留下相似性最高的结果，默认为 70%

12） -cutoff

设置同源检索时相似性的一个 cutoff，只有大于该值的记录才会被检出，也即只有当该拷贝对应在的蛋白质序列与查询蛋白质序列的相似性大于 cutoff 时才认为该区域可能是一个基因拷贝，默认为 50%；

13） -identity

当比对的区域的相似性大于该值时，该比对结果被保留下来，默认为 0，即所有的结果都被保留下来做进一步处理；

14） – score

作为 Genewise 结果得分的一个 cutoff，只有得分大于该值的结果才会被保留，默认是35；

15） – trim_intron

用来决定从基因组上截取的序列当中是否包含所谓的"intron"区域，即在处理 balst 结果后可以得到一个粗略的每个拷贝的基因结构（即 exon 和 intron 在染色体上的起始和终止位置信息），若 – trim_intron 为 Y 时，则截取的 DNA 序列将不包含"intron"区域，若 – trim_intron 为 N 时，即默认值，则从染色体上截取该拷贝的对应的全长区域，即包含 intron 区域。

在真核生物中，有时 intron 特别大，而该区域有没有包含 exon 信息，若不去除 intron 区域，则可能切下的序列很长，在运行 Genewise 时将耗费大量的 CPU 时间，即空耗计算资源，如果为了提高运算速度可以将打开该开关，但有可能引起某些拷贝的基因结构发生改变（因为切除的 intron 区域只是根据 blast 结果的粗略估计）。

[Redundant Homolog control]

16） – highest

当不同蛋白质与同一染色体有多个匹配时，根据相似性的大小，只保留的序列的条数，默认为3；

17） – redundan

在比对或 Genewise 结果中，不同的蛋白质序列可能匹配上同一区域，即当两个匹配区域的重叠部分大于选项 overlap 所设定的值时存在冗余关系。当该选项为 Y 时，则只保留相似性最好的一个记录，为 N 时保留所有记录；

18） – build

该选项决定了构建进化树时采取的方法，nj 法，即邻位相法，ml 法，即最大似然法。默认是 nj 法；

19） – bmodel

构建进化树时采用的替换模型，当 – bulid 为 nj 时，可选 – bmodel 的值有 dn 和 ds，默认为 dn；当 – bulid 为 nl 时，可选的 – bmodel 的值有 JC69、K2P、F81、HKY、F84、TN93、GTR；

20） – kmodel

计算同义突变非同义突变率的模型，可选项有 NG86、LWL85、MLWL85、LPB93、MLPB93、GY94 和 YN00，默认采用 YN00；

21） – net

当需要将 FGF 运算结果传送到其他机器时，可以将该开关打开，默认为关闭，即不传送数据；

22） – version

显示 FGF 版本信息；

23） – log

指定记录文件；

24）－help

显示帮助信息；

8. 实例

找出人的蛋白质序列HSP90AA1在杨树基因组上的拷贝数该例子存放于光盘：FGF\HSP－poplar1目录。

输入

在存在有蛋白质序列（protein. fa）的目录里，运行FGF：

fgenef －input protein. fa －db ../poplar1_genome

按默认参数运行，其中，protein. fa为所要分析的序列（有两个蛋白质序列，具体序列如下所示），poplar1_genome为目标基因组所在的目录，本例中该目录存放于当前目录的上层目录。

```
>HSP90AA1
MPEETQTQDQPMEEEEVETFAFQAEIAQLMSLIINTFYSNKEIFLRELISNSSDALDKIRYESLTDPSKLDSGKELHINLI
PNKQDRTLTIVDTGIGMTKADLINNLGTIAKSGTKAFMEALQAGADISMIGQFGVGFYSAYLVAEKVTVITKHNDDEVSLK
DYCTRMKENQKHIYYITGETKDQVANSAFVERLRKHGLEVIYMIEPIDEYCVQQLKEFEGKTLVSVTKEGLELPEDEEEKK
KQEEKKTKFENLCKIMKDILEKKVEKVVVSNRLVTSPCCIVTSTYGWTANMERIMKAQALRDNSTMGYMAAKKHLEINPDH
SIIETLRQKAEADKNDKSVKDLVILLYETALLSSGFSLEDPQTHANRIYRMIKLGLGIDEDDPTADDTSAAVTEEMPPLEG
DDDTSRMEEVD
```

输出：

FGF运行结束后用ls－1命令显示当前目录结果如下：

```
-rwxr-xr-x    1 fangxd    staff      7846 Dec 26 15:32 1167116532.run.log
drwxr-xr-x    2 fangxd    staff      4096 Dec 26 15:32 FGF_fasta
drwxr-xr-x    2 fangxd    staff      4096 Dec 26 15: 32 FGF_graphic
-rwxr-xr-x  1 fangxd staff 202060 Dec 26 15: 32 FGF_MiddleResult_poplar1.tar.gz
drwxr-xr-x    2 fangxd    staff      4096 Dec 26 15: 32 FGF_phylip
drwxr-xr-x    2 fangxd    staff      4096 Dec 26 15: 32 FGF_position
drwxr-xr-x    2 fangxd    staff      4096 Dec 26 15: 32 FGF_tree
-rwxr-xr-x    1 fangxd    staff       743 Dec 26 15: 00 protein.fa
-rwxr-xr-x    1 fangxd    staff      8654 Dec 26 15: 29 poplar1_blast.out
-rwxr-xr-x    1 fangxd    staff       663 Dec 26 15: 29 poplar1_cutpos.out
-rwxr-xr-x    1 fangxd    staff    106578 Dec 26 15: 32 poplar1_genewise.out
```

其中，1167116532. run. log为FGF运行的日志文件，保存了FGF运行过程中的一些关键步骤和程序运行的开始结束时间，并保存了几个关键步骤所消耗的时间，如tblastn和Genewise等，若出现异常情况时可以查看log文件，有利于帮助找出错误原因。

上面所列的文件目录中，protein. fa为所要分析的蛋白质序列文件，必须以Fasta格式保存，可以为多条序列，在http：//fgf. genomics. org. cn上一次最多只能10条提交的蛋白质序列，但对于本地版没有数目限制；

＊blast. out为比对结果的原始输出文件，默认为blastall的m8格式，如下所示：

```
HSP90AA1        poplar1 -LG_IV    68.99     445       186       3       290       732
7932602 7933918 5.0e -245 1581
HSP90AA1        poplar1 -LG_IV    80.85     94        23        1       102       194
7931962 7932243 5.0e -245         390
HSP90AA1        poplar1 -LG_IV    89.74     39        6         0       16        54
7931377 7931493 5.0e -245         171
HSP90AA1        poplar1 -LG_IV    65.96     47        25        0       55        101
```

```
7931582 7931722 5.0e-245          161
HSP90AA1        poplar1-LG_IV     72.41    29       13       0       196      224
7932374 7932460 5.0e-245          115
…………
```

*cutpos.out 为从基因组上截取序列的位置文件，即每条蛋白质序列运行 blast 后匹配的区域，可能对应着一个拷贝，如下所示：

```
HSP90AA1 poplar1-LG_I - 27782730 27786362 27782730:: 27786362
HSP90AA1 poplar1-LG_I + 35018394 35022151 35018394:: 35022151
HSP90AA1 poplar1-scaffold_44 + 2395936 2399607 2395936:: 2399607
HSP90AA1 poplar1-LG_IV + 7930877 7934418 7930877:: 7934418;
```

其中，第一列为蛋白质名字，第二列为染色体名，第三列为正链或负链，第四、五列分别是对应的第一个 exon 的起点和最后一个 exon 的终点，最后一列是用两个冒号隔开的列表，当 -trim_intron 为 N 时，该列只是简单地将第四与第五列为冒号连接起来，当 -trim_intron 为 Y 时，该列保存了每个 exon 在染色体上的位置，并用冒号连接起来，结构如 102850147:: 102853193:: 102854604:: 102862753:: 102863691:: 102865343:: 表示该拷贝可能有 3 个 exon，对应的位置分别是从 102850147 到 102853193，从 102854604 到 102862753 等。注意，这里对应的数字并非是该拷贝的精确位置，而是一个大致范围（在 FGF 中，为了防止 Blast 遗漏一些匹配区域，在从基因组上截取序列时都向两头各延长了 1kb），精确的基因结构得根据 Genewise 的结果来判断。

*genewise.out 为 Genewise 结果的原始输出文件，具体文件格式请参加 Genewise 一节；

FGF_* 目录保存了 FGF 运行的结果，详细如下：

1) FGF_fasta

保存了每个匹配拷贝的 DNA 序列，一个基因家族存在于一个名与该蛋白质序列名字相关的文件里，这条查询蛋白质有多少个拷贝就有多少条 DNA 序列存在于该文件中，在本例中 ls -1 FGF_fasta 显示如下：

```
-rwxr-xr-x   1 fangxd   staff   22745 Dec 26 15:32 HSP90AA1_poplar1.fa
```

HSP90AA1_poplar1.fa 的内容如下（因序列过长中间部分用省略号代替）：

```
>HSP90AA1__poplar1-LG_V__16798365__16803844
gagaaattcgagttccaagctgaggtgtctcggcttatggatattattatc…………cctaagcatcagtcctgat
>HSP90AA1__poplar1-scaffold_137__144140__148036
gatacagagacgttcgctttccaggctgagatcaatcagctgctgagtttgat…………agatggaggaggttgac
>HSP90AA1__poplar1-LG_X__13348909__13354066
caggttagtcgactgttggatttgatagttcacagtctgtacagccaca…………atctccagtggattcactgta
>HSP90AA1__poplar1-LG_VI__237919__241643
gagaccgagacgtttgctttccaggctgagatcaatcagctttg…………agggcagcaagatggaggaggttgac
>HSP90AA1__poplar1-LG_IV__7930877__7934418
gaagcagagacctttgcattccaagcagagatcaaccagctcttgagct…………agcaagatggaggaggtggac
>HSP90AA1__poplar1-LG_XIV__9112818__9117930
caggttagtcgccttatggacctcattgttaatagtctataaa…………atcagtaatgaaataattaagaactta
>HSP90AA1__poplar1-LG_I__35018394__35022151
gatgtggagacgtttgctttccaagccgagatcaaccagctct…………gagggcagcaagatggaggaagtcgat
```

```
>HSP90AA1__poplar1-LG_I__27782730__27786362
gaggcggagacgtttgctttccaagctgagatcaatcagctgct..........agggtagcaagatggaggaggttgac
>HSP90AA1__poplar1-LG_VIII__7140757__7146267
caggtcagtcggctcttggatttgatagttcacagtctgtacagccaca..........cacccaatcattaaagactta
>HSP90AA1__poplar1-LG_III__12332938__12336571
gaagacactgagctgtttgcgttccaggctgagataaattc..........aatatctaattataaagggtgttgtggat
```

HSP90AA1_poplar1. fa 表明蛋白质序列 HSP90AA1 在 poplar 基因组上有 11 个拷贝，其 DNA 序列分别为以上所示，可用 grep – c“ >” HSP90AA1_poplar1. fa 来获取该文件中有多少个 fasta 序列，即可能的基因拷贝数。

2）FGF_graphic

以图片形式保存了 FGF 的结果，包括进化树、每个拷贝的基因结构和在染色体的起始终止位置有是否存在移码和提前终止等信息，如图 6-9 所示：

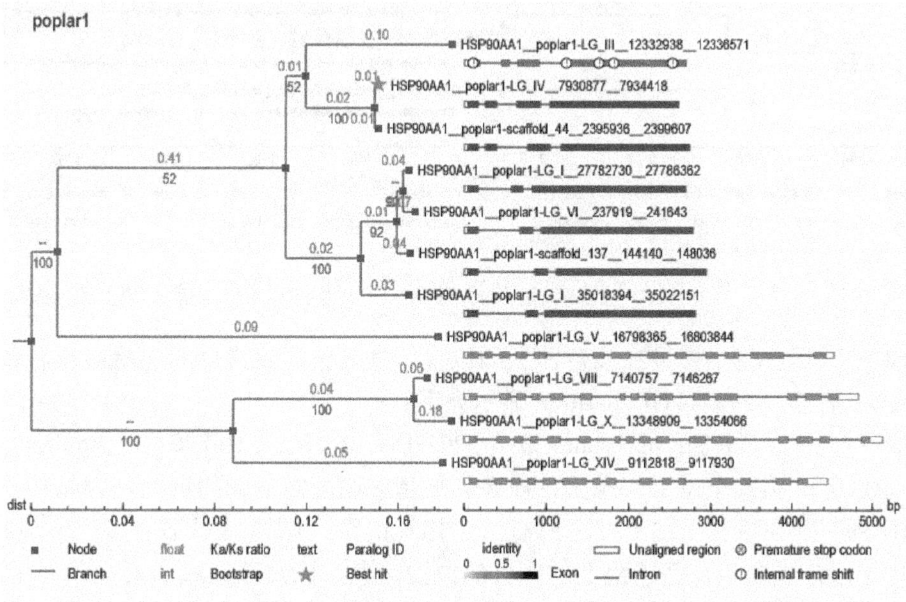

图 6-9　HSP90AA1 蛋白质在 poplar1 基因组的多条染色体上均有拷贝，同时也显示了每个拷贝的基因结构及是否存在着移码、提前终止等信息，并显示了这些拷贝间的进化关系

FGF_phylip：以 phylip 的格式保存每个拷贝的多序列比对结果，ls – 1 FGF_graphic 结果如下：

– rwxr – xr – x　1 fangxd　staff　4352 Dec 26 15：32 HSP90AA1_poplar1. map

– rwxr – xr – x　1 fangxd　staff　40701 Dec 26 15：32 HSP90AA1_poplar1. svg

在装有 SVG 相关插件的浏览器上打开 *. svg 文件可以看到如图 6 – 10 所示的图形，即一条蛋白质序列在一个基因组上所对应的拷贝构成的基因家族的进化树。如用鼠标在 exon 区域上面单击，可显示该拷贝的相似性和阈值，如图 6-10 所示。

如果是在 http://fgf. genomics. org. cn 进行在线运算的话在该目录下还有一个 *. png 的文件，它是将 svg 格式转化为 png 格式所产生的。

3）FGF_position

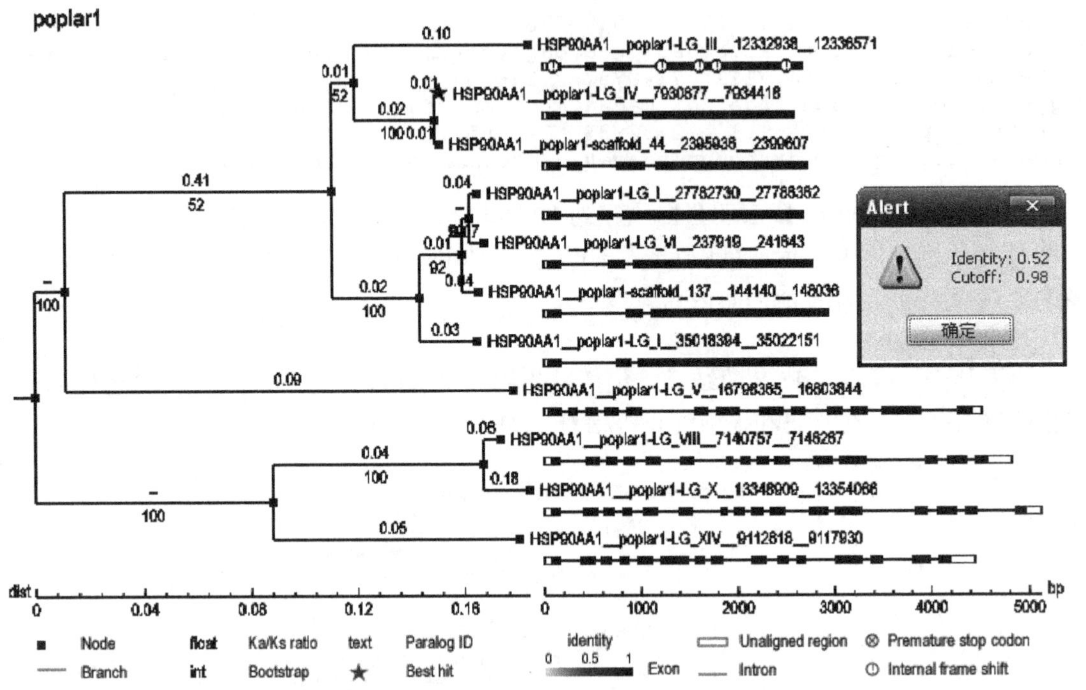

图 6-10 在 svg 图上，每个拷贝都保存了 Identity 和 Cutoff 信息，可以通过鼠标左键在相应的区域里点击显示

以 PSL 格式保存每个拷贝在染色体上的位置信息，包括该拷贝的起始终止和每个外显子的起始终止信息，ls - 1FGF_position 显示如下：

- rwxr - xr - x 1 fangxd staff 3297 Dec 26 15:32 HSP90AA1_poplar1. psl

该目录以 PSL 格式记录了每条蛋白质序列在基因组上对应的拷贝的基因结构，如有多条蛋白质序列，并在该基因组上都至少有一个拷贝的话，则该目录下有多个 psl 文件，每个 psl 文件记录该蛋白质在基因组上的拷贝的位置信息。该文件格式如下：

```
732  0  0  0  0  0  0  0  +  HSP90AA1__poplar1-LG_I__35018394__35022151  716  16
732  poplar1-LG_I  10000000  35018893  35021651  3  39,47,630,  16,55,103,
35018893,35019597,35019819,  35019010,35019739,35021651,
………
732  0  0  0  0  0  0  0  +  HSP90AA1__poplar1-LG_IV__7930877__7934418  716  16
732  poplar1-LG_IV  10000000  7931376  7933918  4  39,47,92,538,  16,55,103,195,
7931376,7931581,7931962,7932370,  7931493,7931723,7932243,7933918,
………
```

每一行代表一个拷贝，并记录了每个拷贝的基因结构，包括外显子的起始终止信息等。其中比较关键的列有：

第一列：该查询蛋白质的长度；

第九列：表明该拷贝是在染色体的正链还是负链上；

第十列：该列包含的信息较多，按两个下划线分隔，从左到右分别是蛋白质名称、该拷贝所在的染色体名及在该染色体上的起始和终止位置；

第 19、20 列：蛋白质在染色体上比对上的块的起始和终止位置，其中，第 19 列是以逗号分隔的每个 block 的开始位置列表，22 列是以逗号隔开的终止位置列表。

第21、22列：每个exon在染色体上的起始和终止位置，其中，第21列是以逗号分隔的开始位置列表，22列是以逗号隔开的终止位置列表。

4）FGF_tree

以nhx格式保存了基因家族的分子进化树，ls -l FGF_tree 显示如下：

```
-rwxr-xr-x   1 fangxd   staff   1541 Dec 26 15:32 HSP90AA1_poplar1.nhx
```

该文件以文本的形式记录了该基因家族的进化树状结构，可用TreeView等程序生成图片格式的进化树结构图，该文件内容如下：

```
((((HSP90AA1__poplar1-
LG_III__12332938__12336571:0.0641206[&&NHX:Dn=0.077449:Ds=0.786195:W=0.10],
(HSP90AA1__poplar1-
LG_IV__7930877__7934418:0.0031642[&&NHX:Dn=0.002667:Ds=0.181881:W=0.01],
HSP90AA1__poplar1-
scaffold_44__2395936__2399607:0.00133114[&&NHX:Dn=0.001769:Ds=0.165799:W=0.01]
):0.0302536[&&NHX:B=100:Dn=0.024728:Ds=1.083835:W=0.02]
):0.00866851[&&NHX:B=51:Dn=0.009998:Ds=0.879084:W=0.01],
(((HSP90AA1__poplar1-
LG_I__27782730__27786362:0.00282392[&&NHX:Dn=0.005719:Ds=0.152962:W=0.04],
HSP90AA1__poplar1-
LG_VI__237919__241643:0.00549431[&&NHX:Dn=0.005571:Ds=0.074491:W=0.07]
):0.00256881[&&NHX:B=92:Dn=0.004684:Ds=0.000000:W=--],
HSP90AA1__poplar1-
scaffold_137__144140__148036:0.00606061[&&NHX:Dn=0.006564:Ds=0.176978:W=0.04]
):0.0154657[&&NHX:B=92:Dn=0.011941:Ds=0.824435:W=0.01],
HSP90AA1__poplar1-
LG_I__35018394__35022151:0.0209816[&&NHX:Dn=0.022165:Ds=0.724356:W=0.03]
):0.0330256[&&NHX:B=100:Dn=0.025513:Ds=1.087344:W=0.02]
):0.0995771[&&NHX:B=51:Dn=0.135638:Ds=0.327404:W=0.41],
HSP90AA1__poplar1-
LG_V__16798365__16803844:0.166375[&&NHX:Dn=0.212139:Ds=2.244848:W=0.09]
):0.0110816[&&NHX:B=100:Dn=0.077989:Ds=0.000000:W=--],
((HSP90AA1__poplar1-
LG_VIII__7140757__7146267:0.00630332[&&NHX:Dn=0.004687:Ds=0.082518:W=0.06],
HSP90AA1__poplar1-
LG_X__13348909__13354066:0.0168783[&&NHX:Dn=0.022385:Ds=0.122730:W=0.18]
):0.0785314[&&NHX:B=100:Dn=0.084290:Ds=2.144139:W=0.04],
HSP90AA1__poplar1-
LG_XIV__9112818__9117930:0.091881[&&NHX:Dn=0.106503:Ds=2.221802:W=0.05]
):0.088038[&&NHX:B=100:Dn=0.077989:Ds=0.000000:W=--]
)[&&NHX:B=0];
```

同样，如果有多条蛋白质作为查询序列，并且在基因组上都至少有一个拷贝的话，则有多少条蛋白质序列就生成多少个nhx文件。

5）FGF_phylip

该目录以phylip的格式保存基因家族的每个拷贝的多序列比对结果，包括DNA水平和蛋白质水平，ls -l FGF_phylip 显示如下：

```
-rw-r--r-- 1 fangxd staff    26608 Jan 16 13:28 HSP90AA1_poplar1.phylip
-rw-r--r-- 1 fangxd staff    9202 Jan 16 13: 28 SP90AA1_poplar1_protein_MSA.phylip
```

其中，HSP90AA1_poplar1.phylip是DNA水平的多序列比对结果文件，该文件的第一行为两个数字，第一个数字表示文件里有多少条序列，即有多少个拷贝，第二个数字表示全局比对时每条序列的长度，InDel用短连接符“-“表示，如于序列过长，省略部分用点号“.”表示，蛋白质水平比对结果文件格式与上DNA相似，具体内容如下：

```
   11    2373
HSP90AA1__poplar1 - LG_V__16798365__16803844    -----------------------------
------------------- gagaaattcgagttccaagctgaggtgtctcggcttatgg -----------------
------------------------------------------
HSP90AA1__poplar1 - scaffold_137__144140__148036   ----------------------------
------- gagacgttcgctttccaggctgagatcaatcagctgctga ............... ---------- gaa ---
--gatgctgat ------ gatgctgagggtagcaagatggaggaggttgac
HSP90AA1__poplar1 - LG_X__13348909__13354066       ------------------------------
---------------------------------------- caggttagtcgactgttgg.............. -------
------------------------------------------------------------
HSP90AA1__poplar1 - LG_VIII__7140757__7146267     ------------------------------
--------------------------------------- caggtcagtcg................ --------------
----------------------------------------------------------
HSP90AA1__poplar1 - LG_III__12332938__12336571    ------------------------------
--------- gaagacactgagctgtttgcgttccaggctgagataaatca.................cg -----------
gag --------------------------------- agcaagacggaagaagttgac
HSP90AA1__poplar1 - scaffold_44__2395936__2399607   ----------------------------
------------ gaagcagaccaagcagagatcaacca.................tg ------- gag -------
gaagacggt --- gctgaggag ----- agcaagatggaggaggtggac
```

6）FGF_MiddleResult * . tar. gz

以压缩包的形式保存了 FGF 运算过程中生成的部分有用中间结果，可用 gunzip FGF_MiddleResult_poplar1. tar. gz 解压缩再用 tar - xvf FGF_MiddleResult_poplar1. tar 解包（如系统支持可直接用 tar xzvf FGF_MiddleResult_sacCer1. tar. gz 进行解包）。

7）LOG 文件

LOG 文件记录了 FGF 运行过程中的具体步骤，对于 FGF 的调试及过程跟踪有很大的作用，当怀疑某一步出现问题时，可以将 LOG 文件里的该行复制到 shell 里直接运行观察输出结果，以此来判断是否存在问题。该例中 FGF 的 LOG 文件大致说明如下（为了节省篇幅，具体内容可参考光盘 FGF 中的 HSP - poplar1 目录）：

```
perl /sdc/fangxd/bin/FGF_bin/bin/Split_fasta.pl -seq protein.fa -ns 100 -od blastout_pipeline >dev/null
```

该行记录了 FGF 将输入的蛋白质文件折分成按 - seqnum 指定 fasta 数量的蛋白质文件；

```
/sdb/genome/bin/wu-blastall -p tblastn -e 1e-5 -d
/sdb/db/genomes/poplar1/poplar1_1.fa -i blastout_pipeline/protein_1.fa -o
blastout_pipeline/poplar1/poplar1_1.fa_protein_1.fa.blastout -F T -m 8
```

记录了如何调用 tblastn 及具体参数和存放位置，如未安装或设置好环境变量则此处可能未能指定 blast 程序的正确位置；

```
Blast run time:0:19
```

该行记录了 BLAST 运行所消耗的时间；

```
/sdc/fangxd/bin/FGF_bin/bin/solar.pl -cC -d -1 -n 100000 -p 0.02
poplar1_blast.out > solar.res
```

该行记录了 solar 处理 BLAST 结果的具体参数；

```
/sdb/genome/bin/genewise -trev -genesf "genedir_pipeline/HSP90AA1.fa"
"genomedir_pipeline/HSP90AA1__poplar1-LG_V__16798365__16803844.fa" >
"genewise_out/0/poplar1_genewise.out.11" 2 >/dev/null
```

类似的行记录了运行 Genewise 的具体命令行，同样，如未安装或设置好环境变量则此处可能未能指定 Genewise 程序的正确位置；

```
#Work complete!
#Total run time: 2:41
```

```
FGF result are stored in the following directories:
        FGF_fasta, na sequences of every copies
        FGF_position, position on DNA database of every copies
        FGF_philip, philip format multiple alignment result of every copies
FGF_tree, phylogenetic tree of gene family
        FGF_graphic, graphic display of the FGF result
```

这部分是程序正常运行结束退出的标志，指出 FGF 结果的存放目录。

练　习

（1）指出 ENSP00000369778（光盘：\ FGF \ Exercises1 \ protein. fa）蛋白质序列在人第十号染色体上的拷贝数，并说明哪些拷贝可能仍在行使功能，哪些可能是假基因，原因是什么？

（2）指出 ENSP00000369764（光盘：\ FGF \ Exercises2 \ protein. fa）蛋白质序列在人第十号染色体上的拷贝数，并说明为什么会出现这种情况？该蛋白质可能功能是什么？产生这么多拷贝的可能原因是什么？

常 见 问 题

（1）当运行 fgenef. pl 出现以下字样：

Cannot find the genewise binary, Try to add genewise bin path to the PATH enviroment variable

说明系统中尚未安装 Genewise 或没有正确设置好 genewise 的环境设置。如未安装请参考 Genewise 一节进行安装。安装后可以在 shell 里输入 echo $ PATH，看输出里是否有 Genewise 的安装路径，如没有或不正确请将安装路径加到 path 变量里，如 export PATH = $ PATH：your_genewise_path，同时也要设置好 genewise 的配置文件环境变量，可以在 shell 里输入 echo $ WISECONFIGDIR，如果没有输出系统所安装 genewise 目录上的 wisecfg 目录的话，就得重新设定 WISECONFIGDIR 变量，如：

WISECONFIGDIR = genewise_install_path/wisecfg。

（2）当运行 fgenef. pl 出现以下字样：

```
Can't locate Tree/hhx_align_svg.pm in @ INC (@ INC contains: /bin
/usr/local/lib/perl5/5.8.5/i686 - linux/usr/local/lib/perl5/5.8.5
/usr/local/lib/perl5/site_perl/5.8.5/i686 - linux
/usr/local/lib/perl5/site_perl/5.8.5 /usr/local/lib/perl5/site_perl .) at fgenef.pl
line 191.
   BEGIN failed -- compilation aborted at fgenef.pl line 191.
```

主要是因为 FGF 未能在@ INC 中找到程序运行所需要的模块所以报错，解决方法是设置好 FGF 的环境变量（PIPELINE = FGF_install_path），如 PIPELINE = ~/bin/FGF，即把安装 FGF 的路径赋值给 PIPELINE。同时还必须保证原始 FGF 包的目录结构，即与 fgenef. pl 同级目录下有一个存放着 FGF 正确运行所依赖的其他程序和模块的 bin 目录。

（3）当运行 fgenef. pl - input protein. fa - db your_genome_db 时出现以下字样：

```
BLOSUM62 matrix is not in /sdc/fangxd/bin/FGF_bin directory, you may delete it by
mistake.
```

这是因为在运行 tblastn 时需要一个打分矩阵，默认是 BLOSUM62，该文件必须存在于与 fgenef. pl 的同级目录下，否则会出现上述错误。

（4）如果在 FGF 运行结束后，＊blast. out 文件有内容，但＊cutpos. out 文件为空，则很可能是 FGF/bin/solar 有问题，请试着在该目录下直接运行./solar，如果出现 cannot execute 字样，则说明当明该 solar 程序不是针对目前系统编译的，需要获取源代码重新编译，编译正确后运行./solar 时没有显示任何信息。

6.5 Mega

1. 简介

Mega（Molecular Evolutionary Genetics Analysis）的官方网站由在亚利桑那州立大学生命科学院的 Sudhir Kumar 教授主持开发和维护，是一款在 Windows 平台下（Windows 95/98、NT、ME、2000、XP 或更新的系统）运行的分子进化和遗传学分析的软件，目前最新版本为 3.1（统计截至 2007 年 2 月）。因为采用了图形化界面和详尽的帮助系统，使得 Mega 成为分子进化和系统发育分析领域内的拥有最为友好界面和最便利操作方式的软件之一。

2. 下载

该软件包可以从 Mega 的网站上免费下载，下载前须填写一个用户基本信息的表单，官方网站地址为 http://www. megasoftware. net/。

3. 安装

Mega3 的可以运行任何于 IBM 的兼容机，系统为 Windows 系列，如果使用其他系统，请安装相应的虚拟机后安装 Windows 版本，比如在 Linux 下安装 vmware，同时安装虚拟的 Windows 系统来支持 Mega3 的运行。

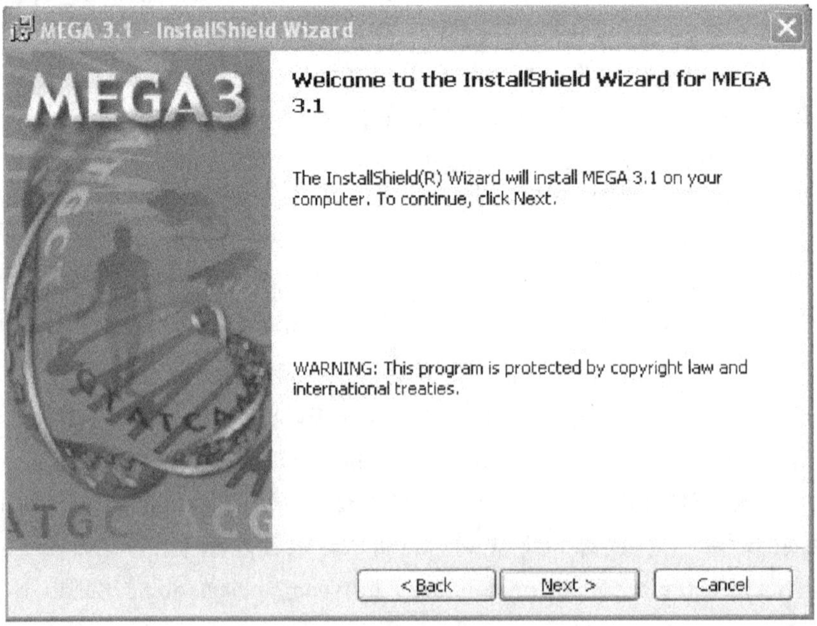

图 6-11　Mega3 的初始安装界面

按照默认的提示安装即可，如图 6-11 所示。

4. 实例

（1）初始运行界面如图 6-12 所示。

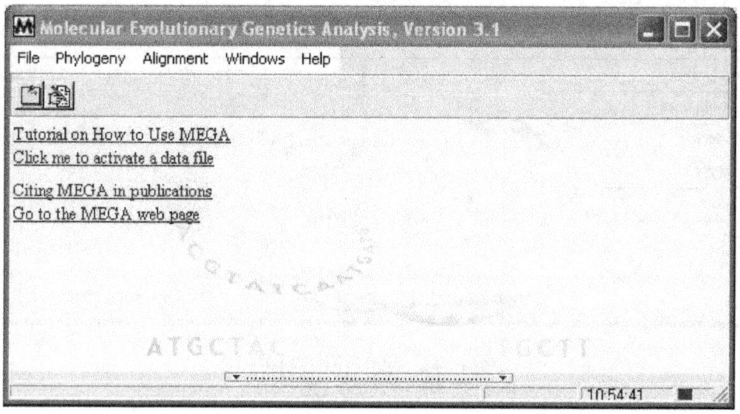

图 6-12　Mega3 的初始运行界面

（2）导入安装目录下的 Examples/Drosophila_Adh. meg 文件，具体为 file→open data，然后双击需要倒入的序列文件，这样就激活了数据浏览器窗口，如图 6-13 所示。

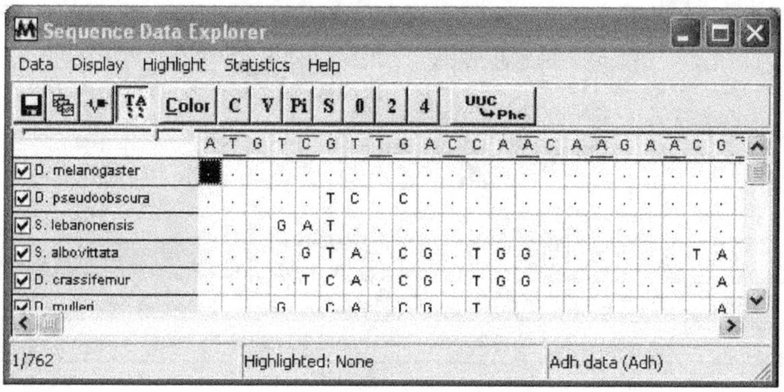

图 6-13　Mega3 的数据浏览器窗口

特别说明，输入文件为 Mega3 自身的数据格式 . meg，其他数据格式，例如，Phylip 和 Nexus 可由 Mega3 导入并转成 . meg 格式。

在这里，我们可以做一些基本的数据特征和比较分析，比如可以通过 Highlight 菜单下的 Conserved sites 来查看完全保守（在所有序列间一致）的位点，如图 6-14 所示。

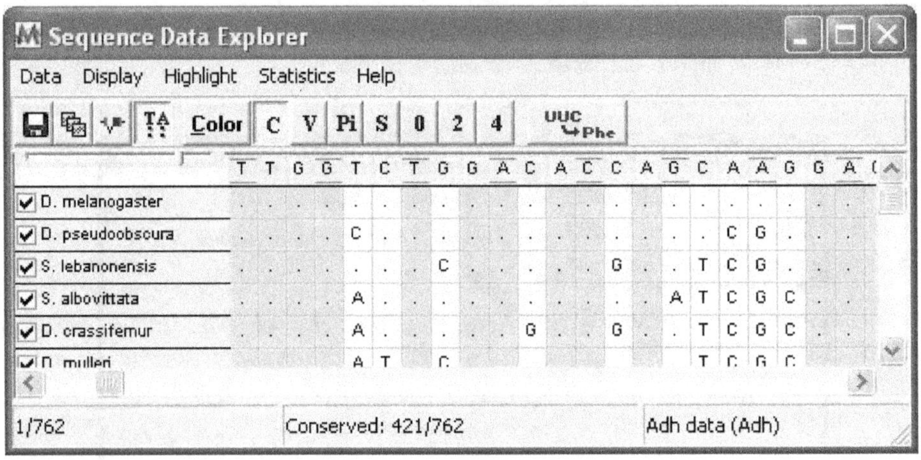

图 6-14 保守位点分析

（3）系统发育树构建，运行主窗口下的 Phylogeny/Construct Phylogeny/Neighbor－Joining（NJ），如图 6-15 所示。

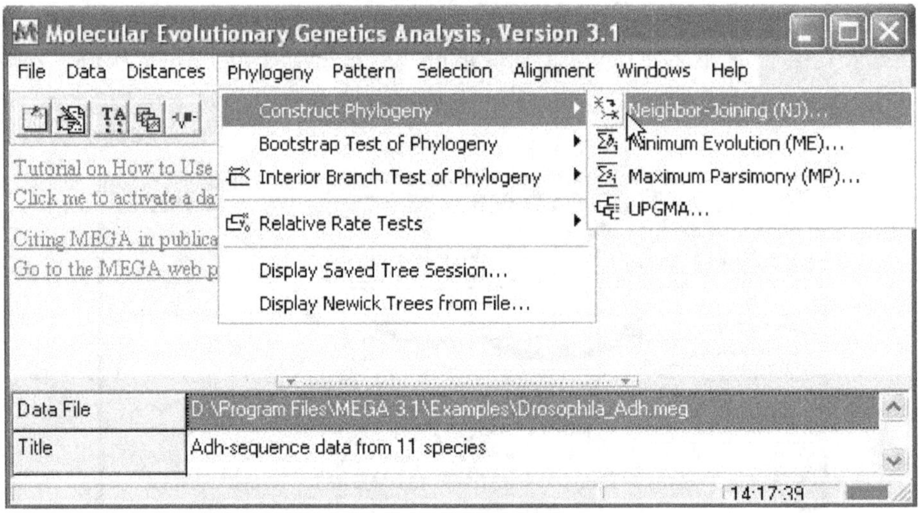

图 6-15 NJ 法建树步骤 1

（4）在弹出的窗口中选择参数，如果接受默认参数，直接点击如图 6-16 所示的 Compute按钮。

（5）系统发育树构造完毕，软件将弹出如 6-17 所示的 Tree Explorer 窗口。

（6）保存树文件，点击 Tree Explorer 菜单中的 File→Export Current Tree 将树文件存储，内容如下：

```
((((((D._affinidisjuncta:0.02115130,D._heteroneura:0.01663123):0.01137299,D._adi
astola:0.03218847):0.00445079,D._mimica:0.02313743):0.01484170,D._nigra:0.043383
18):0.04268584,(S._albovittata:0.04353371,D._crassifemur:0.05492057):0.07046552)
:0.03733213,D._mulleri:0.08148469,(S._lebanonensis:0.12171401,(D._melanogaster:0
.08276881,D._pseudoobscura:0.07003668):0.03550528):0.04616633);
```

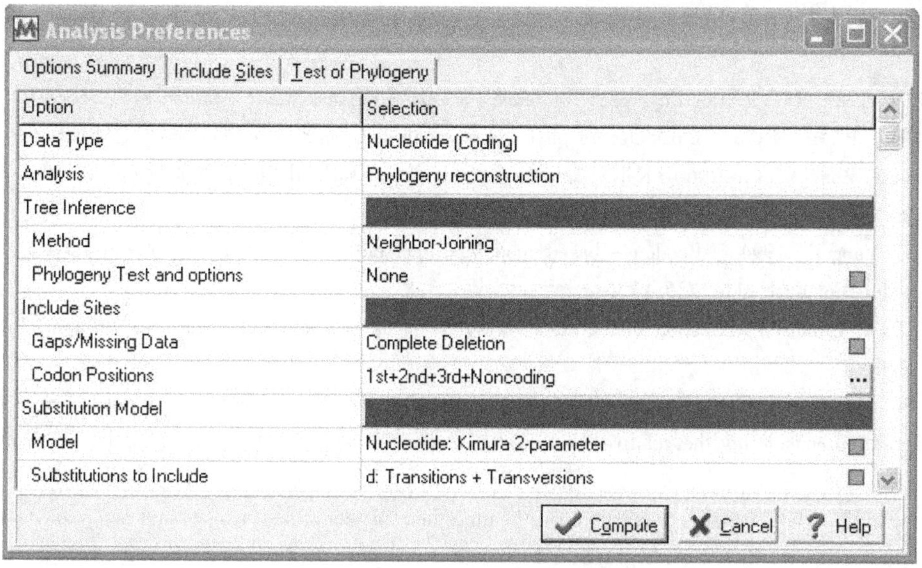

图 6-16　NJ 法建树步骤 2

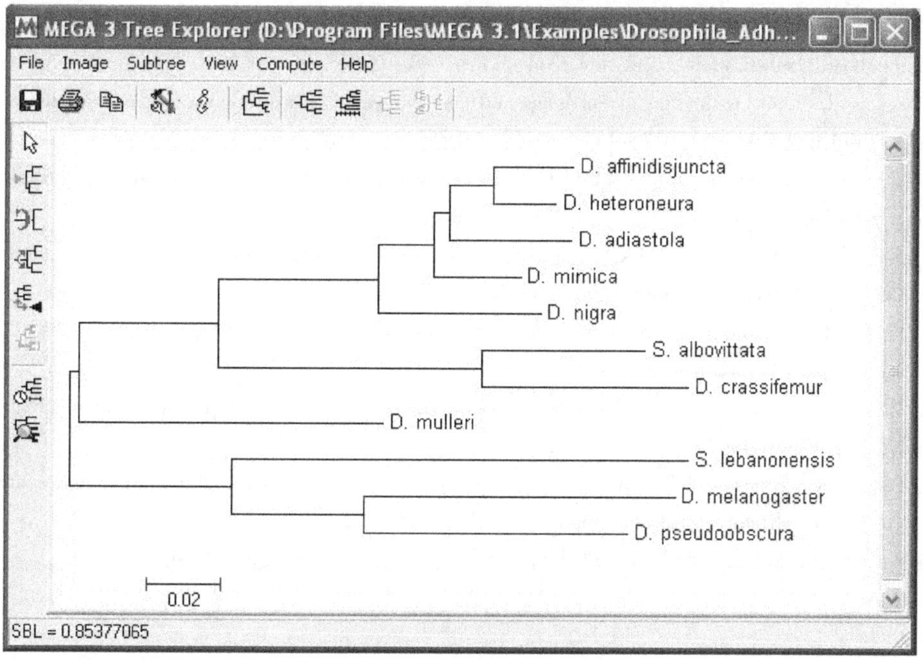

图 6-17　NJ 法建树步骤 3

练　　习

将上面用到的数据用其他方法用 ME 和 MP 法分别建树，比较树结构和支长的差异。

主要参考文献

Felsenstein J. 1989. PHYLIP – Phylogeny Inference Package (Version 3. 2). Cladistics,5: 164 ~ 166

Yang Z. 1997. PAML: a program package for phylogenetic analysis by maximum likelihood. CABIOS,13: 555 ~ 556

Zhang Z, Li J, Zhao X. et al. 2006. KaKs_Calculator: calculating Ka and Ks through model selection and model averaging. Genomics Proteomics Bioinformatics, 4: 259 ~ 263

Goldman N, Yang Z. 1994. A codon – based model of nucleotide substitution for protein – coding DNA sequences. Mol Biol Evol, 11: 725 ~ 736

Li W H. 1993. Unbiased estimation of the Rates of synonymous and nonsynonymous substitution. J Mol Evol, 36: 96 ~ 99

Li W H, Wu C I, Luo C C. 1985. A new method for estimating synonymous and nonsynonymous rates of nucleotide substitution considering the relative likelihood of nucleotide and codon changes. Mol Biol Evol, 2: 150 ~ 174

Nei M, Gojobori T. 1986. Simple methods for estimating the numbers of synonymous and nonsynonymous nucleotide substitutions. Mol Biol Evol, 3: 418 ~ 426

Pamilo P, Bianchi N O. 1993. Evolution of the Zfx and Zfy genes: rates and interdependence between the genes. Mol Biol Evol, 10: 271 ~ 281

Tzeng, Y H, Pan R, Li W H. 2004. Comparison of three methods for estimating rates of synonymous and nonsynonymous nucleotide substitutions. Mol Biol Evol, 21: 2290 ~ 2298

Yang Z, Nielsen R. 2000. Estimating synonymous and nonsynonymous substitution rates under realistic evolutionary models. Mol Biol Evol, 17: 32 ~ 43

Zhang Z, Li J, Yu J. 2006 Computing Ka and Ks with a consideration of unequal transitional substitutions, BMC Evolutionary Biology, 6: 44

Zhang Z, Li J, Zhao X et al. 2006. KaKs_Calculator: calculating Ka and Ks through model selection and model averaging. Genomics Proteomics Bioinformatics, 4: 259 ~ 263

Zhang Z, Yu J. 2006. Evaluation of six methods for estimating synonymous and nonsynonymous substitution rates. Genomics Proteomics Bioinformatics, 4: 173 ~ 181

Wang W, Zheng H, Fan C et al. 2006. High rate of chimeric gene origination by retroposition in plant genomes. Plant Cell, 18: 1791 ~ 1802

Kumar S, Tamura K , Nei M. 2004. MEGA3: Integrated software for molecular evolutionary genetics analysis and sequence alignment. Briefings in Bioinformatics, 5: 150 ~ 163

Masatoshi Nei, Sudhir kumar. 2004. 分子进化与系统发育. 北京: 高等教育出版社

第 7 章　基因表达分析专题

7.1　EST 表达序列标签分析

7.1.1　EST 基本介绍

1. 定义

EST（Expressed Sequence Tag）是从一个随机选择的 cDNA 克隆进行 5′端和 3′端单一次测序获得的短的 cDNA 部分序列，代表一个完整基因的一小部分，在数据库中其长度一般从 20 到 7000bp 不等，平均长度为 400bp。EST 来源于一定环境下一个组织总 mRNA 所构建的 cDNA 文库，因此，EST 也能说明该组织中各基因的表达水平。

2. 技术路线

首先从样品组织中提取 mRNA，在反转录酶的作用下用 oligo（dT）作为引物进行 RT - PCR 合成 cDNA，再选择合适的载体构建 cDNA 文库，对各菌株加以整理，将每一个菌株的插入片段根据载体多克隆位点设计引物进行两端一次性自动化测序，这就是 EST 序列的产生过程（图 7-1）。

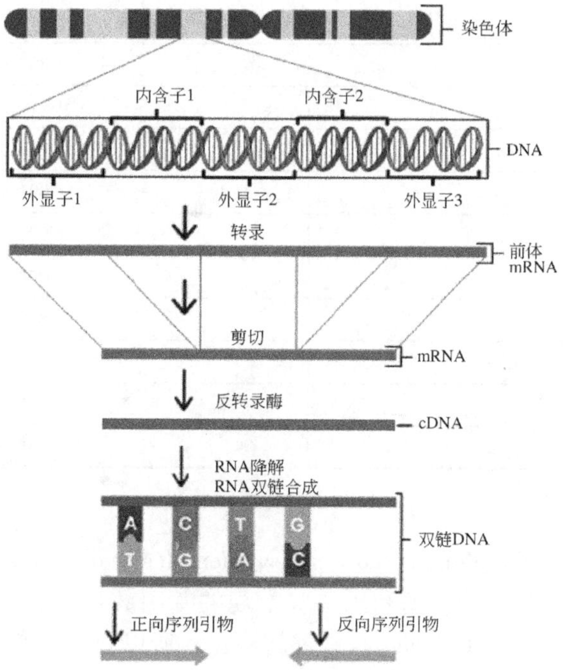

图 7-1　EST 产生过程（源自 NCBI）

3. EST 数据的优点和缺点

(1) 相对于大规模基因组测序而言，EST 测序更加快速和廉价。

(2) EST 数据单向测序，质量比较低，经常出现相位的偏差。

(3) EST 只是基因的一部分，而且序列里有载体序列。

(4) EST 数据具有冗余性。

(5) EST 数据具有组织和不同时期特异性。

4. EST 数据的应用

研究物种的转录组，基因组上转录表达的部分；

发现基因，一是可以为研究基因结构提供 exon/intron 边界，二是提供基因组上可能基因区域；

研究可变剪切；

研究基因的表达谱；

可以为制作物理图谱提供序列，为芯片提供 clone 数据。

5. 常用的 EST 数据库

1) NCBI dbEST

网址：http://www.ncbi.nlm.nih.gov/dbEST/index.html。

数据量：

表 7-1 为 NCBI dbEST 截至 2006 年 8 月 22 日的数据情况，数据库里一共有 38 056 628 条 EST。

表 7-1　NCBI dbEST 数据统计表

Homo sapiens (human)	7 887 827
Mus musculus + *domesticus* (mouse)	4 719 943
Oryza sativa (rice)	1 186 580
Danio rerio (zebrafish)	1 091 817
Bos taurus (cattle)	1 077 784
Xenopus tropicalis	1 044 182
Zea mays (maize)	879 619
Rattus norvegicus + sp. (rat)	871 148
Triticum aestivum (wheat)	855 066
Ciona intestinalis	686 396

2) NCBI Unigene

网址：http://www.ncbi.nlm.nih.gov/entrez/query.fcgi? db = unigene。

介绍：Unigene 把 dbEST 的数据利用一些常规的基因数据聚在一起。对于一个 cluster 而言，提供了许多相关信息。Unigene 经常重新构建，所以 cluster 标识不识固定的。

3) The TIGR Gene Indices

The Gene Indices 更多的基于拼接得到的 congtigs 序列，而不是聚类的结果。

The Gene Indices 的基因索引比 NCBI Unigene 多。

TIGR 包括 EGAD（The Expressed Gene Anatomy Database），EGAD 的索引被包括在 Human Gene Indices。

4）其他的一些常用数据库

SANBI，南非，收集人的 EST contigs

MPS，慕尼黑，SIB 收集 . Unigene 的 BIAST 可搜集 conlig.

TIGEM，意大利，EST 搜索及组装工具，包括本地及远程的

CBIL，宾西法尼亚州大学，DOTS 组装数据库。

7.1.2　EST 分析流程介绍（图 7-2）

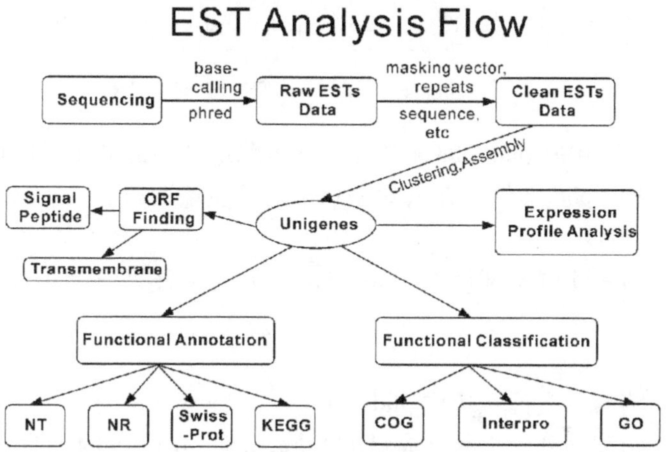

图 7-2　EST 分析流程图

1. 测序

EST 数据可以从 5′和 3′两个方向进行测序，可以根据不同的实验目的选择测序方向（图 7-3）。

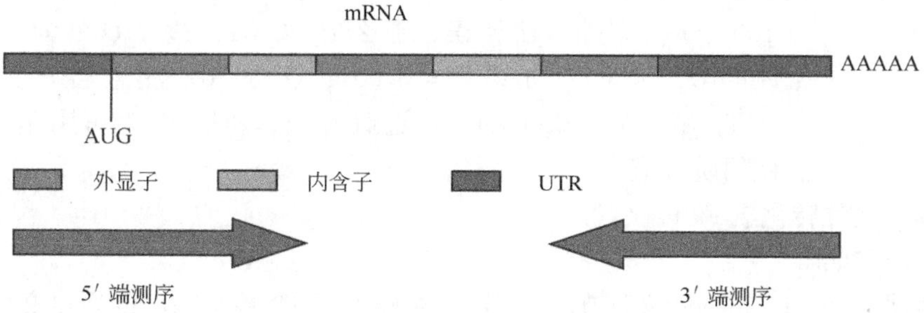

图 7-3　测序方向的选择

不同方向测序的优点：

5′端测序：更有利于得到全长的 cDNA 序列，有助于研究基因表达的多样性。

3′端测序：有助于得到基因的特异性区域，为 STS、SAGE、Microarray 提供序列资源。

2. EST 数据预处理过程

（1）Basecalling 将序列的峰图从测序仪中提取出来。常见的峰图文件有 SCF 和 AB1 格式，可以在 Windows 用 Chromas 下打开（图 7-4）。

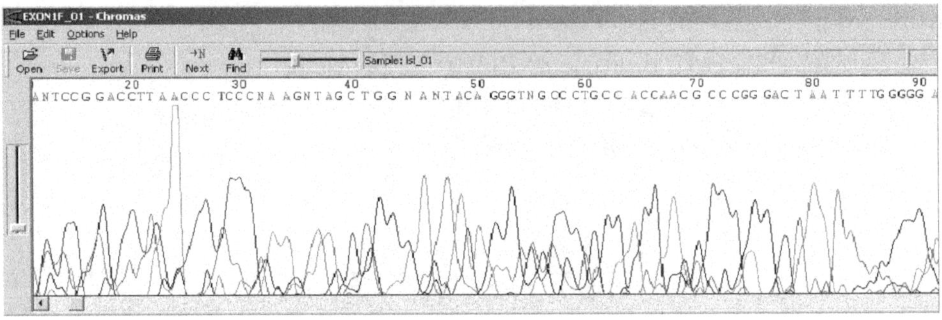

图 7-4　Chromas 在 Windows 下打开峰图文件

（2）将峰图文件转化成 phd，fasta 文件，并去除序列中的低质量区域。

①峰图文件转化成 phd 文件，并去除序列中的低质量区域。

软件：phred

基本用法：phred －id 峰图文件夹 －pd 输出的 phd 文件夹 －trim_phd －trim_alt “” －trim_cutoff 0.05

参数说明：

－trim_phd　将峰图文件转化成 phd 文件

－trim_alt　清理序列，去除低质量的区域，用－trim_cutoff 的标准。如果从特定的酶切为点开始处理序列，可应用参数－trim_alt 酶的序列，如果从头开始处理，用参数－trim_alt “”

－trim_cutoff　去除低质量发生错误的概率，默认是 0.05，意思是允许 100 个碱基里有 5 个可能错误。测序的质量的评估公式：$Q = -10\ \lg P$。公式中的 Q 代表了碱基的测序质量值，P 代表了每个碱基出错的概率。例如，如果每 100 个碱基就有一个错误，那么 $P = 0.01$，这样 Q 就为 20（我们通常说的 Q_{20} 标准）；如果 $P = 0.001$，Q 为 30。注意当 P 为错误阈值（cutoff，默认为 0.05）时，Q 近似为 13，所以 13 就可用作背景来估计总体的质量值。

②将 phd 文件转化成 Fasta 文件。

软件：phd2fatsa

基本用法：phred －id phd 文件夹 －os 输出的 Fasta 文件 －oq 输出的质量文件

（3）屏蔽序列中的载体序列。

软件：cross_match

基本用法：cross_match 序列文件 载体序列 －screen ＞screen.out

（4）去除嵌合（chimeric）的克隆序列。

软件：perl chimeric_Check.pl －s 序列文件 －q 质量文件 －ns 新的序列文件 －nq 新的质量文件

说明：嵌合（chimeric）的克隆是在文库构建过程的反应中产生的，其序列特征表现为，序列的中间有很长的 polyA 序列，或载体序列，其形式如下：

```
>Back - to - back poly(A) + tails
AAAGCTGGAGCTCACCGCGGTGGCGGCCGCTCTAGAACTAGTGGATCCCCCGGGCTGCAGGAATTCGAATTCGAATTCCGA
CAATGTCTAAGAGAGGACGTGGTGGGTCATCGGGAGCCAAGTTCCGTATTTCACTGGGTCTCCCAGTGGGAGCGGTCATCA
ACTGCGCTGACAACACAGGTGCCAAGAACCTGTACATCATATCCGTCAAAGGCATCAAGGGTCGTCTGAACAGGCTCCCTG
CCGCTGGTGTGGGCGACATGGTTATGGCCACAGTGAAGAAAGGCAAGCCAGAAAAAAAAAAAAAAAAAAAAAAAAAAAAAA
AAAAAAAAAAAAAGAAGTCGTATCGGCGAAAAGATGGCGTGTTTCTTTACTTCGAAGACAATGCAGGGGTCATAGTAAATA
ACAAAGGAGAAATGAAAGGATCAGCCATCACAGGACCCGTAGCCAAGGAATGCGCAGACCTGTGGCCCAGGATTGCTTCCA
ATGCTGGTAGCATTGCCTGAGCGCAAATGTGGCTTGTCGTTTTCAATAAAATACTCAAAGTTTCTCGAGGGGGGGCCCGGT
AACCAATTCGCCCTATAGTGAGTCGTATTA
>Linker - to - linker in middle of the sequence
AAAGCTGGAGCTCACCGCGGTGGCGGCCGCTCTAGAACTAGTGGATCCCCCGGGCTGCAGGAATTCGAATTCGAATTCCGA
CAATGTCTAAGAGAGGACGTGGTGGGTCATCGGGAGCCAAGTTCCGTATTTCACTGGGTCTCCCAGTGGGAGCGGTCATCA
ACTGCGCTGACAACACAGGTGCCAAGAACCTGTACATCATATCCGTCAAAGGCATCAAGGGTCGTCTGAACAGGCTCCCTG
CCGCTGGTGTGGGCGACATGGTTATGGXXXXXXXXXXXXXXXXXXXXXXXXXXXXXXXXXXXXXXXXXXXXXXXXXXXXXX
XXXXXXXXXXXXXXXXXXXXXXXXXXXXXXXXXXXXXGCGTGTTTCTTTACTTCGAAGACAATGCAGGGGTCATAGTAAAT
AACAAAGGAGAAATGAAAGGATCAGCCATCACAGGACCCGTAGCCAAGGAATGCGCAGACCTGTGGCCCAGGATTGCTTCC
AATGCTGGTAGCATTGCCTGAGCGCAAATGTGGCTTGTCGTTTTCAATAAAATACTCAAAGTTTCTCGAGGGGGGGCCCGG
TAACCAATTCGCCCTATAGTGAGTCGTATTA
```

（5）去除序列中的污染序列，如大肠杆菌等。

软件：Blast

说明：把 EST 数据与已知的可能污染序列数据库进行比对，去除污染。通常用 e 值衡量是否为污染（$e<1e-100$）。

（6）屏蔽序列中的重复序列。

软件：repeatemasker

说明：如果 EST 的数据量比较大，在拼接之前要进行聚类分析，可以先屏蔽一下序列中的载体，可以提高聚类的准确性。

（7）去除序列中的 polyA。

软件：PolyA_Check. pl

基本用法：perl PolyA_Check. pl - s 序列文件 - q 质量文件 - ns 新的序列文件 - nq 新的质量文件 - drop 1

参数说明：

- drop　如果只想在新生成的序列文件中标记出是否有 polyA（T），请设定此参数为" - drop 0"。

（8）去除过短的序列。

说明：我们通常把那些小于 100bp 的序列去除掉，不参加后续的聚类拼接和注释分析。

以上就是我们对 EST 数据的做的预处理，经过预处理，我们得到了干净高质量的 EST 数据集，用于后续分析。下面是一条 EST 数据经过预处理的过程：

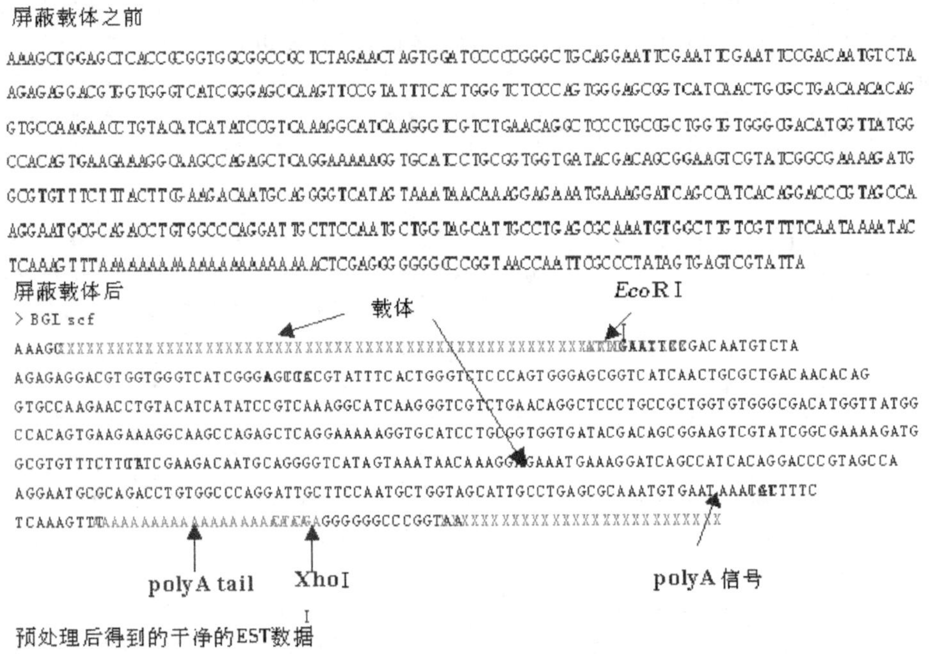

3. EST 数据的聚类

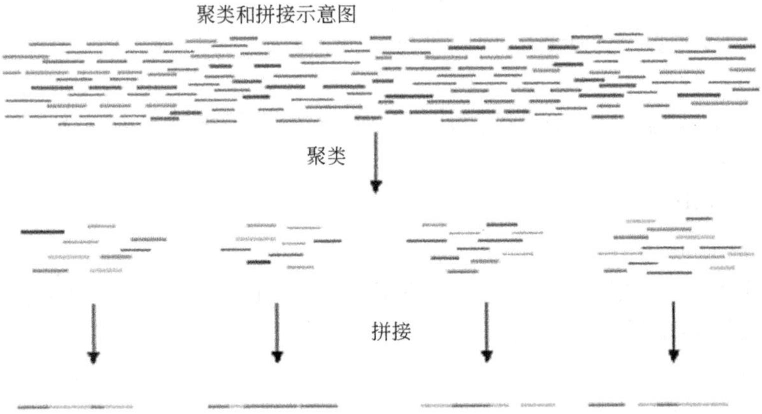

图 7-5 EST 聚类分析

1）聚类的目的

把同属于一个基因的 EST 数据聚在一起。

2）聚类的作用

有助于产生更长的一致性序列；可以降低数据的冗余性，更正数据的错误；有助发现同一基因的不同剪切形式。

3）聚类方法

(1) 有指导的聚类：利用物种或邻近物种的基因/蛋白质数据做指导，将 EST 数据比对到参考序列上。

(2) 无指导的聚类：利用序列自身的相似性。

4）常用 EST 聚类软件介绍

a. BLASTclust

介绍：利用单链法的聚类方法，通过序列间的两两比对，建立距离矩阵，它有两个聚类标准：①序列的相似性水平，如匹配的同一性水平；②匹配区域的长度，一般来说，两个序列要聚在一起，匹配区域至少要覆盖每个序列的 70%。NCBI Unigene 数据库就利用了 BLASTclust。BLASTclust 的速度较快，适合中等规模的 EST 数据。

网址：http://biowulf. nih. gov/apps/blast/doc/blastclust. html。

b. CLOBB（Cluster on the basis of BLAST similarity）

介绍：它以 Blast 作为搜索引擎，所以速度较慢，适合中小规模的 EST 数据。它能记录类的合并过程，鉴别那些大的类，定义了不同类型的重叠区域（overlap），最大限度地避免了错误的聚类，提高了准确性。它要求的最小重叠区域是≥30bp，相似度≥95%。

网址：http://nema. cap. ed. ac. uk/CLOBB/。

c. D2cluster

介绍：它用了字符串的搜索方法，最小的字符串是 6bp，用了最小单连接的聚类方法，快速准确地把 EST 聚类，它允许的最小重叠区域≥100bp，相似度≥90%.

d. Unicluster

介绍：这个软件运用了并行的处理机制和一些启发式算法，使聚类更加快速，适合大规模的 EST 数据。

网址：http://genome. uiowa. edu/pubsoft/software. html

4. EST 数据的拼接

拼接是把同属于的一个转录本的 EST 序列，联结起来，得到一个一致性（consensus sequences）序列，降低数据的冗余性。

1）常用的拼接软件

a. phrap

网址：http://www. phrap. org/phredphrap/phrap. html

基本用法：phrap 要拼接的序列 -new_ace -minamtch 30 -minscore 30 -repeat_stringency 0. 95 > phrap. out

参数说明：

-new_ace	生成 ace 文件，便于后面有 consed 查看拼接的结果。
-minmatch	序列最小的匹配长度，默认是 30bp。
-minscore	序列匹配的最小分值，默认是 30。
-repeat_stringency	匹配的相似度，默认是 0. 95。

使用提示：

当 EST 数据比较大，有几千条时，在拼接之前并没有聚类，直接用 Phrap 聚类拼接了，可以适当提高拼接的标准，一般经验的参数是：-minamtch 42 -minscore 40 -repeat_stringency 0. 99

b. cap3

网址：http://seq. cs. iastate. edu/。

基本用法：cap3 要拼接的序列 －o 30 －p 90

参数说明：

－o 序列最小的匹配长度，默认是 30bp。

－s 序列匹配的最小分值，默认是 500。

－p 匹配的相似度，默认是 75。

使用提示：

一般说来，cap3 要比 Phrap 运行速度要慢，Phrap 牺牲了一些匹配的敏感性，Phrap 拼接的序列要 cap3 长，cap3 拼接的比 Phrap 准确。

2）拼接结果的检测

软件：consed

基本用法：在拼接的目录下运行（目录下面有 ace 文件）cosned －nophd

参数说明

－nophd 如果你只有序列文件，没有峰图和 phd 文件，请加上这个参数。

使用提示：

（1）cosned 需要图形页面的支持，所以登录所用的终端可选用 xwin32。

（2）主要检查那些 cluster 比较大的 contig 就可以，如果发现有问题，可以把这个 contig 的序列提出来，用更加严格的参数再次拼接一下，下面有两个例子，图 7-6 是可能有问题的拼接，图 7-7 是正常的拼接。

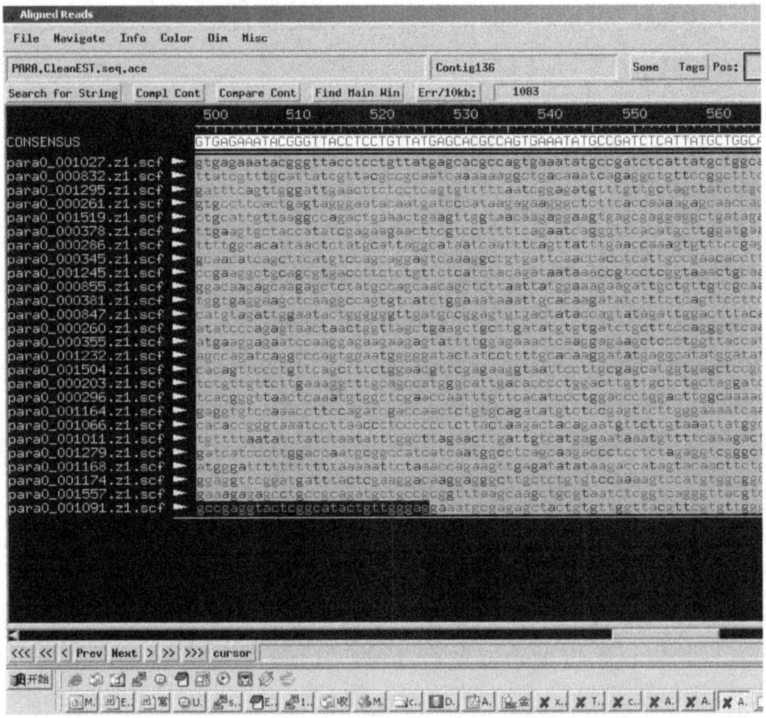

图 7-6 有问题的拼接

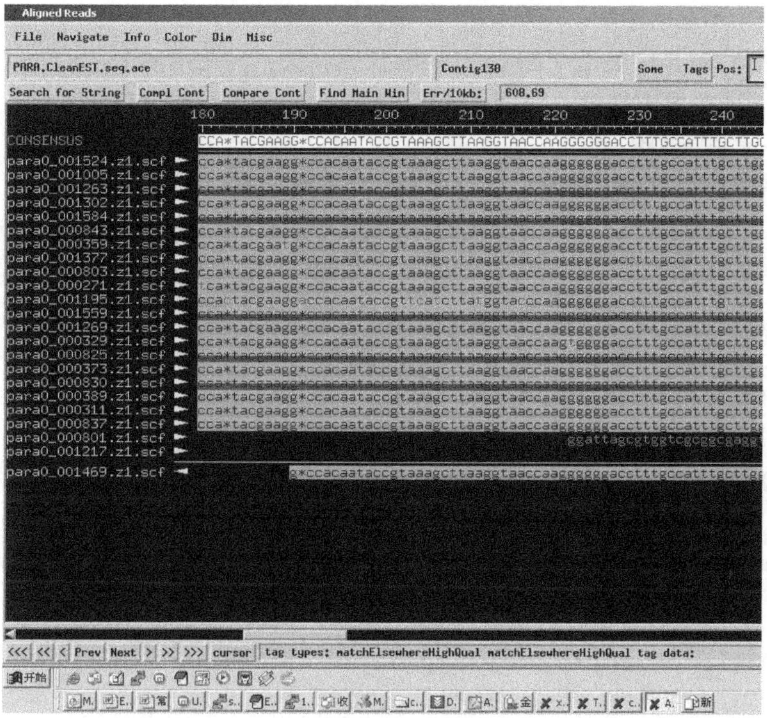

图7-7 正常的拼接结果

5. Unigene 开放阅读框（ORF）的预测

1）ORF 的预测

软件：getorf（EMBOSS 软件包里的程序）

基本用法：getorf 要预测的序列 预测的 ORF 序列 -minsize 100 -find 3 -reverse 1

参数说明：

-minsize 预测的 ORF 最小长度，基本上此参数设定的越大，预测的越准确。

-find 要生成核酸序列，从翻译起始位点到翻译终止位点，请设定为 3。

-reverse 如果要在互补链上找 ORF 设定此参数为 1，否则设定此参数为 0。

使用说明：一般一个 unigene 预测出很多可能的 orf，我们一般选取最长的 orf，作为这条基因的开放阅读框。

2）cDNA 是否为全长的判断方法

（1）直接从序列上评价：

5′端：如果有同源全长基因的比较，可以通过与其他生物已知的对应基因 5′端进行比较来判断。如果无同源基因的新基因，则首先判断编码框架是否完整，即在开放阅读框的第一个 ATG 上游有无同框架的终止密码子；其次，判断是否有转录起始点，一般加在 5′帽结构后有一段富含嘧啶的区域，或者是 cDNA 5′序列与基因组序列中经过酶切保护的部分相同，则可以确定得到的 cDNA 的 5′端是完整的。

3′端：同样可以用其他生物已知的对应基因 3′端进行比较来判断，或编码框架的下游有终止密码子，或有 1 个以上的 PolyA 加尾信号，或无明显加尾信号的也有 PolyA 尾。

（2）用实验方法证实：

可以通过引物延伸法确定5′端和3′端的长度，如：5′端 RACE，3′端 RACE，或者通过 Northern Blot 证实大小是否一致。

6. 基因的特异表达分析

我们构建没有均一化的 cDNA 文库，进行 EST 测序的一个重要目的就是，它可以帮助我们了解基因在不同组织，不同的发育时期的表达情况。我在上面已经将 EST 聚类拼接成 Unigene，这样我们就可以统计同一个 Unigene 在不同的文库里的表达情况，即 EST 在这个文库的数目。进而我们可以从统计学上，对基因的表达情况做出评估，通常用 P 值来衡量在不同库间表达是否显著，$P \leqslant 0.05$ 为一般的显著，$P \leqslant 0.01$ 为非常显著。

软件：IDEG. 6

网址：http://telethon. bio. unipd. it/bioinfo/IDEG6/

介绍：IDEG. 6 集合多种目前常用的统计方法，如 Audic and Claverie 两个样品的检验、Fish 精准检验、卡方检验、R 检验等。

7. 基因的注释和功能分类

1）NCBI NT 数据库

介绍：这是一个非冗余的核酸数据库，包括了 GenBank、RefSeq 和 PDB 的数据。

网址：http://www. ncbi. nlm. nih. gov。

软件：blastn

一般标准：1e－5

2）NCBI NR 数据库

介绍：这是一个非冗余的蛋白质数据库，包括了 SwissProt、PIR（Protein Information Resource）、PRF（Protein Research Foundation）、PDB（Protein Data Bank）蛋白质数据库非冗余的数据以及从 GenBank 和 RefSeq 的 CDS 数据翻译来的蛋白质数据。

网址：http://www. ncbi. nlm. nih. gov。

软件：blastp（blastx）

一般标准：1e－5

3）SwissProt 数据库

介绍：SwissProt 是经过注释的蛋白质序列数据库，由欧洲生物信息学研究所（EBI）维护。数据库由蛋白质序列条目构成，每个条目包含蛋白质序列、引用文献信息、分类学信息、注释等，注释中包括蛋白质的功能、转录后修饰、特殊位点和区域、二级结构、四级结构、与其他序列的相似性、序列残缺与疾病的关系、序列变异体和冲突等信息。Swiss Prot 中尽可能减少了冗余序列，并与其他 30 多个数据建立了交叉引用，其中，包括核酸序列库、蛋白质序列库和蛋白质结构库等。

网址：http://www. expasy. org/sprot/。

软件：blastp（blastx）

一般标准：1e－5

4）KEGG 数据库

介绍：KEGG（Kyoto Encyclopedia of Genes and Genomes）京都基因和基因组百科全书

是系统分析基因功能，联系基因组信息和功能信息的知识库。基因组信息存储在 GENES 数据库里，包括完整和部分测序的基因组序列；更高级的功能信息存储在 PATHWAY 数据库里，包括图解的细胞生化过程，如代谢、膜转运、信号传递、细胞周期，还包括同系保守的子通路等信息；KEGG 的另一个数据库是 LIGAND，包含关于化学物质、酶分子、酶反应等信息。KEGG 提供了 Java 的图形工具来访问基因组图谱，比较基因组图谱和操作表达图谱，以及其他序列比较、图形比较和通路计算的工具，可以免费获取。

网址：http://www.genome.jp/kegg/。

软件：blastp（blastx）

一般标准：1e－5

使用提示：通过与 KEGG 数据库进行比对，我们可以了解基因可能参与的代谢途径，如图 7-8 所示。

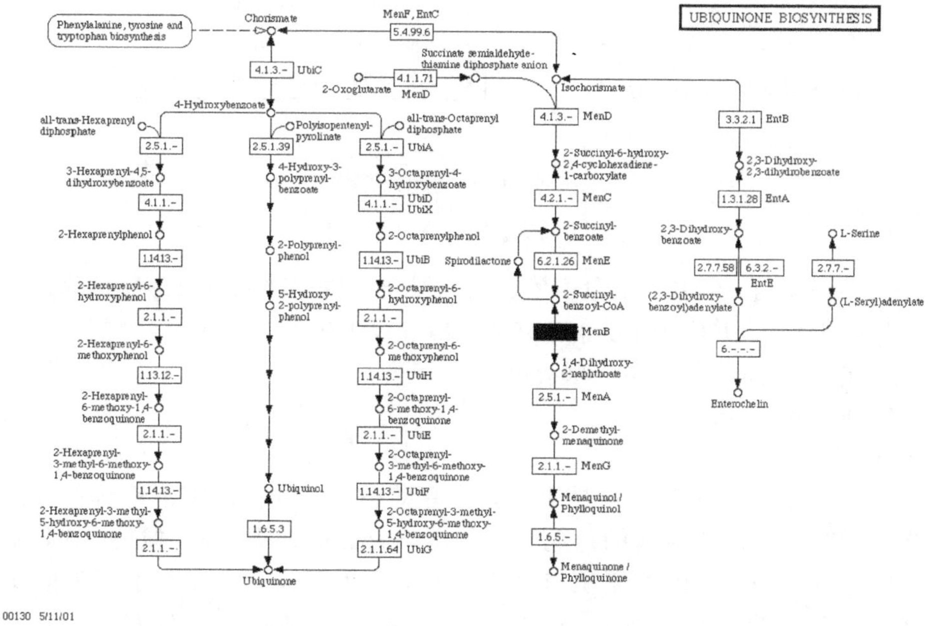

图 7-8　KEGG 的代谢途径

5）COG 数据库

介绍：COG（Clusters of Orthologous Groups of protein）蛋白质直系同源簇数据库是对细菌、藻类和真核生物的 21 个完整基因组的编码蛋白质，根据系统进化关系分类构建而成。COG 库对于预测单个蛋白质的功能和整个新基因组中蛋白质的功能都很有用。通过某个蛋白质与所有 COG 中的蛋白质进行比对，可以把它归入适当的 COG 家族。

网址：http://www.ncbi.nlm.nih.gov/COG。

软件：blastp（blastx）

一般标准：1e－10

使用说明：做完全部基因与 COG 数据库比对后，可以对基因在功能上进行一下分类，如图 7-9 所示。

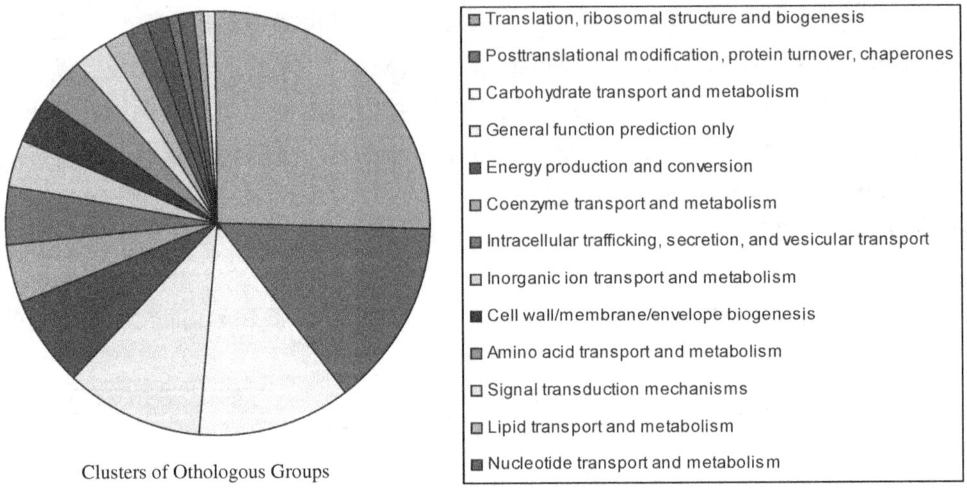

图 7-9　COG 功能分类图

6）Interpro

介绍：Interpro 是一个关于蛋白家族、功能保守区域和功能位点的数据库，它整合了已知功能蛋白的特点，并应用于功能未知的蛋白进行注释。

网址：http://www. ebi. ac. uk/interpro/

软件：interproscan

7）GO

介绍：GO（Gene Ontology）是用一套具有动态形式的控制字汇来解释真核生物的基因或蛋白质在细胞内所扮演的角色及生物医学方面的知识，同时这些字汇随着生命科学研究的进步，一直不断的累积与改变。一个本体会被一个控制字汇来描述并给予统一的名称，到目前为止，在 Gene Ontology 下有三大独立的本体被建立：biological process，molecular function 及 cellular component。一个基因或蛋白质可从 3 个层面进行注解，首先是构成在细胞内的特定组件 cellular component 的基因或蛋白质，利用已知 component，其次是此组件在分子功能上所扮演的角色，最后是基因或蛋白质参与的生物的文献资料及序列比较资讯为基础，将所有的真核生物的基因或蛋白质都基于在此系统下作注解与分类。

网址：http://www. geneontology. org/或 http://www. ebi. ac. uk/GO/index. html

软件：interproscan

提示：我们也可以通过基因与 SwissProt 或 COG 数据比对，把已知蛋白的 GO 信息转加给你的基因，比对的标准可以设定为 1e – 10 或更高一点。图 7-10 是一张 GO 的功能分类图，可以到 http://wego. genomics. org. cn/cgi – bin/wego/index. pl 画 GO 的分类图。

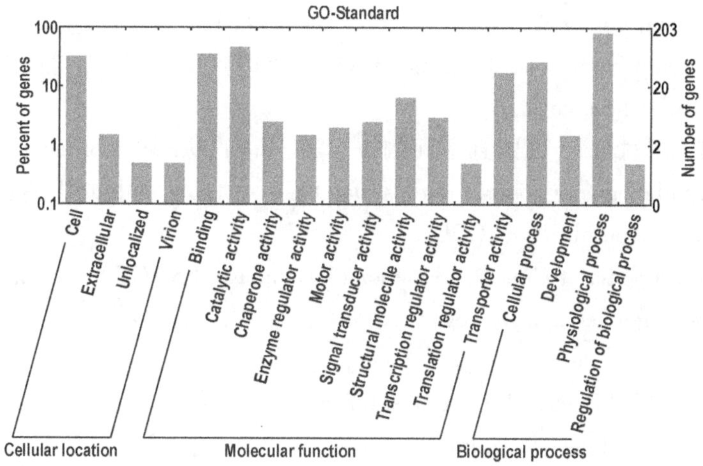

图7-10　GO功能分类图

7.1.3　BGI EST Pipeline（BEP）介绍

北京华大基因研究中心（BGI）总结了多年EST分析的经验，开发了一套EST分析的软件包，它整合了上面介绍的各项分析，使得EST分析简易化、流程化，以适应高通量的EST分析要求。使用该软件包进行EST分析，可以大大提高分析的速度和准确性，进而提高了科学研究的进度。下面介绍一下该软件包的用法，如需获得该软件包请与BGI EST分析小组联系。

1. 硬件和软件配置

操作系统：BEP是在Linux下开发并运行的。

程序语言：BEP后台程序使用PERL和C SHELL编写。

软件和数据库需求：

BEP需要下列第三方软件和公共数据库：

- PERL 5.0或更高版本，可以到下面网址下载http://www.perl.org（特别注意要安装PERL的GD模块，分析中要用GD模块画图）。
- Linux平台的blastall和formatdb，可以到下面网址下载：
  ftp://ftp.ncbi.nih.gov/blast/executables/
- Phred，请与swxfr@u.washington.edu联系索要软件。
- Cross_match，请与phg@u.washington.edu联系索要软件
- uicluster2 -1.1可以到下面网址下载：
  http://genome.uiowa.edu/pubsoft/software.html
- Getorf，可以到下面网址下载：http://emboss.sourceforge.net
- InterProScan，可以到下面网址下载：
  ftp://ftp.ebi.ac.uk/pub/software/unix/iprscan/ t

- Non-Redundant Protein Database（NR）：可以到下面网址下载：
ftp://ftp. ncbi. nlm. gov.
- Non-Redundant Nucleotide Database（NT）：可以到下面网址下载：
ftp://ftp. ncbi. nlm. gov.
- SWISSPROT 数据库：可以到下面网址下载：http://www. ebi. ac. uk/swissprot
- Cluster of Othologues Groups Proteins Database（COG），可以到下面网址下载：
http://www. ncbi. nlm. gov/COG.
- Kyoto Encyclopedia of Genes and Genomes Database（KEGG），可以到下面网址下载：
http://www. genome. ad. jp/kegg.

2. 程序的安装

（1）解压文件 BEP_Backend_Programs. tar. gz.

```
$ gzip -d BEP_Backend_Programs. tar. gz
$ tar -xvf BEP_Backend_Programs. tar
```

（2）在解压后的目录里有一个 BEP. Config 文件，请修改第三方软件和数据库的位置，下面是个例子：

```
binpath = /disk2/prj0317/Est_Pipeline/bin
perl = /usr/local/bin/perl
phred = /usr/local/genome/bin/phred
phd2fasta = /usr/local/genome/bin/phd2fasta
cross_match = /usr/local/genome/bin/cross_match
blastall = /usr/local/genome/bin/blastall
phrap_manyreads = /usr/local/genome/bin/phrap
phrap = /usr/local/genome/bin/phrap
getorf = /usr/local/genome/EMBOSS-2. 6. 0/bin/getorf
InterProScan = /disk16/prj0317/interpro_bin/iprscan/InterProScan. pl
nr = /disk2/database/public. 3800A/NCBI/ftp. ncbi. nlm. nih. gov/BLAST/nr/2006-07-11/nr
nt = /disk2/database/public. 3800A/NCBI/ftp. ncbi. nlm. nih. gov/BLAST/nt/2006-07-11/nt
swissprot = /disk2/prj0317/Database/swissprot/uniprot_sprot_2006_06_27. fasta
kegg = /disk2/prj0317/Est_Pipeline/Database/kegg/kegg_35. fa
cog = /disk2/prj0317/Est_Pipeline/Database/cog/myva
uicluster = /disk2/prj0317/Est_Pipeline/Bio_Soft/uicluster2-1. 1/bin/uicluster2
```

请确保上面第三方软件和数据库已经在你系统中安装并测试完毕。

（3）运行 . perl BEP_Byte. pl 适当调整参数就可以进行 EST 分析了。

3. 程序使用说明及结果介绍

1）项目信息参数

参数：

- -project　EST 项目的名称，给一个项目说明性标识符号，如 WTEA。(必需参数)
- -outdir　结果的输出目录，会在该目录下面生一个 Output 目录（各项分析的结果会在这个目录下面，还有一个 Script 目录，生成程序运行的过程日志文件。(必需参数)
- -system　程序默认为直接投放任务，同时支持 SGE qsub 投放务，需要将此参数设定为“ -system sge”。

2）输入选项参数

参数：

- -input_chromato　如果输入的是峰图文件，请选择“ -input_chromato 峰图文件”。可以输入峰图的文件夹，或文件夹的压缩文件，目前支持 zip 和 tar. gz 压缩格式。
- -input_sequence　如果输入的是序列文件，请选择“ -input_sequence 序列文件”。
- -input_qual　如果有输入序列文件的质量文件，请选择“ -input_qual 质量文件”。
- -input_vector　要屏蔽的载体序列，如果你选择了下面的 -crossmatch 要屏蔽载体，那么这个参数是必须的。

注意：

（1）请输入你要做分析的 EST 序列的峰图文件或序列文件，目前只支持 fasta 格式的序列文件，要屏蔽载体，不要忘记输入载体序列。

（2）下面介绍各项分析的参数，如果你要做哪些分析，请选上该项分析的标识参数，例如：如果你要处理峰图生成序列文件，请选择 -phred 参数，要做 nt 库注释请选择 -nt 参数。

3）EST 基本的分析选各项

（1）处理峰图，生成序列文件。

参数：

- -phred　要处理峰图，请选上这个参数。
- -phred_trim_cutoff　设定去除低质量碱基时，碱基可能出现错误的概率。默认是 0.05。

结果示范与说明：

Phred：(Output 目录下面)

FASTA	Phred 结果中 fasta 结果文件夹
PHD	Phred 结果中 phd 结果文件夹
WTEA. seq	序列文件
WTEA. seq. qual	序列的质量文件

（2）提纯序列文件（去除载体，polyA，短序列）。

参数：

- -crossmatch　要屏蔽序列中载体序列，请选上这个参数。

– wipe_polya　要去除载体中的 polyA 尾巴，请选上这个参数。如果不想去除，请将这个参数设定为“ – wipe_polya 0”，流程默认去除 polyA 尾巴序列。

– filter_short　过滤短的序列，默认过滤小于 100bp 的序列，可以自由设定过滤的标准。如果不想过滤，请设定此参数为“ – filter_short 0”。

结果示范与说明：

Raw：

WTEA. seq	序列文件
WTEA. seq. qual	序列的质量文件
WTEA. seq. screen	去除载体序列后的文件
WTEA. seq. screen. checked	去除载体序列后的文件进行进一步检测
WTEA. seq. screen. qual	去除载体序列后的文件得质量文件
WTEA_Raw_EST_Info. xls	为提纯前的 EST 序列信息（长度、GC 等）
nopolyA. seq	去除 polyA 后的序列
nopolyA. seq. qual	去除 polyA 后的序列的质量文件

（3）序列聚类（也可以不做这步，直接用下步的 phrap 聚类拼接）。

参数：

– clustering	要聚类 EST，请选上这个参数。
– clu_matchlen	两个 EST 聚类在一起的最小比配长度，默认是 40bp。
– clu_errlimit	在 clu_matchlen 匹配长度中最大的错误匹配碱基数，默认是 2。

（4）序列拼接。

参数：

– phrap	要拼接 EST，得到一致序列，请选上这个参数。
– phrap_minmatch	两个 EST 拼接在一起的最小比配长度，默认是 30bp。
– phrap_minscore	匹配的最小分值，默认是 30。
– phrap_stringency	匹配区域的 identiry，默认是 0. 95。

结果示范与说明：

a. 先聚类后拼接的结果（有两部分）

Clustering_Assembly：

WTEA. CleanEST. seq. clus	聚类的结果
WTEA _Cluster_Assembly. fasta	类大于等于 2 个 EST 的拼接结果
WTEA _Cluster_Assembly. list	每一类拼接后得到的一致序列与 EST 的对应关系列表
WTEA _Sinlets. fasta	单独得 EST 为一类的序列
WTEA _Sinlets. list	单独得 EST 为一类的序列与 EST 的对应关系列表

Unigene：

WTEA. Unigene2EST. xls　拼接后每一个一致序列（unigene）与原来的 EST 的对应关系

WTEA. Unigene. seq　拼接后一致序列（unigene）文件

b. 直接用 phrap 拼接的结果

Unigene：

Contigs_EST. xls	拼接后每条 contigs 对应的 ESTs 信息
WTEA. CleanEST. seq. ace	拼接的 ACE 文件
WTEA. CleanEST. seq. contigs	拼接的 congtigs 文件
WTEA. CleanEST. seq. contigs. qual	拼接的 congtigs 文件的质量文件
WTEA. CleanEST. seq. singlets	拼接的 singlets 文件
WTEA. Unigene. seq	拼接的 congtigs + singlets 文件
phrap. list	Phrap 的输出结果简化信息
phrap. out	Phrap 的输出结果

（5）开放阅读框（ORF）的预测：

参数：

– orf	要预测 unigene 的开放阅读框，请选上这个参数。
– orf_minsize	开放阅读框的最小长度，默认是 100bp。

结果示范与说明：

Orf：

WTEA. Unigene. seq. orf. codon. usage. list	Codon Usage 的统计信息
WTEA. Unigene. seq_3_20. orf	预测的 ORF
WTEA. Unigene. seq_3_20. orf. longest	预测的 ORF 每条基因选取了一条最长的
WTEA. Unigene. seq_3_20. orf. longest. pro	预测的 ORF 每条基因选取了一条最长的蛋白序列

（6）基因的功能注释和分类：

a. NCBI NT Database

参数：

– nt	用 NT 数据库对 unigene 进行注释。
– nt_e	BLAST E VALUE，经验参数 1e-5。
– nt_group	并行的处理数据，将输入的序列分成分去注释，默认是 3。
– nt_blast_type	BLAST 的类型，默认是 blastn。

结果示范与说明：

Nt：

WTEA. Unigene. Nt. B	与 NT 库比对的 BLASTN 原始结果
WTEA. Unigene. Nt. B. O	与 NT 库比对的 BLASTN 提取结果
WTEA. Unigene. Nt. B. O. Best	与 NT 库比对的 BLASTN 提取结果，选取一个最好的

b. NCBI NR Database

参数：

– nr	用 NR 数据库对 unigene 进行注释。
– nr_e	BLAST E VALUE，经验参数 1e-5。
– nr_group	并行的处理数据，将输入的序列分成分去注释，默认是 3。
– nr_blast_type	BLAST 的类型，默认是 blastx。

结果示范与说明：

Nr：

WTEA. Unigene. Nr. B	与 NR 库比对的 BLASTX 原始结果
WTEA. Unigene. Nr. B. O	与 NR 库比对的 BLASTX 提取结果
WTEA. Unigene. Nr. B. O. Best	与 NR 库比对的 BLASTX 提取结果，选取一个最好的

c. SwissProt Database

参数：

- swissprot	用 NR 数据库对 unigene 进行注释。
- swissprot_e	BLAST E VALUE，经验参数 1e-5。
- swissprot_group	并行的处理数据，将输入的序列分成分去注释，默认是 3。
- swissprot_blast_type	BLAST 的类型，默认是 blastx。

结果示范与说明：

Swissprot：

WTEA. Unigene. Swissprot. B	与 Swissprot 库比对的 BLASTX 原始结果
WTEA. Unigene. Swissprot. B. O	与 Swissprot 库比对的 BLASTX 提取结果
WTEA. Unigene. Swissprot. B. O. Best	与 Swissprot 库比对的 BLASTX 提取结果，选取一个最好的

d. COG Database（Clusters of Orthologous Groups of proteins）

参数：

- cog	用 COG 数据库对 unigene 进行注释。
- cog_e	BLAST E VALUE，经验参数 1e-5。
- cog_group	并行的处理数据，将输入的序列分成分去注释，默认是 3。
- cog_blast_type	BLAST 的类型，默认是 blastx。

结果示范与说明：

COG：

WTEA. Unigene. COG. B	与 COG 库比对的 BLASTX 原始结果
WTEA. Unigene. COG. B. O	与 COG 库比对的 BLASTX 提取结果
WTEA_COG_Class. txt	COG 注释信息
WTEA_COG_Class. txt_Statistic. xls	COG 分类的统计信息
WTEA_COG_Map. png	COG 分类的图

e. KEGG Pathway Database（Clusters of Orthologous Groups of proteins）

参数：

- kegg	用 KEGG 数据库对 unigene 进行注释。
- kegg_e	BLAST E VALUE，经验参数 1e-5。
- kegg_group	并行的处理数据，将输入的序列分成分去注释，默认是 3。
- kegg_blast_type	BLAST 的类型，默认是 blastx。

结果示范与说明：

Kegg：

WTEA. Unigene. ec	基因注释的 ec 号
WTEA. Unigene. ec. map	基因注释的 ec 号对应代谢图
WTEA. Unigene. kegg. B	与 KEGG 库比对的 BLASTX 原始结果
WTEA. Unigene. kegg. B. O	与 KEGG 库比对的 BLASTX 提取结果
WTEA. Unigene. kegg. B. O. Best	与 KEGG 库比对的 BLASTX 提取结果，选取一个最好的
WTEA. Unigene. kegg. Pathway	基因对应的 PANTHWAY 信息

f. Interpro and GO（这套系统用 interproscan 去注释基因，得到基因 GO 注释信息）

参数：

-interpro	用 interproscan 对基因进行注释，并得到基因的 GO 信息。
-interpro_type	如果序列是核酸序列参数为 nt，如果序列是蛋白序列参数为 aa。
-interpro_group	将序列分成几份，默认是3。

结果示范与说明：

Interpro：

WTEA. gene. interpro. txt	基因的 intepro 注释信息
WTEA. go. Biological. Process	基因 Biological Process 方面 GO 注释的信息
WTEA. go. Cellular. Component	基因 Cellular Component 方面 GO 注释的信息
WTEA. go. Molecular. Function	基因 Molecular Function 方面 GO 注释的信息
WTEA. go. svg	GO 的分类图
WTEA. go. txt	基因的 GO 注释信息
WTEA. go. txt_gene_list. txt	每一类 GO 分类对应的基因
WTEA. interpro. classify. txt	基因 interpro 注释信息的统计
WTEA. ipr. go	基因的 intepro 以及 GO 注释信息
WTEA_GO_Anno. txt	基因的 GO 注释信息
merged. txt	Interproscan 结果

（7）常规分析举例：

①从峰图开始分析，要做这套流程的所有分析，可以参照下面的命令行

```
$ perl BEP_Byte.pl -project WTEA -outdir ./ -input_chromato test_scf.tar.gz -
input_vector../../bin/vector/pBluescript+.fa -phred -crossmatch -clustering -
phrap -orf -nt -nr -swissprot -cog -kegg -interpro
```

注解：test_ scf. tar. gz 是峰图文件夹的压缩文件，也可以输入峰图文件夹的位置。

②从序列文件开始分析，要做这套流程的所有分析，可以参照下面的命令行

```
$ perl BEP_Byte.pl -project WTEA -outdir ./ -input_sequence test.seq -input_qual
test.seq.qual -input_vector../../bin/vector/pBluescript+.fa -crossmatch -
clustering -phrap -orf -nt -nr -swissprot -cog -kegg -interpro
```

注解：如果输入序列，就没有必要加上 -phred 选项了。

③如果是用 SGE qsub 对列管理系统，请加上“ -system sge”。例如：

```
$ perl BEP_Byte.pl -project WTEA -outdir ./ -system sge -input_chromato
test_scf.tar.gz -input_vector../../bin/vector/pBluescript+.fa -phred -crossmatch
-clustering -phrap -orf -nt -nr -swissprot -cog -kegg -interpro
```

7.1.4 EST 的应用

1. 基因可变剪切的识别

1）简介

在真核等高等生物中，基因在转录以后存在多种剪切形式，剪切成 mRNA 来翻译蛋白质序列，这体现了基因的多样性。我们通过建立 cDNA 文库，测得 EST 序列，可以了解基因的不同剪切形式。

可变剪切的可分类为（图 7-11）：Ⅰ. 内含子残留；Ⅱ. 可变的 donor 位点；Ⅲ. 可变的 acceptor 位点；Ⅳ. exon 跃迁；Ⅴ. 互相排斥的 exon。

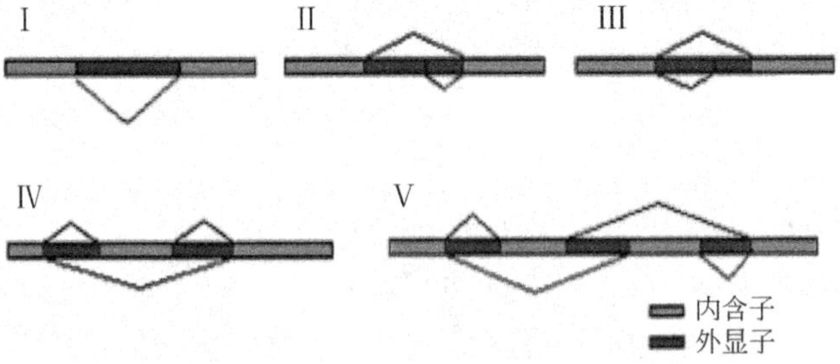

图 7-11　可变剪切的不同类型

2）实例

下面我们以水稻的 Rubisco activase 基因为例，看一下它的可变剪切形式有哪些？

方法步骤：

（1）在 NCBI 数据库中搜索水稻的 Rubisco activase 基因相关的 EST 数据，包括 CDS。

（2）收集到 180 条 EST 数据。

（3）用 phrap 拼接这些序列，得到 6 个 contigs。

（4）将这六个 congtigs 用 sim4 比对到水稻的基因组上。

（5）可以看出 Rubisco activase 至少存在两种剪切形式，如图 7-12 所示。

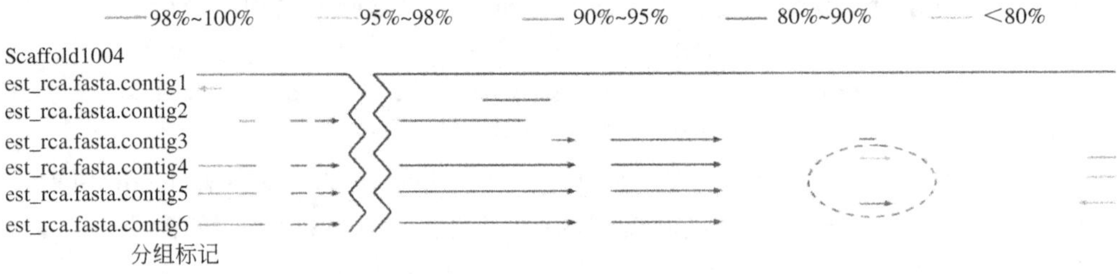

图 7-12　水稻 Rubisco activase 基因的剪切形式

2. 基于 EST 序列比较的 SNPs 的筛查

（1）Picoult 等利用公共的 EST 数据库快速筛查候选的 SNPs。他们从 EST 数据库中提取了 19 个不同的 cDNA 文库，利用 Phred 对 300 000 条 EST 序列进行碱基判读，然后用 Phrap 软件进行重叠群组装，最后用 Consed 软件进行 SNP 的查看分析。他们共筛查出 850 个候选的 SNPs 位点，然后他们选取 88 个位点，证实了 55 个，证实率 62.5%。

（2）Useche等采用Phrap/CAT/PolyBayes软件从公共数据库下载了68 000条玉米的EST序列，发现了2439个候选的SNPs位点以及822个插入/缺失多态性位点（InDel）。

（3）Jalving等通过对来自ChickEST计划的327 000条EST检测候选的SNP位点，利用Phred/Phrap/Consed软件包共筛查出32 268个候选SNPs位点。并构建了一个高密度的SNP遗传图谱。为了证实其可靠性，选取24个Bgl Ⅱ酶作用的SNPs位点，进行RFLP检测，并证实了21个位点，检出率87.5%。

7.2 生物芯片分析

7.2.1 背景介绍

随着基因组数据的增长，DNA芯片技术得到广泛应用。DNA芯片也称基因芯片、生物芯片或微阵列。20世纪90年代中叶DNA芯片技术出现前，传统分子生物学技术通常只能同时对少数几个基因的表达情况进行研究。决定生物形态或某种生物现象通常是成百上千的基因共同作用的结果，作为一种能够获得大量基因表达图谱的高通量技术，DNA芯片应运而生。

1. *DNA芯片原理*

DNA芯片的基本原理与生物学中Southern杂交等实验技术相似，都是利用DNA双螺旋序列的互补性，即两条寡聚核苷酸链以碱基之间形成氢键配对（A与T配对，形成两个氢键；G与C配对，形成3个氢键）。DNA芯片通常以尼龙膜、玻璃、塑料、硅片等为基质材料，固着特定序列DNA单链探针（Oligo），并与被检测序列单链cDNA序列互补结合（通常称杂交）。被检测序列用生物素或荧光染料标记，通过荧光染料信号强度，可推算每个探针对应的样品量。一张DNA芯片，可固着成千上万个探针，具体数目则取决于芯片设计和制备方法。

根据制备方法，DNA芯片主要可以分成三类：

（1）利用机械装置将cDNA序列或者其他PCR产物点在芯片上作为探针；

（2）利用机械装置将事先合成的寡核苷酸链序列点在芯片上作为探针；

（3）不事先合成寡核苷酸链，而直接在芯片上通过原位合成技术同时合成所有探针。

后两种方法，需要综合考虑探针的灵敏性（sensitivity）和特异性（specificity），避免非特异性杂交干扰结果；此外还需要考虑GC含量以及退火反应温度，以保证整个芯片可在相同条件下进行杂交实验，所有探针都有比较一致的杂交效率。不同方法生产的芯片探针长度不一，Affymetrix公司的芯片采用短探针，只有25个核苷酸；而NimbleGen公司所用探针相对较长，可达70个核苷酸。一般来说原位合成芯片可在同一张芯片内容纳更多探针。

除Affymetrix公司生产的芯片外，其他芯片多采用双色杂交系统，即使用Cy5（红）和Cy3（绿）两种染料分别标记所比较两种样品的cDNA序列，然后杂交至同一芯片。实验结果扫描输入计算机，通过染料荧光强度，可间接比较两种样品表达量高低。在一张芯片同时杂交两种样本，可减少用不同芯片所带来的系统误差。

2. DNA 芯片的应用

1）传统基因表达芯片

传统基因芯片常用于检测一组细胞中全部基因在特定时刻的表达谱。换言之，基因表达产生的 mRNA 含量，就是 DNA 芯片要检测的指标。通过将提取的总 mRNA 反转录为 cDNA 并杂交到具有不同基因探针的 DNA 芯片上，就可得到不同基因在不同条件、不同发育阶段下的表达情况。

通过比较不同条件下的基因表达谱差异，可发现与某种疾病或者特殊处理相关的特定类型基因，并可进一步用于临床诊断或基因工程等。目前，基因表达芯片已广泛用于各个方面，如在医学研究中比较肿瘤细胞与正常细胞间、动物服用药物前后等不同情况下基因表达差异，在植物学研究中研究抗旱、抗病种系与普通种系的基因表达差异等。以双色 DNA 芯片系统进行基因表达量检测实验为例，一般 DNA 芯片实验步骤包括以下几步。

（1）准备杂交样品，一般分别从样品细胞和对照细胞中提取。

（2）提取的 mRNA 通过反转录得到更稳定的 cDNA，这个过程中分别对样品细胞和对照细胞加入不同荧光染料（双色芯片实验）或者生物素（单色芯片实验）进行标记。

（3）两种样品同时杂交到制作好的芯片上，芯片上每个点都与分别标记有两种不同荧光的样品竞争结合。

（4）通过激光扫描仪器可以获得每个点的荧光强度，荧光强度范围为 0 ~ 65 536 (216)。这个步骤中应注意实际荧光强度测量值是可以调节的，应该有意识控制大多数样品荧光强度处在总体范围中间偏上位置，太高易产生太多过饱和值，强度超过上限（通常为 65 536），扫描仪器无法测量；太低则容易受随机误差干扰。例如，若随机误差强度为 50，则信号强度为 100，则信噪比过低；反之，若信号强度为 10 000，信噪比大大加强。

（5）整合两种不同颜色强度可得到虚拟图谱，绿色点表示处理后的细胞中该基因表达量高，红色点反之，黄色点表示处理前后表达水平相当，而黑色点则说明两个颜色标记的样品均无表达，如图 7-13 所示。

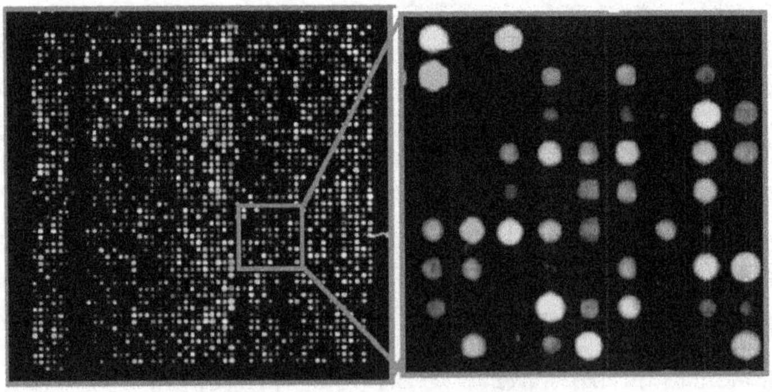

图 7-13　芯片表达图

图 7-13 左边为一张 DNA 芯片扫描结果，右边为局部放大图。绿色点表示处理后的细胞中该基因表达量高，红色点反之，黄色点表示处理前后表达水平相当，而黑色点则说明两个颜色标记的样品均无表达。

需要注意的是杂交强度不仅代表基因表达水平实际差异，还可能受非特异性杂交影响。为尽量排除这种因素，Affymetirx 芯片中设计了不匹配核苷酸探针作矫正依据。此外，染料效率不同带来的系统误差需用均一化方法进行矫正。

DNA 芯片作为一种高通量实验技术，不可避免地存在较大误差，也难以像传统生物学实验那样给出确定结果。因而，最初 DNA 芯片技术主要用于获得大规模基因表达谱。然而，mRNA 表达水平仅仅是基因调控的结果，没有代谢途径等信息，只能得到一个表达谱，而无法解释为什么会有这样的表达谱。比如同样是在光照条件下高表达基因，有些基因可能处于光信号传导通路上游，直接受光诱导；而有些基因则可能由联系光通路以及其他代谢途径的关键转录因子激活。这种信息必须结合其他相关知识及实验才能获得。

随着基因组测序计划进展，基因注释技术不断提高，以及生物实验所积累的知识不断增加，DNA 芯片得到的结果可以从全局角度分析特定生命过程中的问题。例如，通过聚类分析（clustering）可以把具有相似表达趋势的基因归类，再结合基因注释系统（gene ontology）和已知功能基因等注释信息对每个类别进行总结，探讨这种共表达现象在生物学上的意义，进而可以进行代谢途径分析，从全局观点和系统生物学视角探索基因转录调控乃至生命过程机制。

DNA 芯片高通量的特点，同时也意味着相对高的误差。所以一般来说，需要重复多次实验才能通过统计学方法得到比较接近真实的结果。但是，目前 DNA 芯片实验成本还相对较高，对实验条件要求也很高，因而如何通过改进统计学模型和方法提高 DNA 线片数据处理质量就显得更为必要。

2）其他类型芯片及应用

除了上述专用于基因表达分析的芯片外，近年来还有许多其他类型的芯片出现，如覆盖程度大大增加的覆瓦式芯片。与传统基因表达芯片不同，覆瓦式芯片的探针选择不再局限于基因编码区，而是基于全基因组序列，从头至尾按一定间隔选择。

这种芯片的杂交以及扫描与上述传统芯片原理相同，但应用却不完全一样。这种芯片也可用于基因表达分析，但不再局限于比较基因组注释得到的基因表达水平差异，而主要用于寻找普通基因组注释软件无法预测的新基因以及一些非编码 RNA 区域检测，对基因组注释可以发挥重要作用。其次，由于这种芯片对基因组覆盖程度很高，可用于转录因子在全基因组结合位点寻找、组蛋白修饰、DNA 甲基化等表观遗传调控特征分布，以及单核苷酸多态性研究等多个领域。

7.2.2　芯片的数据分析

1. 芯片数据的标准化

对基因芯片数据的标准化（normalization）处理，主要目的是消除由于实验技术所导致的表达量（intensity）的变化，并且使各个样本（sample）和平行实验的数据处于相同的水平，从而使我们可以得到具有生物学意义的基因表达量的变化。标准化的方法根据芯片的种类、数据处理的阶段和目的不同而有所差异。这里主要讨论一下双荧光染色（red and green chip）的 cDNA 微列阵（cDNA microarray）的标准化方法。

1）实验数据的预处理（data transformation）

双色 cDNA 芯片（two-color cDNA microarray）指对参照基因（reference gene）和样本基因（sample gene）标上绿色和红色荧光标记。参照基因的制备主要是提取不同组织的不同时期的细胞进行培养（cultured cell），以保证绝大部分的基因可以表达。样本基因是根据试验设计的目的从不同组织，不同发育阶段，不同条件下培养的细胞中提取的 cDNA 样本。通过样本基因对参照基因的比值，而判断不同条件下的基因表达量的变化。

扫描仪对基因芯片的图像进行扫描，根据每个点的光密度值尝试相对应的绝对表达量（intensity）。然后图像分析软件通过芯片的背景噪声以及杂交点的光密度分析，对每个点的 intensity 校准，然后取样本基因和参照基因的比值（R/G ratio），作为每个样本基因的相对表达量（relative intensity）。选择相对表达量，可以在一定程度上减少芯片之间，荧光染色，扫描所产生的系统偏差。然后对比值取对数，$\log_2 1 = 0$，选择以 2 为底的对数方便于对基因表达量变化的研究，比如 $R/G = 1$，则 $\log_2 1 = 0$，即认为表达量没有发生变化，当 $R/G = 2$ 或者 $R/G = 0.5$，则对数值为 1 或 －1，这是可以认为表达量都发生两倍的变化，只是一个是受到诱导的正调控，另一个受到抑制的负调控。

以下的数据处理都是对 $\log_2 R/G$ 的形式进行分析。

2）数据标准化（normallize）

a. 数据过滤（data filtering）

通过图像扫描软件，将每个杂交点的光强度转化为表达量时，会产生负的数据值或者 0，这主要是软件的算法对背景噪声处理时所产生的。由于负数和零是不能对数化的，所以过滤掉这些脏数据是非常必要的。忽略这些点的信息并不会对整体的分析产生影响，因为这些极弱的信号不足以为基因表达的差异提供证据。

MA 图：MA plot 作图是用来观察芯片数据的分布情况，其中：

$M = \log_2 R/G \qquad A = \log_2 \sqrt{R \times G}$

以 M 为纵坐标，A 为横坐标作数据的散点分布图（图 7-14）。

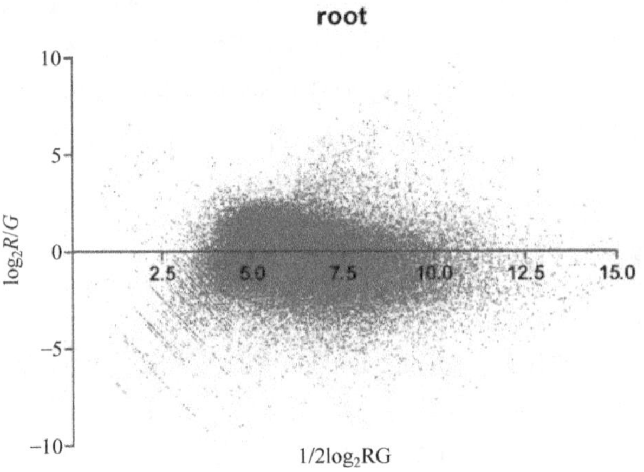

图 7-14 $M - A$ 散点分布图

b. 芯片间的数据标准化（cross slide normalization）

以水稻 BGI 水稻芯片为例，分别将 5 种组织（seeding、tiller、root、panicle1、panicle2）样品在 5 张芯片上作杂交试验，所以第一步的标准化是将 5 张试验芯片的数据调整到同一水平，常用的方法是平均数、中位数标准化（mean or median normalization），即：将 5 组实验的数据的 log ratio 中位数或平均数调整为 0。

$\log_2(T_i) = \log_2(T_i) = \text{mean}_a$

$\log_2(T_i) = \log_2(T_i) = \text{median}_a$

$T_i = \dfrac{R}{G}$

（脚标 a 为每组实验数据）

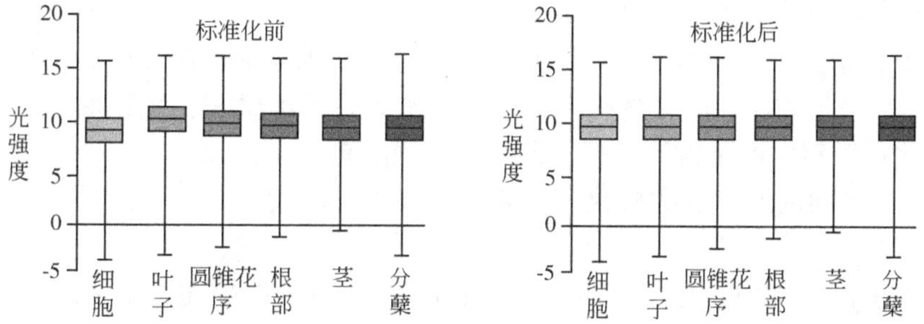

图 7-15　芯片间矫正图

从图 7-15 两图的比较可以看出，中位数标准化，可以将每组数据调整到同一水平。

c. 平行实验数据的标准化

一般芯片的杂交实验很容易产生误差，所以经常一个样本要做 3～6 次的重复实验。平行实验间的数据差异可以通过分位点标准化（Quantile Normalization）去处掉。总平行实验的前提条件是假设 n 次实验的数据具有相同的分布，其算法主要分为三步：

（1）对每张芯片的数据点排序。

（2）求出同一位置的几次重复实验数据的均值，并用该均值代替该位置的基因的表达量。

（3）将每个基因还原到本身的位置上。

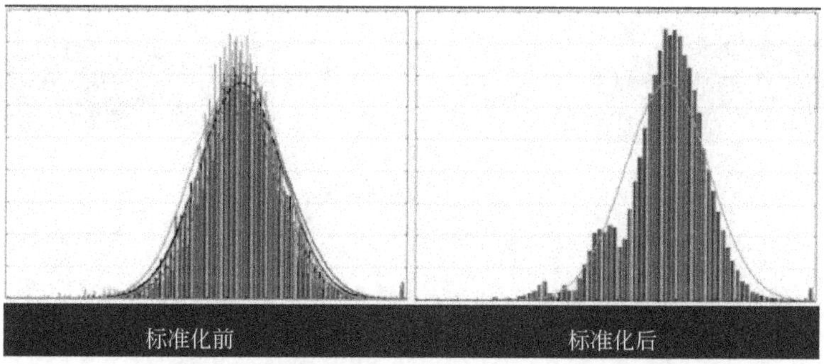

图 7-16　一个样本 6 次重复实验的数据分布图

如图 7-16 所示，水稻的一个样本的 6 次重复实验的数据分布用不同颜色的柱状图表示。从标准化前的分布来看，虽然 6 次实验的数据总体基本一致，但每个基因的表达差异依然存在；做过分位点标准化后，6 次重复实验有了完全一致的分布，另外，噪声的分布（次峰）也显露了出来。

d. 芯片内的数据标准化（within slide normalization）

芯片内的数据标准化，主要是去除每张芯片的系统误差，这种误差主要是由荧光染色差异，点样机器（arrayer print-tip），或者杂交试验所产生的，通过标准化，使每个基因的表达点都具有独立性。芯片内数据标准化的常用方法是局部加权回归分析［Lowess（Locally Weighted Linear Regression）normalization］。Lowess 回归分析是一种非参数回归方法，也称为平滑方法，在计算两个变量的关系时采用开放式算法，不套用现成的函数公式，所拟合的曲线可以很好的描述变量之间关系的细微的变化。比如在分析某一点（x，y）的变量关系时，Lowess 回归的步骤如下：

Step 1 首先确定以 x 为中心的一个区间（Window）内参加局部回归的观察值的个数 q。q 值设的越高则得到的拟和曲线越平滑，但对变量关系的细微变化越不敏感。小的 q 值会对细微的变化很敏感，但是得到的拟和曲线变得很粗糙。

Step 2 定义区间内所有点的权数，权数由权数函数来决定，任一点的权数是权数函数的曲线的高度。

Step 3 对每个区间内的 q 个散点拟和一条直线，拟合曲线描述这个区间内的变量关系。

Step 4 拟合值 y 值就是在 x 点的 y 的拟合值。

依照上面 4 个步骤，所有的点都计算拟合值，最终得到一组平滑曲线的平滑点，最后再把这些平滑点用短直线连接起来，就得到了 Lowess 的回归曲线。

$\log_2 R'/G' = \log_2 R/G - \text{Lowess}_i A$

每一点的 log ratio 减去该点的经过 Lowess 加权函数得到值，得到残差即为 M 纵坐标。根据不同的加权函数可以得到不同的 Lowess 拟合曲线（图 7-17、图 7-18、图 7-19 和图 7-20），常用的还有全局 Lowess 标准化、二维 Lowess 标准化等。

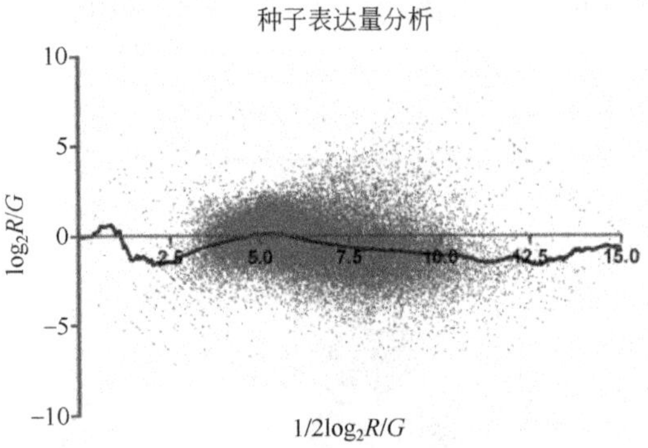

图 7-17 Lowess 均一化前的 M-A

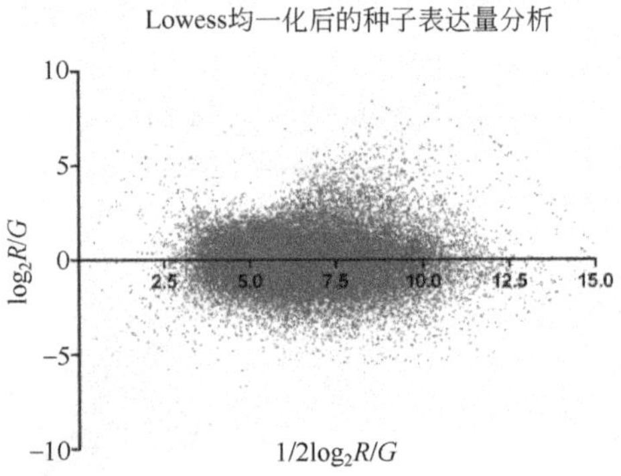

图 7-18 Lowess 均一化后 M-A

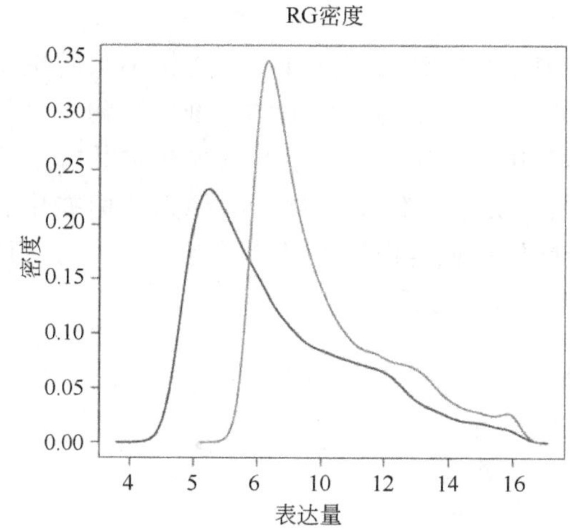

图 7-19　均一化前的 RG 曲线

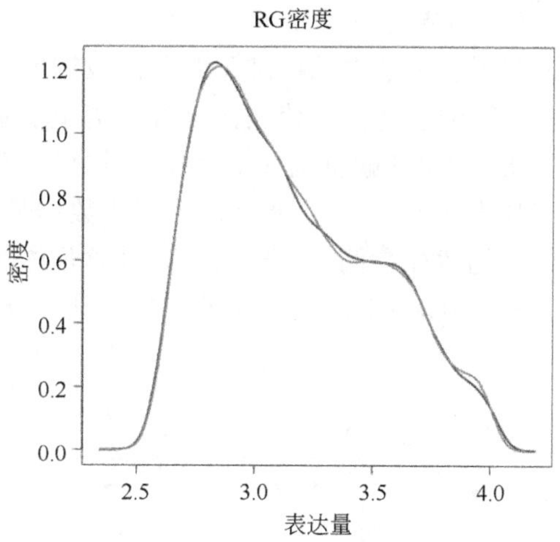

图 7-20　均一化后的 RG 曲线

e. print-order normalization

在芯片试验中，还有很多操作过程是导致产生偏差的因素，比如点样的顺序、杂交的顺序、用不同的托盘等，在大部分的实验中，可以通过以上介绍的几种方法对数据进行校正，但在有些试验中，由于背景噪声过强（图 7-21），还要进行有针对性的数据标准化。例如：print - order normalization（图 7-22）等。

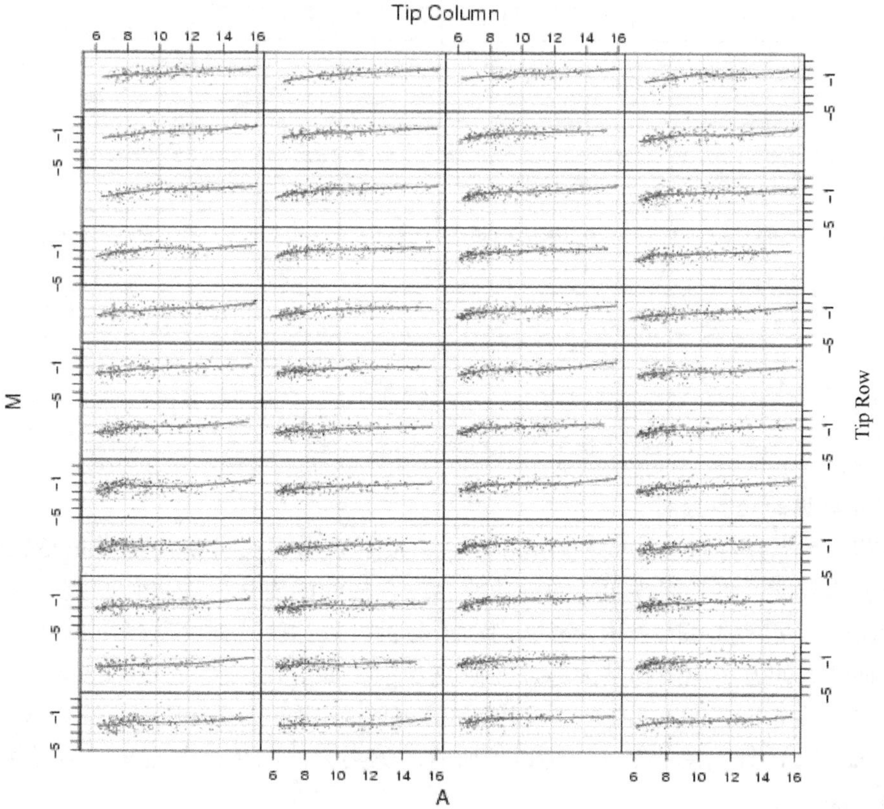

图 7-21　print-order 均一化前

3）小结

基因芯片数据的标准化载芯片数据处理过程中占有极其重要的地位，为接下来的聚类分析、基因表达谱、代谢谱等分析奠定了基础。目前，基因芯片数据的标准化问题一直是芯片研究中的热点问题，现在已经提出很多种标准化的方法。对于芯片间的中位数标准化和芯片内的 Lowess 标准化，是芯片数据分析的常规方法。但是经过这两种方法标准化后的数据仍然存在偏差，这就需要针对具体的实验操作步骤再设计出具体的标准化方法，例如 plate-order 标准化，print-tips 标准化，print-order 标准化等。

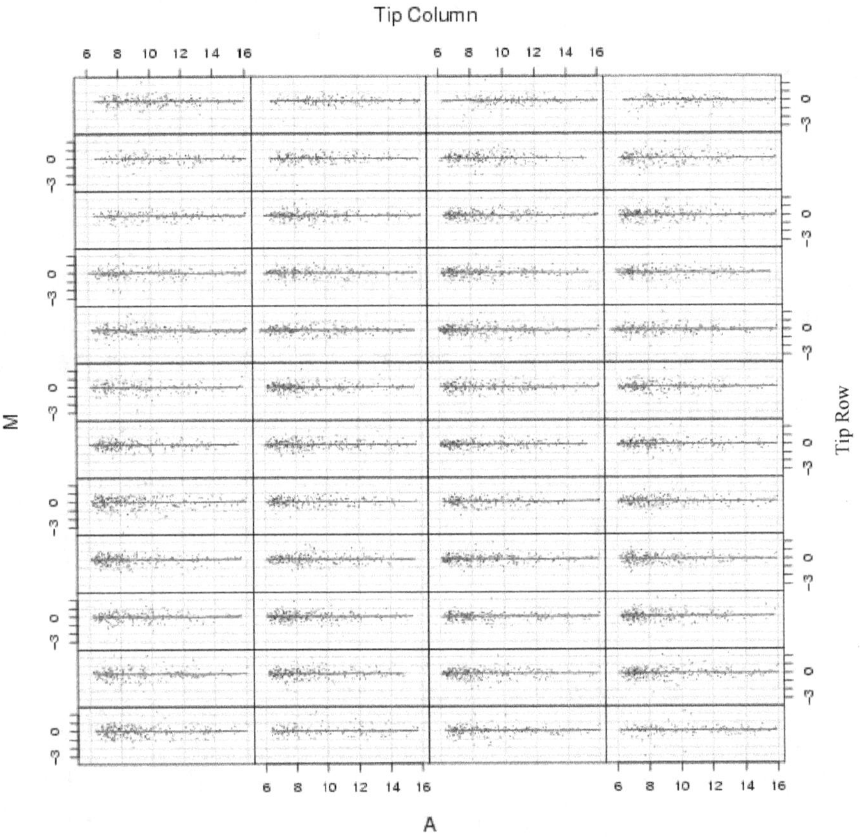

图 7-22　print-order 均一化后

2. 芯片数据的聚类分析

基因芯片数据在经过上述 normalization 后，接下来做聚类分析。聚类是指根据基因芯片的基因表达数据，将基因按照不同的功能，或者相同的表达行为进行归类，聚类的基因表达谱为研究人员提供基因表达差异、启动子分析、表达模式研究等便利的条件。目前已经有很多种聚类的方法应用到基因芯片的研究当中，如分层聚类（hierarchical clustering）、K 均值聚类（K-means clustering）、自组织图谱 SOM（self organizing map）、PCA（principle-componet analysis）等。总的来说，可以把所有的聚类方法归结为有监督的学习和无监督的学习两种方法。

1）分层聚类

分层聚类是最早也是最普遍的应用在基因芯片数据分析研究中的聚类算法，其流程如图 7-23 所示。步骤如下：

（1）建立 Gene-experiment 矩阵。

	seeding	Tiller	root	Panicle1	Panicle2
Gene 1	1.2	1.3	-0.9	-0.3	1.1
Gene 2	-1.5	0.4	0.3	4.2	-0.5
……					
Gene *n*					

每一列是不同的组织，或者在不同条件下的样本，每一行是基因的编号，每个基因的表达量用标准化后 $\log_2 R/G$ 的表示。

（2）计算所有基因之间的相关系数（correlation coefficient）。

基因的相似分值（similarity score）可以由 Pearsons correlation 公式计算

$$S(X, Y) = \frac{1}{N}\sum_{i=1,N}\left(\frac{X_i - X_{offiet}}{\Phi_X}\right)\left(\frac{Y_i - Y_{offiet}}{\Phi_Y}\right)$$

$$\Phi_G = \sqrt{\sum_{i=1,N}\frac{(G_i - G_{offiet})^2}{N}}$$

G_{offiet}一般取标准化后的中位数，或平均值。

（3）建立 Gene-Gene 的距离矩阵。

	Gene 1	Gene 2	……	Gene *N*
Gene 1	D11			
Gene 2	D12	D22		
……	……	……	……	
Gene *N*	D1N	D2N	……	DNN

（4）建立系统发育树（dendrogram）。

根据 Gene-Gene 的距离矩阵的分值，首先找到距离最近的两个基因，然后合并，再找距离相近两组再合并，直到所有的基因合并到一个组中。

	G1	G2	G3	G4	G6
G1	0				
G2	2	0			
G3	6	5	0		
G4	10	9	4	0	
G5	9	8	5	3	0

	G(12)	G3	G4	G5
G(12)	*0*			
G3	*6*	*0*		
G4	*10*	*4*	*0*	
G5	*9*	*5*	*3*	*0*

	G(12)	G3	G(45)
G(12)	*0*		
G3	*6*	*0*	
G(45)	*10*	*5*	*0*

Stage	Groups
P5	*[1],[2],[3],[4],[5]*
P4	*[12],[3],[4],[5]*
P3	*[12],[3],[4 5]*
P2	*[12],[3 4 5]*
P1	*[1 2 3 4 5]*

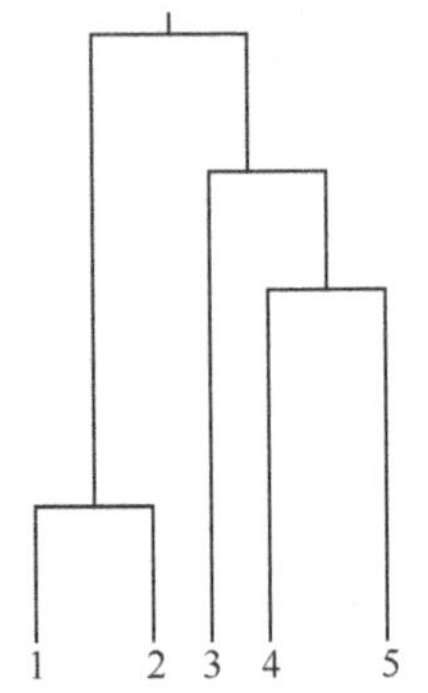

图 7-23　分层聚类示意图

（5）建立表达图谱。

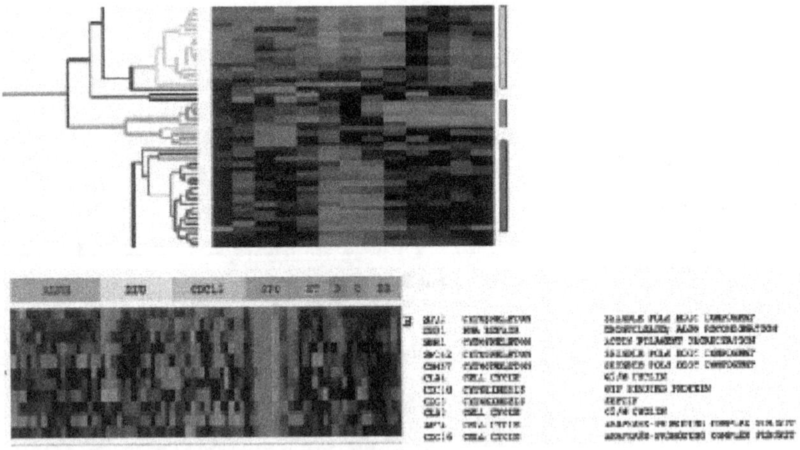

图 7-24　分层聚类结果

绘制表达谱图时，对数值为正，用红色表示，越大红色越亮，表示基因表达的水平越高，受到的诱导（induced）越强；对数值为负则用绿色表示，越小绿色越亮，基因表达的水平越低，受到的抑制（depressed）越强，如图 7-24 聚类结果所示。

2）K-均值聚类（K-means cluster）

K-means 聚类与分层聚类有本质的区别，首先要估计出将要分出几个类，然后将全部的基因按照相似性的距离，归入这几类中。步骤如下：首先也是要先将基因-实验矩阵转化成基因-基因距离矩阵，但是计算基因的相关系数的方法与分层聚类有所不同，用欧几里德距离（Euclidean distance）公式计算：

$$d\ (X,\ Y) = \sqrt{\sum_{i=1}^{m}(X_i - Y_i)^2}$$

式中，X，Y 为两个基因。

然后，将所有的基因随机的分配到 K 类中，计算出每个类中的基因的均值，然后，将每个基因分配到均值与它最相近的那个类中。

重复以上两个步骤，直到所有的基因都被分配到类中。

3）自组织映射聚类

自组织映射聚类（self-organizing map，SOM），是由 Konohen 于 1980 年提出的模型，属于非监督学习的神经网络聚类，与 K-means 相似，采用 SOM 聚类算法之前，也要首先估计出想要得到的类的个数。在 SOM 神经网络中，输出层的神经元是以列阵的方式排列于一维或二维的空间中的。根据当前输入向量与神经元的竞争，利用欧式距离，寻找最短距离当作最有神经元，以求得调整向量神经元的机会，而其他神经元也可以彼此学习。而最后的神经元就可以根据输入向量的特征，以拓扑结构展现于输出空间中。

4）小结

芯片数据聚类分析最常用的软件是 Esien 实验室开发 Cluster 和 TreeView 程序，通过 Cluster 程序，可以对数据作简单的数据过滤，Mean、Median 标准化，以及数据转化。此外，Cluster 包括分层聚类、K-均值聚类、自组织映射和组成性分析（PCA）4 种主要的聚类算法。通过 Cluster 程序聚类分析的数据，可以接下来用 TreeView 程序做出基因表达谱和层次树状图，不仅可以找出基因表达行为相似的组织，也可以分析基因之间的调控关系。

3. R 的常规芯片分析流程

下面我们运用 Windows 下 R 里面的 limma 包进行芯片数据处理，它主要是接收 genepix 软件生成的 . gpr 文件，里面主要包含了芯片测得的所有点样的亮度数据。通过 limma 包里的程序能后进行数据转化，并画出相应的图，得到相应的差异基因列表。下面我们以做两张芯片的分析为例，对流程进行了注解（//行为注解的行）。

1）设定文件的输出路径

```
path < - "E:\\icroaaray\\data\\PS\\sunhb\\"
```

2）读入 limma 包

```
library(limma)
```

3）读入标志性文件

```
targets < -
readTargets(file = "targets1.txt",path = "E:\\Microaaray\\data\\PS",sep = "\t",row.names = "FileName")
```

4）生产一个设计母体供为二颜色 microarray 实验的作用“ lmFit” 等

```
design < - modelMatrix(targets,ref = "PF")
```

5）读入第一组的数据

```
RG1 < - read.maimages(targets $ FileName[1],
source = "genepix",path = "E:\\Microaaray\\data\\PS\\Flag\\",columns = list(Rf = "F635 Median",Gf = "F532
Median",Rb = "B635 Median",Gb = "B532 Median"), wt.fun = wtflags(0))
```

6）读入第二组的数据

```
RG2 < - read.maimages(targets $ FileName[2],
source = "genepix",path = "E:\\Microaaray\\data\\PS\\Flag\\",columns = list(Rf = "F635 Median",Gf = "F532
Median",Rb = "B635 Median",Gb = "B532 Median"), wt. fun = wtflags(0))
```

7）合并两张片子数据

```
RG < - cbind(RG1,RG2)
```

8）读入 gal 文件

```
RG $ genes < - readGAL("BGI - A. gal", path = "E:\\Microaaray\\bin\\")
//读入基因与探针对应关系
RG $ printer < - getLayout(RG $ genes)
```

9）画出标准化前表达量密度图（两张）

```
file < - paste(path,"ahead_density_S191A +. eps",sep = "");
postscript(file,onefile = TRUE,width =7,height =7,horizontal = FALSE, paper = "special")
plotDensities(RG[ ,1],log. transform = TRUE)
dev. off()

file < - paste(path,"ahead_density_S191A -. eps",sep = "");
postscript(file,onefile = TRUE,width =7,height =7,horizontal = FALSE, paper = "special")
plotDensities(RG[ ,2],log. transform = TRUE)
dev. off()
```

10）芯片原始 MA 数值计算

```
MA < - normalizeWithinArrays(RG, method = "n")
```

11）画出 MA 分布图

```
file < - paste(path,"MA_postscript_S191A +. eps",sep = "");
postscript(file,onefile = TRUE,width =7,height =7,horizontal = FALSE, paper = "special")
plotMA(MA[ ,1])
dev. off()

file < - paste(path,"MA_postscript_S191A -. eps",sep = "");
postscript(file,onefile = TRUE,width =7,height =7,horizontal = FALSE, paper = "special")
plotMA(MA[ ,2])
dev. off()
```

12）系统针未矫正图

```
file < - paste(path,"ahead_plotPrintTipLoess_S191A +. eps",sep = "");
postscript(file,onefile = TRUE,width =7,height =7,horizontal = FALSE, paper = "special")
plotPrintTipLoess(MA[ ,1])
dev. off()

file < - paste(path,"ahead_plotPrintTipLoess_S237A -. eps",sep = "");
postscript(file,onefile = TRUE,width =7,height =7,horizontal = FALSE, paper = "special")
plotPrintTipLoess(MA[ ,2])
dev. off()
```

13）数据进行针头矫正（printtip lowess）

```
MA <- normalizeWithinArrays(RG, method="p")
```

14）画出标准后前表达量密度图（两张）

```
file<-paste(path,"ahead_plotDensities_S191A+.eps",sep="");
postscript(file,onefile=TRUE,width=7,height=7,horizontal = FALSE, paper = "special")
plotDensities(MA[,1],log.transform=TRUE)
dev.off()

file<-paste(path,"ahead_plotDensities_S237A-.eps",sep="");
postscript(file,onefile=TRUE,width=7,height=7,horizontal = FALSE, paper = "special")
plotDensities(MA[,2],log.transform=TRUE)
dev.off()
```

15）画出系统针矫正后图

```
file<-paste(path,"back_plotPrintTipLoess_S191A+.eps",sep="");
postscript(file,onefile=TRUE,width=7,height=7,horizontal = FALSE, paper = "special")
plotPrintTipLoess(MA[,1])
dev.off()

file<-paste(path,"back_plotPrintTipLoess_S237A-.eps",sep="");
postscript(file,onefile=TRUE,width=7,height=7,horizontal = FALSE, paper = "special")
plotPrintTipLoess(MA[,2])
dev.off()
```

16）画出标准化后 MA 分布图

```
file<-paste(path,"back_plotMA_S191A+.eps",sep="");
postscript(file,onefile=TRUE,width=7,height=7,horizontal = FALSE, paper = "special")
plotMA(MA[,1])
dev.off()

file<-paste(path,"back_plotMA_S237A-.eps",sep="");
postscript(file,onefile=TRUE,width=7,height=7,horizontal = FALSE, paper = "special")
plotMA(MA[,2])
dev.off()
```

17）画出芯片间盒状图比较

```
file<-paste(path,"after_printtipnorm_box.eps",sep="");
postscript(file,onefile=TRUE,width=7,height=7,horizontal = FALSE, paper = "special")
boxplot(MA$M~col(MA$M),names=targets$FileName)
dev.off()
```

18）芯片间 MA 矫正

```
MA2<-normalizeBetweenArrays(MA)
```

MA 矫正后盒状图

```
file<-paste(path,"after_betweenarraysnorm_box.eps",sep="");
```

```
postscript(file,onefile=TRUE,width=7,height=7,horizontal = FALSE, paper = "special")
boxplot(MA2 $ M~col(MA2 $ M),names=targets $ FileName)
dev.off()
```

19）归一化芯片值

```
fit<- lmFit(MA2,design)
M<-fit $ coef
A<-fit $ Amean
```

20）画出 MA 的归一化后的图形

```
file<-paste(path,"after_plot.eps",sep="");
postscript(file,onefile=TRUE,width=7,height=7,horizontal = FALSE, paper = "special")
plot(A,M,pch=16,cex=0.1)
abline(0,0,col="blue")
dev.off()
```

21）贝叶斯分析

```
fit<- eBayes(fit)
options(digits=3)
out<-topTable(fit,number=100,adjust="fdr")
```

22）输出表格

```
write.table(out,file="E:\\Microaaray\\result\\sunhb\\top200.xls",sep="\t")
```

7.2.3 芯片 Oligo 设计

1. 设计的一般流程

随着 oligo 芯片的广泛应用，oligo 的设计已经成为关系到一张芯片是否成功的关键因素，下面我们介绍一下探针 oligo 设计的一般原则和流程以及其中要注意的事情。

（1）数据的收集。

数据的充分是设计出好的代表基因的 oligo 的一个基础。我们应该尽可能多的收集要设计 oligo 的物种的数据，如果有物种基因组的数据那样最好，如果没有，那么我要收集一些 cDNA 的数据，甚至 EST 的数据，这些数据对设计 oligo 有着重要的价值。有了充分的数据支持，我们就能设计出高质量的 oligo。

（2）特异性区域检测。

将要设 oligo 的序列比对到你已经收集的参考数据集上。我们可以用 blast 作为搜索引擎，e 值不要设定的过严，设定 $e<10$ 就可以。比对完毕后，我们把序列与其他数据相比特异性的区域，提取出来，我们下面有这些区域给基因设计 oligo。

（3）Olgio 生成。

在基因的特异性区域上，我们设计出其 N mer 的 oligo，我们可以设计出全部的 oligo，也可以设定移动的步长为 1、2 或 3。

（4）对 oligo 进行过滤分类。

检查 oligo 里某个碱基是否有连续的，如出现 AAAAAAAA，一般设定检测的连续长度≤8bp. 如果出现某个碱基连续出现 8 次以上，我们把这些 oligo 归并到 polyN 类里面。

检查 oligo 里是否存在发夹结构（hairpin）（图 7-25）。有发夹结构归到 hairpin 组里，没有的归到 nohairpin 里。

```
          3′ GGGAAA  ┐
                ||||  |
5′ TATCTAGGACCTTA  ┘


           3′ GGGAA  ┐
                | | |   A
5′ TATCTAGGACCTTA  ┘
```

图 7-25　发夹结构图

（5）计算 oligo 的 TM 值，挑选在一定 TM 值范围的 oligo，通常我们选取（75 ± 5）℃范围内的 oligo。最好计算全部 oligo 的 TM 值，然后选取中值 ± 5°C 的范围。

对于小于 20 个碱基的引物其 T_m 值可用简易公式计算，即 $T_m = 4(G + C) + 2(A + T)$。

对于 14 ~ 70 个核苷酸的引物可用以下公式计算：

$T_m = 81.5 + 16.6\lg[K^+] + 0.41(G + C)\% - 675/N$

N 表示引物的核苷酸数目，$[K^+]$ 表示单价离子即钾离子的浓度。

（6）进一步过滤一下在设定 TM 值范围内的 oligo，看看 oligo 里是否存在碱基的偏好性在 oligo 里，某种碱基是否出现的特别少，以 70mer oligo 为例，碱基的出现次数最好不要少于 5 次。

按照上面的流程，给每个基因设计 oligo，结果有的基因可能会设计出多条满足上面要求的 oligo，一般我们选取那些落在基因编码区的 oligo，如果没有落在编码区的，我们一般选取最靠近 3′端的 oligo。然而，有的基因可能没有设计出满足条件的 oligo，这样我们可能要适当放松上面的条件，来给基因设计出 oligo。特异性是 oligo 的设计的首要标准，我们一般要求 oligo 与其他参考数据相比对，不要有连续 20bp 的序列比对上，不要有超过全长的 75% 和参考序列比对上。

2. oligo 设计的软件

1）Osprey

网址：http://osprey.ucalgary.ca/

2）OligoWiz

网址：http://www.cbs.dtu.dk/services/OligoWiz/

3）Picky

网址：http://www.complex.iastate.edu/download/Picky/

7.3　motif 预测

在生物信息学研究过程中，我们需要对真核和原核生物的转录调控，蛋白质结构活性位点，以及 DNA、RNA 的酶切位点进行识别。在这些实践过程中，我们通常会碰到下面两个问题：

（1）我们通常需要从未知的数据尽可能多的发掘有用的信息，也就是说，在探索实验过程中，由于科研工作者一开始并不知道哪些信息是我们真正“有用”的，在没有其他太多的信息可以利用的时候，一个很自然的想法就是我们是否能知道哪些因素是这些数据共有部分，也就是我们通常所谓的数据的公共特征提取，或者叫 motif 的预测或模式识别，这里的“模式”（motif）可以简单地理解为特定数据的共同特征。

（2）另一方面，假设当我们已经知道了某个特征，我们需要把具有这些特征的数据都收集起来，那么我们需要在大量数据中挑选符合我们要求的数据，这个过程就是所谓的模式匹配。模式识别和模式匹配是生物信息学辅助实验生物学的一个重要手段。关于这些模式的具体形式可以是相当广泛的，从广义上讲，即使是多序列比对寻找保守区、蛋白质结构预测等问题，也可以纳入模式识别的范畴，但下面我们要介绍是以围绕转录因子结合位点（TFBS）为代表的一类模式识别的程序，是大家传统意义上的模式识别问题。这一类 motif 的最大的特点就是大家共有特征较短，一般一个 TFBS 位点的长度在 5 ~ 20bp 左右，而且信号比较灵活多变，所以这些调控元件在通常情况下不适合直接使用多序列联配的方式来寻找，而是需要一些专门的算法来解决这个问题。下面我们介绍几个较著名的 motif 预测软件。

7.3.1 MEME/MAST 系统

MEME 和 MAST 是由 T. L. Bailey、Charles Elkan 和 Bill Noble 的合作开发的一套搜索 motif 的程序组合套件，是目前生物信息学领域，对 motif 预测方面最著名的程序之一。这个组件的两个程序分别执行的是 motif 的预测和搜索两个不同的功能。其中，MEME 的全称是 Multi EM for motif elicitation，是一个基于 EM 算法的一个 motif 预测程序。而 MAST 的全称是 Motif Alignment & search Tool，是一个 motif 搜索组件。

1. 下载

这个软件包可以从 MEME 的官方网站免费下载，我们这里使用的版本是 version 3.5.4，其源代码可以从如下链接下载：http://meme.nbcr.net/downloads/meme_3.5.4.tar.gz

2. 安装

这里介绍在 Linux/Unix 下的安装步骤：

（1）把源代码文件上载本地的 Linux/Unix 指定目录：/mnt/disk1/motif_workplace/

（2）解压：

```
$ gunzip -c meme_3.5.4.tar.gz | tar xvf -
$ cd meme_3.5.4
```

（3）配置：通常情况下，可以使用默认参数。如果需要指定安装路径，可以使用参数 —prefix = your - install - path

```
$ ./configure 或 $ ./configure —— prefix=your-install-path
```

如果配置成功，会出现一下画面：

```
=========================
Configuration parameters
=========================
```

```
Install path:            your-install-path
Install UID:             usrid
Version:                 3.5.4
C compiler:              gcc
C compiler flags:         -Wall -DUNIX -D__USE_FIXED_PROTOTYPES__ -O3
Linker:                  /usr/bin/ld
Special Libs:             -lm
MPICC
MPIINC
MPILIBDIR
MPIFLAGS                  -DPARALLEL -O
MPIRUN
URL:                     http://usr_home/meme
PERL:                    /usr/bin/perl
MEME_LOGS:                ${prefix}/LOGS
Run the following commands to compile,test and install meme:
      make
      make test
      make install
```

（4）编译和安装：

在命令行键入 make 开始编译，

```
$ make
```

当编译完成后，键入命令：make test ，测试，

```
$ make test
```

当返回提示：

```
      Meme test for
----------------------------------
   Dataset   Model   result
----------------------------------
crp0         oops       OK
crp0         zoops      OK
crp0         tcm        OK
……
PASS: runcheck
==================
All 1 tests passed
==================
……
```

说明测试成功，可以键入命令：make install 进行安装。

```
$ make install
```

其中测试画面中出现的 3 个模型 oops、zoops 和 tcm 是 MEMmotif 预测中最重要的选择参数，分别表示对任意给定的 motif 来讲，每条序列当且仅当出现一次、每条序列至多有一个以及每条序列出现两个或两个以上三种情况。对于一个给定的序列，我们可以根据我们需要研究的问题，选择这 3 个模型中的一个。关于 meme 参数的选择将在后面参数部分详细讨论。

3. 使用

当我们在命令行键入 meme 命令，可以看到 meme 的参数列表和帮助文档。

```
$ meme
USAGE:
```

```
    meme <dataset> [optional arguments]
    <dataset>                  file containing sequences in FASTA format
    [-h]                       print this message
    [-dna]                     sequences use DNA alphabet
    [-protein]                 sequences use protein alphabet
    [-mod oops|zoops|anr]      distribution of motifs
    [-nmotifs <nmotifs>]       maximum number of motifs to find
    [-evt <ev>]                stop if motif E-value greater than <evt>
    [-nsites <sites>]          number of sites for each motif
    [-minsites <minsites>]     minimum number of sites for each motif
    [-maxsites <maxsites>]     maximum number of sites for each motif
    [-wnsites <wnsites>]       weight on expected number of sites
    [-w <w>]                   motif width
    [-minw <minw>]             minumum motif width
    [-maxw <maxw>]             maximum motif width
    [-nomatrim]                do not adjust motif width using multiple align-
                               ment
    [-wg <wg>]                 gap opening cost for multiple alignments
    [-ws <ws>]                 gap extension cost for multiple alignments
    [-noendgaps]               do not count end gaps in multiple alignments
    [-bfile <bfile>]           name of background Markov model file
    [-revcomp]                 allow sites on + or - DNA strands
    [-pal]                     force palindromes (requires -dna)
    [-maxiter <maxiter>]       maximum EM iterations to run
    [-distance <distance>]     EM convergence criterion
    [-prior dirichlet|dmix|mega|megap|addone]
                               type of prior to use
    [-b <b>]                   strength of the prior
    [-plib <plib>]             name of Dirichlet prior file
    [-spfuzz <spfuzz>]         fuzziness of sequence to theta mapping
    [-spmap uni|pam]           starting point seq to theta mapping type
    [-cons <cons>]             consensus sequence to start EM from
    [-text]                    output in text format (default is HTML)
    [-maxsize <maxsize>]       maximum dataset size in characters
    [-nostatus]                do not print progress reports to terminal
    [-p <np>]                  use parallel version with <np> processors
    [-time <t>]                quit before <t> CPU seconds consumed
    [-sf <sf>]                 print <sf> as name of sequence file
    ……
```

当我们在命令行键入 mast 命令，可以看到 mast 的参数列表和帮助文档。

```
$ mast
USAGE:
    mast <mfile>            [optional arguments …]
    <mfile>                 file containing motifs to use; may be a MEME output
                            file or a file with the format given below
    [<database>]            or
    [-d <database>]         database to search with motifs or
    [-stdin]                read database from standard input;
                            Default: reads database specified inside <mfile>
    [-c <count>]            only use the first <count> motifs
    [-a <alphabet>]         <mfile> is assumed to contain motifs in the
                            format output by make_logodds
                            and <alphabet> is their alphabet; -d <database>
                            or -stdin must be specified when this option is used
    [-stdout]               print output to standard output instead of file
    [-text]                 output in text (ASCII) format;
                            (default: hypertext (HTML) format)
```

```
[ -sep]                 score reverse complement DNA strand as a separate
                        sequence
[ -norc]                do not score reverse complement DNA strand
[ -dna]                 translate DNA sequences to protein
[ -comp]                adjust p-values and E-values for sequence composition
[ -rank <rank>]         print results starting with <rank> best (default: 1)
[ -smax <smax>]         print results for no more than <smax> sequences
                        (default: all)
[ -ev <ev>]             print results for sequences with E-value < <ev>
                        (default: 10)
[ -mt <mt>]             show motif matches with p-value < mt (default: 0.0001)
[ -w]                   show weak matches (mt <p-value <mt * 10) in angle brackets
[ -bfile <bfile>]       read background frequencies from <bfile>
[ -seqp]                use SEQUENCE p-values for motif thresholds
                        (default: use POSITION p-values)
[ -mf <mf>]             print <mf> as motif file name
[ -df <df>]             print <df> as database name
[ -minseqs <minseqs>]   lower bound on number of sequences in db
[ -mev <mev>] +         use only motifs with E-values less than <mev>
[ -m <m>] +             use only motif(s) number <m> (overrides -mev)
[ -diag <diag>]         nominal order and spacing of motifs
[ -best]                include only the best motif in diagrams
[ -remcorr]             remove highly correlated motifs from query
[ -brief]               brief output—do not print documentation
[ -b]                   print only sections I and II
[ -nostatus]            do not print progress report
[ -hit_list]            print machine-readable list of all hits only; implies-text
……
```

下面我们开始逐一解释这些基本参数的含义以及在实际应用中需要注意哪些问题。

meme 参数的说明：

1）基本参数篇

我们可以看到，meme 程序的参数很多，为了更好的说明问题，meme 把参数大致地分几类，我们按照 meme 文档里的分类模式，简要说明：

（1）<数据文件>：meme 输入文件格式是 Fasta 格式，主要形式如下：

```
>seq1
GDIFYPGYCPDVKPVNDFDLSAFAGAWHEIAK
>seq2
GDMFCPGYCPDVKPVGDFDLSAFAGAWHELAK
>seq3
QKVAGTWYSLAMAASDISLLDAQSAPLRVYVEELKPTPEGDLEILLQKW
```

可以是 DNA 序列的 Fasta 文件，也可以蛋白质序列的 Fasta 格式文件。

（2）可选的几个参数类：①字母表类；②分布类；③搜索类；④系统类。

①字母表参数类：

-dna/ -protein，说明输入序列类型是 DNA 还是蛋白质。

②分布模型类：

-mod <string> 有 3 个可选的值，就是前面提到的 3 个可选模型：

oops：（One Occurrence Per Sequence），意思是每种 motif 在每条序列中只都出现一次。

zoops：（Zero or One Occurrence Per Sequence），意思是每种 motif 在每条序列中至多出现一次。

anr：（Any Number of Repetitions），意思是每种 motif 可以出现任意数目。这个其实是前面提到的 tcm 模型和 zoops 功能的一个组合。

③搜索参数类：

MEME 预测的 motif 的过程其实是一个寻找给定目标函数最优的过程，通过目标函数计算每个可能的 motif 的对数似然比，近似用 *E* 值表示，所以候选种子的 *E* 值越小，表示这个种子是真正的 motif 的可能性越大，所以结果文件会按 *E* 值从小到大的顺序输出。

所以下面的一些有关输入输出的参数是可以根据我们实际需要，进行调整。

-nmotifs < n > 选择输出 motif 个数 *n*，表示 meme 的运行结果文件输出 *n* 个不同 motif，这个参数的默认值是 1。

-evt < p > *E*-value 的阈值，当这个参数为 *p*，表示我们只输出 *E* 值比 *p* 小的那些 motif。所谓 *E* 值是一个描述 motif 模型可信度的一个标志，一般而言，*E* 值越小，结果可信度越高。这个参数的默认值是无穷大，也就是在默认状态下，这个参数不起作用。

-nsite < n > 表示每个 motif 出现的期望。

-minsites < n > 表示每个 motif 出现的期望的下限

-maxsites < n > 表示每个 motif 出现的期望的上限

这 3 个参数不是相互独立的，只能取 -nsite，和其他两个参数不能同时选择。当我们取 -nsite 时，只有那个给定数目的种子作为程序候选的 motif 进行运算。而 -minsites 和 -maxsites 参数则给出这个期望数目的一个下限和上限约束的范围。只有落在这个范围内的种子才给予考虑。注意，在 OOPS 参数下，这些参数的设置为无效设置。而在其他两个模型参数的条件下，默认值为 -minsites：sqrt（序列数）

-maxsites：当 ZOOPS 时，默认为序列数 n

当 anr 时，默认为 min（序列数 ×5，50）。

-wnsites < n >：表示 nsite 初始的权重。它是控制种子满足 nsites 或 minsites 和 maxsites 限制的一个贡献值，这个权值是［0，1）的一个值，这个值越大，表示 motif 倾向与满足限制的可能越大。默认值是用 0.8。

-w < n >： 表示 motif 种子的宽度。

-minw < n > 表示 motif 种子宽度的下限

-maxw < n > 表示 motif 种子宽度的上限

也就是说，当 -w 给定，程序只尝试宽度为 -w 的种子，否则，尝试 motif 种子宽度在 -minw 和 -maxw 之间的值。默认的 -minw 是 8，-maxw 是 50。

-text 输出文本格式（默认的输出格式是 HTML 文件）

-maxsize < maxsize > 最大的数据集大小

-sf < sf > 打印 < sf > 作为序列文件名

[-nostatus] 不要在终端输出打印报告

[-time < t >] 运行在 < t > 时间前自动退出程序

2）MEME 高级参数技巧篇

-nomatrim 这个参数的选用令 MEME 跳过用多序列联配截短的步骤。

-wg < a > 空位罚分，默认值是 11。

－ws　< a >空格罚分，默认值是 1。

－noendgaps 对最后的空位不罚分，默认值是对最后的空位罚分。

－bfile　< bfile > 背景概率分布文件。

－revcomp 翻转序列，即 motif 可以在本身序列上，也可以在补链上。

－pal 考虑回文结构。

－maxiter　< n >　　表示 EM 迭代次数，默认是 50 次。

－distance　< a >　　表示收敛规则，表示两个连续的频率矩阵的欧几里得距离小于这个值是，跳出迭代。默认值是 0. 001。

－prior　< string > 先验概率模型参数

dirichlet　　简单 Dirichlet 先验，作为 －dna 和 －alph 的默认先验。

dmix　　混合 Dirichlets 先验， －protein 的默认分布。

mega　　方差非常小的混合 Dirichlets 分布，方差除以数据集变换。

megap　　在最后一次迭代用 dmix 参数，其他使用 mega 参数。

addone　　给每一个观察值 +1。(laplace 法则)。

－b　< a >　　先验模型的强度。 < a >　= 0 表示使用固有的先验强度

默认值通常：

0. 01 对 dirichlet 先验， < a > =0. 01

0 if 对于 dmix 而言 默认 < a > =0

－plib　< string >　　存放 Dirichlet 先验的文件，文件格式如 prior30. plib 所示。

－spfuzz　< a >　　作模糊操作具体如 spmap；

－spmap　< string >　　使用映射函数，

uni 增加一个先验，并把一个子串转为 theta 的估计，这里的 theta 是 EM 算法中的一个估计参数。默认的参数是 －spfuzz　< a >：0. 5

pam 把 PAM 矩阵的子串转化为 theta 的估计。默认的参数 －spfuzz　< a >：120 (PAM 120)

－cons　< string > 废除采样的起始点，使用给定的字符串作种子。这个参数在一直特定 motif 的 基本形式时会很有用。

系统参数：

最后几个参数是和大型机系统有关，MEME 程序可以在服务器上支持并行运算，因此最后几个参数只有在一定的服务器环境下可以使用。

[－p　< np >]　　用 < np >个 CPU 并行运算

以上是 MEME 各参数的说明，对于参数的选择，需要大家根据具体问题灵活调整，而对于这里提到的高级参数部分，如果大家对 MEME 的概率模型不熟悉的话，建议使用默认参数即可。

实例 1 ：假设我们有 5 条水稻的 TSS 上游调控序列，序列文件 rice9311_sample. fa，我们需要寻找他们的 motif，并把结果保存在 rice_meme. html 里面。

在命令行中输入命令如下：

```
$ meme rice9311_sample. fa -dna -nmotifs 4 -mod zoops -minw 5 -maxw 15 >rice_meme_htmlFormat. html
```

<网页形式见 rice_meme. html>

或

```
$ meme rice9311_sample.fa -dna -nmotifs 4 -mod zoops -minw 5 -maxw 15 -text >
rice_meme_txtFormat.out
```

<文本格式>

下面列出 rice_meme_txtFormat. out 的一部分文件，我们将分段解析结果文件包含的内容，从整体上看，MEME 的结果文件主要由文件头、基本数据信息、输入命令信息、motif 结果条目以及 motif 综合信息五大模块组成。下面我们以例 1 运行的结果为例，解析各区段的作用。

（1）头文件。

我们可以看到，MEME 结果的文件头可以分两大部分，一部分包含 MEME 版本信息当前版本是（v3. 5. 4）以及官方主页。

```
********************************************************************************
MEME - Motif discovery tool
********************************************************************************
MEME version 3.5.4 (Release date: 3.5.4)
For further information on how to interpret these results or to get
a copy of the MEME software please access http://meme.nbcr.net.
This file may be used as input to the MAST algorithm for searching
sequence databases for matches to groups of motifs. MAST is available
for interactive use and downloading at http://meme.nbcr.net.
********************************************************************************
```

头文件的另一部分是关于文献引用的说明，在论文中如果使用 MEME 的结果，可以应用下面给出的 T. Bailey1994 的文献。希望使用 MEME 的读者能在论文中正确的引用 MEME 的文献。

```
********************************************************************************
REFERENCE
********************************************************************************
If you use this program in your research, please cite:
Timothy L. Bailey and Charles Elkan,
"Fitting a mixture model by expectation maximization to discover
motifs in biopolymers", Proceedings of the Second International
Conference on Intelligent Systems for Molecular Biology, pp. 28-36,
AAAI Press, Menlo Park, California, 1994.
********************************************************************************
```

（2）数据集基本信息。

这段数据保存了输入数据集的一些基本的信息。包括输入序列文件名和字符表以及每条输入序列的序列名称，序列的权重，和序列长度。其中这里的序列权重是表示这条序列在预测 motif 中发挥作用大小的一个度量。

```
********************************************************************************
TRAINING SET
********************************************************************************
DATAFILE= rice9311_sample.fa
ALPHABET= ACGT
Sequence name          Weight Length  Sequence name           Weight Length
-------------          ------ ------  -------------           ------ ------
BGK02457               1.0000    600  BGK03149                1.0000    600
```

```
BGK04166          1.0000    600    BGK01655          1.0000    600
BGK03537          1.0000    600    BGK02838          1.0000    600
BGK04759          1.0000    600
********************************************************************************
```

我们可以看到在这里我们的输入序列文件名：rice9311_sample. fa。因为输入是单纯的DNA序列，序列中并没有出现DNA的简并形式，所以这里的字符表是{A，C，G，T}，我们还可以看到我们输入的序列名称，BGKXXXX，一般情况下，序列的权重是1，现在我们的输入序列的长度、都是600bp。

（3）命令行参数。这一部分主要打印运行MEME时的人工参数以及程序默认的参数。

```
********************************************************************************
COMMAND LINE SUMMARY
********************************************************************************
This information can also be useful in the event you wish to report a problem
with the MEME software.
command: meme rice9311_sample. fa -dna -nmotifs 4 -mod zoops -minw 5 -maxw 15 -dir
/home/goodgood
model:      mod =        zoops        nmotifs =    4        evt =        inf     object
function = E-value of product of p-values
width:      minw =       5            maxw =       15       minic =      0.00
width:      wg =         11           ws =         1        endgaps =    yes
nsites:     minsites =   2            maxsites =   7        wnsites =    0.8
theta:      prob =       1            spmap =      uni      spfuzz =     0.5
em:         prior =      dirichlet    b =          0.01     maxiter =    50
distance =  1e-05
data:       n =          4200         N =          7
strands:    +
sample:     seed =       0            seqfrac =    1
Letter frequencies in dataset:
A 0.267 C 0.277 G 0.211 T 0.245
Background letter frequencies (from dataset with add-one prior applied):
A 0.267 C 0.277 G 0.211 T 0.245
********************************************************************************
```

我们可以看到上表列出的参数中，在我们命令中，我们使用的是比较常用的参数，除了文件名和序列类型（-dna/-protein）以外，我们还使用了模型参数-mod zoops，在这里值得注意的是，这个模型参数的指定是MEME结果能否与生物学意义紧密联系的重要参数之一。一般通常没有特殊假设的情况下使用ZOOPS模型比较合适。总之，恰当模型的选择将是我们解决问题捷径。

另一个十分重要的参数是[-revcomp]，这个参数是用来指定程序是否让序列的补链上也参与motif预测。因为这个参数的选择是和我们的数据集以及我们期望解决的生物学问题紧密关联，所以这个参数是不可以默认的。在我们这个例子的问题中，由于我们的数据是水稻基因5′端上游启动子序列，所以我们并不需要补链信息，所以我们没有使用-revcomp参数。关于其他的程序参数如何选择，很多时候并没太严格的规定，希望大家能在使用中仔细揣摩，因为参数的选择问题有些时候更像是一门艺术。

4. 结果

这一区段主要是MEME的预测得到的motif的形式和描述和评估。在这个部分，结果文件可以根据找到的motif的E值由小到大的顺序，显示我们在参数中指定输出的最显著的若干的 motif。在这个区段中，MEME 返回了多种形式的 motif，并且给出了每个 motif 的统计显著性的 *E* 值和 *P* 值。

对于这个区段里列出每个 motif，都会包含 motif 的基本信息和描述、位置 *P* 值的排序、块的图解和 motif 的块形式、motif 的位置特异的打分矩阵和位置特异概率矩阵形式以及正则表达式形式。

1） motif 1 的基本信息

```
****************************************************************************
MOTIF  1    width =    13    sites =     7     llr =  88    E-value =   7.9e-001
****************************************************************************
```

这里给出这个 motif 的最基本信息，包括 motif 的宽度、位点的匹配数目、对数似然比（llr）和这个 motif 的 *E* 值。这里 llr 的基本公式可以用 llr = log［Pr（sites ｜ motif）/ Pr（sites ｜ back）］计算，其中，Pr（sites｜motif）条件概率，表示在 motif 条件下匹配的概率；Pr（sites ｜ back）表示随机背景条件下出现位点匹配的概率。这里的 llr 值和 *E* 值都是反映这个 motif 是否是真正 motif 的指标，其中，llr 越大，*E* 值越小，则说明这个 motif 越可靠。

2） motif 1 的描述

```
--------------------------------------------------------------------------------
        Motif 1 Description
--------------------------------------------------------------------------------
Simplified                  A              a143a:a:4:69:
pos.-specific               C              :13::::::::1
probability                 G              :637:a:966419
matrix                      T              :1::::1:4:::
           bits             2.2                 *
                            2.0                 *
                            1.8            *   ***
                            1.6            *   ****  *
Information                 1.3            *   *****  * *
content                     1.1            *   **********
(18.0 bits)                 0.9            *   **********
                            0.7            *   **********
                            0.4            *************
                            0.2            *************
                            0.0            -------------
Multilevel                                 AGAGAGAGGGAAG
consensus                                    CA    ATG
sequence                                     G
--------------------------------------------------------------------------------
```

从上面的描述片段，我们可以看到 3 种不同形式的 motif 的表示形式反映 motif 不同位置的保守性，一种是用简单的频数概率矩阵，一种是用 motif 各位置信息熵值，熵值越大，说明这个位点的保守性越高。我们看到 motif 从左往右的第 5 位、第 6 位和第 7 位的信息熵较大分别是 1.8、2.2 和 1.8，从频度矩阵上也可以看到这几个位置最保守。这里 motif 表示的第三种形式是多水平的一致序列形式，可以直观地看到那些位置的保守碱基是哪些。

3） 位置 *P* 值的排序

这一部分列出了这个 motif 在序列上的匹配位置，并根据它匹配的 *P* 值大小，按 *P* 值从小到大的顺序排列序列，也就是根据匹配的可靠程度排列序列，反映序列和motif的关系。这里的 P 值可以理解为假阳性率，P 值越小，结果越可靠。

```
--------------------------------------------------------------------------------
        Motif 1 sites sorted by position p-value
--------------------------------------------------------------------------------
Sequence name            Start    P-value                    Site
-------------            -----    ---------             -------------
BGK03149                 547      1.21e-08   CTAGCGAGCG  AGAGAGAGGGAAG  GGTTGCGACT
BGK04759                 510      3.58e-08   GGATACAGGT  AGAGAGAGGTGAG  AAGGCAGTGG
BGK04166                 68       9.35e-07   CAATAGAGTT  ATAGAGAGATAAG  AGAAGAGGTA
BGK02457                 558      1.40e-06   TTTCGTGAGC  AGGAAGAGGGGGG  GGGGGGGGGG
BGK03537                 102      1.62e-06   ACACCAAGTG  ACCGAGAGATAAG  GCTCATACAG
BGK01655                 278      2.51e-06   GACTAGACGG  AGCAAGATGGAAG  TACACAGTCA
BGK02838                 315      4.48e-06   TTAAATAAAA  AAGGAGAGAGGAC  TGACAATTTG
--------------------------------------------------------------------------------
```

4）motif 块的图解

显示 motif 在各序列上的位置，并在图上显示，直观地反映 motif 序列的分布。

```
--------------------------------------------------------------------------------
        Motif 1 block diagrams
--------------------------------------------------------------------------------
SEQUENCE NAME            POSITION P-VALUE   MOTIF DIAGRAM
-------------            ----------------   -------------
BGK03149                          1.2e-08   546_[1]_41
BGK04759                          3.6e-08   509_[1]_78
BGK04166                          9.4e-07   67_[1]_520
BGK02457                          1.4e-06   557_[1]_30
BGK03537                          1.6e-06   101_[1]_486
BGK01655                          2.5e-06   277_[1]_310
BGK02838                          4.5e-06   314_[1]_273
--------------------------------------------------------------------------------
```

例如 BGK03149 序列上的 546_[1]_41 表示 motif [1] 是夹在序列的从5′到3′的第546位开始到从3′到5′的第41位之间的长度恰好是13nt 的位置。

5）motif 的块表示

像多序列联配那样，motif 位点的匹配也可以对齐位置，成为一个块，这是 motif 的联配形式，也可以反映位置的保守性，在某些情况下，我们也可以使用这种 motif 块形式来。比如有个简单的 motif logo 画图程序 weblogo 就可以根据块形式 motif 输入，绘制漂亮的 motif logo。

```
--------------------------------------------------------------------------------
        Motif 1 in BLOCKS format
--------------------------------------------------------------------------------
BL   MOTIF 1 width=13 seqs=7
BGK03149                 (  547) AGAGAGAGGGAAG 1
BGK04759                 (  510) AGAGAGAGGTGAG 1
BGK04166                 (   68) ATAGAGAGATAAG 1
BGK02457                 (  558) AGGAAGAGGGGGG 1
BGK03537                 (  102) ACCGAGAGATAAG 1
BGK01655                 (  278) AGCAAGATGGAAG 1
BGK02838                 (  315) AAGGAGAGAGGAC 1
//
--------------------------------------------------------------------------------
```

6）位置特异打分矩阵

```
--------------------------------------------------------------------------------
        Motif 1 position - specific scoring matrix
--------------------------------------------------------------------------------
log-odds  matrix: alength=4  w=  13  n= 4116  bayes= 9.19722  E= 7.9e-001
   190      -945   -945     -945
   -90       -95    143      -78
    68         4     44     -945
    10      -945    176     -945
   190      -945   -945     -945
  -945      -945    224     -945
   190      -945   -945     -945
  -945      -945    202      -78
    68      -945    143     -945
  -945      -945    143       81
   110      -945    102     -945
   168      -945    -56     -945
  -945       -95    202     -945
--------------------------------------------------------------------------------
```

MEME 中的位置特异打分矩阵的分值的计算公式如下：

另 x 是{A,C,G,T}中任意一个碱基，ns 是位点的总匹配数，这里 ns = 7，这里是 n_{ix} 是在位点的 i 列上 x 出现的次数，另位点第 i 位为碱基 x 的分记作 score(i,x)有，若 n_{ix} 不为 0，则 score(i,x) = 100 × $\log_2$(n_{ix}/n/p(x))。否则，score(i,x) = 100 × $\log_2$(0.01/ns)。所以，当 i = 2 为例，score(1,A) = 100 × $\log_2$[(1/7)/0.267]约等于 −90。

7）位置特异概率矩阵

```
--------------------------------------------------------------------------------
        Motif 1 position - specific probability matrix
--------------------------------------------------------------------------------
letter - probability matrix: alength= 4 w= 13 nsites= 7 E= 7.9e-001
1.000000  0.000000  0.000000  0.000000
0.142857  0.142857  0.571429  0.142857
0.428571  0.285714  0.285714  0.000000
0.285714  0.000000  0.714286  0.000000
1.000000  0.000000  0.000000  0.000000
0.000000  0.000000  1.000000  0.000000
1.000000  0.000000  0.000000  0.000000
0.000000  0.000000  0.857143  0.142857
0.428571  0.000000  0.571429  0.000000
0.000000  0.000000  0.571429  0.428571
0.571429  0.000000  0.428571  0.000000
0.857143  0.000000  0.142857  0.000000
0.000000  0.142857  0.857143  0.000000
--------------------------------------------------------------------------------
```

位置特异的概率矩阵的计算十分简单，motif 的第 i 位为碱基 x 的概率：P(i,x) = n_{ix}/ns

8）motif 的正则表达式形式

为了方便人们使用脚本大规模处理数据，MEME 还给出简单的正则表达式形式，正则表达式是计算机领域字符串匹配一个常用的形式，它有一套明确的表示方式来处理各种模式。

```
--------------------------------------------------------------------------------
          Motif 1 regular expression
--------------------------------------------------------------------------------
AG[ACG][GA]AGAG[GA][GT][AG]AG
--------------------------------------------------------------------------------
```

这里［…］表示方括号内部的几个字符都是允许的，以 AG［ACG］A 这个正则表达式为例，它的第三位字符可以是 A 或 C 或 G，也就是说 AGAA 或 AGCA 或 AGGA 这三个字串都是符合上 AG［ACG］A 的语法。

Time 19.47 secs.

……

（这里省略其他的 motif 的类似的描述片段）

……

motif 结果综合信息：

最后给出一个结果文件包含的各个 motif 在序列上的位置的图，这一区段可以直观地反映各 motif 之间的位置关系可以作为最基本组合分析的第一个环节。

```
********************************************************************************
SUMMARY OF MOTIFS
********************************************************************************
--------------------------------------------------------------------------------
Combined block diagrams: non-overlapping sites with p-value < 0.0001
--------------------------------------------------------------------------------
SEQUENCE NAME            COMBINED P-VALUE    MOTIF DIAGRAM
-------------            ----------------    -------------
BGK02457                 2.00e-10 79_[2(3.26e-07)]_51_[3(2.97e-09)]_397_[1(1.40e-06)]_30
BGK03149                 1.46e-13 31_[1(7.50e-05)]_55_[2(6.96e-10)]_[1(2.05e-05)]_15_[1(8.43e
-05)]_246_[4(7.63e-05)]_80_[3(1.83e-07)]_43_[1(1.21e-08)]_41
BGK04166                 5.37e-09 22_[4(7.63e-05)]_38_[1(9.35e-07)]_202_[1(5.22e-06)]_63_[3
(8.08e-07)]_100_[2(2.10e-07)]_112
BGK01655                 1.53e-05 117_[4(7.63e-05)]_153_[1(2.51e-06)]_16_[3(3.89e-07)]_279
BGK03537                 4.20e-08 9_[2(4.70e-07)]_77_[1(1.62e-06)]_229_[4(7.63e-05)]_189_[3
(2.11e-06)]_46
BGK02838                 2.95e-08 158_[2(5.16e-05)]_25_[2(2.52e-08)]_101_[1(4.48e-06)]_189_[3
(5.10e-06)]_69
BGK04759                 6.89e-07 155_[4(7.63e-05)]_100_[3(1.22e-06)]_232_[1(3.58e-08)]_78
--------------------------------------------------------------------------------
********************************************************************************
```

从上面的区段可以看到这一部分有几个结果数据，除序列名以外，还包括给定序列的组合 P 值，以及一个 motif 的分布示意图。以 BGK02457 为例，组合 P 值是 2.00e-10，表示在随机背景模型下生成符合这种形式的组合的概率是 2.00e-10，关于 motif 示意结果。79_[2(3.26e-07)]_51_[3(2.97e-09)]_397_[1(1.40e-06)]_30。这个示意结果的意思是 BGK02457 序列从 5′到 3′方向经过 79nt 后，有 motif 2 的匹配，用［2］表示，（3.26e-07）表示的是这个 motif 的位置 P 值。见前面 motif 描述中位置 P 值部分。

```
********************************************************************************
Stopped because nmotifs = 4 reached.
********************************************************************************
CPU: shangao
********************************************************************************
```

在这里，我们简单地解释了 MEME 文本格式的结果文件的主要项目，除文本形式以外，

MEME 还提供更漂亮的 HTML 格式的结果，其结构和文本格式几乎一样，这里不再重复解释。有兴趣的读者可以自行比较。对于这里使用的完整的结果可以见附件：

rice_meme_txtFormat. out

rice_meme_htmlFormat. html

如果需要对结果文件各项更详细的解释，可以参看 MEME 的网上文档：

http://meme. sdsc. edu/meme/meme-output-example. html#explanation

(1) 根据例 1 的数据集，比较 MEME 双链 motif 预测和单链 motif 预测的结果差异，各举一个实际例子（提示：用 MEME 参数 －revcomp）。

(2) 利用 MEME 挑选合适的模型寻找人和小鼠的可能的转录因子结合位点（提示：promoter 序列可以从 EPD 下载，core promoter 区大约是位于 TSS 上游 150，到 TSS 下游 50）。EPD 地址：ftp://ftp. epd. unil. ch/pub/databases/epd/。

(3) 调整各种概率模型（ZOOPS，OOPS，…），以及不同的字串长度，找到 P 值最小的 motif，并尝试评估不同概率模型对结果的影响。

5. Motif 的搜索：MAST

接着，我们可以利用 MAST 的搜索工具对预测的 motif 进行搜索，最简单的情况是使用命令。我们对 MAST 常用其他参数说明，具体含义见下表：

mast 命令的基本格式：mast < mfile > [optional arguments …]

参数如下：

< mfile > 保存有 motif 的文件，可以是 meme 的结果文件，也可以下面提到的某些格式文件

[< database >] 或 [－d < database >] 搜索 motif 的数据集

[－stdin] 从标准输入中读取数据库。默认是从 meme 结果文件作预测的那个数据集

[－a < alphabet >] 字符集

[－stdout] 使用标准输出输出结果

[－text] 输出文本格式（默认是 html 格式输出）

[－sep] 让 DNA 互补链作为单独的序列进行打分

[－norc] 不对 DNA 互补链进行打分

[－dna] 把 DNA 序列翻译成蛋白

[－comp] 根据序列组成调整 P 值和 E 值

[－rank < rank >] 打印最好的 < rank > 个结果（默认值：1）

[－smax < smax >] 打印至多 < smax > 条序列（默认为全部序列）

[－ev < ev >] 打印 E 值小于 < ev >的序列（默认的 < ev >是 10）

[－mt < mt >] 显示 P 值小于 < mt >的 motif（默认值：0.0001）

[－w] 在尖括号内显示弱 motif（mt < p－value < mt * 10）in angle brackets

[－bfile < bfile >] 从 < bfile >文件中读取背景频率

[－seqp] 使用序列的 P 值作为 motif 的阈值（默认使用 POSITION 的 P 值）

[－mf < mf >] 打印 < mf >作为 motif 文件名

[－df < df >] 打印 < df >作为数据库名

[-minseqs <minseqs>]　数据库中的序列数的下界
[-mev <mev>] +　只使用 E 值小于 <mev> 的 motif
[-m <m>] +　使用 motif 数目 为 <m>（忽略 -mev）
[-diag <diag>]　motif 的次序和间隔
[-best]　只在图表中包含最好的 motif
[-remcorr]　去除高度相关的 motif
[-brief]　简洁输出—不打印文档
[-b]　只打印第一节和第二节
[-nostatus]　不打印程序报告
[-hit_ list]　打印所有匹配的机器可读列表；包括 -text

实例2：

用实例1中给定的水稻数据集，搜索 MEME 预测的 motif。基本命令如下：

$ mast rice_meme_txtFormat. out rice9311_sample. fa -brief -text

<文本格式>

我们把前面 MEME 的结果文件输入 MAST。

和 MEME 的结果文件类似，MAST 结果也可以分文件头、数据和 motif、高分序列、motif 图和序列注释五部分。

（1）头文件。和 MEME 一样，MAST 结果的头文件，交代了 MAST 版本必要的版本信息、官方主页和文献引用。

```
********************************************************************************
MAST - Motif Alignment and Search Tool
********************************************************************************
        MAST version 3.5.4 (Release date: 3.5.4)
        For further information on how to interpret these results or to get
        a copy of the MAST software please access http://meme.nbcr.net.
********************************************************************************
REFERENCE
********************************************************************************
        If you use this program in your research,please cite:
        Timothy L. Bailey and Michael Gribskov,
        "Combining evidence using p-values: application to sequence homology
        searches",Bioinformatics,14(48-54),1998.
********************************************************************************
```

（2）数据库和 motif。这个部分主要介绍用于搜索 motif 的数据集的一些基本信息，计算给出 motif 的预处理信息。

```
********************************************************************************
DATABASE AND MOTIFS
********************************************************************************
        DATABASE rice9311_sample.fa (nucleotide)
        Last updated on Tue Jan 30 22:24:44 2007
        Database contains 7 sequences,4200 residues
        Scores for positive and reverse complement strands are combined.
        MOTIFS rice_meme_txtBriefFormat.out (nucleotide)
        MOTIF  WIDTH   BEST POSSIBLE MATCH
        -----  -----   -------------------
          1      13    AGAGAGAGGGAAG
          2      15    TGGTTTTTAGGTGGA
```

```
  3        15       CTCGCTTCCCCCGCA
  4         7       AGAAAAA
PAIRWISE MOTIF CORRELATIONS:
MOTIF       1        2        3
----- ----- ----- -----
    2     0.18
    3     0.06   0.13
    4     0.57   0.33   0.11
No overly similar pairs (correlation > 0.60) found.
Random model letter frequencies (from non-redundant database):
A 0.281 C 0.222 G 0.229 T 0.267
********************************************************************************
```

这里可以看到我们的数据集是 rice9311_sample. fa,有 7 条序列，共 4200nt 的残基。我们看到用 MEME 的输出结果 rice_meme_txtBriefFormat. out 作为 MAST 的输入文件，并列出了有 4 个 motif 用于搜索。关于 motif 的预处理步骤，其实是计算几个 motif 之间的相关性。最后还给出随机背景的概率分布。

(3) 高分序列。这部分结果返回一个按 *E* 值由小到大序列排列，*E* 值越小，说明匹配的显著性越高。

```
********************************************************************************
SECTION I: HIGH-SCORING SEQUENCES
********************************************************************************
SEQUENCE NAME                     DESCRIPTION                    E-VALUE   LENGTH
-------------                     -----------                    --------  ------
BGK03149                                                         3.8e-11     600
BGK02457                                                         1.1e-08     600
BGK04166                                                         9.2e-07     600
BGK02838                                                         9.4e-07     600
BGK03537                                                         6.5e-06     600
BGK04759                                                         4.4e-05     600
BGK01655                                                         0.00049     600
********************************************************************************
```

(4) motif 示意图。和 MEME 类似,MAST 的 motif 示意图标注了所有 motif 在每条序列上匹配的位置。

```
********************************************************************************
SECTION II: MOTIF DIAGRAMS
********************************************************************************
SEQUENCE NAME            E-VALUE      MOTIF DIAGRAM
-------------            --------     -------------
BGK03149                 3.8e-11      99_[+2]_[+1]_361_[+3]_43_[+1]_41
BGK02457                 1.1e-08      79_[+2]_51_[+3]_193_[+3]_133_[-1]_22_
                                      [-1]_8_[+1]_7_[-3]_8
BGK04166                 9.2e-07      67_[+1]_202_[+1]_63_[+3]_100_[+2]_112
BGK02838                 9.4e-07      198_[+2]_101_[+1]_178_[-1]_82
BGK03537                 6.5e-06      9_[+2]_77_[+1]_425_[+3]_46
BGK04759                 4.4e-05      262_[+3]_32_[-1]_187_[+1]_78
BGK01655                 0.00049      65_[-1]_199_[+1]_16_[+3]_279
********************************************************************************
```

以 BGK03149 为例,99_[+2]_[+1]_361_[+3]_43_[+1]_41,这里的数字 99 表示以 5′到 3′的 99nt 距离，[+2][+1][+3]表示 motif 1、2 和 3，+号表示正链匹配、-号表示反链匹配。

(5) 序列注释。MAST 不光是给出各 motif 的位置信息，还能对每个序列每个 motif 匹配的位置给出详细的注释信息。从下面的结果我们可以看到，MAST 不光给出了序列 *P* 值和 *E* 值，还给出每个 motif 匹配单独的位置 *P* 值。

```
********************************************************************************
SECTION III: ANNOTATED SEQUENCES
********************************************************************************
BGK03149
  LENGTH = 600 COMBINED P-VALUE = 5.37e-12 E-VALUE = 3.8e-11
  DIAGRAM: 99_[+2]_[+1]_361_[+3]_43_[+1]_41
                               [+2]            [+1]
                               2.3e-09         3.8e-05
                               TGGTTTTTAGGTGGAAGAGAGAGGGAAG
                               +++++++++++++++++ ++++++++ +
   76  AAATCAGGTTTTATATGAGGAAAATGGTTTTTAGGAGGAAGTGAGAGAGAGGATGGAGGGATATACTATAGAGAT
                                             [+3]
                                             5.1e-08
                                             CTCGCTTCCCCCGCA
                                             ++++ ++++++++++
  451  ACCATTCACTTGTAGTGTATATATACTGCCACCATTCACTCGTTCCCCCCGCATCGCATCCTCTCCCCACACAAT
                            [+1]
                            2.9e-08
                            AGAGAGAGGGAAG
                            +++++++++++++
  526  CCCCACCCGGCCTAGCGAGCGAGAGAGAGGGAAGGGTTGCGACTTGCGACTCGCGAGCGGCGAGATGGCGAAGGA
```

（注意：这里的 526 表示这一行从序列的 526 碱基开始，而[+1]表示 motif 在正链上匹配，2.9e-8 是位置 *P* 值 AGAGAGAGGGAAG 是最有可能的一个匹配，而下面一行的 + 号表示这个位置的匹配分值为正分）。

……

（其他序列的注释项省略）

……

```
********************************************************************************
CPU: shangao
Time 0.170000 secs.
--------------------------------------------------------------------------------
```

对于这个结果的更详细的情况，见附件：

mast_rice_meme_txtFormat.out

mast_rice_meme_htmlFormat.out

练　　习

利用 MAST 搜索人和小鼠的已知的核心 TFBS，并统计人和小鼠的含有 TATA-box 的基因，计算他们各占的比例是多少？

（提示：可以使用 EPD 的几个权重矩阵 http://www.epd.isb-sib.ch/promoter_elements/，更多的 TFBS 信息可以从 TRANSFAC 下载）。

对于 MEME 和 MAST 的基本情况就介绍到这里，更详细的细节可以见 MEME 的主页 http://meme.sdsc.edu/meme/intro.html。在这个主页上，MEME/MAST 提供一个较简单的 web 提交服务，可以通过电子邮件的形式，在线 motif。

P.S 在使用 MEME 对大数据集（例如对全基因组启动子数据）预测，由于运算量很大，可能会是一个漫长的过程。

7.3.2 MDScan

下面我们介绍另一个比较有名的 motif 预测程序 MDScan，它主要是基于统计显著性字串算法为核心，是一个快速而精确的 motif 算法，最初是专门为免疫共沉淀芯片实验室 motif 预测专门设计的。

1. 下载

MDscan 有一个免费的学术版下载：

http://motif.stanford.edu/distributions/mdscan/MDscan.May03.zip

下面是 MDScan 学术版的一个授权证书说明：这个软件对于学术团体是免费的，个人（学生和博士后除外）可以完全签写 PDF 证书合同并寄往表格上的地址，也可以用 FAX 发送表格到 650.723.6783。联系人：Kathryn Hedjasi 和 Doug Brutlag。值得提醒的是：对于证书授权，是许多软件授权的一种方式，关于如何在证书授权范围下合法使用软件，也是许多生物信息软件使用十分需要引起注意的问题，MDscan 的证书是一个非常简单的形式，希望大家能尝试养成良好的在软件授权下合理使用的习惯。通过获得了软件的证书授权，我们可以合法地在学术研究中使用 MDscan。

2. 安装

首先解包 MDscan1.May03.zip 文件：

```
$ unzip MDscan1.May03.zip
$ ls -l
-rw-r--r--1   goodgood root   30973  2003-02-05   genomebg.cygwin
-rw-r--r--1   goodgood root   18756  2003-02-05   genomebg.linux
-rw-r--r--1   goodgood root   15484  2003-02-05   genomebg.sun
-rw-r--r--1   goodgood root   74107  2003-02-05   MDscan.cygwin
-rwxr--r--1   goodgood root   34903  2003-05-27   MDscan.linux
-rw-r--r--1   goodgood root   71428  2003-02-05   MDscan.sun
-rw-r--r--1   goodgood root    7589  2003-02-05   readme
-rw-r--r--1   goodgood root    3485  2003-02-05   yeast_all.bg
-rw-r--r--1   goodgood root    3485  2003-02-05   yeast_int.bg
```

可以看到 MDscan 的 3 个系统的版本的二进制文件。我们这里讲解以 Linux 版本为例。

修改程序的权限,使我们有可执行权限：$ chmod 755 MDscan.linux

3. 使用

$ MDscan.linux

就可以看到 MDscan 的一个参数列表，这样 MDscan 就可以工作了。

```
MDmodule usage:
        -i <input sequences>
        -w <motif width (default 10)>
        -t <number of top sequences to look for candidate motifs (default 5)>
        -c <number of top sequences to confirm candidate motifs (default whole
dataset)>
        -e <expectd bases per motif site in the top sequences (don't specify if
unknown)>
        -f <background frequency file (default yeast genome intergenic region)>
        -b <background sequence file (default input sequences)>
        -s <number of candidate motifs to scan and refine (default 30)>
        -r <number of top motifs to report at the end (default 5)>
```

```
-n <number of refinement iterations (default 10)>
-o <output file (default stdout)>
-g 1 <if you don't want to see messages during the run>
```

下面我们解释一下各参数的使用：

-i <i>　输入 fasta 格式的序列文件 <i>

-w <w>　给定 motif 宽度为 <w>（默认值是 10）

-t <t>　选择前 <t> 条序列寻找候选的 motif 种子（默认值是 10）

-c <c>　选择前面 <c> 条序列数来证实候选 motif.（默认为整个数据集）

-e <e>　每个 motif 在序列里的期望值（如果不知道，请不要指定）

-f <f>　背景概率文件（默认是酵母的 intergentic 区）

-b <b>　背景序列文件（默认值为输入序列文件）

-s <s>　参与搜索和重定义的候选的 motif 个数（默认值是 30）

-r <r>　结果输出最显著的 <r> 个 motif（默认值是 5）

-n <n>　迭代 <n> 次（默认值是 10）

-o <o>　输出文件（默认是屏幕标准输出）

-g 1　在运行时不输出信息

4. 实例

应用上一节实例 1 的水稻数据，我们看看在 MDscan 下的结果：

运行命令：

```
$ MDscan.linux -i rice9311_sample.fa -w 11 -t 6 -n 15 -o rice_sample_MDscan.out -g 1
```

表示数据文件是 rice9311_sample. fa，motif 宽度是 11(-w 11)，在前 6 条序列中寻找 motif 种子（-t 6)，程序迭代 15 次（-n 15）。输出到结果文件 rice_sample_MDscan. out (-o rice_sample_MDScan. out)，并且不输出屏幕信息（-g 1）。运行结果如下：

```
Pm  0.2501    Minimum match (8/11)
Top 5  motifs  Wid       Score1     Segment Con     Deg
Mtf 1   11  3.055        37        GAGAGAGAGAG     GAGAGAGAGRG
Final Motif 1: Wid 11 Score1 3.055 Segment 37
               A     C     G     T     Con    rCon    Deg    rDeg
1             19     7    67     7      G      C       G      C
2             74     7    14     4      A      T       A      T
3              7     7    82     4      G      C       G      C
4             89     4     2     4      A      T       A      T
5              2     4    92     2      G      C       G      C
6             94     2     2     2      A      T       A      T
7              2     4    92     2      G      C       G      C
8             74     4    19     2      A      T       A      T
9             12     4    77     7      G      C       G      C
10            52     4    34     9      A      T       R      Y
11            19     2    64    14      G      C       G      C
>BGK02457          St b51       AAAAGAGAGAG
>BGK02457          St b53       AAGAGAGAGGG
… …                …            … …
>BGK04759          St f507      GGTAGAGAGAG
>BGK04759          St f509      TAGAGAGAGGT
>BGK04759          St f511      GAGAGAGGTGA
… …
```

省略中间部分 motif 结果

```
… …
Mtf  5    11       3.029     33          CTCTCTCTCTC          CTCTCTCTCTY
Final Motif 5: Wid 11 Score1 3.029 Segment 33
               A     C     G     T     Con     rCon     Deg     rDeg
1             13    66     2    19     C       G        C       G
2              8    24     5    63     T       A        T       A
3              2    88     5     5     C       G        C       G
4              2     8     5    85     T       A        T       A
5              2    91     5     2     C       G        C       G
6              2     2     2    94     T       A        T       A
7              2    91     5     2     C       G        C       G
8              5     5     5    85     T       A        T       A
9              5    80     8     8     C       G        C       G
10            10    16     5    69     T       A        T       A
11             8    60     8    24     C       G        C       G
 > BGK02457          St  f6      TTTTCTCTCTC
 > BGK02457          St  f8      TTCTCTCTCAT
 > BGK02457          St  f503    ATCCCTCTCTC
 > BGK02457          St  f505    CCCTCTCTCTT
 > BGK02457          St  f507    CTCTCTCTTTT
… …
Total time 0:0:16.
```

从上面的结果可以看到，MDscan 的结果很简单，只是给出了每一个 motif 的基本信息，如 motif 1 宽度是 11、分值是 3.055。有 37 个匹配，序列的一致序列是 GAGAGAGAGRG，同时给出 motif 的频数矩阵以及各匹配的块信息，十分简洁。

MDscan 预测 motif 的最大特点是速度快，可以处理大规模基因组数据，如果能在配合 repeatMAsk 进行数据预处理，屏蔽简单重复序列，可以获得很好的预测结果。详细信息见光盘 memeMast\rice_sample_MDScan.out。MDScan 也支持 web 服务处理小量数据。

http://ai.stanford.edu/~xsliu/cgi-bin/MDsearch.cgi。对于更详细可以参看 MDScan 的文档。

练　习

比较 MEME 和 MDScan 的搜索结果，以及使用 repeatMask 屏蔽简单重复序列以后，再比较 MDscan 与 MEME 的运行结果.

7.3.3 Motif 预测小结

转录调控作为基因表达的最初试的一环，尤其是与原核生物相比较，真核生物的转录调控更复杂灵活多样。概括的说，转录调控过程其实质是转录因子（TF）和 DNA 上的调控元件（cis-regulation element），主要是与转录因子结合位点（TFBS）相互作用的过程，所以对真核生物来讲，基因上游的非编码区域是与基因的调控表达有更密切联系。人们普遍认为，那些调控元件应该是在进化上更具有保守性，可以作为进一步研究基因表达调控的一个重要的手段。目前已经有相当的实验技术如酵母双杂交技术，生物芯片技术等为基因调控的研究提供强大的技术支持，与此同时，针对实验技术在成本，物种特异的实验手段不可避免的缺陷，人们发展一系列计算方法来引导实验和总结基本的生物学原理。因此，对于基因非编码区，尤其是对于核心启动子和邻近启动子区的分析，预测可能的转录因子结合位点，对于全面的理解调控网络运作机制以及为进一步的实验提供强有力的帮助。

目前为止，已经有相当的基于不同模型的算法和工具，但是对于这些预测的结果都没有十分令人满意，如何控制假阳性率依然是所有预测模型所面临的一个“两难”的困境。即使是那些热爱大自然的科学家都不得不惊叹生命系统如此的绚丽多姿，复杂而有条不紊，因而，任何基于简单模型注释的生命世界与大自然的鬼斧神工相比，都显得过于简陋。虽然这样，生命科学经过几十代科学家的努力，才有现在如此丰富的积累。最近的计算机技术的发展和大规模基因测序技术的发展所得到的海量的数据，留给计算生物学方法广阔的发展空间。历史的经验告诉我们，生命系统始终是比简单直觉的描述要复杂许多。因此，我们应该在计算理论允许的范围之下尽可能地精确计算以及细化模型的同时，尽量地使模型的精度符合我们解决实际问题的需要。

对于预测 motif 的问题从原理上讲可以大致分为三种方法，一种是基于多序列联配，寻找保守单元；一种是通过对已知的调控元件的数据库搜索，寻找潜在的 TFBS，如利用 EPD、TRANSFAC 等已知的数据库，利用 MAST 等搜索软件进行预测；一种是从头预测的方法，比如基于 Gibbs 采样特别针对酵母训练的 AlignACE，基于统计显著性 K 串算法的 MDScan 和 YMF，MEME 以及我们自己开发的 smartSEED，以及通过同源比对的方法。但是这些软件对于真核生物的调控信号预测都有一定的局限性，就同源联配方法而言，由于调控元件短，所以人们要得到比较理想的结果，就要对参与比对的同源序列的挑选有很高要求，一般首先需要聚类挑选共表达基因，但是由于各种基因组数据序列质量参差不齐，不同类基因的表达特征各不相同，所以比对结果会有所差异，最主要的问题是做同源比对的序列关系要有一定的限制，既不能太远也不能太近，只能在序列数据充分的极少情况下使用。对于通常的显著 K 串方法的而言，最大缺点就是对随机背景分布的假设没有统一的标准，对如何根据所给的数据集大小选取适当的 K 值和背景分布目前还没有共识，但 K 串法的物种的特异性弱、参数结构简单，以及很好的统计学意义使该方法具有非常好的可移植特性，面对日益丰富的各种数据，在避免训练集过优化导致的估计偏差问题有优势，适合大规模数据处理，因此，我们需要根据数据的实际情况，灵活地整合各种软件算法，扬长避短，更好地解决实际问题。

主要参考文献

Adams M D, Kelly J M et al. 1991. Complementary DNA sequencing: expressed sequence tags and human genome project. Science, 252 (5013): 1651 ~ 1656

Burke et al. 1999. A validated method for clustering. EST and full-length cDNA sequences. Genome Research, 9 (11): 1135 ~ 1142

Chou Hui-Hsian, Hsia An-pirg. PICKY: oligo microarray design for large genomes. Nov 2004, 20: 2893 ~ 2902

Gordon D, Abajian C, Geeen P. 1998. Consed: A graphical tool for sequence finishing. Genme Res, 8: 195 ~ 202

Gordon P M K, Sensen C W. 2004. Osprey: a comprehensive tool employing novel methods for the design of oligonucleotides for DNA sequencing and microarrays. Nucleic Acids Research, 32, (17): e133

Henrik Bjørn Nielsen, Rasmus Wernersson, Steen Knudsen. 2003. Design of oligonucleotides for microarrays and perspectives for design of multi-transcriptome arrays. Nucleic Acids Research, 31 (13): 3491 ~ 3496

Huang X, Madan A. 1999. CAP3: A DNA sequence assembly program. Genome Research, 9: 868 ~ 877

Jalving R, Slot R, Oost B A. 2004. Chicken single nucleotide polymorphism identification and selection for genetic mapping. Poultry Science, 83: 1925 ~ 1931

John Parkinson, David B Guiliano, Mark Blaxter. 2002. Making sense of EST sequences by CLOBBing them. BMC Bioinformatics, 3 (1): 31

Kalyanaraman A, Aluru S, Kothari S et al. 2003. Efficient clustering of large EST data sets on parallel computers. Nucleic Acids Res, 31: 2963 ~ 2974

Liu X S, Brutlag D L, Liu J S. 2002. An algorithm for finding protein-DNA binding sites with applications to chromatin immunoprecipitation microarray experiments. Nat Biotechnol, 20 (8): 835 ~ 839

Romualdi C, Bortoluzzi S, D'Alessi F et al. 2003. IDEG6: a web tool for detection of differentially expressed genes in multiple tag sampling experiments. Physiol Genomics, 12 (2): 159 ~ 162

Timothy L Bailey, Charles Elkan. 1994. Fitting a mixture model by expectation maximization to discover motifs in biopolymers. Proceedings of the Second International Conference on Intelligent Systems for Molecular Biology. AAAI Press, Menlo Park, California. 28 ~ 36

Timothy L Bailey, Michael Gribskov. 1998. Combining evidence using p-values: application to sequence homology searches. Bioinformatics, 14: 48 ~ 54

Timothy L Bailey. 1995. Discovering motifs in DNA and protein sequences: The approximate common substring problem. Ph. D. dissertation, University of California at San Diego

Useche F J, Gao G, Hanafey M et al. 2001. High throughput identification database storage and analysis of SNPs in EST sequence. Genome Informatics, 12: 194 ~ 203

第 8 章　蛋白质结构预测

8.1　蛋白质结构知识介绍

生物细胞中有许多蛋白质（由 20 余种氨基酸所形成的长链），这些大分子对于完成生物功能是至关重要的。蛋白质的空间结构往往决定了其功能，因此，如何揭示蛋白质的结构是非常重要的工作。

生物学界常常将蛋白质的结构分为 4 个层次：一级结构，也就是组成蛋白质的氨基酸序列；二级结构，即骨架原子间的相互作用形成的局部结构，比如 α 螺旋、β 片层和 loop 区等；三级结构，即二级结构在更大范围内的堆积形成的空间结构；四级结构主要描述由三级结构形成的不同亚基之间的相互作用。

8.1.1　蛋白质一级结构

一级结构（primary structure）是指多肽链的氨基酸残基的排列顺序，也是蛋白质最基本的结构。它是由编码基因序列中遗传密码的排列顺序所决定的，各种氨基酸按遗传密码的顺序通过肽键连接起来。每一种蛋白质分子都有自己特有的氨基酸的组成和排列顺序即一级结构，由这种氨基酸排列顺序决定它的特定的空间结构，也就是蛋白质的一级结构决定了蛋白质的二级三级等高级结构，这就是荣获诺贝尔奖的著名的 Anfinsen 原理。

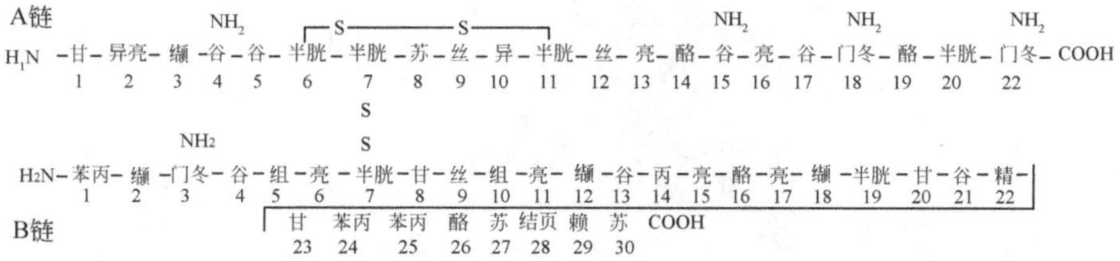

图 8-1　胰岛素的一级结构及不同动物胰岛素在 A 链中的差异

胰岛素（Insulin，图 8-1）由 51 个氨基酸残基组成，分为 A、B 两条链。A 链 21 个氨基酸残基，B 链 30 个氨基酸残基。A、B 两条链之间通过两个二硫键联结在一起，A 链另有一个链内二硫键。

8.1.2　蛋白质立体结构原则

（1）由于 C ═O 双键中的 π 电子云与 N 原子上的未共用电子对发生“电子共振”，使肽键具有部分双键的性质，不能自由旋转（图 8-2）。

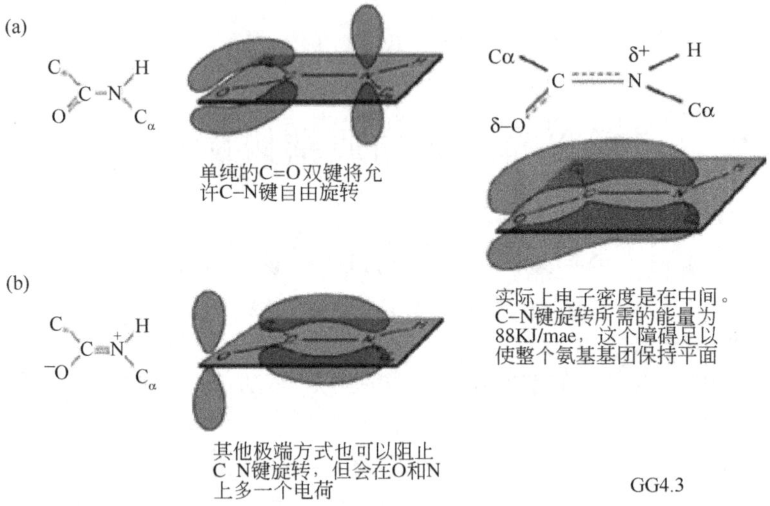

图 8-2　电子共振

（2）与肽键相连的六个原子构成刚性平面结构，称为肽单元或肽键平面（图 8-3）。但由于 α 碳原子与其他原子之间均形成单键，因此，两相邻的肽键平面可以作相对旋转。此单键的旋转决定两个肽键平面的位置关系，于是肽键平面成为肽链盘曲折叠的基本单位。

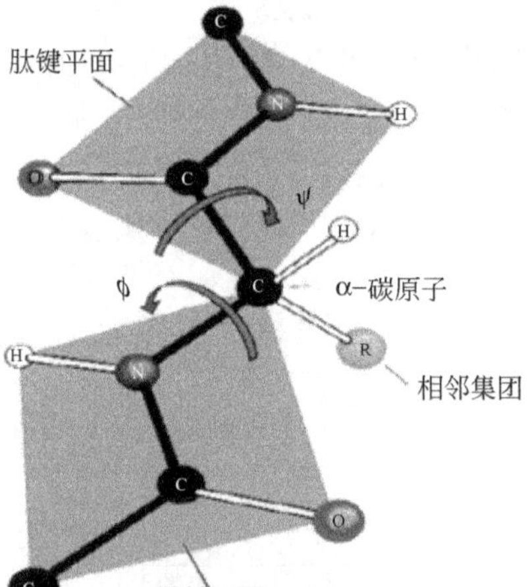

图 8-3　肽键平面

8.1.3　蛋白质二级结构

二级结构（secondary structure）是指多肽链借助于氢键沿一维方向排列成具有周期性的结构的构象，是多肽链局部的空间结构（构象），主要有 α 螺旋、β 折叠、β 转角等几种形式，它们是构成蛋白质高级结构的基本要素。

（1）α 螺旋（α-helix，图 8-4）是蛋白质中最常见最典型含量最丰富的二级结构元件。在 α 螺旋中，每个螺旋周期包含 3.6 个氨基酸残基，残基侧链伸向外侧，同一肽链上的每个残基的酰胺氢原子和位于它后面的第四个残基上的羰基氧原子之间形成氢键。这种氢键大致与螺旋轴平行。一条多肽链呈 α 螺旋构象的推动力就是所有肽键上的酰胺氢和羰基氧之间形成的链内氢键。在水环境中，肽键上的酰胺氢和羰基氧既能形成内部（α 螺旋内）的氢键，也能与水分子形成氢键。如果后者发生，多肽链呈现类似变性蛋白质那样的伸展构象。疏水环境对于氢键的形成没有影响，因此，更可能促进 α 螺旋结构的形成。

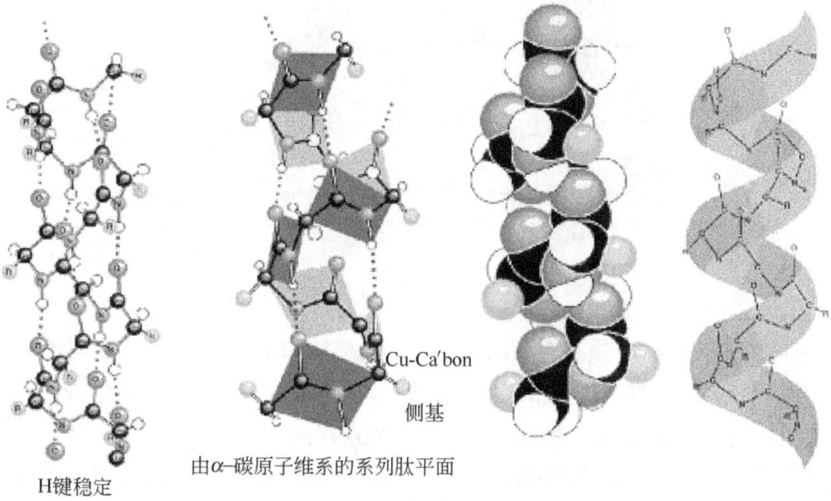

图 8-4　四种不同的 α 螺旋

（2）β 折叠（β-sheet）也是一种重复性的结构，可分为平行式（图 8-5）和反平行式（图 8-6）两种类型，它们是通过肽链间或肽段间的氢键维系。可以把它们想象为由折叠的条状纸片侧向并排而成，每条纸片可看成是一条肽链，称为 β 折叠股或 β 股（β-strand），肽主链沿纸条形成锯齿状，处于最伸展的构象，氢键主要在股间而不是股内。α 碳原子位于折叠线上，由于其四面体性质，连续的酰胺平面排列成折叠形式。需要注意的是在折叠片上的侧链都垂直于折叠片的平面，并交替的从平面上下两侧伸出。平行折叠片比反平行折叠片更规则且一般是大结构而反平行折叠片可以少到仅由两个 β 股组成。

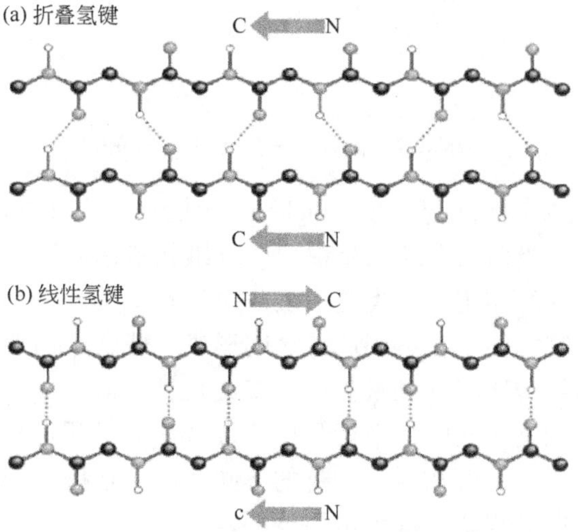

图 8-5　在平行（a）和反平行（b）β 折叠片中氢键的排列

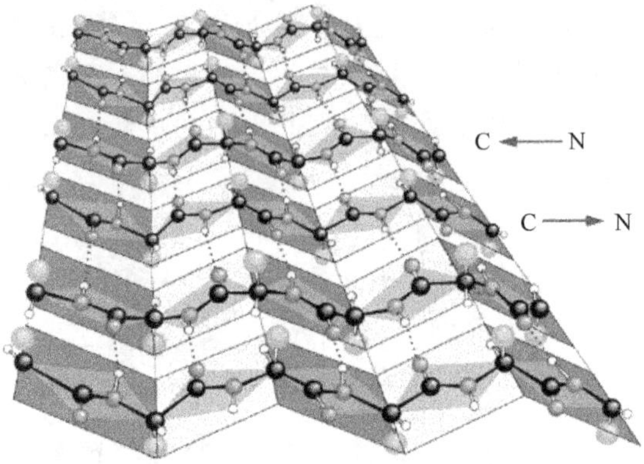

图 8-6　反向 β 折叠

（3）β 转角（β－turn）是种简单的非重复性结构（图 8-7）。在 β 转角中第一个残基的 C ═O 与第四个残基的 N—H 氢键键合形成一个紧密的环，使 β 转角成为比较稳定的结构，多处在蛋白质分子的表面，在这里改变多肽链方向的阻力比较小。β 转角的特定构象在一定程度上取决与他的组成氨基酸，某些氨基酸如脯氨酸和甘氨酸经常存在其中，由于甘氨酸缺少侧链（只有一个 H），在 β 转角中能很好的调整其他残基的空间阻碍，因此，是立体化学上最合适的氨基酸；而脯氨酸具有换装结构和固定的角，因此，在一定程度上迫使 β 转角形成，促使多台自身回折且这些回折有助于反平行 β 折叠片的形成。

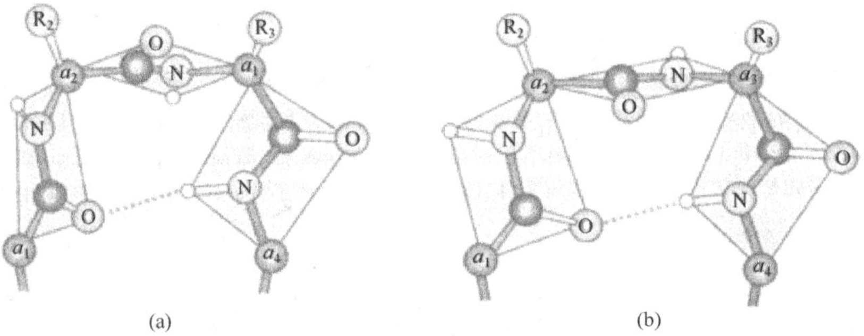

图 8-7　两种主要类型的 β 转角

其他二级结构元件还有 β 凸起（β－bugle）、无规则卷曲（randon coil）等。

蛋白质可分为纤维状蛋白质和球状蛋白质。纤维状蛋白质通常是水不溶性的，在生物体内往往起着结构和支撑的作用；这类蛋白质的多肽链只是沿一维方向折叠，β 折叠以反式平行为主且折叠片氢键主要是在不同肽链之间形成。球状蛋白质一般都是水溶性的，是生物活性蛋白；它们的结构比起纤维状蛋白质来说要复杂得多。α 螺旋和 β 折叠在不同的球状蛋白质中所占的比例是不同的，平行和反平行 β 折叠几乎同样广泛存在，既可在不同肽链或不同分子之间形成，也可在同一肽链的不同肽段（β 股）之间形成。β 转角、卷曲结构或环结构也是它们形成复杂结构不可缺少的。

8.1.4　蛋白质结构域（domain）

结构域是在二级结构或超二级结构的基础上形成三级结构的局部折叠区，一条多肽链在这个域范围内来回折叠，但相邻的域常被一个或两个多肽片段连接。通常由 50 ~ 300 个氨基酸残基组成，其特点是在三维空间可以明显区分和相对独立，并且具有一定的生物功能如结合小分子。模体或基序（motif）是结构域的亚单位，通常由 2 ~ 3 二级结构单位组成，一般为 α 螺旋、β 折叠和环（loop）（图 8-8）。

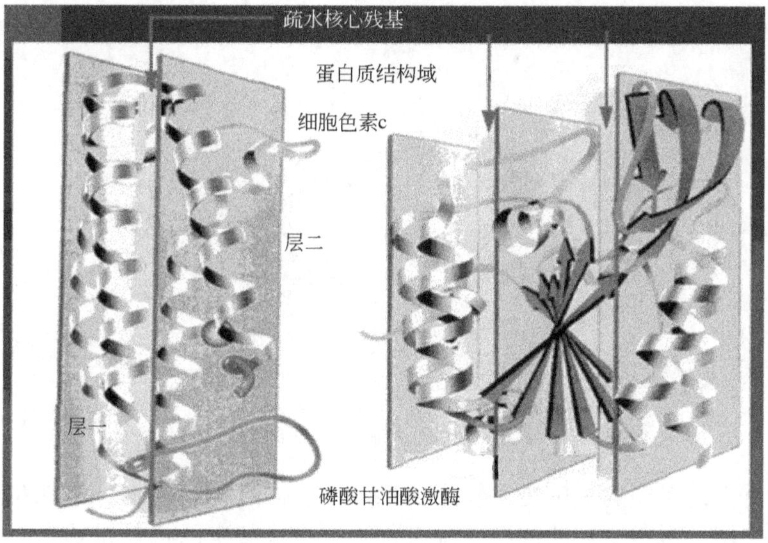

图 8-8　蛋白质结构域

对那些较小的球状蛋白质分子或亚基来说，结构域和三级结构是一个意思，也就是说这些蛋白质或亚基是单结构域的如红氧还蛋白等；较大的蛋白质分子或亚基其三级结构一般含有两个以上的结构域，即多结构域的，其间以柔性的铰链（hinge）相连，以便相对运动。结构域有时也指功能域。一般，功能域是蛋白质分子中能独立存在的功能单位，它可以是一个结构域也可以是由两个或两个以上结构域组成。

结构域的基本类型有全平行 α 螺旋结构域、平行或混合型 β 折叠片结构域、反平行 β 折叠片结构域和富含金属或二硫键结构域 4 种。

8.1.5　蛋白质三级结构

三级结构（tertiary structure）主要针对球状蛋白质而言，是指整条多肽链由二级结构元件构建成的总三维结构，包括一级结构中相距远的肽段之间的几何相互关系，骨架和侧链在内的所有原子的空间排列。在球状蛋白质中，侧链基团的定位是根据它们的极性安排的。蛋白质特定的空间构象是由氢键、离子键、偶极与偶极间的相互作用、疏水作用等作用力维持的，疏水作用是主要的作用力。有些蛋白质还涉及二硫键。

如果蛋白质分子仅由一条多肽链组成，三级结构就是它的最高结构层次。图 8-9 ~ 图 8-11 为几种常见蛋白质分子结构。

图 8-9 胰岛素的三级结构

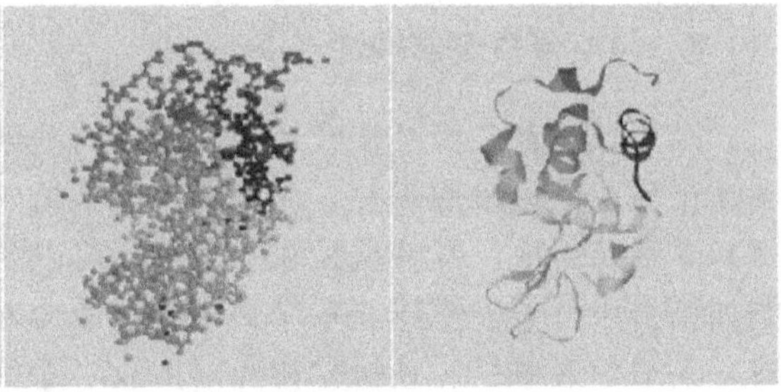

图 8-10 溶菌酶分子的三级结构

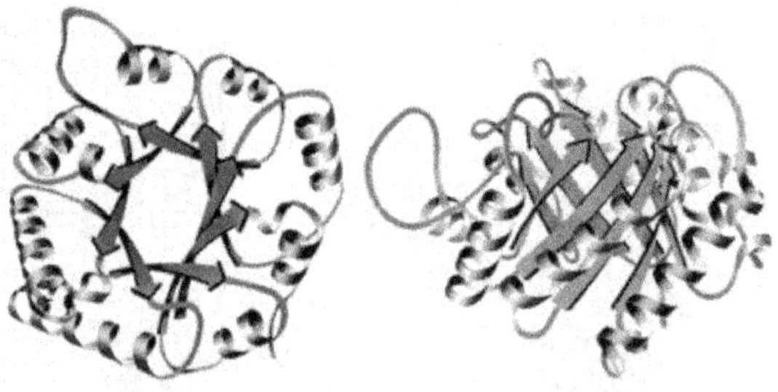

图 8-11 磷酸丙糖异构酶和丙酮酸激酶的三级结构

蛋白质的折叠是有序的、由疏水作用力推动的协同过程。伴侣分子在蛋白质的折叠中起着辅助性的作用。蛋白质多肽链在生理条件下折叠成特定的构象是热力学上的一种有利的过程。折叠的天然蛋白质在变性因素影响下，变性失去活性。在某些条件下，变性的蛋白质可能会恢复活性。

8.1.6 蛋白质四级结构

四级结构（quaternary structure）是指在亚基和亚基之间通过疏水作用等次级键结合成为有序排列的特定的空间结构。四级结构的蛋白质中每个球状蛋白质称为亚基，亚基通常由一条多肽链组成，有时含两条以上的多肽链，单独存在时一般没有生物活性。亚基有时也称为单体（monomer），仅由一个亚基组成的并因此无四级结构的蛋白质如核糖核酸酶称为单体蛋白质，由两个或两个以上亚基组成的蛋白质统称为寡聚蛋白质，多聚蛋白质或多亚基蛋白质。多聚蛋白质可以是由单一类型的亚基组成，称为同多聚蛋白质或由几种不同类型的亚基组成称为杂多聚蛋白质。对称的寡聚蛋白质分子可视为由两个或多个不对称的相同结构成分组成，这种相同结构成分称为原聚体或原体（protomer）。在同多聚体中原体就是亚基，但在杂聚体中原体是由两种或多种不同的亚基组成。

蛋白质的四级结构涉及亚基种类和数目以及各亚基或原聚体在整个分子中的空间排布（图 8-12），包括亚基间的接触位点（结构互补）和作用力（主要是非共价相互作用）。大多数寡聚蛋白质分子中亚基数目为偶数，尤以 2 和 4 为多；个别为奇数，如荧光素酶分子含 3 个亚基。亚基的种类一般是一种或两种，少数的多于两种。

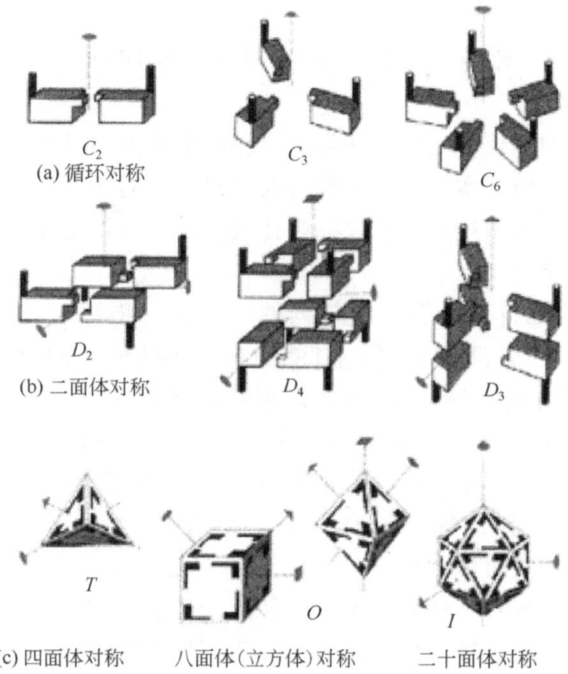

图 8-12　亚基的立体排布

稳定四级结构的作用力与稳定三级结构的没有本质区别。亚基的二聚作用伴随着有利的相互作用，包括范德华力、氢键、离子键和疏水作用，还有亚基间的二硫键。亚基缔合的驱动力主要是疏水作用，因亚基间紧密接触的界面存在极性相互作用和疏水作用，相互作用的表面具有极性基团和疏水基团的互补排列；而亚基缔合的专一性则由相互作用的表面上的极性基团之间的氢键和离子键提供。

血红蛋白分子就是由两个由 141 个氨基酸残基组成的 α 亚基和两个由 146 个氨基酸残基组成的 β 亚基按特定的接触和排列组成的一个球状蛋白质分子，每个亚基中各有一个含亚铁离子的血红素辅基。4 个亚基间靠氢键和 8 个盐键维系着血红蛋白分子严密的空间构象（图 8-13）。

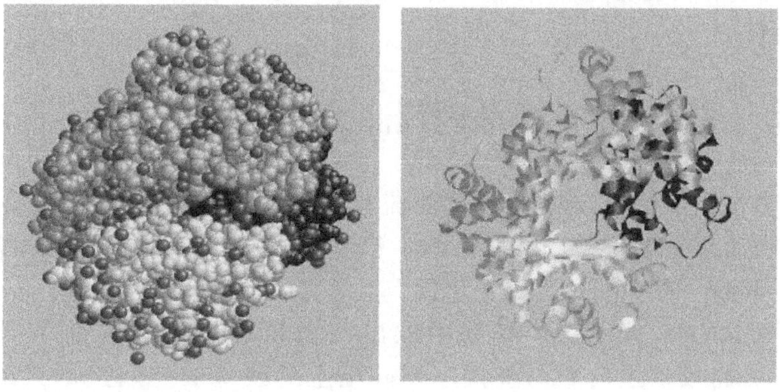

图 8-13　血红蛋白的四级结构

8.2 蛋白质结构预测方法

经过多年努力，结构测定的实验方法得到了很好的发展，比较常用的有核磁共振和 X 射线晶体衍射两种。然而由于实验测定比较耗时和昂贵，对于某些不易结晶的蛋白质来说不适用。相比之下，测定蛋白质氨基酸序列则比较容易。因此如果能够从一级序列推断出空间结构则是非常有意义的工作。

蛋白质结构预测的可行性是有坚实依据的。因为一般而言，蛋白质的空间结构是由其一级结构确定的。生化实验表明：如果在体外无任何其他物质存在的条件下，使得蛋白质去折叠，然后复性，蛋白质将立刻重新折叠回原来的空间结构，整个过程在不到 1s 内即可完成。因此有理由认为对于大部分蛋白质而言，其空间结构信息已经完全蕴涵于氨基酸序列中。从物理学的角度讲，系统的稳定状态通常是能量最小的状态，这也是蛋白质预测工作的理论基础。

蛋白质结构预测的方法可以分为三种：

（1）同源性（homology）方法：这类方法的理论依据是如果两个蛋白质的序列比较相似，则其结构也有很大可能比较相似。有工作表明，如果序列相似性高于 75%，则可以使用这种方法进行粗略的预测。这类方法的优点是准确度高，缺点是只能处理和模板库中蛋白质序列相似性较高的情况。

（2）从头计算（ab initio）方法：这类方法的依据是热力学理论，即求蛋白质能量最小的状态。生物学家和物理学家等认为从原理上讲这是影响蛋白质结构的本质因素。然而由于巨大的计算量，这种方法并不实用，目前只能计算几个氨基酸形成的结构。IBM 开发的 Blue Gene 超级计算机，就是要解决这个问题。

（3）穿线法（threading）方法：由于 Ab Initio 方法目前只有理论上的意义，Homology 方法受限于待求蛋白质必需和已知模板库中某个蛋白质有较高的序列相似性，对于其他大部分蛋白质来说有必要寻求新的方法。Threading 就此应运而生。

以上三种方法中，ab Initio 方法不依赖于已知结构，其余两种则需要已知结构的协助。通常将蛋白质序列和其真实三级结构组织成模板库，待预测三级结构的蛋白质序列，则称之为查询序列（query sequence）。

8.3 蛋白质结构预测的 Threading 方法

Threading 方法是我们下文介绍的预测流程用到的方法，它有 3 个代表性的工作：Eisenburg（美国加州大学）基于环境串的工作、Xu Ying（美国橡树岭国家实验室）的 Prospetor 和 Xu Jinbo、Li Ming（加拿大滑铁卢大学）的 RAPTOR。

Threading 的方法：首先从模板库中取出一条模板序列和查询序列作序列比对（Alignment），并将模板蛋白质与查询序列匹配上的残基的空间坐标赋给查询序列上相应的残基。比对的过程是在我们设计的一个能量函数指导下进行的。根据比对结果和得到的查询序列的空间坐标，通过我们设计的能量函数，得到一个能量值。将这个操作应用到所有的模板上，取能量值最低的那条模板产生的查询序列的空间坐标为我们的预测结果。

需要指出的是，此处的能量函数却不再是热力学意义上的能量函数。它实质上是概率的负对数，即 $E = -\lg p$，我们用统计意义上的能量来代替真实的分子能量，这两者有大致相同的形式。

Eisenburg 指出如果仅仅停留在简单地使用每个原子的空间坐标（x，y，z）来形式化表示蛋白质空间结构，则难以进一步深入研究。Eisenburg 创造性地使用环境串表示结构，从而将结构预测问题转化成序列串和环境串之间的比对问题；其后，Xu Ying 做了进一步发展，将蛋白质序列表示成一系列核（core）组成的序列，核和核之间存在相互作用。因此，结构就表示成核的空间坐标，以及核之间的相互作用。在这种表示方法的基础上，Xu Ying 开发了一种求最优匹配的动态规划算法，得到了很好的结果。但是由于其较高的复杂度，在 Prospetor2 上不得不做了一些简化；Xu Jinbo 和 Li Ming 很圆满地解决了这个问题，将求最优匹配的过程表示成一个整数规划问题，并且证明了一些常用的求解整数规划问题的技巧，都已经自然地包含在约束中。

8.4　蛋白质三维结构预测流程介绍

蛋白质结构的预测过程是个非常复杂的多步过程，整个过程涉及多项工具。不同类别的蛋白质，例如，膜蛋白与可溶蛋白由于不同的理化性质等，可能需要不同的预测方法。一个蛋白质可能有多个功能结构域（domain），要直接预测具有多个结构域的蛋白质不大可能，因为 PDB 库中可能没有相应的模板。观察表明，在很大程度上，一个蛋白质的各结构域的折叠方式不依赖于其他结构域的折叠方式，因此，每个结构域的结构可以单独预测（Wetlaufer 1978）。于是如何在一个蛋白质序列定位各个 domain 的边界也成了结构预测的一个问题。有些蛋白质序列可能包含信号肽，它们与蛋白质结构信息无关，所以可以切除。

综合考虑以上问题，一个蛋白质三维结构预测的流程产生了（图 8-14），它是由 Oak Ridge National Laboratory 的 Xu Ying 等设计，用于全自动的结构预测。下文是我们对分析流程进行的介绍，我们进行蛋白质的结构预测，也可以仿照下面的流程进行。

8.4.1　通过 SignalP 预测信号肽（Nielsen et al. 1997）

丹麦科学技术大学的生物序列分析中心开发了 SignalP 这个强大的信号肽及其剪切位点检测工具。该算法基于神经网络方法，用已知信号序列的革兰氏阴性原核生物、革兰氏阳性原核生物及真核生物的序列分别作为训练集。SignalP 预测的是分泌型信号肽，而不是那些参与细胞内信号传递的蛋白。SignalP 预测靶蛋白序列中的信号肽具有很高的准确性（高于 90%），SignalP（基于神经网络模型）的输出结果由 C 值、S 值和 Y 值 3 个不同的参数结果组成。在 SignalP3.0 版本中，基于神经网络模型的输出结果还有两个额外的参数，S 均值和 D 值。

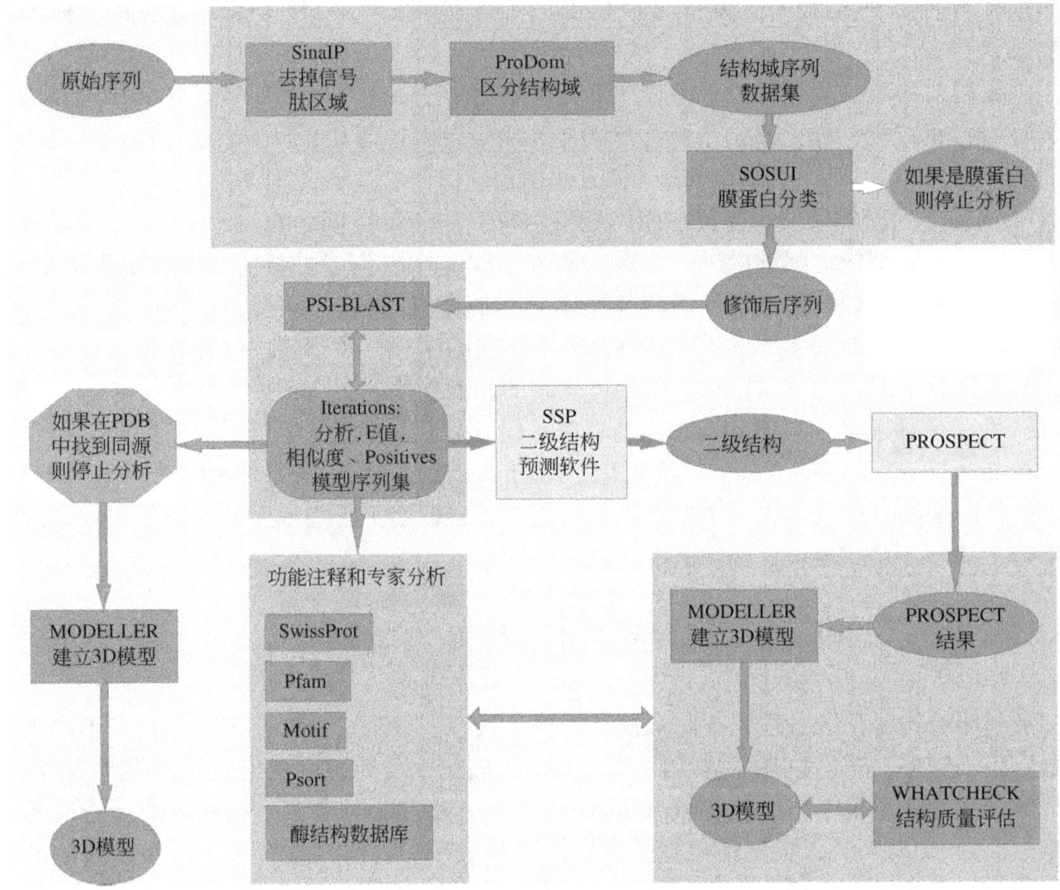

图 8-14 蛋白质三维结构预测流程图

C 值是“剪切位点值”。对于每一个被提交的序列，在剪切位点处 *C* 值将明显增高。例如：一段氨基酸序列的剪切位点被预测在 26 到 27 之间那么说明成熟蛋白从 27 位置开始。

S 值是序列中氨基酸残基是否是信号肽的概率，*S* 值高代表它是信号肽的一部分，*S* 值低代表它是成熟蛋白的一部分。

Y 最大值是 *C* 值与 *S* 值结合派生出的一个参数。有了 *S* 值我们可以更好的预测剪切位点。事实上，一段序列会被预测出多个 *C* 值峰值点，但只有一个是真实的。综合 *S* 值和 *C* 值，剪切位点就是在 *S* 值最陡的坡和 *C* 值有明显增大的地方。

S 均值的范围是从氨基酸 N 端至具有最大 *Y* 值的残基，因此 *S* 均值可用来计算信号肽的长度。*S* 均值在 Signalp 2.0 版本中是区分分泌肽或非分泌肽的标准。

D 值首次被 3.0 版本所采用。它是 *S* 均值和 *Y* 最大值的平均值。*D* 值与 *S* 均值比起来可以更好地区分分泌肽或非分泌肽。

（1）软件：singlap。

（2）网址：http：//www. cbs. dtu. dk/services/SignalP/。

（3）使用方法：网络提交或本地化运行。

signalp －g －t euk 蛋白质序列 >输出的 SignalP 结果。

（4）参数解释：

－g 生成图形化输出结果

－t 输入的蛋白质序列所属物种的类型，euk 为真核，gram + 为革兰氏阳性，gram － 为革兰氏阴性

（5）结果说明：（我们用神经网络和隐马科夫两种模型进行预测）

a. 如果输入的蛋白质序列里有信号肽，以人的 TXN4 蛋白为例，它的前端有一段信号肽

```
> TXN4_HUMAN
MHPAVFLSLPDLRCSLLLLVTWVFTPVTTEITSLDTENIDEILNNADVALVNFYADWCRF
SQMLHPIFEEASDVIKEEFPNENQVVFARVDCDQHSDIAQRYRISKYPTLKLFRNGMMMK
REYRGQRSVKALADYIRQQKSDPIQEIRDLAEITTLDRSKRNIIGYFEQKDSDNYRVFER
VANILHDDCAFLSAFGDVSKPERYSGDNIIYKPPGHSAPDMVYLGAMTNFDVTYNWIQDK
CVPLVREITFENGEELTEEGLPFLILFHMKEDTESLEIFQNEVARQLISEKGTINFLHAD
CDKFRHPLLHIQKTPADCPVIAIDSFRHMYVFGDFKDVLIPGKLKQFVFDLHSGKLHREF
HHGPDPTDTAPGEQAQDVASSPPESSFQKLAPSEYRYTLLRDRDEL
```

- 神经网络模型预测的结果：

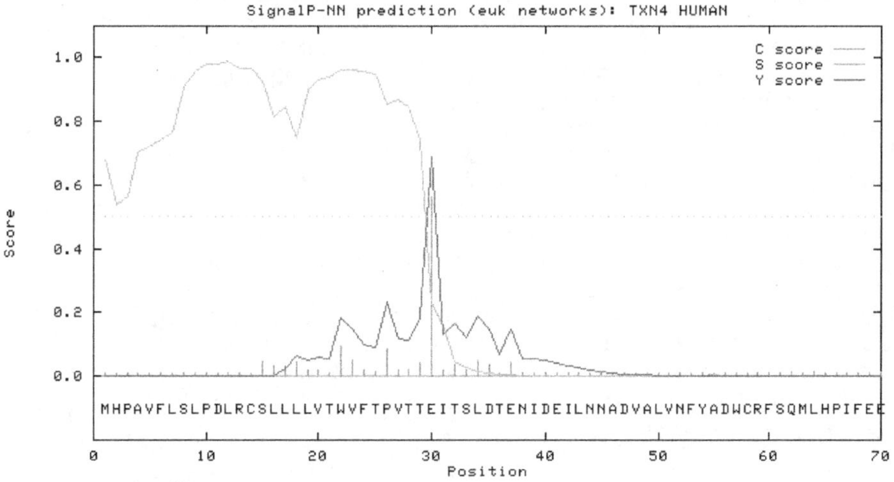


```
>Sequence length = 70
# Measure Position Value Cutoff signal peptide?
max. C      30        0.565    0.32    YES(YES 表示有信号肽,或可能性很大)
max. Y      30        0.690    0.33    YES
max. S      12        0.989    0.87    YES
mean S      1-29      0.852    0.48    YES
     D      1-29      0.771    0.43    YES
# Most likely cleavage site between pos. 29 and 30: VTT-EI
```

- 隐马科夫模型预测结果：

```
>TXN4_HUMAN
Prediction: Signal peptide
Signal peptide probability: 0.984 (预测的可能性很大)
Signal anchor probability: 0.015
Max cleavage site probability: 0.962 between pos. 29 and 30
# gnuplot script
```

b. 如果输入的蛋白质序列里没有信号肽，以人的 BM2K 蛋白为例。

```
>BM2K_HUMAN
```

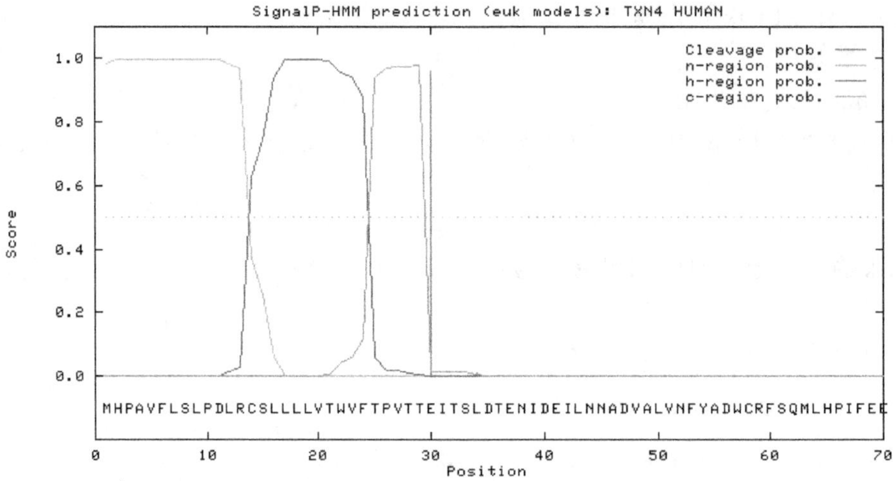

MKKFSRMPKSEGGSGGGAAGGGAGGAGAGAGCGSGGSSVGVRVFAVGRHQVTLEESLAEG
GFSTVFLVRTHGGIRCALKRMYVNNMPDLNVCKREITIMKELSGHKNIVGYLDCAVNSIS
DNVWEVLILMEYCRAGQVVNQMNKKLQTGFTEPEVLQIFCDTCEAVARLHQCKTPIIHRD
LKVENILLNDGGNYVLCDFGSATNKFLNPQKDGVNVVEEEIKKYTTLSYRAPEMINLYGG
KPITTKADIWALGCLLYKLCFFTLPFGESQVAICDGNFTIPDNSRYSRNIHCLIRFMLEP
DPEHRPDIFQVSYFAFKFAKKDCPVSNINNSSIPSALPEPMTASEAAARKSQIKARITDT
IGPTETSIAPRQRPKANSATTATPSVLTIQSSATPVKVLAPGEFGNHRPKGALRPGNGPE
ILLGQGPPQQPPQQHRVLQQLQQGDWRLQQLHLQHRHPHQQQQQQQQQQQQQQQQQQQQQ
QQQQQQHHHHHHHHLLQDAYMQQYQHATQQQQMLQQQFLMHSVYQPQPSASQYPTMMPQY
QQAFFQQQMLAQHQPSQQQASPEYLTSPQEFSPALVSYTSSLPAQVGTIMDSSYSANRSV
ADKEAIANFTNQKNISNPPDMSGWNPFGEDNFSKLTEEELLDREFDLLRSNRLEERASSD
KNVDSLSAPHNHPPEDPFGSVPFISHSGSPEKKAEHSSINQENGTANPIKNGKTSPASKD
QRTGKKTSVQGQVQKGNDESESDFESDPPSPKSSEEEEQDDEEVLQGEQGDFNDDDTEPE
NLGHRPLLMDSEDEEEEEKHSSDSDYEQAKAKYSDMSSVYRDRSGSGPTQDLNTILLTSA
QLSSDVAVETPKQEFDVFGAVPFFAVRAQQPQQEKNEKNLPQHRFPAAGLEQEEFDVFTK
APFSKKVNVQECHAVGPEAHTIPGYPKSVDVFGSTPFQPFLTSTSKSESNEDLFGLVPFD
EITGSQQQKVKQRSLQKLSSRQRRTKQDMSKSNGKRHHGTPTSTKKTLKPTYRTPERARR
HKKVGRRDSQSSNEFLTISDSKENISVALTDGKDRGNVLQPEESLLDPFGAKPFHSPDLS
WHPPHQGLSDIRADHNTVLPGRPRQNSLHGSFHSADVLKMDDFGAVPFTELVVQSITPHQ
SQQSQPVELDPFGAAPFPSKQ

- 神经网络模型预测的结果：

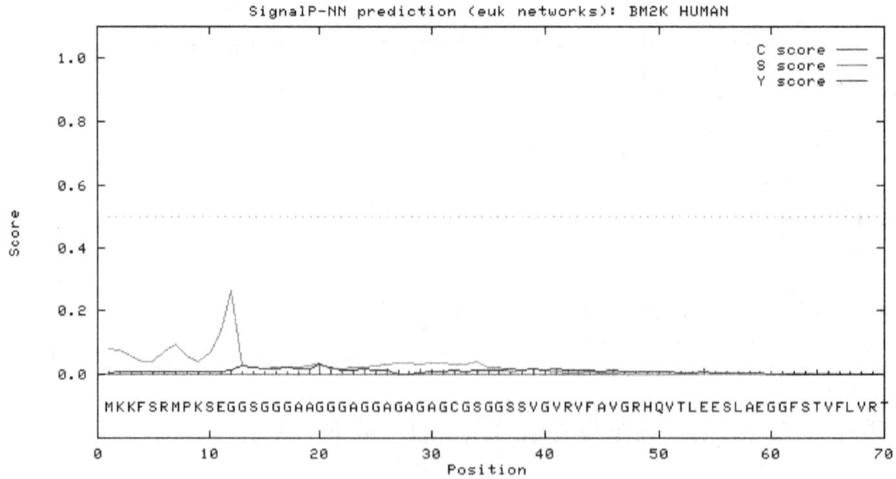

```
  >BM2K_HUMAN length = 70
# Measure Position Value Cutoff signal peptide?
  max. C    20      0.035   0.32   NO(NO 表示没有信号肽,或可能性很小)
  max. Y    20      0.034   0.33   NO
  max. S    12      0.263   0.87   NO
  mean S    1-19    0.063   0.48   NO
       D    1-19    0.049   0.43   NO
```

● 隐马科夫模型预测结果：

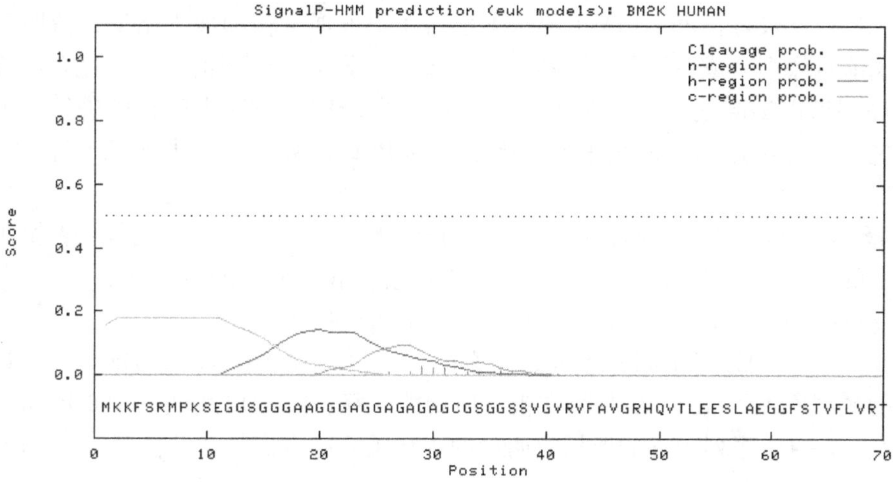


```
>BM2K_HUMAN
Prediction: Non-secretory protein
Signal peptide probability: 0.157(预测的可能性很小)
Signal anchor probability: 0.023
Max cleavage site probability: 0.027 between pos. 28 and 29
```

如果蛋白质序列包含信号肽,它们与蛋白质结构信息无关,所以将会被切除。

8.4.2　通过 ProDom 划分 domain (Corpet et al. 2000)

ProDom 通过搜索已知蛋白序列结构域(ProDom)库来划分靶蛋白序列的结构域。ProDom 是建立在 SWISS-PROT 数据库基础上的蛋白质结构域数据库。经过 DOMAINER 运算和自动编辑,由 SWISS-PROT 蛋白质序列库中探查到的同源结构域组成。ProDom 服务系统可以实现运用 BLAST 法则,进行蛋白质结构域的同源性查询 (Altschul et al. 1990)。

(1) 软件：ProDomBlast3i. pl。

(2) 网址：http://prodom. prabi. fr/prodom/current/html/home. php。

(3) 使用方法：本地化运行

perl ProDomBlast3i. pl　-P prodom_blast 位置　-p blastp　-d prodom 数据库　-f　-s 输入序列　-o 输出结果。

(4) 参数解释：

-p 软件以 Blast 作为搜索引擎，请指定 Blast 的位置，默认为/usr/local/blast/

-p blast 的类型，如果你输入蛋白序列，设定参数为“-p blastp”，如果输入为核酸序列，设定参数为“-p blastx”

-d domain 的数据库

-f 做一下没有重叠的过滤。

8.4.3 通过 PSI-BLAST 搜索同源（Altschul et al. 1997）

PSI-BLAST（Position specific iterative BLAST）：位点特异性 BLAST 叠代搜索，是一种将双序列比对和多序列比对结合在一起的数据库搜索方法。基于序列模式的数据库搜索灵敏度较高、特异性较好。PSI-BLAST 的基本思路在于根据最初的搜索结果，依照预先定义的相似性阈值将序列分成不同的组，构建一个位点特异性的序列谱，并通过多次叠代不断改进这一序列谱以提高搜索的灵敏度。流程中通过 PSI-BLAST 对 PDB 库进行搜索，结果判断同源关系。需要的 PDB 库是来自三维结构的 PDB 序列库。要求 *E* 值小于 10-4，那么认为同源。

关于 PSI-BLAST 命令：blastpgp 是用来运行 PSI-BLAST 的程序。同 blastp 相比这个程序对于蛋白的 BLAST 比对灵敏度高很多。一般来说，我们使用的命令行是：

blastpgp -d nr -i my_protein -s T -j 5 -h 0.0001

如果在 PDB 库中搜索出同源序列，那么就可不再穿线法预测。SWISSPROT 数据库或一些其他的数据库提供酶的 EC 编号和蛋白质功能注释。对 PDB 库进行 PSI-BLAST 比对需要的 *E* 值为 10-4，序列和它的模板有明确的进化关系即它们的一致性要大于 25%。

（1）软件：blastpgp。

（2）使用方法：本地化运行

blastpgp -d nr -i my_protein -s T -j 5 -h 0.0001。

8.4.4 通过 SOSUI 预测膜蛋白和跨膜区（Hirokawa et al. 1998）

SOSUI 对于判断膜蛋白或可溶性蛋白的准确性可以达到 99%，对于预测跨膜区的准确性可达到 97%，它是基于 Kyte 和 Doolittle 的膜蛋白预测理论的预测方法。膜蛋白具有和可溶性蛋白极为不同的物理化学性质。由于 PDB 库中只有极少的膜蛋白模板，而且在 threading 方法中的能量作用也都来源于球蛋白等可溶蛋白质，threading 方法通常对膜蛋白不适用。如果一个蛋白质被预测为膜蛋白，那么 PROSPECT 流程只能提供二级结构的预测。但如果一个膜蛋白含有可溶性的结构域，那么可以预测这个结构域的三维结构。

（1）软件：SOSUI。

（2）网址：http://bp.nuap.nagoya-u.ac.jp/sosui/。

（3）使用方法：网络提交。

8.4.5 利用 PROSPECT 的内部程序 SSP 预测二级结构

单从氨基酸序列预测蛋白质的二级结构，是我们了解蛋白质结构和功能的重要一环。二级结构的预测可以为三级结构预测提供一个起点，特别是在没有合适的同源模板时，可减少对类似的蛋白折叠的搜索范围。二级结构预测的目的就是在不知三级结构模型的情况下，从初始序列提取最多的信息（King 和 Sternberg 1996）。

从氨基酸序列预测蛋白质二级结构的方法发展了 30 多年，形成了多种规则和类别。

到1990年，这些方法的准确性已达到65%。而在最近的10年，基于模糊分析、神经网络及最邻近法方法的准确率已明显提高；特别是一些算法如PHD（Rost and Sander 1993，1994）、NSSP（Salamov and Solovyev 1995）、SSPAL（Salamov and Solovyev 1997）、DSC（King and Sternberg 1996，1997）和PSI-PRED及其改进（Jones 1999；Petersen etal. 2000），已经能达到70%～80%的准确率。

PROSPECT软件包中有自己的二级结构预测程序PROSPECT_ SSP，它利用PHD方法进行二级结构预测。在1996年举行的Asilomar CASP2（蛋白质结构预测技术评判）竞赛中，PHD方法在二级结构预测方面明显优于其他方法。PHD方法的核心思想是认识到序列家族比单一序列包含更多的有用信息，所以需要寻找同源序列。

PROSPECT_ SSP使用PSI-BLAST方法产生同源序列谱（sequence profile）。PSI-BLAST先用序列在NCBI的NR库中扫描找到一组序列，这组序列又产生一组新的搜索序列谱，然后再用这组搜索序列谱寻找新的序列，最后投入PROSPECT_ SSP预测二级结构。

PROSPECT_ SSP对二级结构的预测结果对每个残基位点给出其作为α螺旋，β层或loop区的预测可信度概率值，每个概率值在0和9之间，0表示最低，9表示最高。

加入二级结构信息后，PROSPECT对超家族集预测比对的准确率，平均能从66%～70%上升到73%～74%，而对家族和折叠集预测的准确率也能从20%～23%提高到28%～29%。因此，对于每个要作折叠识别的蛋白质/domain序列，我们的流程都要先用PROSPECT_ SSP预测其二级结构。

（1）软件：prospect_ssp。

（2）网址：http://compbio. ornl. gov/structure/prospect2。

（3）使用方法：本地化运行

prospect_ssp -seqfile 蛋白质序列 -p >蛋白质序列的二级结构。

8.4.6 利用PROSPECT对蛋白质作threading（Xu Y and Xu D 2000）

threading方法用于蛋白质的折叠识别，而不是模型的建立。模型的建立依赖于折叠识别。Threading方法就是把未知的氨基酸序列和各种已知的三维结构相匹配，并评估序列折叠成那种结构的合适度。用更加准确的语言，threading方法的计算规则如下：对于未知结构的目标蛋白序列（记为s），threading方法根据所以有的残基对结构环境的偏爱以及残基间的项目作用，从模板库T中寻找最佳的序列-结构的组合s-t，这里$t \in T$。一个典型的threading方法有以下四项组成（Smith et al. 1997）：

（1）作为模板使用的，具有代表性已知三维结构的蛋白结构库T；

（2）用于度量未知蛋白s和模板$t \in T$间合适度的能量函数；

（3）用于寻找在所有可能的s-t组合中具有最低能量的组合的threading算法；

（4）用于估计预测结构可信度的标准。

PROSPECT与其他利用“threading”方法预测蛋白质三维结构的软件相比（表8-1），有许多独特性质。它能严格处理残基间的接触型相互作用（contact potential）。另外，PROSPECT能用一种独特的方式，将蛋白质的进化信息整合到所有的能量条件中，包括singleton energy，residue-residue contact以及mutation energy（Kim et al. 2002）。

表 8-1 PROSPECT 与其他折叠识别程序对大量蛋白进行 threading 的比较

识别正确占前 1 和前 5 的百分比	只有家族		只有超家族		只有折叠	
	Top1	Top5	Top1	Top5	Top1	Top5
PROSPECT	84. 1	88. 2	52. 6	64. 8	27. 2	50. 3
FUGUE	82. 2	85. 8	41. 9	53. 2	12. 5	26. 8
PSI-BLAST	71. 2	72. 3	27. 4	27. 9	4. 0	4. 7
HMMER-PSIBLAST	67. 7	73. 5	20. 7	31. 3	4. 4	14. 6
SAMT98-PSIBLAST	70. 1	75. 4	28. 3	38. 9	3. 4	18. 7
BLASTLINK	74. 6	78. 9	29. 3	40. 6	6. 9	16. 5
SSEARCH	68. 6	75. 7	20. 7	32. 5	5. 6	15. 6
THREADER	49. 2	58. 9	10. 8	24. 7	14. 6	37. 7

注：根据不同的相似水平：family，superfamily 及 fold family。基准集由 600 个蛋白质组成，模板集有超过 3000 个蛋白。“Top1” 表示识别正确的折叠占排名最高的识别的百分比，“Top5” 表示识别正确的折叠占排名最高的五个识别的百分比（Kim et al. 2002）

模板库 T 的选择：现有的 threading 程序，绝大多数使用的模板库依据三种广泛使用的蛋白质结构分类数据库：SCOP，FSSP 和 CATH。

• SCOP 数据库（Murzin et al. 1995）。SCOP 是建立在结构相似性的专家定义基础上的。通过一系列不同水平的蛋白质结构分类来反映进化和结构上的双重关系，将蛋白质结构域分为 family，superfamily 和 fold。因为需要大量的人工干预，所以 SCOP 的更新比较慢。目前最新的是 SCOP 1. 65（2003 年 12 月更新）。

• CATH 数据库（Orengo et al. 1997）。CATH 由伦敦大学建立，对蛋白质域结构进行登记分类。CATH 的更新随着 PDB 更新基本同步。

• FSSP 数据库（Holm and Sander 1996）。FSSP 是建立在所有蛋白质成对组合的结构排列基础上的，PDB 数据库中有这种排列，并支持结构排列程序 DALI（Holm and Sander 1996）。PDB 有一些冗余的蛋白质结构，这些蛋白质的序列和结构具有 25% 或更高的相似性。FSSP 包含同 CATH 相似的信息，但它是基于蛋白质链而不是结构域。它的更新也随 PDB 更新基本同步。

PROSPECT 的模板库使用上面的其中两个数据库：FSSP 和 SCOP。对于链的结构预测使用 FSSP，而对结构域的结构预测使用 SCOP。

评估参数的选择：利用 PROSPECT 预测折叠时，用于模板选择的参数有 3 个：原始分，SVM 分和 Z 值。流程根据这些参数，选取排名靠前者为模板（模板的选择还依赖功能预测）。

PROSPECT 根据 threading 的原始分以及目标序列的其他计算性质，利用 support vector machine（SVM）逼近，计算出规范化的 threading score。PROSPECT 再根据 threading 原始分给出 Z 值，用来度量预测的可靠性（Kim et al. 2002），如表 8-2 所示。以同结构模板具有相同的氨基酸成分及长度的随机序列的 threading 原始分分布的平均值为标准，Z 值是

threading 原始分的标准差。在实际计算时，上述平均值和标准差都是通过模板与大量随机序列间重复 threading 近似得到。

表 8-2　z-score 和预测可靠性关系

z-score 区间	正确率	可信度	相似性
<6	<0.3	不可信	Fold/unrelated
6 ~ 8	0.35	低	Superfamily/fold
8 ~ 10	0.63	中	Superfamily/fold
10 ~ 12	0.85	高	Superfamily
12 ~ 20	0.96	很高	Family/superfamily
>20	>0.99	确信	Family

关于 z-score 的解释 第一列是 z-score 的范围。第二列是一对序列 - 模板在某 z-score 范围内具有相同 fold 的概率。第三列是定性的可信度。第四列给出了目标蛋白和模板蛋白在 SCOP 中的可能关系：family，superfamily 以及 fold。如果一组蛋白的队为排列具有很强的序列相似性（通常要高于 25%），且具有相似的生化功能，可以认为属于同一家族；如果两个蛋白质的结果和功能性质表现出共同的进化祖先，但不一定具有很高的序列相似性，则认为它们属于同一超家族；如果两个蛋白质在相同的排列下具有相同的二级结构核心区和拓扑联系，但不一定有明显的序列相似性或共同的进化祖先，则认为它们具有相同的 fold。

由于 z-score 的计算非常耗时，所以调用 PROSPECT 程序，通常先关闭 z-score 选项，选择按 raw score 或 SVM score 排名的前 50 或 100 个模板，对这些模板计算 z-score，因为按 raw score 或 SVM score 排名较后的模板，其 z-score 排名也很靠后，所以可以不予考虑。

（1）软件：prospect。

（2）网址：http://compbio.ornl.gov/structure/prospect2。

（3）使用方法：本地化运行

prospect-phdfile 蛋白质二级结构文件　- freqfile 蛋白质序列　- reliab。

（4）参数解释：

- reliab 计算 z-score。

8.4.7　利用 MODELLER 构造结构模型（Sali and Blundell　1993）

MODELLER 做比较蛋白结构的方法是通过满足一些空间约束，自动逼近比较蛋白质结构模型（图 8-15）。简单地说，建模过程的核心就是将目标蛋白质序列同已知蛋白质结构（模板）进行比对。程序的输入就是一个比对文件及模板蛋白质结构文件，输出是包括所有主链和支链非氢原子的序列的 3D 模型。整个预测过程不需人的干预。

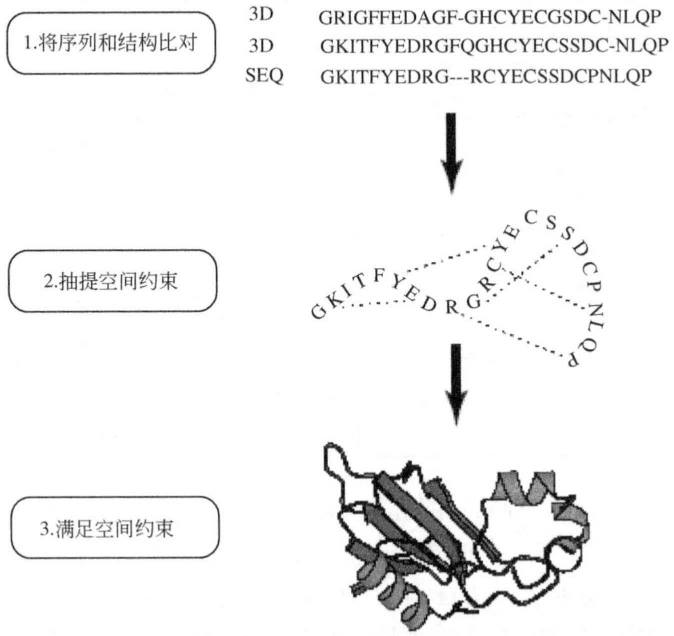

图 8-15 通过满足空间约束建立比较蛋白模型

首先，将已知结构的模板 3D 结构（“3D”）与待建模的目标蛋白序列（“SEQ”）进行比对。接着，将包括 Cα-Cα 间距、氢键和主链支链二面角等的空间约束从模板转到目标蛋白质，这样就得到关于其结构的许多约束。最后，通过尽可能地满足约束条件得到 3D 模型。

本流程根据 PROSPECT 或 PSI-BLAST 提供的序列—结构比对结果，利用 MODELLER 构造具体的原子结构模型。最后的蛋白质 3D 模型的质量很依赖序列—结构比对的结果。

MODELLER 从比对文件模拟 3D 结构的具体操作分以下几步：

（1）MODELLER 根据比对序列及模板蛋白 3D 结构计算目标蛋白的许多距离约束和二面角约束。这些约束是通过对许多同源结构关系的统计分析得出的。这些分析从一个拥有 105 个 family 包括 416 个已知结构的蛋白质的数据库得到（Sali 和 Overington 1994）。通过搜寻这个数据库可以得到一系列相关性的质量值，包括两等价物的 Cα-Cα 距离及两个相关蛋白质等价物主链的二面角间的相关性等。将这些关系表示成条件概率密度函数，可直接用于空间约束。这一方法的很重要的特点就是经验性：所有的空间约束都是从蛋白质结构比对的数据库凭经验得到的。

（2）将空间约束和加强立体化学性质的 CHARMM（Chemistry at HARvard Molecular Mechanics）（MacKerell et al. 1998）能量结合到目标函数中。

（3）通过在笛卡儿空间优化目标函数得到模型。对每一个比对序列，通过改变初值，MODELLER 可以得到许多不同的结构，但都区别甚微。在我们的流程中，一般让 MODELLER 生成 5 个结构模型，供后面的评估选取最佳模型。

①软件：modeller。

②网址：http://www.salilab.org/modeller。

③使用方法：本地化运行：mod8v1 model_default.py。

④例子：

a. 创建一个 PIR 格式的文件，命名为：alignment.ali

```
>P1;5fdl
structureX:5fdl:1: :106 : :ferredoxin:Azotobacter vinelandii: 1.90: 0.19
AFVVTDNCIKCKYTDCVEVCPVDCFYEGPNFLVIHPDECIDCALCEPECPAQAIFSEDEVPEDMQEFIQLNAELA
EVWPNITEKKDPLPDAEDWDGVKGKLQHLER*

>P1;1fdx
sequence:1fdx:1: :54: :ferredoxin:Peptococcus aerogenes: 2.00: -1.00
AYVINDSC--IACGACKPECPVNIIQGS--IYAIDADSCIDCGSCASVCPVGAPNPED----------------
-------------------------------*
```

b. 创建一个 phython 命令文件，命名为：model_default.py

```
# Homology modelling by the automodel class
from modeller.automodel import *          # Load the automodel class

log.verbose()          # request verbose output
env = environ()        # create a new MODELLER environment to build this model in

# directories for input atom files
env.io.atom_files_directory = './:../atom_files'

a = automodel(env,
              alnfile = 'alignment.ali',       # alignment filename
              knowns = '5fdl',                 # codes of the templates
              sequence = '1fdx')               # code of the target
a.starting_model = 1             # index of the first model
a.ending_model = 1               # index of the last model
                                 # (determines how many models to calculate)
a.make()                         # do the actual homology modelling
```

（4）把上面两个文件放在一起，进入文件所在目录，运行 mod8v1 model_ default.py

8.4.8　利用 WHATCHECK/WHATIF 评估模型的质量（Vriend　1990）

WHATIF 能评估 MODELLER 预测的结构模型的质量，包括支链的质量、主链的构造、亲水基和疏水基的内外分布以及结构的立体化学质量等。

WHATCHECK 的一个典型的输出结果如下（只列出重要的数据）：

```
Structure Z-scores, positive is better than average:
 2nd generation packing quality   :  0.411
 Ramachandran plot appearance    :  -0.146
 chi-1/chi-2 rotamer normality    :  0.053
 Backbone conformation         :   -5.579 (bad)

RMS Z-scores, should be close to 1.0:
  Bond lengths                       :          0.540 (tight)
  Bond angles                        :          0.917
  Omega angle restraints             :          0.915
  Side chain planarity               :          0.580 (tight)
  Improper dihedral distribution     :          0.780
  B-factor distribution              :          1.086
  Inside/Outside distribution        :          1.000
```

这里的 Z-score 与 PROSPECT 中的 z-score 是不同的。以 X 表示某一参数的评估值，该参数服从正态分布 N（μ,σ2）,Z-score 就是 X 的规范化：

$$Z=\frac{X-\mu}{\sigma},\mathrm{RMS}-\mathrm{Z}=(\sum Z^{2})^{1/2}$$

这里的求和是关于相应的键数。这些结果参数都是 WHATIF 根据自身需要设定的,作为质量评估的。对于我们的流程,需要用到其中的部分参数结果。本流程中使用以下两个参量比较模型的好坏：

P1 = 2nd generation packing quality + Ramachandran plot appearance；

P2 = Backbone conformation。

对于两个模型 X 和 Y,称 X 更好的理由是:P1(X) > P1(Y),或者 P1(X) = P1(Y)且 P2（X）> P2（Y）。

对 MODELLER 从一个序列—结构比对文件预测的多个结构，我们利用 WHATIF 评估这些模型的质量，依据上面的原则选出最优的。

（1）软件：whatcheck。

（2）网址：http://swift. cmbi. kun. nl/swift/whatcheck/。

（3）使用方法：本地化运行

Whatcheck pdb 文件 >评测结果文件。

8.4.9 利用 raswin 查看预测结果

通过上面的预测流程分析，我们可以得到蛋白质序列的 pdb 格式的三维结构文件，我们可以用 raswin 观看其三维结构（图 8-16）。

下载地址：http://www. bernstein-plus-sons. com/cgi-bin/yaya/decomp. cgi/software/RasMol_2. 7. 2. 1. MSWIN/raswin. exe

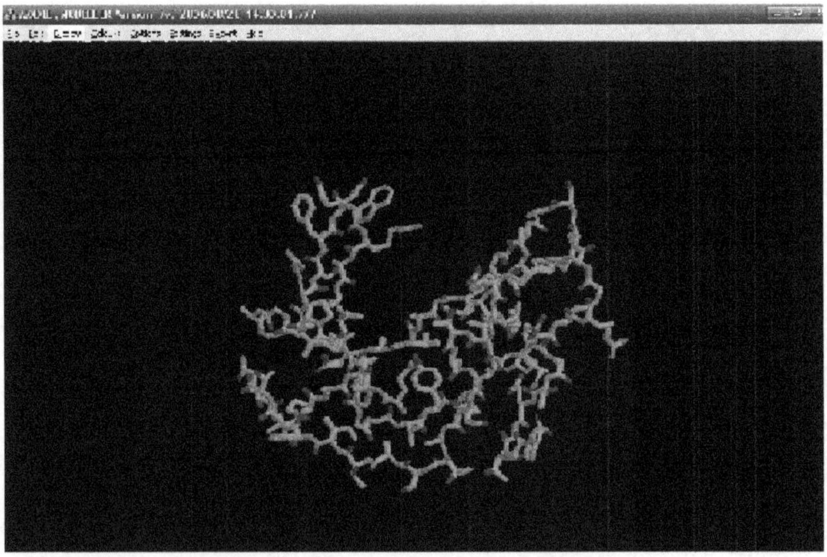

图 8-16 pdb 格式三维结构图

8.4.10　流程总结

虽然 PROSPECT 流程在没有人为干预的情况下通常会运行的正常，但是我们可以使用多种生物信息学方法和人为的判断去获得更多的功能信息使得预测的结果更为准确。这包括人为评估 PROSPECT 结果，选择适当的模板以及人工依据得到的结构来预测其功能。

1）加强人工模板选择

当 PROSPECT 预测结果的置信度很低（通常是 z-score 小于 8）时，人为评估结果选择模板就非常有用了。人工评估不但依靠流程的结果也需要选择的各个模板结构功能信息，这就要通过对数据库和文献的检索。对原序列进行数据库的检索为最终准确确定其功能至关重要。一个蛋白质序列通常会在蛋白数据库中检索到，如 SWISSPROT 数据库。SWISSPROT 数据库现今最为全面的蛋白序列数据库。其中的所有序列条目都经过有经验的分子生物学专家和蛋白质化学家通过计算机工具并查阅有关文献资料仔细核实，进行蛋白质序列的搜集、整理、分析、注释、发布，力图提供高质量的蛋白质序列和注释信息。SWISSPROT 数据库中的每个条目都有详细的注释，包括结构域、功能位点、跨膜区、翻译后修饰、突变体。我们的操作流程是：

第一步，通过 PSI-BLAST 对原序列（query）在 SWISSPROT 数据库中进行相似功能已知序列的搜索（按照 E 值排列顺序）。

第二步，对搜索到功能相似度最高的库中序列进行功能“注释”，即在 SWISSPROT 服务器上通过其蛋白序列编号搜索对应蛋白质的功能信息和关键字。当搜索到的蛋白质是酶时，记录下其国际编号（EC 编号）。

第三步，对于每个结构域（domain），PROSPECT 给出了相应的模板（template），提取模板的前 20 名，按其 PDB 编号在 PDB 服务器上搜索模板的功能信息，如果在第二步中搜索的是酶，则通过酶结构数据库将 PDB 编号转为 EC 编号。

第四步，将上步得到的模板的功能信息同第二步得到相似序列的功能信息比较，功能最为相近的选为模板；如果是酶要求至少 EC 编号的前两个数字一致。

2）依据结构进行功能注释

根据预测的 fold 进行功能注释，虽然具有相同 fold 的蛋白质可能不会具有相同的功能，但它们一般都有相同的进化起源。当 Z-score 很高时，序列和模板具有相同的 family 或 superfamily，当 Z-score 不是很高时，序列和模板具有相同的 fold。我们可以通过相应的 family、superfamily 或 fold 来搜索确定功能信息。

主要参考文献

GY：Goldman N，Yang Z. 1994. A codon-based model of nucleotide substitution for protein-coding DNA sequences. Mol Biol Evol，11（5）：725～736

LPB：Li W H. 1993. Unbiased estimation of the Rates of synonymous and nonsynonymous substitution. J Mol Evol，36：96～99

LWL：Li W H，Wu C I，Luo C C. 1985. A new method for estimating synonymous and nonsynonymous rates of nucleotide substitution considering the relative likelihood of nucleotide and codon changes. Mol Biol Evol，2（2）：150～174

Manesh S, Sergei P, Dongsup K. 2003. A computational pipeline for protein structure prediction and analysis at genome scale. Bioinformatics, 19: 1985 ~ 1996

MLWL, MLPB: Tzeng Y H, Pan R, Li W H. Comparison of three methods for estimating rates of synonymous and nonsynonymou

MYN: Zhang Z et al. 2006. Computing Ka and Ks with a consideration of unequal transitional substitutions BMC Evolutionary Biology, 6: 44

NG: Nei M, Gojobori T. 1986. Simple methods for estimating the numbers of synonymous and nonsynonyraous nucleotide substitutions. Mol Biol Evol, 3: 418 ~ 426

YN: Yang Z, Nielsen R. 2000. Estimating synonymous and nonsynonymous substitution rates under realistic evolutionary models. Mol Biol Evol, 17 (1): 32 ~ 43